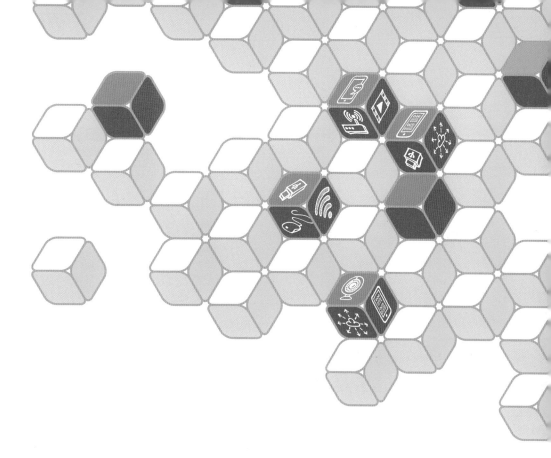

Computer Science
in the ICT Convergence Age

# ICT 융합시대의
# 컴퓨터과학

최윤철 지음

생능출판

# 머리말

컴퓨터가 처음 출현한지 70여 년, 인터넷의 시작이라 할 수 있는 ARPAnet이 출현한지 40여 년이 지났으며 웹 개념이 제시된 것도 어느덧 25년 이상의 세월이 흘렀습니다. 그 동안 메인프레임 컴퓨터 및 미니컴퓨터 시대를 거쳐 개인이 컴퓨터를 소유하는 PC시대를 지났습니다. 이제는 모든 사람이 인터넷에 연결된 스마트기기를 이용하며 하루를 시작하고 세상에 존재하는 다양한 정보들을 실시간에 얻고 있으며 동영상을 비롯한 각종 미디어들에 접근할 수 있습니다. 실로 엄청난 변화라 할 수 있습니다. 과거 정보화 사회라는 용어를 많이 들어왔지만 이제는 모바일 혁명, 소셜 미디어 사회, 공유경제, 제4차 산업혁명, 스마트 사회, 초연결사회 등 현대사회를 기술하는 다양한 새로운 용어들이 탄생하게 되었습니다.

이러한 소용돌이 가운데 우리 사회는 급변하여 사회, 경제, 산업, 통신, 교육, 행정, 금융, 교통, 에너지, 안전 등 모든 분야에서 컴퓨터와 ICT 기술 없이는 더 이상 유지될 수 없고 발전할 수 없는 상황에 이르렀습니다. ICT 기술이 다른 영역과 융합하여 자연스럽게 새로운 기술과 산업을 창출할 수 있게 되었습니다. 전문가들은 ICT 기술과 인공지능 기술의 발전으로 20년 후에는 현재 존재하는 직업의 50%가 사라질 것으로 예측하고 있습니다. 빠르게 변화하는 시대를 목전에 두고 각 국가, 기업은 물론 개인도 미리 준비하지 않으면 순식간에 낙오되는 시대에 우리가 살고 있습니다. 이러한 측면에서 컴퓨터 및 ICT 기술을 이해하고 습득하는 것은 인류 모두의 중요한 필수과제도 떠오르게 되었습니다.

저는 지난 30여 년 동안 대학에서 컴퓨터와 ICT 기술의 다양한 과목들을 강의해오면서 현대인들에게(전공자 및 비전공자를 포함하여) 어떤 ICT 개념 및 기술을 어떠한 방식으로 가르치는 것이 가장 바람직한지 고민해 왔습니다. 분명히 10~20년 전에 가르쳤던 방식은 더 이상 적합하지 않다고 생각합니다. 이제 새로운 내용과 패러다임으로 컴퓨터 개론 과목을 접근해야 합니다. 과연 "컴퓨터 개론 강의가 필요한가?"부터 시작하여 필요하다는 확신이 서면 어떤 내용을 포함하며 어떠한 방식으로 제시하고 독자로 하여금 흥미를 일으키고 동기부여를 줄 수 있는지 많은 고민을 하였습니다. 결과적으로 저는 이 책을 저술하면서 아래와 같은 세 가지 큰 방향을 잡고 본서의 저술에 임했습니다.

첫째, 컴퓨터와 ICT 기술은 너무 방대하기 때문에 필수적인 기본 개념 및 지식만을 담으려고 노력하였습니다. 정보의 표현, 컴퓨터 시스템의 구조, 운영체제의 개념, 소프트웨어, 알고리즘의 개념, 프로그래밍 언어, 정보통신의 원리 등의 기본 영역에서 가장 핵심 개념과 원리를 쉽게 이해할 수 있도록 소개하려고 노력하였습니다. 주요 개념을 잘 소개하기 위하여 다양한 그림을 많이 사용하였습니다.

둘째, ICT 분야의 최신 이슈와 트렌드들 중 우리 경제, 사회 및 산업에 큰 영향을 주고 지속적인 변화를 일으키는 개념들을 선별하여 소개하였습니다. 사물인터넷(IoT)과 스마트 사회(10.4절 및 10.5절), 웹2.0과 소셜 미디어(8.4절), 모바일 컴퓨팅(10.1절~10.3절), 인공지능과 지능형 로봇(12장), 가상현실(VR)과 증강현실(AR)(11.5절), 클라우드 컴퓨팅(8.5절), 빅데이터 및 분석(9.5절), 금융서비스와 핀테크(10.3.6절), 인더스트리 4.0(13.3절), 감성 컴퓨팅(13.4.3절) 등에 관하여 최신 정보와 더불어 자세히 소개하였습니다.

셋째, 책 전체를 통해 지식 전달의 차원을 넘어 융합적 사고와 창의적 사고를 할 수 있도록 기반을 마련해주고 동기부여를 줄 수 있는 방향으로 저술하려고 노력하였습니다. 앞으로 우리사회에 커다란 영향을 미칠 최신 기술을 소개하며 그 개념을 이해할 뿐만 아니라 깊이 사고하도록 기반을 제시하였습니다. 이러한 개념은 플랫폼 개념, 컴퓨터 자원의 경쟁, 정렬 및 탐색 알고리즘, 소셜 미디어 개념, 초연결사회, 웹2.0 개념, 공유경제, 딥러닝, 로봇, 금융과 핀테크, 빅데이터의 활용, 인텔리전트 시스템, 지능형 정보 검색, 인공지능 에이전트, 온라인 광고 등을 포함합니다.

이 책은 전체적으로 13개 장으로 구성되어 있으며, 각 장의 내용을 간단히 소개하면 다음과 같습니다. 1장에서는 ICT 기술이 우리에게 어떠한 영향을 미쳤는지 소개하고 컴퓨터와 정보통신의 발전에 대하여 설명하였습니다. 2장에서는 다양한 정보를 어떻게 디지털 데이터로 표현하는지 설명하고 디지털 논리의 기반이 되는 부울 대수와 이를 실현하기 위한 논리회로에 대하여 설명하였습니다. 3장에서는 컴퓨터 시스템의 구성과 작동 원리를 설명하고 그 구성요소인 프로세서, 메모리 장치, 입출력 장치에 대하여 소개하였습니다. 또한 기기 간의 통신과 병렬처리에 대하여도 설명하였습니다. 4장에서는 컴퓨터를 이용하기 위해 필요한 운영체제(OS)를 위시한 시스템 소프트웨어를 설명하였습니다. 5장은 프로그래밍 언어의 발전 역사와 개념을 소개하였고 특히 객체지향언어에 대하여 설명하였습니다. 또한 소프트웨어 개발 방법론에 대하여 소개하였습니다. 6장은 소프트웨어를 개발할 때 가장 핵심이 되는 알고리즘의 개념과 데이터구조를 설명하였고 중요한 정렬 및 탐색 알고리즘을 소개하였습니다. 7장은 정보통신의 개념과 컴퓨터 네트워크를 설명하였고 특히 인터넷망의 구성에 대하여 설명하였습니다. 또한 정보보안과 정보보호에 대하여도 설명하였습니다. 8장은 인터넷 서비스와 웹의 개념을 소개하고 클라우드 컴퓨팅에 대하여 설명하였습니다. 2~8장의 내용은 모든 컴퓨터 개론서가 다루었던 내용으로, 이 책에서는 필수적인 내용과 핵심 기술을 깊이 있게, 그러나 이해가 가도록 소개하였습니다.

9~12장은 ICT 기술의 애플리케이션으로 9장에서는 데이터베이스의 개념, 특히 관계 데이터베이스에 대하여 소개하였고 빅데이터에 대하여 설명하였습니다. 10장은 모바일 컴퓨팅의 개념과 특성, 모바일 애플리케이션을 설명하였고 사물인터넷의 개념과 활용에 대하여 소개하였습니다. 11장에서는 멀티미디어 기술의 개념과 활용을 다루었고 12장에서는 최근 많은 관심을 받고 있는 인공지능의 개념과 기법에 대하여 소개하였습니다. 마지막으로 13장에서는 미래 정보화사회가 어떻게 발전해 나갈지 초연결사회의 개념과 스마트사회를 소개하였고 미래의 사용자 인터페이스에 대하여 설명하였습니다.

이 책은 컴퓨터와 ICT 관련 분야의 기초서적으로 저술되었으며, 컴퓨터의 기본 개념을 공부하고 싶은 사람들에게 컴퓨터와 ICT 기술 전반적인 내용을 포괄적으로 소개하였습니다. 이 책을 저술하는 데 많은 조언과 도움을 준 연세대 동료교수 양성봉 교수, 조성배 교수, 한탁돈 교수와 숙명여대 임순범 교수께 감사드립니다. 마지막으로 이 책의 출간을 위하여 적극적으로 후원하여 주시고 최상의 공간을 이용할 수 있도록 후원하여 주신 생능출판사 김승기 사장님과 직원 여러분께 깊이 감사드립니다.

2017년 7월
최윤철

※ 책의 내용을 2020년 1월 및 2022년 7월에 수정하였습니다.

# 이 책의 구성

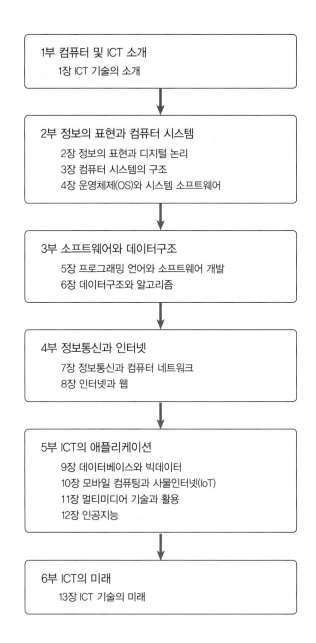

1부 컴퓨터 및 ICT 소개
   1장 ICT 기술의 소개

2부 정보의 표현과 컴퓨터 시스템
   2장 정보의 표현과 디지털 논리
   3장 컴퓨터 시스템의 구조
   4장 운영체제(OS)와 시스템 소프트웨어

3부 소프트웨어와 데이터구조
   5장 프로그래밍 언어와 소프트웨어 개발
   6장 데이터구조와 알고리즘

4부 정보통신과 인터넷
   7장 정보통신과 컴퓨터 네트워크
   8장 인터넷과 웹

5부 ICT의 애플리케이션
   9장 데이터베이스와 빅데이터
   10장 모바일 컴퓨팅과 사물인터넷(IoT)
   11장 멀티미디어 기술과 활용
   12장 인공지능

6부 ICT의 미래
   13장 ICT 기술의 미래

# 차례

CHAPTER 04   운영체제(OS)와 시스템 소프트웨어

CHAPTER 11 　멀티미디어 기술과 활용

• 목차 중 * 로 표기한 부분은 강의 중 제외시켜도 전체적 흐름에는 문제가 없음을 밝힙니다.

# Chapter 1

# ICT 기술의 소개

**CHAPTER**

# ICT기술의 소개

본 장에서 컴퓨터와 ICT 기술을 정의하고 이러한 기술이 어떻게 디지털 혁명에 기여했는지 살펴본다. 또한 ICT 기술의 구성요소와 활용의 변화에 대하여 알아본다. 컴퓨터의 활용이 시대적으로 어떻게 변화하여 왔는지 알아보고 컴퓨터의 유형을 분류해보자. 정보통신기술이 정보화사회에서 어떤 기능과 역할을 수행하는지 공부한다. 마지막으로 ICT의 발전 방향을 알아보자.

## 1.1 ICT 기술과 디지털 혁명

이 절에서 ICT 기술과 컴퓨터과학을 정의하고 디지털 혁명을 통해 우리 사회가 어떻게 변화해 왔는지 설명한다. 최근 논의되고 있는 4차 산업혁명을 생각해보자. 또한 우리 사회에 커다란 영향을 주는 컴퓨터의 능력이 어디서 오는지 이해하자. ICT 기술의 구성요소를 살펴보고 ICT 기술의 중요성이 어떻게 변화해 왔는지 살펴본다.

### 1.1.1 디지털 혁명과 지식기반사회

■ ICT 기술과 컴퓨터과학

컴퓨터와 정보통신기술이 발전하면서 우리 사회의 모든 영역에 커다란 변혁을 초래하게 되었다. 20세기 중반부터 시작된 정보혁명은 더욱 가속화되어 이제 정보통신기술 없이 어떤 영역도 제대로 작동할 수 없게 되었고 빠르게 변화하는 산업 현장에서 정보통신기술 없이 경쟁력을 확보할 수 없게 되었다. 정보통신기술(ICT: Information and Communication Technology)이란 무엇을 의미하는가? 정보통신기술, 즉 ICT 기술은 그림 1-1에서 보듯이 컴퓨터 하드웨어, 소프트웨어, 네트워크(통신) 및 정보(데이터)를 융합적으로 활용하는 모든 기술을 의미한다.

| 그림 1-1 정보통신기술(ICT)의 의미

ICT 기술과 컴퓨터과학(Computer Science)은 어떤 차이가 있는지 알아보자. 컴퓨터 과학이 개념, 이론 및 알고리즘에 치중하는 데 비해 ICT 기술은 컴퓨터과학의 이론을 기반으로 보다 활용 및 실제에 중요성을 두고 있다고 할 수 있다. 컴퓨터과학과 ICT의 차이점을 과학과 기술의 차이점으로 이해할 수 있다.

2009년 세계적 경제지 『Forbes』는 지난 30년 동안 인류에 가장 큰 영향을 미친 30가지 혁신적 기술에 대하여 조사하였다. 이 조사에 의하면 인터넷과 웹이 1위에 올랐고, 2위에서 4위까지 PC, 모바일폰, 이메일이 차지하였다. 이것을 보더라도 정보통신기술이 인류에 미치는 영향력이 얼마나 지대한지 이해할 수 있다. ICT 기술은 우리 사회를 변화시켰을 뿐만 아니라 인간의 의식과 생활양식에도 큰 영향을 미치고 있다.

■ 디지털 혁명과 지식기반사회

인간이 땅을 경작하여 농경문화를 이루어 오던 이래 인류 역사는 두 가지 커다란 변혁을 겪게 되었다. 그 첫째는 증기기관의 발명으로 인한 산업혁명이고, 둘째는 20세기 중반 컴퓨터 발명으로 시작된 정보혁명이다. 전자를 인간 근육을 기계로 대체한 혁명이라 본다면 후자는 인간 두뇌의 혁명으로 인간에게 훨씬 큰 영향을 미치고 있다. 정보혁명은 산업혁명에 비해 훨씬 빠른 속도로 진행되고 있고 매우 광범위하게 모든 영역에 걸쳐 우리 사회를 근본적으로 변화시키고 있다. 정보혁명으로 인해 인간은 새로운 생활양식을 받아들이게 되었고, 정보화사회에 합당한 새로운 의식과 사고를 필요로 하게 되었으며, 그로 인해 새로운 문명이 탄생하게 되었다.

이러한 변화는 오래 전부터 몇몇 선각자들에 의하여 예견되어 왔는데, 1973년 다니엘 벨(Daniel Bell)은 『탈산업화사회의 도래(*The Coming of Post-Industrial Society*)』에서 컴퓨터의 발전으로 인하여 기존 제조업 위주의 산업화사회가 끝나고 정보와 서비스가 사회발전을 이끌어가는 탈산업화사회의 시작을 이야기하였다. 이것은 정보화사회의 도래를 의미하는데, 과거 산업화사회가 정보화사회를 거쳐 현재 지식기반사회로 발전하게 되었다. 과거 전통적 경제에서는 부를 창출하기 위하여 자본, 노동, 자원의 3대 요소가 필요했으나, 오늘날 지식기반경제에서는 지식과 정보가 보다 더 중요한 자산으로 떠오르게 되었다. 또한 캐나다의 마샬 맥루한(Marshall McLuhan)은 통신수단의 발전으로 인하여 지구상의 모든 사람이 한 동네의 일원이라는 의식을 갖고 살아가게 된다는 생각에서 1962년 '지구촌(Global Village)'이라는 개념을 제시하였다. 지구촌이라는 개념은 오늘날 인터넷, 웹, 모바일폰 등 다양한 정보통신 및 ICT 기술을 통하여 빠르게 실현되고 있다.

 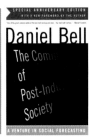  

(a) 다니엘 벨과 그의 저서                    (b) 마샬 맥루한과 글로벌 사회

출처: Wikipedia, Univ.of Illinois Library

| 그림 1-2 다니엘 벨과 마샬 맥루한

미래학자 엘빈 토플러(Alvin Toffler)는 1980년 그의 저서 『제3의 물결(*The Third Wave*)』에서 디지털 혁명과 통신 혁명에 대하여 잘 설명하고 있다. 인류는 원시수렵 및 채집문명에서 벗어나 농업문명을 이루게 되었고, 18세기 후반 증기엔진의 발명으로 방직공장에서 기계를 사용한 대량생산이 가능하게 되었으며, 1850년 이후에는 증기선, 철도, 전기의 발명으로 2차 산업혁명을 맞이하게 되었다.

| (a) 농경사회 | (b) 산업혁명 | (c) 2차 산업혁명 |

출처: BRITANNICA

| 그림 1-3  사회의 발전과 산업혁명

토플러는 농업혁명을 '제1의 물결'이라 부르고, 산업혁명을 '제2의 물결'이라 불렀다. 그는 컴퓨터 기술의 발전으로 야기된 정보혁명으로 인하여 1950년대 후반부터 탈산업화 사회, 즉 정보화사회가 시작되었다고 설명하였고, 이러한 현상을 '제3의 물결'이라 이름 붙였다. 정보화사회에서는 과거 산업화사회의 핵심 개념인 대량생산, 대량분배, 대량소비에서 대량화의 탈피, 다양성, 지식기반에 의한 생산, 변화의 가속화 개념으로 변화하게 되었다.

최근에는 18세기 산업혁명 이후의 시대를 1차 산업혁명, 2차 산업혁명, 3차 산업혁명 및 4차 산업혁명으로 나누어 설명하고 있다. 1차 산업혁명은 증기기관의 발명으로 인한 대량생산 시대를 의미하고 2차 산업혁명은 전기의 발명으로 자동차 어셈블리 라인과 같은 생산방식을 뜻한다. 이에 비해, 3차 산업혁명은 엘빈 토플러가 이야기 하는 '제3의 물결', 즉 정보화사회를 의미하며 지금 우리가 맞이하고 있는 4차 산업혁명은 인공지능, 로봇 및 빅데이터를 이용한 사물인터넷 및 산업인터넷 시대를 의미한다(그림 1-4 참조).

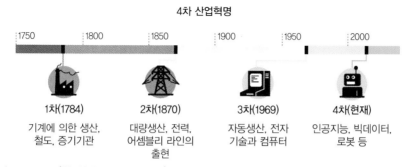

출처: fortune.com(World Economic Forum)

| 그림 1-4  4 차례에 걸친 산업혁명

통신기술의 발전 또한 정보화사회의 도래에 큰 역할을 하였다. 과거 통신수단을 살펴보면 우편, 전신, 전화, 라디오, 텔레비전 등 전기통신 수단이 주종을 이루었으나 컴퓨터의 출현으로 디지털 통신이 발전하면서 컴퓨터 기술과 결합하여 통신혁명의 시대를 맞이하게 되었다. 정보통신기술의 발전은 사용자로 하여금 장소와 시간의 한계를 뛰어넘어 세계 어디서나 원하는 정보를 즉시 생산, 전송, 공유하게 해줌으로써 글로벌사회를 가능하게 하였다. 그림 1-5(b)에서 보듯이 미국의 경우 전화와 텔레비전이 전 인구의 30% 이용자를 확보하는 데 각각 37년, 17년이 걸린 데 비해 인터넷과 초고속 인터넷은 각각 7년, 4년에 불과하였다. 이렇듯 우리 사회는 전례 없는 빠른 속도로 글로벌화 되어가고 있다.

(a) 통신혁명과 글로벌사회

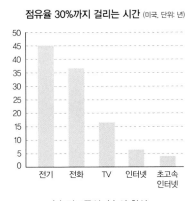

점유율 30%까지 걸리는 시간 (미국, 단위: 년)

(b) 정보통신기술의 확산

| 그림 1-5  정보통신사회의 발전

■ 컴퓨터의 범용성과 융통성

오늘날 컴퓨터는 산업, 비즈니스, 금융, 교육, 과학, 의료, 서비스, 공공, 통신, 교통, 국방 등 거의 모든 분야에서 활발히 쓰이고 있다. 이와 같이 모든 영역에서 필수적으로 쓰이는 컴퓨터는 기존의 다른 기계와 어떠한 차이점이 있는가? 기존의 모든 기계들은 특정한 한 가지 목적을 위해 개발된 데 비해 컴퓨터는 특정한 쓰임이 아닌 범용 기계(General-Purpose Machine)로 개발되었다. 컴퓨터는 믿을 수 없을 만큼 다양한 용도로 쓰이고 있는데, 간단한 세금계산에서부터 로봇의 동작제어나 감시카메라에 이르기까지 많은 분야에서 사용되고 있다. 컴퓨터의 이러한 범용성 개념은 1937년 알란 튜링에 의하여 처음으로 제시되었다. 튜링머신에 의하면 컴퓨터는 데이터를 입력받아 처리하고 그 결과를 출력하는 기계로서 처리 용도는 프로그램의 명령에 따라 달라질 수 있다고 생각하였다(그림 1-6 참조). 오늘날까지 모든 컴퓨터는 튜링머신의 개념에 따라 프로그램을 통해 범용성과 융통성을 제공하고 있다.

| 그림 1-6  튜링모델에 기반한 컴퓨터: 프로그램을 통한 프로세서의 작동

컴퓨터가 처리하는 정보는 숫자나 문자와 같은 간단한 데이터에서부터 이미지, 사운드, 비디오와 같은 멀티미디어 정보에 이르기까지 다양한데, 컴퓨터는 이러한 정보를 복합적으로 처리할 능력을 가지고 있다. 또한 컴퓨터는 단순 계산 능력을 벗어나 인간의 지능과 사고 기능을 수행할 수 있어 때로는 인간의 두뇌를 대신하기도 한다. 하지만 컴퓨터가 정보의 처리속도, 기억능력, 정확성 면에서는 인간에 비해 월등한 반면 고차원의 사고 및 지능 면에서는 아직 인간에 못 미치는 것이 현실이다. 그림 1-7은 인간의 두뇌와 컴퓨터의 핵심요소인 마이크로프로세서 칩을 비교한 것이다.

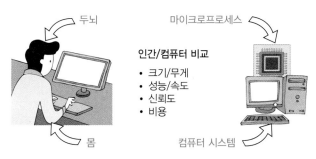

| 그림 1-7  인간의 두뇌와 마이크로프로세서 칩

그렇다면, 컴퓨터는 어떻게 이와 같이 다양한 기능(Versatility)을 소유할 수 있는가? 컴퓨터의 융통성(Flexibility)의 비밀은 컴퓨터의 하드웨어에 있는 것이 아니라 컴퓨터 프로그램, 즉 소프트웨어에 있다. 컴퓨터는 이러한 소프트웨어와 다양한 입력장치, 센서, 출력장치들을 이용함으로써 활용방식에 따라 매우 다양한 응용 분야에서 이용되고 있다.

초기의 컴퓨터는 과학 및 공학 분야의 계산과 통계처리를 목적으로 사용되는 매우 값비싼 기계였다. IBM의 설립자 토머스 왓슨(Thomas Watson)은 1943년 당시 전 세계에 필요한 컴퓨터가 5대를 넘지 않을 것이라고 선언하였다. 그러나 오늘날 인간은 주변의 수많은 컴퓨터와 더불어 살아가고 있으며 컴퓨터는 우리 사회와 생활양식에 커다란 변화를 초래하고 있다. 컴퓨터와 IT 기술의 확산으로 산업의 발전과 생활양식이 풍부해졌지만 인간은 또한 여러 가지 위험에도 노출되어 있다. 개인의 프라이버시 침해, 하이테크 범죄, 컴퓨터 시스템의 장애로 인한 불편, 정보의 남용, 자동화로 인한 작업의 비인간화 및 실업 문제 등 새로운 형태의 위험이 우리 사회 곳곳에 상존하고 있다.

## 1.1.2 ICT 기술의 구성요소와 활용의 변화

ICT 기술을 가능케 하는 구성요소에 대하여 설명하고 ICT 기술의 활용이 어떠한 방향으로 발전해 나가는지 알아보자.

### ■ ICT의 구성요소

ICT 기술의 구성요소는 그림 1-8에서 보듯이 하드웨어, 소프트웨어, 프로시저(알고리즘), 통신망, 사람(이용자 또는 참여자) 및 정보로 나누어 볼 수 있다. 하드웨어와 통신망은 ICT를 가능케 하는 물리적 인프라를 의미하고 소프트웨어는 물리적 인프라 환경에서의 활용을 기술하는 구성요소이다. 소프트웨어의 핵심은 문제를 해결하는 절차(Procedure), 즉 알고리즘에 달려있다고 해도 과언이 아니다. 이러한 이유로 컴퓨터과학에서는 알고리즘에 대한 연구를 매우 중요하게 다루고 있다. 알고리즘이 주어진 문제를 해결할 수 있어야 할 뿐 아니라 가장 효율적인 방식으로 해결할 수 있어야 한다. 따라서 컴퓨터과학을 '알고리즘의 과학'이라고까지 한다. 또한 소프트웨어는 데이터(정보)를 처리하여 결과를 다시 데이터로 생성한다. 이러한 의미에서 데이터 또는 정보는 ICT의 가장 중요한 요소의 하나라 할 수 있다. 데이터는 숫자와 문자는 물론 이미지, 사운드, 목소리, 비디오 등 매우 다양한 형태를 가지며 다양한 입력장치를 사용하여 컴퓨터에 입력된다. 이러한 모든 과정에서 사람은 이용자 또는 데이터 생산자로서 존재한다. 데이터가 이용자에 의해 소비되기도 하고 소셜미디어에서는 참여자가 직접 콘텐츠를 생성한다.

| 그림 1-8 ICT의 구성요소

■ ICT 기술 중요성의 변화

컴퓨터의 발전과 활용을 시기적으로 대략 1950년~1980년대 중반의 과학/공학/데이터처리 연산기계 시기, 1980년대 중반~2000년대 중반 시기의 소프트웨어 중심, 그리고 2000년대 중반 이후의 애플리케이션/콘텐츠 중심의 시기로 나누어 볼 수 있다(그림 1-9 참조). 1980년대 이전에는 보다 성능이 우수한 컴퓨터 하드웨어의 개발과 컴퓨터 자원을 효율적으로 이용자에게 제공하는 운영체제(OS)의 개발이 중요하게 인식되었다. 1970년대 후반 PC가 출현하면서 컴퓨터의 활용이 비즈니스, 사무용 소프트웨어 및 정보처리를 위한 데이터베이스가 중심 이슈로 떠오르게 되었다. 2000년 이후에는 인터넷과 웹이 확산되고 특히 2010년경 모바일 기기가 일반화 되면서 모바일 환경에서 애플리케이션 및 데이터 그리고 콘텐츠를 제작, 공유할 수 있게 해주는 플랫폼이 더욱 중심 이슈로 인식되고 있다. 인터넷 및 소셜미디어 환경에서 수많은 데이터가 생성되면서 이러한 데이터를 어떻게 활용하는지가 매우 중요한 이슈로 떠오르게 되었다. 이러한 분야를 빅데이터라 부르며 빅데이터를 분석하여 지능적으로 활용하는 데이터 기술(Data Technology)이 새로운 영역으로 떠오르게 되었다.

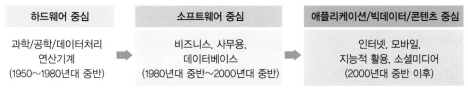

| 그림 1-9 시대별 컴퓨터 활용의 변화

## 1.2 컴퓨터와 정보통신의 발전

컴퓨터가 발명된 이후 지난 70여 년을 뒤돌아보면 인류 역사 이래로 이처럼 눈부신 발전을 거듭한 기계는 없었다. 컴퓨터는 크기, 성능, 가격, 에너지 효율성 측면에서 엄청난 발전을 이루었다. 이것은 컴퓨터의 핵심소자가 제1세대의 진공관에서 시작하여 트랜지스터, IC 칩, VLSI 칩 등을 거쳐 현재는 마이크로프로세서와 메모리칩의 트랜지스터 집적도가 수십억 개 수준에 이르게 된 데 기인한다. 여기서 지난 70여 년 동안 컴퓨터 기술의 발전과 세대별 배경에 대하여 알아본다.

### 1.2.1 컴퓨터의 발전과 시대적 배경

■ 컴퓨터의 역사

인간이 수나 양을 표시하는 방법은 인류 역사와 함께 꾸준히 발전해 왔다. 숫자를 나무에 표시하거나 원시적 주판과 같은 도구를 이용하여 계산하였는데, 동양에서는 5천 년 전부터 숫자를 사용한 기록이 있다. 12세기 중국에서는 현대식 주판을 사용하였고, 1642년 프랑스의 수학자이며 철학자인 파스칼(Blaise Pascal)은 덧셈기라는 기계를 사용하여 계산을 수행하였다. 파스칼은 이 기계를 이용하여 그 당시 세금 계산을 직업으로 하고 있던 부친의 세금 계산을 도왔다고 하는데 이 기계는 오늘날에도 존재한다. 이 덧셈기가 나온 지 180년이 지난 후에 영국의 수학자 바비지(Charles Babbage)는 파스칼의 덧셈기보다 더 발전된 계산기를 만들었다. 이 기계는 오늘날 컴퓨터가 가지고 있는 다섯 가지 구성 요소, 즉 입력장치, 처리기, 제어기능, 기억장소 및 출력장치 등의 기능을 가진 최초의 기계로 인정되고 있다.

1936년 '튜링머신(Turing machine)'을 이론적으로 제안하여 컴퓨터의 논리적 근거를 제시한 영국의 수학자 튜링(Alan Turing)은 1943년 '콜로서스(Colossus)'라는 특수목적용 디지털 전자컴퓨터를 완성하여 제2차 세계대전 중 독일의 암호문을 성공적으로 해독할 수 있었다.

1944년 하버드대학의 에이큰(Howard Aiken) 교수는 마크 I(Mark I)이라는 전자기계식 컴퓨터를 개발하였는데, 그 길이가 15m, 높이가 2.4m에 달하였다. 한편, 펜실베니아 대학의 모클리(John Mauchly)와 에커트(Presper Eckert)는 제2차 세계대전 중인 1943년 대포와 미사일의 탄도를 빨리 계산할 수 있는 기계를 설계하기 시작하여 전쟁이 종료된 1946년에야 완성된 에니악(ENIAC)을 제작하였다. 에니악은 세계 최초의 범용컴퓨터였으나 기계가 유연성이 없어서 새로운 문제를 수행할 때마다 기계의 배선을 다시 해야만 하는 문제점이 있었다. 에니악은 길이가 30m, 높이가 3m, 무게가 무려 30톤이나 되었고, 18,000개의 진공관을 가지고 있어서 매 7분마다 고장이 발생하였다. 그 후, 에니악은 1951년 세계 최초의 상업용 범용컴퓨터라 할 수 있는 유니박 I(UNIVAC I)으로 발전하였다. 한편, 폰 노이만(John von Neumann)은 오늘날 모든 컴퓨터 설계의 근간이 된 '폰 노이만 구조(von Neumann Architecture)'를 1945년 제안하였고, 이 방식에 따라 에드박이라는 컴퓨터를 1949년 완성하였다. 에드박은 수행할 프로그램과 데이터를 메모리 장치에 저장해 둠으로써 에니악에서와 같이 배선을 다시 해야 하는 불편을 해결하였다. 이러한 이유로 '폰 노이만 컴퓨터'를 '내장 프로그램 컴퓨터(Stored-program Computer)'라고도 부른다.

(a) ENIAC 컴퓨터

(b) ENIAC에서 이용한 진공관

| 그림 1-10  세계 최초의 전자컴퓨터 ENIAC

초창기에 컴퓨터는 대규모 은행이나 정부기관과 같은 거대 기관만이 구입 가능한 값비싼 기계였다. 컴퓨터를 설치하기 위하여 온도 및 습도 조절을 완벽히 할 수 있는 컴퓨터센터 시설이 필요하였고, 고가의 컴퓨터를 프로그램하고 운영할 전문운영팀이 요구되었다. 컴퓨터는 곧 과학자, 엔지니어 등 전문가들에게 없어서는 안 될 기계로 인식 되었다. 지난 70여 년 동안 엄청난 변화를 이룬 컴퓨터의 발전을 컴퓨터 요소 기술의 발전에 따라 4세대로 나누어 볼 수 있다.

## (1) 제1세대 컴퓨터(1946~1957)

1951년 세계 최초로 개발된 상업용 디지털 전자계산기 유니박 I은 진공관을 이용하여 개발되었으며, 인구조사 자료를 처리하기 위하여 미국 인구조사국에 처음 설치되었다. 제1세대 컴퓨터의 특징은 컴퓨터 구성요소로 전구만한 크기의 진공관(Vacuum Tube)을 사용한 점이다(그림 1-11 참조). 수만 개의 진공관에서 발산되는 방대한 양의 열 때문에 온도조절 문제가 야기되었고 진공관이 자주 타서 계산 도중에 중단되는 문제점이 자주 발생하였다. 주기억 장치로는 작은 도넛 형태의 자기코어(Magnetic Core)가 구슬처럼 꿰어져 사용되었고, 입출력장치로는 천공카드가 사용되었기 때문에 입출력 속도가 매우 느렸다. 또한 컴퓨터에서 사용하는 프로그램이 고급언어가 아닌 기계어로 작성되었기 때문에 컴퓨터의 사용이 매우 어렵고 프로그래밍 시간이 매우 많이 걸렸다.

(a) 제1세대 컴퓨터　　　　　　　　　(b) EL84 진공관

| 그림 1-11  제1세대 컴퓨터와 진공관

## (2) 제2세대 컴퓨터(1958~1963)

AT&T 벨연구소(Bell Laboratories)의 세 과학자 바딘(J. Bardeen), 브라텐(H. W. Brattain), 쇼클리(W. Shockly)는 1948년 매우 작은 전자회로 트랜지스터를 발명하였고, 이들은 이 업적으로 노벨상을 수상하였다. 트랜지스터의 출현은 전자산업 분야 전반에 걸쳐 큰 변화를 불러일으켰는데 특히 컴퓨터에는 절대적인 영향을 미쳤다.

1956년 IBM, 버로우스(Burroughs), 콘트롤데이타(Control Data), 하니웰(Honeywell) 등의 회사에서 트랜지스터를 컴퓨터 제조에 처음으로 사용하였다. 트랜지스터의 크기는 진공관의 1/100 정도밖에 되지 않아 컴퓨터의 크기가 대폭 축소되었고, 전력소모량도 상당히 줄어들었으며, 계산속도가 빨라 컴퓨터는 높은 신뢰성을 확보할 수 있게 되었다. 가격도 진공관을 사용한 제1세대 컴퓨터 비해 저렴하게 되었고, 컴퓨터 운영비도 전보다 내려가게 되어 컴퓨터의 활용분야가 비즈니스, 산업계, 항공사, 대학교 등으로 확산되었다. 또한 제1세대 컴퓨터에서 사용하던 기계어 프로그램 대신에 포트란(FORTRAN), 코볼(COBOL) 등 고급언어를 이용하여 프로그램을 개발하게 되면서 프로그램의 개발이 훨씬 용이하게 되었다.

(a) 제2세대 컴퓨터    (b) 메모리보드에 사용한 트랜지스터

| 그림 1-12  제2세대 컴퓨터와 트랜지스터

### (3) 제3세대 컴퓨터(1964~1970)

텍사스 인스트루먼트(Texas Instrument)사의 킬비(Jack Kilby)와 페어차일드 반도체(Fairchild Semiconductor)사의 노이스(Robert Noyce)가 1959~1961년 IC(Integrated Circuit) 칩을 처음 개발하였다. IC 칩이란 실리콘으로 된 $0.8cm^2$ 크기의 조그마한 칩이 수백 개의 전자소자를 포함하고 있는 것을 말한다. 1964년 경부터 컴퓨터는 기존 트랜지스터 소자를 IC 칩으로 대체하기 시작하면서 제3세대 컴퓨터 시대가 시작되었다. 작은 실리콘 IC 칩 하나가 수백 개의 트랜지스터를 대체하면서 컴퓨터의 크기가 획기적으로 축소되었고 컴퓨터의 신뢰도 및 전력소모량이 더욱 향상되었다. IC 칩이 대량생산되면서 컴퓨터의 가격이 훨씬 저렴해졌고 컴퓨터의 성능도 비교할 수 없을 만큼 향상되었다.

1960년대 중반에 IC 칩을 이용하여 RCA Spectra 70, IBM 360 등이 최초로 개발되었으며, 1960년대 및 1970년대에 걸쳐 많은 종류의 메인프레임(Mainframe) 컴퓨터가 개발되었다. 가장 대표적인 메인프레임 컴퓨터인 IBM System/360은 과학 계산과 비즈니스 겸용으로 쓸 수 있도록 고안되었고 크기와 모델에 따라 대여섯 가지 종류가 있었다. IBM사는 이 IBM System/360을 중소기업이나 정부기관 등, 이전에 컴퓨터를 사용하지 않던 곳에 판매하기 위해 적극적인 공세를 편 결과 기대 이상의 성과를 거두었다. 제3세대에 속한 컴퓨터로는 이외에도 CDC, 버로우스(Burroughs)사의 컴퓨터들이 있었다.

제3세대 후반기에 가장 괄목할 만한 사실은 미니컴퓨터(Minicomputer)의 성장을 들 수 있다. 미니컴퓨터는 메인프레임 컴퓨터에 비해 크기는 작고 가격이 저렴하면서도 처리속도 면에서 크게 떨어지지 않는 성능을 가지고 있다. DEC사는 1968년 세계 최초의 미니컴퓨터인 PDP-8을 시작으로 다양한 PDP 계열의 미니컴퓨터를 개발하였다. 이외에도 데이타 제너럴(Data General), HP 등도 미니컴퓨터를 개발하였다.

| 그림 1-13  제3세대 컴퓨터 IBM 360

### (4) 제4세대 컴퓨터(1971~현재)

제4세대 컴퓨터는 기술적 혁신에 의한 정의보다는 제3세대 컴퓨터에 비해 성능을 개선시키고 가격을 줄이는 형태로 발전된 상태를 말한다. 제3세대 컴퓨터가 IC 칩을 이용하였으나, 이후 실리콘 칩의 트랜지스터 집적도가 지속적으로 증가하여 1970년에는 수천 개의 소자를 포함하는 LSI(Large Scale Integration)로 발전하였고, 1975년에는 집적도가 훨씬 높은 VLSI(Very Large Scale Integration)가 출현하였다. 그 후 ULSI(Ultra Large Scale Integration)로 발전하면서 칩 하나당 전자회로 소자 수가 빠르게 증가하였다. 따라서 제4세대 컴퓨터는 제3세대 메인프레임 컴퓨터와 미니컴퓨터에 비해 성능도 급격히 향상되었고 메모리 용량도 크게 증가하였다. IBM 370 계열, 유니박 1100 계열, CDC 170 계열 등이 대표적인 메인프레임이고, DEC사의 VAX-11 계열, 데이타 제너럴의 MV 8000 등이 잘 알려진 미니컴퓨터이다.

한편, 1970년대 후반에 애플(Apple), 코모도어(Commodore), 탠디(Tandy)사 등이 개발한 마이크로컴퓨터는 큰 붐을 일으키기 시작하였고, 1980년대에 들어서 퍼스널 컴퓨터(PC)로 발전하게 되었다. 마이크로컴퓨터와 퍼스널 컴퓨터가 가능하게 된 배경에는 하나의 실리콘 칩에 컴퓨터의 두뇌에 해당하는 중앙처리장치(CPU: Central Processing Unit)를 포함한 마이크로프로세서(Microprocessor) 칩이 개발되었기 때문이다. 첫 마이크로프로세서는 1971년 인텔(Intel)사에 의해 개발된 Intel 4004(4-bit)로, 마이크로프로세서는 컴퓨터 발전 과정에서 앞의 진공관, 트랜지스터 및 IC 칩보다 더 지대한 영향을 끼쳤다. 마이크로프로세서가 개발됨으로써 컴퓨터는 모양, 성능, 가격 면에서 획기적인 발전을 이루었다. 그동안 기업이나 기관이 주로 컴퓨터를 사용하는 방식에서 개인이 컴퓨터를 사용하는 이른바 퍼스널 컴퓨팅(Personal Computing) 시대가 열리게 된 것이었다.

퍼스널 컴퓨터가 1977년 출현하였고, 다른 한편으로는 1976년 슈퍼컴퓨터 CRAY-1이 CRAY Research사에 의해 개발되었다. 당시 CRAY-1은 800만 달러의 가격에 판매되었고, 주로 일기예보, 빠른 계산이 요구되는 과학 및 공학 분야, 컴퓨터 시뮬레이션, 군사적 응용 분야 등에서 사용되었다.

1970년대 후반 이후 가장 큰 획기적인 사건은 퍼스널 컴퓨터가 출현하면서 1980년대부터 가정용 컴퓨터 시대가 시작되었다는 사실이다. 퍼스널 컴퓨터는 컴퓨터의 대중화에 큰 기여를 했을 뿐만 아니라 컴퓨터가 대량생산되면서 가격도 획기적으로 저렴하게 되었다. 1970년대 중반 제록스(Xerox)사의 알토(ALTO), MITS사의 알테어 8800(Altair 8800) 등의 마이크로컴퓨터가 개발되었으나, 퍼스널 컴퓨터 시대를 본격적으로 열게 된 데는 스티브 잡스(Steve Jobs)와 스티브 워즈니악(Steve Wozniak)이 같이 시작한 애플(Apple) 컴퓨터가 출현하면서부터이다. 애플(Apple)사는 1977년 애플 I(Apple I)을 판매하기 시작하였고, 곧이어 1978년 애플 II(Apple II)를 시장에 내놓았다. 한편, 메인프레임 컴퓨터의 독보적인 기업인 IBM사는 퍼스널 컴퓨터의 가능성을 인지하고 1981년 Intel 8088 칩을 기반으로 한 IBM-PC를 시장에 출시하였다. 이로써 본격적인 퍼스널 컴퓨터 시대가 개막되었다.

(a) 초기의 Apple II　　　　　　　　(b) IBM-PC

| 그림 1-14 초기의 개인용 컴퓨터(PC)

1980년대 퍼스널 컴퓨터는 급격히 발전하여 애플사는 1984년 그래픽 사용자 인터페이스(GUI: Graphical User Interface)를 지원하는 리사(Lisa)와 매킨토시(Macintosh)를 개발하였고, IBM사는 1983년 IBM-PC XT를 출시하였고 1984년 Intel 80286칩을 이용한 IBM-PC AT를 시장에 내놓았다. 기술적으로는 애플사가 앞섰으나 IBM사는 'IBM'이라는 브랜드와 마케팅 능력을 앞세워 1990년대 중반에는 IBM-PC 또는 IBM-PC Clone(IBM-PC 호환 기종)이 PC 시장의 90% 이상을 장악하였다. 그 후, PC에서 휴대성을 강조한 노트북 컴퓨터(Notebook Computer)로 발전하였고, 최근에는 모바일 컴퓨터의 유용성이 대두되면서 스마트폰, 태블릿 PC 등이 각광을 받고 있다. 모바일 컴퓨터는 앞으로 사물인터넷 사회에서 중심 역할을 하는 허브 단말기의 기능을 담당하게 될 것이다.

■ 컴퓨터 활용의 시대적 변화

시간의 흐름에 따라 컴퓨터의 활용에 큰 변화가 일어났고 그 활용 영역이 매우 확장되어 왔다. 이제, 각 시대별로 컴퓨터 활용이 어떻게 변화했으며 그 특징이 무엇인지 알아보자. 그러나 새로운 시대의 시작이 이전의 컴퓨팅 시대의 끝을 의미하지는 않는다. 오늘날 우리는 아래 네 가지 컴퓨팅이 공존하는 시대에 살고 있다.

### (1) 기관 위주의 컴퓨팅 시대(1950년대 시작)

메인프레임 컴퓨터(대형 컴퓨터)는 주로 대기업, 정부기관, 대학 등 동시에 많은 사람들이 컴퓨터를 이용하는 경우에 사용되는데, 컴퓨터는 대용량의 데이터를 저장하고 계산할 수 있는 기능을 제공한다. 메인프레임 컴퓨터는 다수의 운영자와 전문가들에 의하여 운영, 유지되는 고가의 기계이다. 따라서 1950년대 중반 이후 개발된 메인프레임 컴퓨터는 극히 제한된 이용자 그룹만이 사용할 수 있었다. 오늘날 메인프레임 컴퓨터는 복잡한 계산을 필요로 하는 공학 및 과학 분야, 기업의 비즈니스 응용, 경영정보시스템(MIS), 대규모 CAD/CAM 응용, 공장 자동화, 교통관리시스템, 군사적 응용, 컴퓨터를 이용한 지휘 및 통제 시스템(C3I) 등의 분야에서 쓰이고 있다.

### (2) 개인 컴퓨팅 시대(1975년경 시작)

개인용 컴퓨터는 사무실, 학교, 가정, 공장 등 거의 모든 환경에서 사용되며 컴퓨터를 소유하고 있는 개인에 의하여 관리되는 비교적 저렴한 컴퓨터이다. 퍼스널 컴퓨터가 출현한 초기에 개인은 주로 문서처리, 데이터 저장, 간단한 계산을 목적으로 사용해 왔으나 오늘날은 그 활용 범위가 확장되고 있다. 인터넷이 일반화되기 이전의 개인 컴퓨터는 주로 사무자동화 분야로 워드프로세서, 스프레드시트, 프레젠테이션 소프트웨어, 통계 소프트웨어, 그래픽 소프트웨어 등으로 활용되었다.

### (3) 사람 간의 컴퓨팅 시대(1995년경 시작)

1980년 이전까지 컴퓨터는 주로 독립적인 형태로 이용되었다. 그러나 여러 곳에 분산되어 있는 컴퓨터들을 WAN(Wide Area Network)을 통해 연결하기 시작하고, Ethernet을 이용한 LAN(Local Area Network)이 1980년 이후 활성화되기 시작하면서 컴퓨터는 네트워크화되기 시작하였다. 특히, 인터넷 망이 탄생한 후 1989년 웹서비스가 개발되면서 인터넷을 매우 쉽고 편리하게 사용할 수 있게 되었다. 1994년 출현한 웹브라우저 넷스케이프 내비게이터(Netscape Navigator)와 1995년 발표된 마이크로소프트(Microsoft)사의 인터넷 익스플로러(Internet Explorer)는 인터넷 이용의 대중화에 큰 역할을 담당하였다. 오늘날 이 세상의 모든 컴퓨터는 실질적으로 인터넷망을 통하여 사무실, 학교, 가정, 자동차 등 어느 곳에 있든 서로 연결되어 있다. 이제는 컴퓨터 이용자 간에 정보를 교환하고, 웹사이트로부터 정보를 검색하며, 전자상거래나 온라인 게임을 하는 등 사람 간의 컴퓨팅 시대가 시작되었다.

### (4) 임베디드 및 사물인터넷 시대

1970년대 컴퓨터를 위한 마이크로프로세서 칩이 개발되었고, 그 이후 가전제품을 위한 특수 목적의 마이크로프로세서 칩과 메모리칩이 개발되었다. 오늘날에는 디지털 TV,

MP3, 디지털 카메라 등 모든 디지털 가전제품을 비롯하여, 웨어러블 기기 및 자동차에도 마이크로프로세서가 내장(즉, 임베디드)되어 있다. 또한 사물인터넷 환경에서는 마이크로프로세서 칩과 센서들이 다양한 장소와 환경에 존재하여 이용자에게 유용한 정보를 제공한다.

## 1.2.2 컴퓨터의 유형

이제, 각종 컴퓨터들을 성능, 크기, 용도, 가격 등에 따른 분류법(Taxonomy)에 따라서 다음의 다섯 가지 유형으로 설명한다.

### (1) 메인프레임 컴퓨터와 슈퍼컴퓨터

메인프레임 컴퓨터는 은행, 항공사, 대기업, 정부기관과 같이 큰 조직에서 이용되며, 오늘날 메인프레임의 크기는 냉장고 정도이고 가격은 수십만~수백만 달러 내외라고 추정된다. 슈퍼컴퓨터는 일기예보, 전화망의 설계, 유전탐사, 컴퓨터 시뮬레이션, 의학 이미지처리 분야 등 매우 복잡하고 빠른 계산이 요구되는 경우에 이용되며 일반적으로 수천 개의 마이크로프로세서 칩을 이용하여 설계된다. 그림 1-15(a)는 최초의 슈퍼컴퓨터 CRAY-1이며, 그림 1-15(b)는 세계에서 가장 빠른 일본 요코하마 지구과학 연구소에 설치되어 있는 NEC '지구 시뮬레이터(Earth Simulator)'로 초당 40조(40 trillion)의 수리 연산을 수행하는 것으로 알려져 있다.

(a) CRAY-1 슈퍼컴퓨터          (b) NEC '지구 시뮬레이터'

| 그림 1-15  슈퍼 컴퓨터

## (2) 서버와 워크스테이션

서버컴퓨터(Server Computer)는 다수의 사용자를 동시에 지원하기 위한 컴퓨터로 일반적으로 미니컴퓨터나 워크스테이션이 사용된다. 워크스테이션은 계산 기능이 우수한 고성능 데스크탑 컴퓨터로, 과학자, 엔지니어, 재무 분석가, 디자이너, 애니메이션 제작자 등 주로 전문인들이 많이 사용하고 있다. 그러나 최근에는 PC의 성능이 워크스테이션에 근접하면서 워크스테이션과 PC 간의 경계가 불분명해지고 있는 추세이다. 그림 1-16(a)는 1980년대 많이 사용되던 미니컴퓨터 VAX 11/780이고, 그림 1-16(b)는 1983년 선 마이크로시스템스(Sun Microsystems)사에 의한 최초의 워크스테이션 Sun-1을 보여주고 있다.

(a) 미니컴퓨터 VAX 11/780          (b) Sun-1 워크스테이션

| 그림 1-16  미니컴퓨터와 워크스테이션

## (3) PC와 노트북

PC(Personal Computer)는 개인용 컴퓨터로 데스크탑 컴퓨터(Desktop Computer)라고도 불린다. PC는 원칙적으로 개인이 사용할 목적으로 설계된 비교적 저렴한 가격의 컴퓨터이다. 이에 비해, 노트북 컴퓨터는 가격이나 기능상으로는 PC와 거의 동등하나 휴대성(Portability)이 있어서 가지고 다니기에 편리하며 랩탑 컴퓨터(Labtop Computer)라고도 불린다. 그림 1-17(a)는 애플사의 PC인 아이맥(iMac)이고, 그림 1-17(b)는 전형적인 노트북이다.

(a) 애플 아이맥

(b) 삼성 노트북

| 그림 1-17  PC와 노트북

## (4) 모바일 컴퓨터

모바일 컴퓨터는 한 손에 잡을 수 있는 정도의 크기를 가진 컴퓨터로 휴대성이 강조된다. 모바일 컴퓨터에는 스마트폰, 태블릿 PC, e-북 단말기 등이 있으며, 컴퓨터의 성능은 PC나 노트북에 비해 떨어지나 무선인터넷 기능을 가짐으로써 실시간으로 무선인터넷 액세스가 가능하다. 또한 PC 및 노트북과 정보 공유도 가능하다. 그림 1-18(a), (b)는 안드로이드(Android) 스마트폰과 애플(Apple)사의 태블릿 PC를 보여주며, 그림 1-18(c)는 아마존(Amazon)사의 e-북 단말기 킨들 파이어(Kindle Fire)로 전자책을 읽을 수 있을 뿐만 아니라 태블릿 PC 기능도 제공한다.

(a) 갤럭시 S8과 아이폰8

(b) 태블릿 PC 아이패드 미니

(c) e-북 단말기 킨들 파이어

| 그림 1-18  다양한 모바일 컴퓨터

## (5) 임베디드 컴퓨터

임베디드 컴퓨터는 특수 용도의 마이크로프로세서 칩이 냉장고, 디지털 TV, 손목시계, 장난감, 게임기, 스테레오 시스템, DVD 플레이어, MP3 등의 가정용 기기 또는 가전제품에 내장되어 있는 경우를 의미한다. 이외에도 웨어러블 기기나 로봇 등에서도 마이크로프로세서 칩이 내장되어 있다. 실제적으로 90% 이상의 마이크로프로세서 칩이 임베디드 컴퓨터 형태로 이용되고 있다. 그림 1-19는 마이크로프로세서가 내장된 임베디드 컴퓨터의 예로, 자동차의 내비게이터, 로봇 인형 및 운반 체어를 보여주고 있다.

(a) 자동차의 내비게이터　　　　　　(b) 로봇 인형　　　　　　(c) IBOT 운반 체어

| 그림 1-19  임베디드 컴퓨터의 예

### 1.2.3 정보통신과 네트워크

컴퓨터 이용 초기에는 한 기업이나 기관이 대용량의 메인프레임 컴퓨터를 설치하여 다양한 업무를 처리하는 중앙집중처리(Centralized Processing) 방식을 따랐다. 중앙집중처리 방식은 모든 프로그램과 데이터를 컴퓨터가 설치되어 있는 곳까지 가져와야 처리할 수 있었고, 그 결과를 다시 사용자에게 분배해야 하는 어려움이 있었다. 이에 따라 메인프레임 컴퓨터와 사용자의 단말기 사이를 전화선을 이용하여 연결하게 되었고, 그 후 이 방식이 발전하게 되었다.

■ 컴퓨터 네트워크와 인터넷

시간이 흐름에 따라 독립적인 컴퓨터들을 서로 연결하여 프로세서, 기억장치, 프린터 등의 하드웨어를 공동으로 사용하고, 프로그램, 데이터 등의 소프트웨어 자원을 공유할 필요가 생겨났다. 이러한 필요에 따라 컴퓨터들을 연결함으로써 사용자 사이에 정보나 메시지를 서로 교환할 수 있게 되었다. 한 건물이나 비교적 가까운 장소에 위치한 컴퓨터들을 데이터 통신 네트워크로 연결한 것을 LAN(Local Area Network)이라 부르고, LAN들을 다시 연결하여 보다 광역화된 네트워크를 WAN(Wide Area Network)이라 부른다.

일반적으로 컴퓨터 네트워크는 설계 방식과 데이터 처리 방식이 다른 여러 가지 기종의 컴퓨터들이 연결되어 있어 이들 간에 원활한 데이터 교환이 이루어지기 위해 데이터 교환의 표준화가 필요하게 되었다. 1969년 미국방성 DARPA(Defense Advanced Research Projects Agency)가 개발한 ARPAnet은 여러 종류의 컴퓨터 간에 데이터 전송을 위해 IP(Internet Protocol) 전송규약을 표준으로 채택하였다. ARPAnet은 실험적인 네트워크였으나 이것이 인터넷으로 발전하게 되었다. 그 후, 인터넷망이 더욱 확산되어 이제는 전 세계를 연결하는 글로벌 네트워크가 되었다.

특히, 1989년 웹(WWW: World Wide Web)이 개발되면서 서로 연관성 있는 정보들을 상호 연결할 수 있게 되었고, 1994년 이후에는 웹 브라우저를 이용하여 일반인들도 인터넷을 쉽게 이용할 수 있게 되었다. 오늘날 웹은 지구상의 모든 컴퓨터가 가진 방대하고 다양한 정보를 상호연관성에 따라 구축해 놓은 것이라 할 수 있다. 1994년에는 전 세계적으로 인터넷 이용자 수가 300만 명에 불과했으나, 1997년에는 5,000만 명으로, 2003년 초에는 5억 8,000만 명으로 증가하였고, 2007년 12억 명, 2011년 23억 명, 2015년 30억 명에 이르고 2022년 50억 명에 도달하여 전 세계 인구의 63%가 인터넷을 이용하게 되었다.

■ 초고속 인터넷 서비스

인터넷 서비스를 이용하기 위하여 초기에 대부분의 사용자는 가정에서 모뎀(Modem)을 이용해 왔으나, 최근에는 ADSL/VDSL, 케이블 모뎀 또는 광케이블을 이용함으로써 초고속 인터넷 서비스가 가능하게 되었다. 그림 1-20은 전 세계적으로 초고속 인터넷 이용자 수가 어떻게 증가하는지 보여주고 있다. 특히, 2010년 이후 스마트폰의 출현으로 모바일 방식의 초고속 인터넷 이용자가 급격히 증가함을 알 수 있다. 1990년대 후반부터 한국, 일본, 유럽연합(EU) 등 모든 선진국들이 인터넷 속도를 획기적으로 증가시키기 위하여 최선의 노력을 경주하고 있다. 인터넷을 통하여 정보를 초고속으로 전송하는 것이 마치 자동차가 고속도로를 질주하는 개념과 유사하다 하여 정보의 수퍼하이웨이(Information Superhighway)라 부른다.

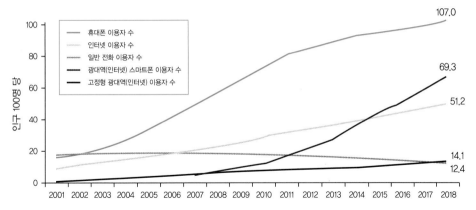

출처: ITU World Telecommunication

| 그림 1-20  초고속(광대역) 인터넷 이용자 수의 변화

## 1.3 ICT 기술의 발전 방향

이 절에서는 프로세서, 컴퓨터 메모리, 입력장치, 출력장치 및 주변기기 등의 ICT 기술이 어떻게 발전하고 있는지 알아보고, 인터넷을 비롯한 정보통신기술의 발전 추세에 대하여 공부한다. 또한 컴퓨터와 정보통신기술이 우리 사회에 미치는 영향과 기술의 발전이 사회를 어떻게 변화시키는지에 대하여 알아본다.

### ■ 컴퓨터 기술의 발전

인텔사의 창업자 무어(Gordon E. Moore)는 마이크로프로세서의 성능은 18개월마다 2배씩 증가하고 가격은 매년 1/2씩 떨어진다고 예측하였다. 예를 들면, 1995년부터 2005년 사이에 마이크로프로세서의 속도는 100배 빨라졌고, 2005년과 2015년 사이에 마이크로프로세서의 성능은 100배 증가하였다. 주기억장치인 RAM 메모리의 용량도 10년에 100배 증가하였다. 특히, 플래시 메모리(Flash Memory)의 용량은 최근 몇년 동안 해마다 2배씩 증가하고 있다. 한편, 길더(George Gilder)는 일반적으로 광섬유의 대역폭, 즉 인터넷의 데이터 전송 속도는 12개월에 3배씩 빨라진다고 주장하였다. ICT 기술의 이러한 발전이 혁신경제의 중심 개념으로 작용하고 있다. 표 1-1은 컴퓨터와 ICT 기술 발전의 일반적 추세와 관련된 법칙들을 설명하고 있다.

| | |
|---|---|
| 무어의 법칙 | CPU의 집적도(처리속도)는 18개월마다 2배씩 증가 |
| 길더의 법칙 | 네트워크의 데이터 전송속도는 12개월에 3배씩 증가 |
| 저장장치 용량 | 저장장치의 집적도는 10년에 수백 배씩 증가하고 가격은 수백분의 일 이하로 떨어짐 |

■ 정보통신과 인터넷 기술의 발전

인터넷의 데이터전송 인프라는 초고속 인터넷(Broadband)에서 FTTH(Fiber to the Home)로 발전하고 있다. FTTH 서비스는 광섬유를 이용한 인터넷망이 가정에까지 연결된 경우를 의미하며, 데이터 전송 속도는 100Mbit/s~1Gbit/s에 이른다. 또한 모바일 컴퓨팅이 활성화되면서 무선인터넷 서비스가 중요한 인프라로 부상하였다. 무선인터넷이란 무선 이동통신과 인터넷 서비스의 결합으로, 이동 중에 무선으로 모바일 단말기를 이용하여 인터넷 정보나 멀티미디어 정보를 송수신하는 것을 의미한다.

인터넷을 단지 컴퓨터들을 연결하기 위한 수단으로 생각하기보다 이용자가 상호 간에 인터넷을 이용하여 의견과 생각을 중재하고 서로 협업하기 위한 환경으로 이해하는 것이 바람직하다. 인터넷의 성공은 기술적인 측면보다 인간이 작업하고 살아가는 방식에 지대한 변화와 영향을 주었다는 사실에 기인한다. 인터넷의 확산속도는 과거 TV, 라디오, 전화 등 어떤 미디어보다도 빠르다. 특히, 웹을 통한 전자상거래가 확산되면서 인터넷의 이용이 급속히 증가하였다. 인터넷 경제(Internet Economy)라는 용어도 생겨나게 되었고, 기업이나 조직에도 파고들어 정보처리시스템이 인터넷을 중심으로 재편되었다.

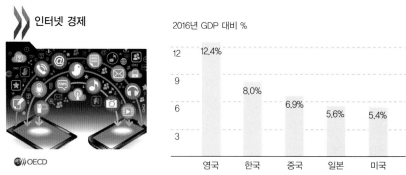

출처: OECD, http://money.cnn.com

| 그림 1-21 인터넷 경제: 각국의 GDP에서 차지하는 비율

## ■ 모바일 혁명

정보화사회를 주도하고 있는 흐름은 지속적으로 발전하여 60, 70년대는 메인프레인 컴퓨터를 이용하여 정보처리를 수행하였으나 80년대 접어들면서 미니컴퓨터나 워크스테이션을 이용한 정보처리가 하나의 주요 흐름으로 대두되었다. 1970년대 후반 PC가 출현하면서 80, 90년대에는 일반 대중들에게 PC의 활용이 확산되었다. 이제 2000년대에 들어서면서 우리는 모바일 시대를 맞이하고 있다. PC와 인터넷 서비스는 일반 대중에게 이미 일반화된 정보서비스이지만 이제 모바일 컴퓨팅이 새로운 이슈로 등장하고 있다. 사람들이 이동 중에 언제, 어디서나 원하는 정보를 주고받을 수 있게 되기를 원하기 때문이다. 모바일 컴퓨팅은 개인적인 욕구뿐만 아니라 지식정보사회에서 경쟁력을 회득하기 위한 필요성에서도 당연한 방향이라 할 수 있다. 마이크로소프트사의 빌 게이츠 회장은 지난 몇 년간 주춤했던 IT 혁명의 후속타로 제2의 IT 붐을 언급하면서 이것을 '모바일 혁명'이라 불렀다. 모바일 컴퓨팅에서는 유·무선망, 위성통신망, 방송망 등이 통합되어 복합적으로 인터넷 서비스를 지원하게 된다. 모바일 단말기를 이용한 고속 무선인터넷 서비스가 가능하게 되면서 과거의 e-커머스(e-Commerce)가 모바일 커머스(m-Commerce)로 발전해 나가고 있다.

## ■ 디지털 컨버전스

지식정보사회에서 또 하나의 큰 현상은 컴퓨터와 ICT 기술이 그 자체로 있기보다는 다른 첨단 기술인 BT(Bio Technology), NT(Nano Technology) 등과 융합하여 (Technological Convergence) 새로운 첨단 기술과 새로운 활용 영역을 창출할 수 있다는 흐름이다. 예를 들어, 바이오 칩(Biochip)이 사람의 몸에 이식되어 인간의 건강 상태를 실시간에 점검할 수 있다. ICT 기술은 기존의 전통산업과도 융합하여 기존산업에 경쟁력을 제공할 수 있다. 또한 21세기의 새로운 트렌드는 디지털 융합현상이 방송과 통신 분야에도 적용되어 더 이상 방송과 통신 간에 경계선이 없어지며, 전통적 미디어 산업 및 엔터테인먼트 산업도 ICT 산업과 융합하고 경쟁하는 방향으로 나아갈 것으로 예측된다.

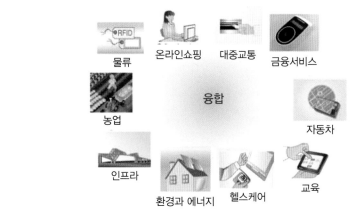

물류　온라인쇼핑　대중교통　금융서비스

융합

농업

자동차

인프라

환경과 에너지　헬스케어　교육

출처: https://www.ntt-review.jp

| 그림 1-22  ICT 컨버전스

# 연습문제

**1-1** 정보혁명은 언제 시작되었는가?

    (a) 19세기 후반　　　　(b) 20세기 초반　　　　(c) 20세기 중반

    (d) 20세기말　　　　　(e) 21세기초

**1-2** 컴퓨터의 범용성 개념을 처음 제시한 기계는?

    (a) MARK I　　　　　(b) ENIAC　　　　　(c) 튜링 머신

    (d) 폰노이만 머신　　　(e) 바비지 머신

**1-3** 컴퓨터가 기존의 다른 기계와 상이한 가장 큰 특징은?

    (a) 속도(Speed)　　　　(b) 정확성　　　　　(c) 신뢰도

    (d) 기억 능력　　　　　(e) 범용성(General-Purpose Machine)

**1-4** 컴퓨터의 융통성(Flexibility)의 비밀이 주로 어디에 기인하는지 가장 바람직한 설명은?

    (a) 소프트웨어　　　　(b) 하드웨어　　　　　(c) 입출력 장치

    (d) 기억 장치　　　　　(e) CPU의 고성능

**1-5** 컴퓨터 활용의 모바일 환경에서 애플리케이션 및 콘텐츠 중심으로 발전한 시기는?

    (a) 1980년대　　　　　(b) 1990년대 초반　　　(c) 1990년대 후반

    (d) 2000년대 초반　　　(e) 2010년대 초반

**1-6** 오늘날 모든 컴퓨터 설계의 근간이 된 '내장 프로그램 컴퓨터(Stored-program Computer)'를 1945년 처음 제안한 사람은?

    (a) 알란 튜링　　　　　(b) 폰 노이만　　　　　(c) 토마스 왓슨

    (d) 존 모클리　　　　　(e) 찰스 바비지

**1-7** 1946년~1957년 개발된 제1세대 컴퓨터에서 사용한 핵심 구성요소는?

 (a) 기어     (b) 릴레이(Relay)   (c) 진공관(Vacuum Tube)

 (d) 트랜지스터   (e) 스위치

**1-8** 제3세대 컴퓨터(1964~1970)에서 컴퓨터를 구성하기 위한 핵심소자는?

 (a) 트랜지스터   (b) IC 칩     (c) LSI

 (d) VLSI     (e) 진공관

**1-9** 1995년경 시작된 사람 간의 컴퓨팅 시대의 발전에 가장 큰 역할을 한 것은?

 (a) 노트북 컴퓨터   (b) 메인프레임   (c) 스마트폰

 (d) JAVA 언어   (e) 웹브라우저

**1-10** 마이크로프로세서의 성능이 18개월마다 2배씩 증가하고 가격은 매년 1/2씩 떨어진다고
예측한 법칙은?

 (a) 무어의 법칙   (b) 길더의 법칙   (c) 파레토 법칙

 (d) 롱테일 법칙   (e) 메칼프의 법칙

**1-11** 컴퓨터가 기존의 다른 기계와 비교하여 차이점을 가장 잘 묘사한 단어는?

 (a) 컴퓨터의 처리속도 (b) 컴퓨터의 크기/무게 (c) 컴퓨터의 범용성과 융통성

 (d) 컴퓨터의 저장능력 (e) 컴퓨터의 정확성

**1-12** 길더(Gilder)에 의하면 인터넷의 데이터 전송속도가 어느 정도 속도로 증가하는가?

 (a) 2년에 3배   (b) 3년에 2배   (c) 5년에 2배

 (d) 12개월에 2배   (e) 12개월에 3배

### 괄호 채우기

**1-1** 1973년 다니엘 벨(Daniel Bell)은 『탈산업화 사회의 도래(*The Coming of Post-Industrial Society*)』에서 컴퓨터의 발전으로 인하여 기존 제조업 위주의 산업화사회가 끝나고 정보와 서비스가 사회발전을 이끌어가는 탈산업화사회의 시작을 이야기하였다. 이것은 정보화사회의 도래를 의미하는데, 과거 산업화사회가 정보화사회를 거쳐 현재 (    )로 발전하게 되었다.

**1-2** 3차 산업혁명은 엘빈 토플러가 이야기 하는 '제3의 물결' 즉 정보화사회를 의미하며, 지금 우리가 맞이하고 있는 (                )은 인공지능, 로봇 및 빅데이터를 이용한 사물인터넷 및 산업인터넷 시대를 의미한다.

**1-3** 기존의 모든 기계들은 특정한 한 가지 목적을 위해 개발된 데 비해 컴퓨터는 특정한 쓰임이 아닌 (              )로 개발되었다.

**1-4** 펜실베니아 대학의 모클리(John Mauchly)와 에커트(Presper Eckert)는 제2차 세계대전 중인 1943년 대포와 미사일의 탄도를 빨리 계산할 수 있는 기계를 설계하기 시작하여 전쟁이 종료된 1946년에야 완성된 세계 최초의 범용 컴퓨터인 (              )을 제작하였다.

**1-5** 1964년경부터 컴퓨터는 기존 트랜지스터 소자를 (              )으로 대체하기 시작하면서 제3세대 컴퓨터 시대가 시작되었다.

**1-6** 1980년 이전까지 컴퓨터는 주로 독립적인 형태로 이용되었다. 그러나 여러 곳에 분산되어 있는 컴퓨터들을 WAN(Wide Area Network)을 통해 연결하기 시작하고, Ethernet을 이용한 (              )이 1980년 이후 활성화되기 시작하면서 컴퓨터는 네트워크화되기 시작하였다.

**1-7** (              )는 일기예보, 전화망의 설계, 유전탐사, 컴퓨터 시뮬레이션, 의학 이미지처리 분야 등 매우 복잡하고 빠른 계산이 요구되는 경우에 이용되며 일반적으로 수천 개의 마이크로프로세서 칩을 이용하여 설계된다.

**1-8** 인텔사의 창업자 (              )는 마이크로프로세서의 성능은 18개월마다 2배씩 증가하고 가격은 매년 1/2씩 떨어진다고 예측하였다. 한편, (              )는 일반적으로 광섬유의 대역폭, 즉 인터넷의 데이터 전송 속도는 12개월에 3배씩 빨라진다고 주장하였다.

**1-9** 웹을 통한 전자상거래가 확산되면서 인터넷의 이용이 급속히 증가하였다. (              )라는 용어도 생겨나게 되었고, 기업이나 조직에도 파고들어 정보처리시스템이 인터넷을 중심으로 재편되었다.

**1-10** 단말기를 이용한 고속 무선인터넷 서비스가 가능하게 되면서 과거의 e-커머스 (e-Commerce)가 (　　　　　　)로 발전해 나가고 있다.

**1-1** 제조업 위주의 경제가 디지털 경제로 발전하면서 새롭게 나타난 산업 분야들을 기술하고, 과거의 서비스 산업은 디지털 경제에서 어떻게 변화했는지 설명하라.

**1-2** 1970년대 PC(Personal Computer)가 출현하면서 우리 사회의 경제활동 분야와 개인 생활양식에 어떠한 영향을 미쳤는지 설명하라.

**1-3** 컴퓨터 발전의 역사를 간략하게 기술하고 각 세대별 컴퓨터의 특성을 설명하라. 또한 그 당시 각 시대별로 어떠한 정보통신 인프라가 존재했는지 기술하라.

**1-4** 각 세대별 컴퓨터의 발전과정에서 컴퓨터 활용분야가 어떻게 변화했는지 기술하라.

**1-5** IT기술의 발전에서 길더의 법칙에 의하면 인터넷상에서 데이터 전송속도가 12개월에 3배씩 증가하였다. 길더의 법칙이 앞으로도 지속적으로 적용되는 법칙이라면, 지금으로부터 5년 또는 10년 후 데이터 전송 속도는 각각 지금의 몇 배로 증가하겠는가?

**1-6** 전문가들의 예측에 의하면 현재 우리 사회가 모바일 사회로 급속히 변화하고 있다. 모바일 컴퓨팅(Mobile Computing)의 개념을 설명하고, 모바일 컴퓨팅 환경이 우리 사회에 어떠한 영향을 미치게 될지 설명하라.

**1-7** 기술 융합(Technological Convergence)의 개념을 기술하고, 기술 융합이 우리 개인생활에 어떠한 영향을 미치고 변화를 초래하는지 설명하라.

Chapter

# 02

# 정보의 표현과
# 디지털 논리

02
CHAPTER

# 정보의 표현과 디지털 논리

아날로그 정보와 디지털 정보의 차이점을 알아보고 다양한 정보의 디지털화에 대하여 생각해보자. 숫자, 문자 및 멀티미디어 정보를 디지털 데이터로 표현하는 방법을 공부한다. 디지털 연산의 기반이 되는 부울 대수에 대하여 알아보고 이를 실현하는 디지털 논리회로에 대하여 공부한다. 멀티미디어 정보는 일반적으로 그 크기가 매우 크다. 따라서 멀티미디어 정보를 압축하는 방법과 표준에 대하여 배운다. 마지막으로 정보의 오류를 탐지하는 방법에 대하여 공부해 보자.

## 2.1 디지털 정보

오늘날 세상의 모든 정보는 거의 디지털 형태로 표현된다. 아날로그 정보와 디지털 정보의 차이점을 설명하고 디지털 정보의 장점을 이해하자. 디지털 정보를 나타내는 단위인 비트, 바이트, 워드 개념을 이해하고 숫자를 표현하기 위한 2진법과 진법 간의 변환에 대하여 공부하자.

### 2.1.1 아날로그 정보와 디지털 정보

■ 아날로그와 디지털의 예

모든 정보를 표현하는 데는 두 가지 방식이 존재한다. 정보란 흔히 보는 문자, 숫자뿐만 아니라 이미지, 그래픽, 사운드, 동영상 등 다양한 정보와 데이터를 포함한다. 두 가지 방식은 아날로그 방식의 표현과 디지털 방식의 표현이다. 아날로그 방식의 정보 표현은 오래 전부터 존재해 왔다. 그러나 컴퓨터와 디지털 시스템이 출현하면서 이제 대부분의 정보는 디지털 방식으로 표현되고 있다. 그림 2-1은 시계와 체중계가 아날로그 및 디지털 방식의 두 가지를 보여주고 있다. 그림에서 보듯이 아날로그시계는 시간 정보의 표현을 연속적인 데이터로 나타낼 수 있다. 예를 들어, 그림의 아날로그시계가 10시 9분 10초로 보일 수도 있고 10시 9분 15초로 보일 수도 있다. 정확성은 염두에 두지 않더라도 보는 사람에 따라 시간을 다르게 읽을 수 있다. 이것은 아날로그시계의 값이 연속적인 데이터로 나타나기 때문이다. 이에 비하여 분 단위까지 보이는 디지털시계는 10시 9분에서 10시 10분으로 변화하지 그 중간 값이 존재하지 않는다. 다시 말하면 10시 9분 10초라는 값은 표현하지 않는다. 이것은 체중계의 경우도 마찬가지이다. 결론적으로 아날로그 데이터는 연속적(Continuous)인 데이터를 의미하며 실수와 같이 연속적인 데이터로 표현된다. 이에 비하여 디지털 데이터는 비연속적(Discrete)인 데이터를 의미하며 정수와 같이 딱 떨어지는 값을 가진다. 숫자뿐만 아니라 사운드, 이미지, 동영상과 같은 다양한 데이터도 아날로그 방식의 표현이 있고 디지털 방식의 표현이 존재한다.

| 그림 2-1  시계와 체중계의 아날로그 방식과 디지털 방식

■ 아날로그에서 디지털로 변환

실세계의 데이터는 원래 아날로그 데이터 형태로 존재한다. 숫자나 문자의 경우 사람이 종이에 "3"이라는 숫자나 "사과"라는 문자를 쓰면 글자를 쓴 사람에 따라 매우 다양한 방식으로 쓰게 된다. 이것은 아날로그 세계의 특징이라 할 수 있다. 그러나 디지털 세계에서 "3"과 "사과"라는 글자는 모두 동일한 방식으로 표현되고 저장된다. 사운드의 경우도 실세계에 존재하는 사운드는 그림 2-2(a)와 같이 아날로그 파형으로 나타난다. 이것을 컴퓨터가 처리할 수 있도록 그림 2-2(a)와 같이 디지털 사운드로 변환할 수 있다. 이미지의 경우에도 원래의 이미지는 그림 2-2(b)에서 보듯이 아날로그 형태로 표현되나 필요에 따라 컴퓨터가 처리할 수 있는 디지털 방식으로 변환할 수 있다. 디지털 방식으로 변화하면 이미지는 소위 "픽셀(Pixel: Picture Element)"이라 불리는 이미지의 가장 작은 구성요소들로 표현된다.

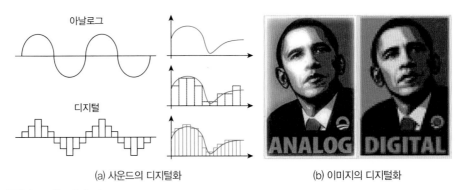

(a) 사운드의 디지털화    (b) 이미지의 디지털화

출처: http://geekologie.com

| 그림 2-2  아날로그 데이터와 디지털 데이터의 비교

실세계에 존재하는 다양한 아날로그 데이터나 정보는 모두 적절한 과정을 거쳐 디지털 데이터로 변환될 수 있다. 언뜻 보기에 아날로그 데이터의 정확도가 디지털 데이터보다 우수한 것으로 보인다. 그러나 아날로그 데이터를 디지털 데이터로 변환하는 과정에서 어떤 방법을 사용하느냐에 따라 원래 아날로그 데이터에 얼마든지 가깝게 디지털화 할 수 있으므로 현실적으로 문제가 되지 않는다. 예를 들어, 그림 2-2(b)의 아날로그 이미지를 디지털화 할 때 픽셀의 크기를 작게 하면(즉 이미지의 총 픽셀 개수는 증가) 원래 이미지에 매우 가깝게 표현 할 수 있다. 이렇게 하면 디지털 이미지의 정보량이 증가하게 된다.

■ 디지털 데이터의 이점

앞에서 컴퓨터는 모든 정보를 디지털 형식으로 표현하고 처리한다고 이야기하였다. 그렇다면 아날로그 데이터에 비해 디지털 데이터의 장점은 무엇인가? 아날로그 데이터는 동일한 데이터라도 여러 가지 방식으로 표현될 수 있는데 비해 디지털 데이터는 한 가지 방식으로 표현된다. 따라서 정보의 호환성이 높아진다. 예를 들어, "3"이라는 숫자와 "사과"라는 문자는 종이에 글자를 쓰는 사람에 따라 여러 가지 형태로 표현되지만 이것을 디지털 데이터로 변환하면 한 가지 방식의 표현만 가능하게 된다. 근본적으로 컴퓨터의 회로는 디지털 정보를 처리하기 쉽게 설계되어 있고 데이터의 저장도 디지털 방식으로 저장하게 된다. 디지털 방식의 표현은 어떤 컴퓨터나 환경에서도 동일한 데이터로 저장, 처리되므로 어떤 활용에서도 호환성이 보장된다. 컴퓨터는 아날로그 데이터보다는 디지털 방식으로 표현된 데이터를 처리하기에 적절한 시스템이다. 또한 정보를 전송할 때 아날로그 데이터의 전송은 날씨, 지형과 같은 외부 상황에 따라 데이터 전송 오류나 손실이 발생할 수 있다. 그러나 아날로그 데이터를 디지털 데이터로 변환하여 전송하면 이러한 문제점을 최소화 할 수 있다.

문자, 숫자, 이미지, 사운드, 동영상 등이 각기 아날로그 형태로 존재할 때는 그 특성이 상이하여 저장, 처리, 전송하는 방식이 모두 다르나 일단 디지털 데이터로 변환하면 동일한 방식으로 다룰 수 있게 된다. 예를 들어, 과거 사운드를 저장하는 마그네틱테이프와 동영상을 저장하는 마그네틱테이프가 달랐으나 일단 디지털화 되고 나서는 동일한 저장 매체에 저장할 수 있게 되었고 전송 채널도 동일한 전송선을 사용할 수 있다. 디지털 데이터에서는 이것이 어떤 유형의 데이터인지 큰 의미가 없게 된다. 이러한 이유로 그림 2-3에서 보듯이 모든 데이터가 디지털 형태로 변환되고 있는 추세이다.

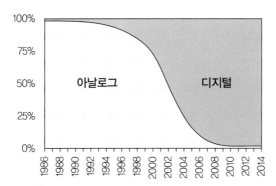

출처: www.martinhilbert.net/worldinfocapacity.html

| 그림 2-3  아날로그에서 디지털로 변환 추세(1986년~2014년)

## 2.1.2 정보의 디지털화

앞에서 정보의 디지털화에 대하여 설명하였다. 컴퓨터는 정보를 디지털화 할 때 이진법, 즉 "0"과 "1"의 두 가지 상태로 모든 정보를 표현한다. 이진법에 대하여 알아보고 다른 진법 간의 변환에 대하여 공부하자.

■ 이진법(Binary system)

컴퓨터는 모든 정보를 이진법으로 표현한다. 이진법은 "0"과 "1"의 두 가지 상태에 기반하고 있다. 숫자나 문자든 이미지, 사운드, 동영상이든 상관없이 모두 이진법으로 표현한다. 이진법은 "On"과 "Off", "True"와 "False", "컵에 물이 차 있음"과 "컵에 물이 비어 있음", "5볼트"와 "0볼트"와 같은 두 가지 상태를 의미한다. 따라서 "컵에 물이 약간 있음"과 같은 상태는 이진법에서는 존재하지 않는다. 이 두 가지 상태를 "1"과 "0"으로 나타낸다. 모든 데이터는 두 가지 상태, 즉 "0"과 "1"의 패턴으로 표현된다. 예를 들어, "10011100"이라는 패턴이 존재할 때 이것이 어떤 유형의 정보를 나타낸다. 이 패턴이 무엇을 의미하는지는 패턴을 해석하는 방법에 따라 달라질 수 있다. 이 패턴이 문자를 의미할 수도 있고 사운드 데이터의 일부를 의미할 수도 있다.

| 그림 2-4 "0"과 "1"로 표현된 정보

(a) "1" 상태          (b) "0" 상태          (c) 존재하지 않는 상태

| 그림 2-5 컵에 물이 차 있는 정도를 "1"과 "0"으로 표현

■ 비트(Bit), 바이트(Byte), 워드(Word)

"0"과 "1"과 같은 가장 작은 정보를 나타내는 단위를 비트(Bit)라 한다. 즉 하나의 비트는 "0" 또는 "1"의 정보를 가지고 있다. 이러한 비트 8개가 모여 하나의 바이트(Byte)를 구성한다. 예를 들어, 비트 패턴 "10011100"는 한 바이트이다. 워드(Word)의 크기는

컴퓨터에 따라 달라진다. 한 워드가 2 바이트, 즉 16 비트가 될 수도 있고 한 워드가 4 바이트, 즉 32 비트가 될 수도 있다. 한 바이트가 8 비트로 구성되는 이유는 컴퓨터가 이진법에 기반하고 있으므로 $2^3=8$이기도 하고 영어 한 글자를 표현하는데 (ASCII 코드 방식으로) 8비트가 요구되기 때문이다.

비트, 바이트는 정보의 크기를 표현하는데 가장 기본이 되는 단위이다. 2.4.1절에서 설명하듯이 KB, MB, GB는 아래의 크기를 갖는다. 정보의 최소 단위인 비트는 소문자 "b"로 나타내고 바이트는 대문자 "B"를 사용한다.

1KB(Kilo Byte) = $2^{10}$ Byte = 1,024 Byte

1MB(Mega Byte) = $2^{20}$ Byte = 1,048,576 Byte(약 백만 바이트)

1GB(Giga Byte) = $2^{30}$ Byte = 1,073,741,824 Byte(약 10억 바이트)

■ 진법의 변환 – 10진법, 16진법

사람은 10진법에 익숙해져 있다. "0", "1", "2", …, "9"라는 숫자는 4세기경 고대 이집트 문명과 인도에서 시작되었는데 사람이 열 개의 손가락을 가지고 있으므로 10진법이 가장 자연스러운 방법일 것이다. 그러나 컴퓨터는 2진법이 더 효율적인 표현 방식이다. 2진법 외에도 8진법, 16진법 등 이론적으로 많은 진법이 존재할 수 있다. 이와 같이 숫자를 진법으로 나타내는 것을 위치기수법(Positional Number System)이라 부른다. 예를 들어, 그림 2-6에서 십진법으로 575라는 숫자는 아래와 같이 표현된다. 따라서 같은 숫자 "5"도 $10^2$ 자리의 5와 $10^0$ 자리의 5는 의미가 다르다.

$$575 = 5 \times 10^2 + 7 \times 10^1 + 5 \times 10^0$$

그림 2-6의 이진법의 1101은 아래와 같은 의미를 가지고 있다.

$$1101 = 1 \times 2^3 + 1 \times 2^2 + 0 \times 2^1 + 1 \times 2^0$$

| 표기 | 5 | 7 | 5 | | 1 | 1 | 0 | 1 | 표기 |
| 위치의 크기 | $10^2$ | $10^1$ | $10^0$ | | $2^3$ | $2^2$ | $2^1$ | $2^0$ | 위치의 크기 |
| (a) 10진법 | | | | | (b) 2진법 | | | | |

| 그림 2-6 위치기수법

이와 같이 위치기수법의 숫자는 그 위치에 따라 의미가 달라진다. 컴퓨터는 내부적으로 2진법에 기반하고 있지만 2진법 수를 표현할 때는 편의상 16진법으로 변환하여 사용하기도 한다. 16진법에서는 십진법 숫자 0, 1, 2, 3, 4, 5, 6, 7, 8, 9, 10, 11, 12, 13, 14, 15를 16가지의 기호를 사용하여 나타낸다. 그림 2-7은 2진법, 10진법 및 16진법의 관계를 보여주고 있다.

| 비트 패턴 | 10진법 | 16진법 |
|---|---|---|
| 0000 | 0 | 0 |
| 0001 | 1 | 1 |
| 0010 | 2 | 2 |
| 0011 | 3 | 3 |
| 0100 | 4 | 4 |
| 0101 | 5 | 5 |
| 0110 | 6 | 6 |
| 0111 | 7 | 7 |
| 1000 | 8 | 8 |
| 1001 | 9 | 9 |
| 1010 | 10 | A |
| 1011 | 11 | B |
| 1100 | 12 | C |
| 1101 | 13 | D |
| 1110 | 14 | E |
| 1111 | 15 | F |

| 그림 2-7 2진법, 10진법 및 16진법의 관계

또한 진법 간에 상호 변환이 가능하다. 2진법을 16진법으로 변환하는 것은 매우 간단하고 2진법과 10진법 간의 변환도 아래와 같이 구할 수 있다. 그림 2-8(a)는 2진법의 수를 10진법으로 변환하는 과정을 보여주고 있고 그림 2-8(b)는 10진법의 수를 2진법으로 변환하는 과정을 보여주고 있다.

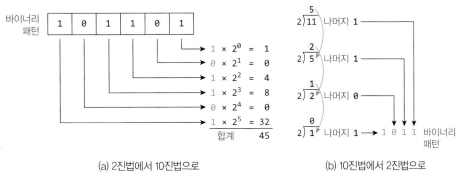

(a) 2진법에서 10진법으로        (b) 10진법에서 2진법으로

| 그림 2-8   2진법과 10진법 간의 변환 예

또한 2진법과 16진법 간의 변환은 그림 2-9에서 보듯이 매우 쉽게 이루어진다.

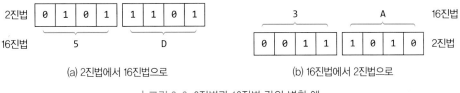

(a) 2진법에서 16진법으로        (b) 16진법에서 2진법으로

| 그림 2-9   2진법과 16진법 간의 변환 예

2진법의 두 수의 연산은 그림 2-10에서 보듯이 10진법의 경우와 마찬가지로 수행된다.
$1 + 0 = 1$이 되지만 $1 + 1 = 10$이 된다. 10진법의 경우와 마찬가지로 $1 + 1$의 연산에
서 $2^0$ 자리의 수가 차므로 $2^1$ 자리로 올라가 10이 된다. 10진법에서 $9 + 8 = 17$이 되는
것과 마찬가지 원리이다.

```
   0       1       0       1
 + 0     + 0     + 1     + 1
 ───     ───     ───     ───
   0       1       1      1 0
```

| 그림 2-10   2진법에서의 덧셈

## 2.2 정보의 표현

컴퓨터에서 숫자와 문자를 어떻게 표현하는지 알아보자. 또한 이미지, 사운드와 같은

멀티미디어 정보를 어떻게 표현하는지 알아보자. 모든 정보는 상호호환성을 위해 표준화된 방식으로 "0"과 "1"을 이용하여 코드화 한다.

## 2.2.1 숫자의 표현

■ 정수의 표현

정수(Integer)를 표현하는 방법에 대하여 알아보자. 정수에는 양의 정수와 음의 정수가 존재한다. 예를 들어 그림 2-11(a)에서와 같이 3 비트를 이용하여 정수를 표현하면 제일 왼쪽 비트(이를 MSB(Most Significant Bit)라 한다)는 항상 정수의 부호를 나타낸다. 예를 들어, 정수가 양의 수이면 "0", 음의 정수면 "1"이 된다. 나머지 두 비트는 정수의 크기(절대값)를 나타낸다. 따라서 3 비트를 이용하여 정수를 표현하면 -3~+3 범위의 정수를 표현할 수 있다. 이 경우 000과 100 모두 10진법 값 0이 됨을 알 수 있다. 그림 2-11(b)와 같이 4 비트를 이용하여 정수를 표현하면 -7~+7 범위의 정수를 표현할 수 있다. 이러한 방식으로 정수를 표현하는 방식을 부호-크기(Sign-Magnitude) 방식이라 한다. 이러한 방식은 사람에게 가장 익숙한 방식이다.

| 비트 패턴 | 10진법 수 |
|---|---|
| 0111 | +7 |
| 0110 | +6 |
| 0101 | +5 |
| 0100 | +4 |
| 0011 | +3 |
| 0010 | +2 |
| 0001 | +1 |
| 0000 | +0 |
| 1000 | -0 |
| 1001 | -1 |
| 1010 | -2 |
| 1011 | -3 |
| 1100 | -4 |
| 1101 | -5 |
| 1110 | -6 |
| 1111 | -7 |

| 비트 패턴 | 10진법 수 |
|---|---|
| 011 | +3 |
| 010 | +2 |
| 001 | +1 |
| 000 | +0 |
| 100 | -0 |
| 101 | -1 |
| 110 | -2 |
| 111 | -3 |

(a) 3 비트를 이용한 부호-크기 방식　　(b) 4 비트를 이용한 부호-크기 방식

| 그림 2-11　부호-크기 방식으로 나타낸 정수

그러나 컴퓨터는 일반적으로 정수를 표현하기 위하여 다른 방식을 이용하고 있다. 컴퓨

터에서 정수를 나타내기 위하여 주로 사용하는 방식은 2의 보수(2's Complement) 방식이다. 2의 보수는 그림 2-12와 같이 표현된다. 예를 들어, 양의 정수 2를 3 비트를 이용하여 2의 보수로 표현하면 부호-크기 방식과 동일하여 010이 된다. 음의 정수의 경우는 아래 절차에 따라 2가 보수로 변환된다. 예를 들어, 정수 -2를 2의 보수로 나타내보자.

방법 1

1. -2의 절대값 2를 3 비트 2진법으로 나타낸다. → 010
2. 3 비트로 표현하는 경우, $2^3 = 1000$으로 나타내자.
3. 1000 - 010 = 110
4. 결과 110이 -2의 2의 보수 값이 된다.

| 비트 패턴 | 10진법 수 |
|---|---|
| 0111 | 7 |
| 0110 | 6 |
| 0101 | 5 |
| 0100 | 4 |
| 0011 | 3 |
| 0010 | 2 |
| 0001 | 1 |
| 0000 | 0 |
| 1111 | -1 |
| 1110 | -2 |
| 1101 | -3 |
| 1100 | -4 |
| 1011 | -5 |
| 1010 | -6 |
| 1001 | -7 |
| 1000 | -8 |

| 비트 패턴 | 10진법 수 |
|---|---|
| 011 | 3 |
| 010 | 2 |
| 001 | 1 |
| 000 | 0 |
| 111 | -1 |
| 110 | -2 |
| 101 | -3 |
| 100 | -4 |

(a) 3 비트를 이용한 2의 보수

(b) 4 비트를 이용한 2의 보수

| 그림 2-12  2의 보수 방식으로 나타낸 정수

2의 보수 값을 구하는 다른 방법을 아래에 소개한다. 이 방법은 위에 소개한 방법 1과 수학적으로 동일한 결과를 얻는다. 예를 들어, 3 비트를 이용하여 음의 정수 -2를 2의 보수로 나타내보자.

방법 2

    1. −2의 절대값 2를 3 비트 2진법으로 나타낸다. → 010

    2. 010의 보수(Complement)를 구한다.

       보수는 0을 1로, 1을 0으로 변환하여 구한다. → 101

    3. 101에 1을 더한다. → 110

    4. 결과 110이 −2의 2의 보수 값이 된다.


■ 정수의 덧셈과 2의 보수 방식

정수의 덧셈에 대하여 알아보자. 뺄셈은 덧셈의 경우와 마찬가지로 처리되므로 생략하기로 한다. 즉 정수 a와 b가 존재한다고 가정하자. a − b의 값을 구하고 싶을 때 a − b = a + (−b)가 되므로 뺄셈도 덧셈과 동일하게 처리할 수 있음을 알 수 있다. 이제 덧셈을 부호−크기 방식으로 구하는 것과 2의 보수 방식으로 구하는 것을 비교하자. 부호−크기 방식으로 덧셈을 연산하는 경우 아래의 과정을 거치게 된다.

1. 정수 a와 b가 존재한다고 하자.

   a와 b의 절대값을 구한다. 절대값을 각각 |a|, |b|라 하자.

2. 정수 a, b 모두 양수이거나 음수인 경우

   i) a + b의 절대값은 |a|+|b|이다.

   ii) a + b의 부호는 정수 a 또는 정수 b의 부호와 동일하다.

3. 정수 a, b의 부호가 다른 경우

   i) |a|, |b|의 값을 비교하여 큰 수에서 작은 수를 뺀다.

   ii) i)의 결과에 절대값이 큰 수의 부호를 붙인다.


이에 비해 2의 보수로 정수 a, b를 표현하면 그림 2−13과 같이 정수 a, b의 부호나 크기에 관계없이 덧셈으로 처리하면 항상 올바른 결과를 얻는다. 따라서 2의 보수 방식이 사람이 익숙한 부호−크기 방식에 비해 보다 효율적임을 알 수 있다. 또한 2의 보수 방식에서는 0의 표현이 한 가지인데 비하여 부호−크기 방식에서는 +0와 −0의 두 가지가 존재한다. 이러한 사실은 덧셈기(Adder)를 디지털 회로로 구현할 때 부호−크기 방식의 회로가 훨씬 복잡해짐을 알 수 있다.

$$
\begin{array}{r}
4 \\
+\ 3 \\
\hline
\end{array}
\implies
\begin{array}{r}
0100 \\
0011 \\
\hline
0111 \\
\end{array}
\longrightarrow \quad 7
$$

$$
\begin{array}{r}
6 \\
+\ -3 \\
\hline
\end{array}
\implies
\begin{array}{r}
0110 \\
1101 \\
\hline
①0011 \\
\end{array}
\longrightarrow \quad 3
$$
버림

$$
\begin{array}{r}
-4 \\
+\ -2 \\
\hline
\end{array}
\implies
\begin{array}{r}
1100 \\
1110 \\
\hline
①1010 \\
\end{array}
\longrightarrow \quad -6
$$
버림

| 그림 2-13  2의 보수의 덧셈

■ 실수(Real number)의 표현

2진법으로 표현된 실수의 값은 정수의 경우와 마찬가지로 쉽게 구할 수 있다. 예를 들어, 이진법으로 표현된 실수 110.101의 값을 10진법으로 구하면 그림 2-14와 같이 된다. 110.101의 각 자리는 $2^2$, $2^1$, $2^0$, $2^{-1}$, $2^{-2}$, $2^{-3}$을 의미한다. 그러나 실수를 이러한 방식으로 표현하면 아주 큰 수나 아주 작은 수를 표현하는 데 어려움이 따른다.

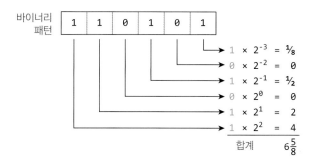

| 그림 2-14  2신법 실수를 10진법 실수로 변환

이제 컴퓨터에서 실수를 어떻게 표현하는지 알아보자. 컴퓨터에서는 일단 실수를 부동소수점실수(Floating Point Number)로 변환하여 표현한다. 부동소수점실수로 나타내는 방식은 여러 가지 표현이 가능하다. 예를 들어, 2진수 110.101을 부동소수점실수로 표현하면 $0.110101 \times 2^3$, $1.10101 \times 2^2$, $11.0101 \times 2^1$, $110.101 \times 2^0$, $1101.01 \times 2^{-1}$ 등 여러 가지가 가능하다. 이러한 문제점을 해결하기 위하여 컴퓨터에서는 모든 부

동소수점 실수를 정규화(Normalized) 부동소수점실수로 나타낸다. 정규화란 예를 들어 110.101을 0.110101 × $2^3$으로 나타내어 실수 표현에서 소수점 다음에 항상 1이 나오도록 표현하는 것을 의미한다. 실수를 정규화 부동소수로 표현하여 부호(Sign), 지수(Exponent), 맨티사(Mantissa)를 구할 수 있다. 예를 들어, 정규화 부동소수점실수 0.110101 × $2^3$의 부호는 +이고, 지수는 3, 맨티사는 110101이 된다. 다만 맨티사는 4자리 밖에 없으므로 비트 패턴 1101만 나타난다. 컴퓨터는 부동소수점실수의 부호, 지수, 맨티사를 그림 2-15와 같이 저장한다.

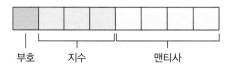

| 그림 2-15 부동소수점실수의 표현과 저장

예를 들어, 실수 $3\frac{9}{16}$를 정규화 부동소수점실수로 표현하면 0.111001 × $2^2$이 된다(그림 2-16 참조). 이제 이 수를 8 비트로 표현하고 부호를 1 비트, 지수를 3 비트, 맨티사를 4비트로 나타내면 부호는 +, 지수 값은 2, 맨티사는 1110이 된다. 맨티사의 원래 값은 111001이지만 맨티사의 자릿수가 부족하여 제일 오른쪽 두 수를 삭제하여 1110만 나타내게 된다. 이와 같이 자릿수가 부족하여 삭제하는 것을 자름(Truncation)이라 부른다. 실제로는 부동소수점실수를 나타내기 위하여 32 비트 또는 64 비트를 사용한다.

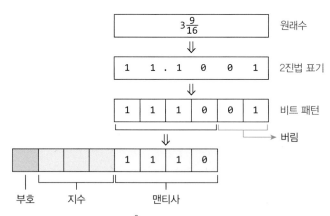

| 그림 2-16 실수 $3\frac{9}{16}$를 정규화 부동소수점실수로 표현

## 2.2.2 문자의 표현

문자는 숫자 못지않게 자주 나타나는 데이터이다. 문자는 언어에 따라 매우 다양하여 표준 방식으로 문자를 나타내어야 텍스트를 공유할 수 있다. 문자의 표현 방식에 대하여 알아보자.

### ■ ASCII 코드

ASCII(American Standard Code for Information Interchange) 코드는 영어 문자를 나타내기 위한 표준 코드로 미국 표준국 ANSI에서 제정한 코드이다. ASCII는 원래 7 비트를 사용하여 영어 알파벳, 숫자, 문법 기호, 제어 부호를 나타내었으나 그 후 국제표준기구인 ISO에서 1 비트를 추가하여 8 비트를 사용하고 있다. 그림 2-17은 128개의 ASCII 코드를 보여주고 있다.

| 10진수 표기 | 16진수 표기 | 문자 또는 부호 | 10진수 표기 | 16진수 표기 | 문자 또는 부호 | 10진수 표기 | 16진수 표기 | 문자 또는 부호 | 10진수 표기 | 16진수 표기 | 문자 또는 부호 |
|---|---|---|---|---|---|---|---|---|---|---|---|
| 0 | 0 | [NULL] | 32 | 20 | [SPACE] | 64 | 40 | @ | 96 | 60 | ` |
| 1 | 1 | [START OF HEADING] | 33 | 21 | ! | 65 | 41 | A | 97 | 61 | a |
| 2 | 2 | [START OF TEXT] | 34 | 22 | " | 66 | 42 | B | 98 | 62 | b |
| 3 | 3 | [END OF TEXT] | 35 | 23 | # | 67 | 43 | C | 99 | 63 | c |
| 4 | 4 | [END OF TRANSMISSION] | 36 | 24 | $ | 68 | 44 | D | 100 | 64 | d |
| 5 | 5 | [ENQUIRY] | 37 | 25 | % | 69 | 45 | E | 101 | 65 | e |
| 6 | 6 | [ACKNOWLEDGE] | 38 | 26 | & | 70 | 46 | F | 102 | 66 | f |
| 7 | 7 | [BELL] | 39 | 27 | ' | 71 | 47 | G | 103 | 67 | g |
| 8 | 8 | [BACKSPACE] | 40 | 28 | ( | 72 | 48 | H | 104 | 68 | h |
| 9 | 9 | [HORIZONTAL TAB] | 41 | 29 | ) | 73 | 49 | I | 105 | 69 | i |
| 10 | A | [LINE FEED] | 42 | 2A | * | 74 | 4A | J | 106 | 6A | j |
| 11 | B | [VERTICAL TAB] | 43 | 2B | + | 75 | 4B | K | 107 | 6B | k |
| 12 | C | [FORM FEED] | 44 | 2C | , | 76 | 4C | L | 108 | 6C | l |
| 13 | D | [CARRIAGE RETURN] | 45 | 2D | - | 77 | 4D | M | 109 | 6D | m |
| 14 | E | [SHIFT OUT] | 46 | 2E | . | 78 | 4E | N | 110 | 6E | n |
| 15 | F | [SHIFT IN] | 47 | 2F | / | 79 | 4F | O | 111 | 6F | o |
| 16 | 10 | [DATA LINK ESCAPE] | 48 | 30 | 0 | 80 | 50 | P | 112 | 70 | p |
| 17 | 11 | [DEVICE CONTROL 1] | 49 | 31 | 1 | 81 | 51 | Q | 113 | 71 | q |
| 18 | 12 | [DEVICE CONTROL 2] | 50 | 32 | 2 | 82 | 52 | R | 114 | 72 | r |
| 19 | 13 | [DEVICE CONTROL 3] | 51 | 33 | 3 | 83 | 53 | S | 115 | 73 | s |
| 20 | 14 | [DEVICE CONTROL 4] | 52 | 34 | 4 | 84 | 54 | T | 116 | 74 | t |
| 21 | 15 | [NEGATIVE ACKNOWLEDGE] | 53 | 35 | 5 | 85 | 55 | U | 117 | 75 | u |
| 22 | 16 | [SYNCHRONOUS IDLE] | 54 | 36 | 6 | 86 | 56 | V | 118 | 76 | v |
| 23 | 17 | [ENG OF TRANS. BLOCK] | 55 | 37 | 7 | 87 | 57 | W | 119 | 77 | w |
| 24 | 18 | [CANCLE] | 56 | 38 | 8 | 88 | 58 | X | 120 | 78 | x |
| 25 | 19 | [END OF MEDIUM] | 57 | 39 | 9 | 89 | 59 | Y | 121 | 79 | y |
| 26 | 1A | [SUBSTITUTE] | 58 | 3A | : | 90 | 5A | Z | 122 | 7A | z |
| 27 | 1B | [ESCAPE] | 59 | 3B | ; | 91 | 5B | [ | 123 | 7B | { |
| 28 | 1C | [FILE SEPARATOR] | 60 | 3C | < | 92 | 5C | \ | 124 | 7C | | |
| 29 | 1D | [GROUP SEPARATOR] | 61 | 3D | = | 93 | 5D | ] | 125 | 7D | } |
| 30 | 1E | [RECORD SEPARATOR] | 62 | 3E | > | 94 | 5E | ^ | 126 | 7E | ~ |
| 31 | 1F | [UNIT SEPARATOR] | 63 | 3F | ? | 95 | 5F | _ | 127 | 7F | [DEL] |

출처: https://simple.wikipedia.org/wiki/ASCII

| 그림 2-17  영어를 위한 ASCII 코드 테이블

예를 들어, "Happy!"라는 메시지를 ASCII 코드로 나타내면 그림 2-18과 같이 된다. 이에 비해 한글은 초성, 중성, 종성으로 구성되어 있다. 한글에서 초성, 중성, 종성을

구분해야 하기 때문에 8 비트로 한글 한 글자를 나타내는 것은 가능하지 않다. 따라서 한글 조합형 표준에서는 전체 16 비트를 이용하여 초성, 중성, 종성을 위해 각각 5 비트를 할당하고 있다. 한글 완성형 표준에서는 16 비트를 이용하여 초성, 중성, 종성을 구분하지 않고 한글 글자마다 16 비트를 할당하여 표현하고 있다.

| H | a | p | p | y | ! |
|---|---|---|---|---|---|
| 01001000 | 01100001 | 01110000 | 01110000 | 01111001 | 00100001 |

| 그림 2-18 메시지 "Happy!"의 ASCII 코드 표현

▪ Unicode

영어 문화권에서는 ASCII 코드를 이용하면 큰 불편이 없지만 영어를 제외한 언어에서는 새로운 코드가 요구된다. 각 언어마다 자체의 코드를 정하여 사용할 수 있지만 이렇게 하면 혼란이 발생하므로 국제적으로 모든 언어를 포함할 수 있는 국제표준 Unicode가 제정되었다. Unicode는 ASCII 코드를 포함하고 있으며 한글, 중국어, 일본어, 히브리어 등 다양한 언어를 위해 코드 영역을 지정해 놓고 있다. Unicode는 16 비트 또는 32 비트를 사용하고 있다. Unicode를 따르면 워드 프로세서 간에 텍스트의 호환성이 유지되므로 매우 편리하다.

## 2.2.3 멀티미디어 정보의 표현

정보에는 숫자, 문자뿐만 아니라 이미지, 그래픽, 사운드, 동영상과 같은 멀티미디어 데이터도 존재한다. 특히 최근 스마트폰과 소셜미디어의 확산에 힘입어 많은 데이터가 멀티미디어의 형태를 가지고 있다. 여기서 사운드, 이미지와 같은 멀티미디어 정보의 표현에 대하여 알아보자.

▪ 멀티미디어 정보의 특성

데이터의 유형은 다양하다. 앞에서 설명한 문자 외에도 이미지, 사운드, 동영상 등이 존재한다(그림 2-19 참조). 이미지, 그래픽, 사운드, 애니메이션, 동영상과 같은 데이터를 멀티미디어 데이터라 부른다. 최근 멀티미디어 데이터가 빠르게 증가하고 있다. 소셜

미디어, SNS, 스마트폰, 디지털 카메라, CCTV 등을 통해 멀티미디어 데이터가 생성되고 인터넷을 매개체로 빠르게 확산되고 있다.

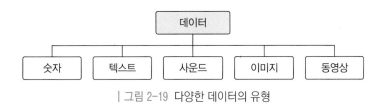

| 그림 2-19 다양한 데이터의 유형

컴퓨터 내부에 저장된 데이터 패턴을 보아서는 이것이 어떤 유형의 데이터인지 구분할 수가 없다. 예를 들어, 그림 2-20에서 보듯이 메모리 장치에 "01001011"이라는 데이터가 저장되어 있다면 이것이 숫자인지 문자인지 이미지나 사운드의 일부인지 동영상의 일부인지를 알 수 없다. 데이터를 해석하는 프로그램에 따라 동일한 바이너리 데이터를 다르게 해석하게 된다.

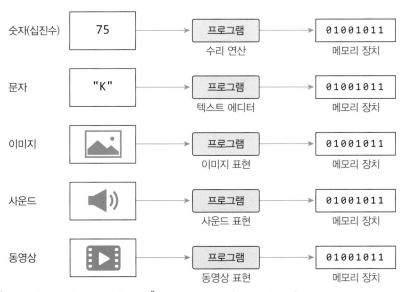

참조: "Foundations of Computer Science", B. Forouzan and F. Mosharraf

| 그림 2-20 다양한 데이터의 표현

멀티미디어 데이터는 몇 가지 특성이 있다. 첫째, 멀티미디어 데이터는 숫자나 문자에 비해서 데이터 용량이 매우 크다. 이미지, 사운드, 동영상은 숫자나 문자에 비해 비교

가 되지 않을 정도로 그 용량이 크다. 오늘날 인터넷 상의 데이터 용량의 대부분을 이러한 멀티미디어 데이터가 차지하고 있다. 특히 동영상이 차지하는 비율이 나날이 증가하고 있다. 따라서 멀티미디어 데이터를 압축하여 저장하고 전송하는 기술이 필요하다. 둘째, 멀티미디어 데이터는 그 용도와 환경에 따라 다양한 형태로 표현된다. 예를 들어, 동영상 데이터가 목적에 따라 MPEG-1, MPEG-2, MPEG-4, MPEG-7, H.264 등 여러 가지가 존재하고 실시간 비디오를 위해서는 또 다른 동영상 데이터 표현 방식이 요구된다.

■ 사운드(Sound)의 표현

사운드는 크게 사람의 목소리와 음악으로 구분할 수 있다. 사람의 목소리를 표현하는 방식과 음악을 표현하는 방식은 다르다. 사운드는 음의 높낮이와 관련이 있는 주파수(Frequency), 음의 크기와 관련이 있는 진폭(Amplitude), 각 음의 특성인 음색(Tone Color)의 세 가지 요소로 구성된다. 인간이 들을 수 있는 가청 주파수대는 약 20Hz~20KHz이다. 사운드는 실세계에서 아날로그 파형으로 존재하므로 이를 디지털 형태로 변환해야 한다. 그림 2-21과 같이 아날로그 파형을 일정한 주기로 샘플링하여 그 크기를 저장한다. 사람은 최대 20KHz까지 들을 수 있으므로 나이키스트 정리(Nyquist Theorem)에 따르면 20KHz 주파수의 두 배, 즉 초당 40,000회 샘플링하여 표현한다. 또한 샘플링한 값을 저장하기 위하여 일반적으로 2 바이트를 사용한다. 이렇게 저장된 사운드 데이터의 용량이 매우 크므로 다양한 압축 기법을 적용하여 사운드 파일의 크기를 줄여준다.

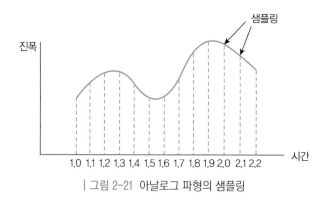

| 그림 2-21 아날로그 파형의 샘플링

이미지는 실세계의 장면을 카메라나 스캐너를 이용하여 컴퓨터의 표현 방식에 맞게 변환하여 저장한다. 실세계의 장면은 아날로그 형태의 이미지로 존재하나 일단 컴퓨터 메모리에 저장될 때는 디지털 형태의 데이터로 변환된다. 디지털 이미지는 픽셀들로 구성된다. 그림 2-22의 왼쪽 그림은 디지털 이미지로 변환되기 이전의 아날로그 이미지이고 그림 2-22의 오른쪽 그림은 디지털 이미지이다. 그림 2-22에서 보듯이 디지털 이미지는 수많은 픽셀들로 구성되어 있다. 이미지의 픽셀 수는 이미지의 해상도에 따라 다르지만 수평, 수직 방향으로 각각 수백~수천 개의 픽셀이 존재한다. 예를 들어, 수평 및 수직 방향으로 각각 1000개의 픽셀이 존재한다면 이미지의 총 픽셀 수는 1000 × 1000 = 1,000,000개나 된다. 하나의 픽셀을 표현하기 위해 일반적으로 사용하는 RGB 컬러 모델(즉 Red, Green, Blue)에서 각 컬러가 1 바이트를 차지하므로 하나의 픽셀을 표현하는데 3 바이트의 메모리가 요구된다. 따라서 이미지 한 장이 차지하는 메모리는 1,000,000 × 3 = 3백만 바이트가 된다. 이것은 숫자나 문자에 비하면 엄청나게 큰 메모리 용량이다. 따라서 디지털 이미지를 압축하여 저장하고 전송한다. 이미지를 압축하고 표현하는 방식으로 JPEG이 가장 자주 사용된다.

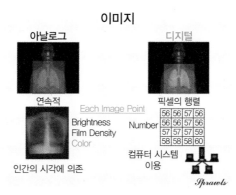

출처: http://www.sprawls.org

| 그림 2-22  아날로그 이미지와 디지털 이미지

## 2.3 부울 대수와 디지털 논리

2진수의 연산에 관한 부울 대수에 대하여 알아보고 부울 대수를 실현하기 위한 디지털 논리회로를 이해하자. 컴퓨터 산술논리 장치(ALU: Arithmetic & Logical Unit)의 모든 구성요소는 디지털 논리회로로 표현될 수 있다.

### 2.3.1 부울 대수

■ 부울 대수(Boolean Algebra)

부울 대수는 1847년 수학자 부울(George Boole)에 의해 고안된 대수학으로 참/거짓(True/False)에 대한 논리자료의 연산을 처리한다. 참/거짓 값에 관한 부울 대수는 1 또는 0, On 또는 Off와 같은 두 가지 상태를 나타내는 2진법에서도 동일하게 적용될 수 있다. 부울 대수가 디지털 논리회로에 적용될 때의 대수학을 스위칭 대수(Switching Algebra)라고 부른다. 부울 대수의 연산자는 AND, OR, NOT, XOR, NAND, NOR 등이 있다. 그림 2-23의 진리표(Truth Table)를 통해 각 연산자가 어떻게 작동하는지 이해하자. 진리표는 연산자에 입력되는 모든 가능한 입력 신호에 대한 출력을 테이블 형태로 보여준다. 일반적으로 NOT 연산자를 제외한 모든 부울 연산자는 입력을 두 개 가지고 있다. 이러한 부울 대수에 기반하여 디지털 논리회로의 구성요소인 게이트(Gate)가 정의된다.

| 입력 | | 출력 |
|---|---|---|
| 0 | 0 | 0 |
| 0 | 1 | 0 |
| 1 | 0 | 0 |
| 1 | 1 | 1 |

(a) AND

| 입력 | | 출력 |
|---|---|---|
| 0 | 0 | 0 |
| 0 | 1 | 1 |
| 1 | 0 | 1 |
| 1 | 1 | 1 |

(b) OR

| 입력 | | 출력 |
|---|---|---|
| 0 | 0 | 0 |
| 0 | 1 | 1 |
| 1 | 0 | 1 |
| 1 | 1 | 0 |

(c) XOR

| 입력 | 출력 |
|---|---|
| 0 | 1 |
| 1 | 0 |

(d) NOT

| 그림 2-23 부울 대수의 연산과 진리표

## 2.3.2 디지털 논리회로

### ■ 논리 Gate

게이트(Gate)는 가장 작은 단위의 디지털 논리회로로서 부울 연산을 처리하는 장치라고 생각할 수 있다. 그림 2-24는 부울 대수 연산자들의 진리표와 게이트를 나타내는 심벌들을 동시에 보여주고 있다. NOT 게이트는 입력 값을 반대 값으로 변환하는 게이트이다. 즉 입력 값 0이 들어오면 출력은 1이 되고 그 반대로 입력 값 1이 들어오면 출력은 0이 된다. AND 게이트는 두 개의 입력 값을 가지는데 두 입력 모두 1의 값일 경우에만 출력이 1이 된다. OR 게이트는 두 입력 값 중 하나라도 1의 값을 가지면 출력이 1이 된다. 이에 비하여, XOR 게이트는 두 개의 입력 값 중 한 입력 값만 1일 때 출력이 1이 된다. NAND 게이트와 NOR 게이트는 각각 AND 게이트와 OR 게이트의 출력의 반대 값을 가진다. 그림 2-24에서 보듯이 NOT, AND, OR, XOR 게이트는 각각 ''', '•', '+', '⊕' 심벌을 이용하여 연산자를 나타낸다.

게이트들은 실제 어떻게 실현되는지 알아보자. 게이트들 중 가장 기본이 되며 자주 사용되는 게이트가 NAND 게이트와 NOR 게이트이다. 이제 NAND 게이트와 NOR 게이트가 어떻게 NOT 게이트에 의해 실현되는지 알아보자. NOT 게이트는 앞에서 언급한 바와 같이 출력이 입력 데이터의 역이 된다. 즉 입력 값이 1이면 출력이 0, 입력 값이 0이면 출력이 1이 된다. 따라서 NOT 게이트를 흔히 인버터(Inverter)라 부른다. 인버터는 회로적으로 트랜지스터에 의해 실현된다. 과거에는 릴레이(Relay), 진공관(Vacuum Tube) 등을 이용하여 인버터 회로를 구성하였다. 인버터는 그림 2-25(a)에서 보듯이 입력 단자가 +5 Volt(스위치가 닫힘, 즉 입력 값이 1)이면 전류가 흘러 출력 단자가 0 Volt(출력 값이 0)가 되고, 입력 단자가 0 Volt(스위치가 열림, 즉 입력 값이 0)이면 전류가 흐르지 않아 출력 단자가 +5 Volt(출력 값이 1)가 된다. 따라서 인버터의 출력 값은 입력 값의 역이 된다. 인버터와 같이 작동하는 회로를 스위치(Switch)라 부른다.

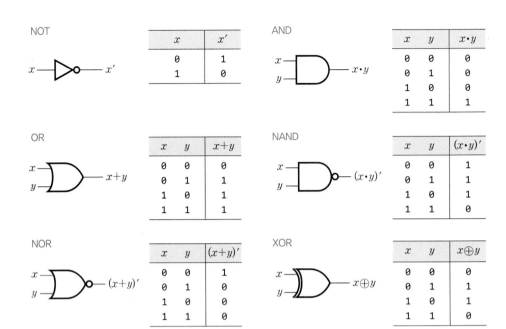

| NOT | | | |
|---|---|---|---|
| $x$ | $x'$ | | |
| 0 | 1 | | |
| 1 | 0 | | |

| AND | | |
|---|---|---|
| $x$ | $y$ | $x \cdot y$ |
| 0 | 0 | 0 |
| 0 | 1 | 0 |
| 1 | 0 | 0 |
| 1 | 1 | 1 |

| OR | | |
|---|---|---|
| $x$ | $y$ | $x+y$ |
| 0 | 0 | 0 |
| 0 | 1 | 1 |
| 1 | 0 | 1 |
| 1 | 1 | 1 |

| NAND | | |
|---|---|---|
| $x$ | $y$ | $(x \cdot y)'$ |
| 0 | 0 | 1 |
| 0 | 1 | 1 |
| 1 | 0 | 1 |
| 1 | 1 | 0 |

| NOR | | |
|---|---|---|
| $x$ | $y$ | $(x+y)'$ |
| 0 | 0 | 1 |
| 0 | 1 | 0 |
| 1 | 0 | 0 |
| 1 | 1 | 0 |

| XOR | | |
|---|---|---|
| $x$ | $y$ | $x \oplus y$ |
| 0 | 0 | 0 |
| 0 | 1 | 1 |
| 1 | 0 | 1 |
| 1 | 1 | 0 |

| 그림 2-24 디지털 논리회로의 구성요소인 게이트들

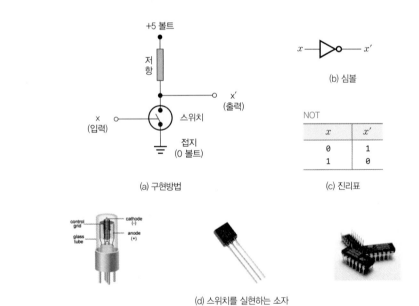

(a) 구현방법

(b) 심볼

| NOT | |
|---|---|
| $x$ | $x'$ |
| 0 | 1 |
| 1 | 0 |

(c) 진리표

(d) 스위치를 실현하는 소자

참조: "Foundations of Computer Science", B. Forouzan and F. Mosharraf

| 그림 2-25 스위치 기능을 수행하는 인버터(NOT 게이트)

이제 스위치(인버터)들을 병렬 또는 직렬로 연결하면 어떤 논리회로를 얻을 수 있는지 알아보자. 그림 2-26(a)는 두 개의 스위치를 병렬로 연결한 것이다. 두 개의 스위치 중 하나만 닫혀도(입력 값이 1) 전류가 흘러 출력 값이 0이 되고 두 개의 스위치 모두 열린 경우(입력 값이 0)에만 전류가 흐르지 않아 출력 값이 1이 된다. 따라서 이러한 진리표를 가진 게이트는 NOR 게이트이다. 그림 2-26(b)는 두 개의 스위치를 직렬로 연결한 것이다. 두 개의 스위치 모두 닫힐 때(입력 값이 1) 전류가 흘러 출력 값이 0이 되고 두 개의 스위치 중 하나만 열려도(입력 값이 0) 전류가 흐르지 않아 출력 값이 1이 된다. 따라서 이러한 진리표를 가진 게이트는 NAND 게이트임을 알 수 있다. 이와 같이 NOR 게이트와 NAND 게이트는 매우 간단히 실현될 수 있어서 디지털 논리회로의 구성에서 기본이 되며 자주 이용된다.

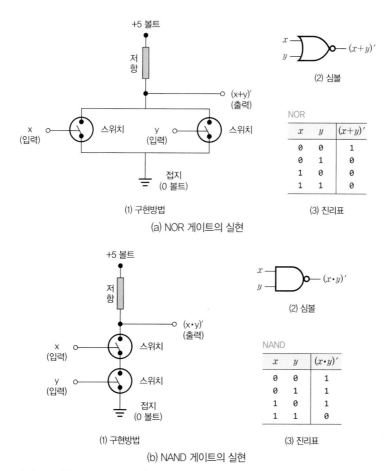

참조: "Foundations of Computer Science", B. Forouzan and F. Mosharraf

| 그림 2-26 인버터를 이용하여 구성된 NOR 및 NAND 게이트

▪ Flip-Flop 회로

앞에서 언급한 게이트들의 출력 값은 단지 입력 값들에 의해 결정된다. 그러나 때로는 기억소자와 같이 디지털 논리회로가 현 상태 값을 기억하고 싶은 경우가 있다. 현 상태를 기억하는 디지털 논리회로를 플립-플롭(Flip-Flop)이라 부른다. 플립-플롭 회로는 게이트들을 연결하여 구성할 수 있다. 플립-플롭을 구성하는 방법이 여러 가지 있으나 여기서는 가장 일반적인 플립-플롭인 SR 플립-플롭에 대하여 알아보자. SR 플립-플롭을 흔히 SR 래치(SR Latch)라 부르며 SR 래치는 1 비트의 데이터를 저장할 수 있는 논리회로이다.

그림 2-27에서 보듯이 입력 값 S와 R에 따라 네 가지 경우가 존재한다. 즉 진리표에서 보듯이 S와 R의 값이 0과 0, 0과 1, 1과 0, 1과 1의 네 가지 경우이다. 입력 S, R에 각각 1, 0 값이 입력되면 일정한 시간이 흐른 후(Delay라 부른다) 출력 Q는 1이 된다. 이에 비하여 S, R에 각각 0, 1 값이 입력되면 일정한 시간이 흐른 후 출력 Q는 0이 된다. 이러한 이유에서 입력 S를 세트(Set)라 부르며 입력 R을 리셋(Reset)이라 부른다. 입력 S, R의 값이 0, 0인 경우에는 출력 값의 변화가 없다. 즉 이전 값이 유지된다. 따라서 SR 래치는 1 비트를 저장할 수 있는 장치의 역할을 수행한다. SR 래치의 출력 값은 현재 입력되는 값뿐만 아니라 SR 래치의 이전 상태(즉 이전에 저장된 값)에 따라 다르게 작동한다.

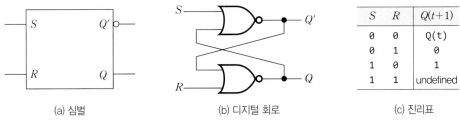

| | (a) 심벌 | (b) 디지털 회로 | (c) 진리표 |

| $S$ | $R$ | $Q(t+1)$ |
|---|---|---|
| 0 | 0 | Q(t) |
| 0 | 1 | 0 |
| 1 | 0 | 1 |
| 1 | 1 | undefined |

| 그림 2-27 SR 플립-플롭의 작동

▪ (One bit) Full Adder 회로

앞에서 정의한 게이트들을 이용하여 1 비트 덧셈기(Adder)를 어떻게 구성할 수 있는지 알아보자. 덧셈기는 컴퓨터의 논리회로들 중 가장 기본이 되는 구성요소이다. 1 비트 덧셈기는 입력 데이터 두 개가 들어올 때 덧셈을 수행하여 출력해주는 논리회로이다. 따라서 덧셈기를 진리표로 작성하면 그림 2-28(a)와 같이 나타나고 덧셈기의 회로는 그림 2-28(b)에서 보듯이 XOR 게이트와 AND 게이트를 이용하여 간단하게 구성할 수 있다. 여기서 캐리(Carry) 비트란 그 자리에서 넘쳐서 윗자리(왼쪽 자리)로 넘어가는 수를 의미한다. 예를 들어, 1 + 1 = 10이 되어 합(S: Sum)이 0이 되고 캐리(C: Carry) 비트가 1이 된다. 따라서 그림 2-28의 덧셈기는 아랫자리(오른쪽 자리)에서 올라오는 수는 없다고 가정하고 논리회로를 구성하였다. 따라서 이 덧셈기는 풀덧셈기가 아니고 반덧셈기(Half Adder)에 해당된다.

| A | B | S | C |
|---|---|---|---|
| 0 | 0 | 0 | 0 |
| 0 | 1 | 1 | 0 |
| 1 | 0 | 1 | 0 |
| 1 | 1 | 0 | 1 |

(a) 반덧셈기 진리표

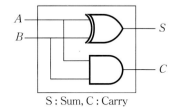

S : Sum, C : Carry

(b) 반덧셈기의 논리회로

| 그림 2-28  반덧셈기(Half Adder)의 진리표와 논리회로

풀덧셈기의 경우는 아랫자리에서 올라오는 캐리 비트(Carry-in)를 고려한다. 따라서 풀덧셈기의 진리표는 그림 2-29(a)와 같이 표현되고 논리회로를 블랙박스 형태로 그리면 그림 2-29(b)와 같이 구성된다.

| A | B | Carry In | Sum | Carry Out |
|---|---|----------|-----|-----------|
| 0 | 0 | 0 | 0 | 0 |
| 0 | 0 | 1 | 1 | 0 |
| 0 | 1 | 0 | 1 | 0 |
| 0 | 1 | 1 | 0 | 1 |
| 1 | 0 | 0 | 1 | 0 |
| 1 | 0 | 1 | 0 | 1 |
| 1 | 1 | 0 | 0 | 1 |
| 1 | 1 | 1 | 1 | 1 |

(a) 풀덧셈기 진리표

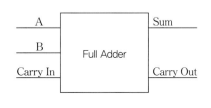

(b) 풀덧셈기의 논리회로

| 그림 2-29  풀덧셈기의 진리표와 논리회로

컴퓨터의 곱셈기(Multiplier), 나눗셈기(Divider)와 같은 디지털 회로뿐만 아니라 컴퓨터를 제어하기 위한 다양한 논리회로들도 논리 게이트들을 이용하여 구성할 수 있다. 이와 같이 논리 게이트는 컴퓨터의 가장 작은 구성소자라 할 수 있다.

## 2.4 정보의 압축과 오류

앞 절에서 숫자 및 문자는 메모리 용량을 적게 차지하지만 멀티미디어 데이터, 특히 이미지, 사운드 및 동영상을 저장하기 위해서 매우 큰 메모리 용량이 요구된다는 사실을 언급하였다. 이러한 멀티미디어 데이터의 압축에 대하여 알아보자. 또한 통신망에 의해 연결된 컴퓨터 간에 데이터를 전송할 때 발생하는 오류를 발견하는 방법에 대해서 공부한다.

### 2.4.1 정보의 크기

■ 정보량의 단위: KB, MB, GB, TB, PB, EB, ZB

컴퓨터에서 정보를 나타내는데 이진법을 사용한다는 사실을 배웠다. 이진법에서 가장 작은 데이터 단위인 비트는 1 또는 0의 정보를 나타낼 수 있다. 다시 영어 한 글자를 나타내기 위하여 8 비트가 필요하고 이를 1 바이트라 한다. 이러한 바이트 1000개가 모여(정확하게는 $2^{10}$ = 1024 바이트) 1KB를 이루고 다시 1KB 1000개가 모여 1MB, 즉 1,000,000 바이트(정확하게는 $2^{20}$ = 1,048,576 바이트)가 된다. 1KB($2^{10}$)는 대략 $10^3$ 바이트가 되므로 'Kilo Byte'로 표현하였다. 컴퓨터 용량이 비교적 작았던 과거에는 정보의 단위를 KB, MB, GB, TB 단위까지 사용했으나 메모리 용량이 급증하고 인터넷을 통해서 소셜미디어가 활성화 되면서 최근 정보량이 급격히 증가하고 있다. 따라서 테라바이트(TB)를 넘어서 PB(페타바이트), EB(엑사바이트), ZB(제타바이트) 단위까지 사용하게 되었다.

| 표 2-1  정보량의 단위

| 이름 | 약어 | 십진법 | 이진법 |
|------|------|--------|--------|
| 킬로(kilo) | K | $10^3 = 1000^1$ | $1024^1 = 2^{10} = 1,024$ |
| 메가(mega) | M | $10^6 = 1000^2$ | $1024^2 = 2^{20} = 1,048,576$ |
| 기가(giga) | G | $10^9 = 1000^3$ | $1024^3 = 2^{30} = 1,073,741,824$ |
| 테라(tera) | T | $10^{12} = 1000^4$ | $1024^4 = 2^{40} = 1,099,511,627,776$ |
| 페타(peta) | P | $10^{15} = 1000^5$ | $1024^5 = 2^{50} = 1,125,899,906,842,624$ |
| 엑사(exa) | E | $10^{18} = 1000^6$ | $1024^6 = 2^{60} = 1,152,921,504,606,846,975$ |
| 제타(zetta) | Z | $10^{21} = 1000^7$ | $1024^7 = 2^{70} = 1,180,591,620,717,411,303,424$ |

2014년 Cisco 자료에 의하면 오늘날 전 세계의 정보량이 매년 21%씩(2013년~2018년 기간) 증가하고 있으며 그 증가 속도가 앞으로 더욱 빨라질 것으로 예상된다.

■ 정보량의 증가

정보량의 증가는 소셜미디어, SNS, 스마트폰, 사물인터넷(IoT)에 기인한다. 특히 동영상 데이터는 매우 큰 용량을 차지하고 있고 동영상의 사용이 급증하는 추세여서 정보량은 더욱 빠르게 팽창할 것으로 예측된다. 그림 2-30은 모바일 상에서 다양한 미디어 정보의 증가 속도를 보여주고 있다. 개인이 소유하고 있는 PC, 노트북, 스마트폰의 메모리 용량도 빠르게 증가하고 있지만 클라우드 서비스가 확산되면서 이제 메모리 용량은 거의 무한대에 달한다고 할 수 있다.

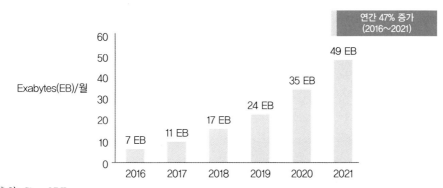

출처: Cisco VNI

| 그림 2-30  스마트폰의 미디어 용량의 증가

## 2.4.2 멀티미디어 정보의 압축

■ 멀티미디어 정보 압축의 필요성

멀티미디어 데이터는 일반적으로 많은 메모리 저장 공간을 필요로 한다. 그림 2-31은 다양한 미디어별로 요구되는 메모리 용량을 비교한 것이다. 그림에서 보듯이 멀티미디어 데이터는 숫자나 문자에 비교할 수 없을 만큼 큰 메모리 용량을 차지하고 있다. 더 큰 문제는 이렇게 큰 용량의 데이터를 전송하는 데 걸리는 시간이 매우 늘어난다는 것이다. 따라서 멀티미디어 데이터를 압축하면 메모리 용량을 줄일 수 있을 뿐만 아니라 데이터를 전송하는 데 걸리는 시간이 매우 단축된다는 사실이다. 멀티미디어 데이터의 유형에 따라 다르지만 이미지와 사운드, 그리고 동영상을 압축하면 몇 분의 일에서 때로는 몇 십분의 일로 데이터의 크기를 압축할 수 있다.

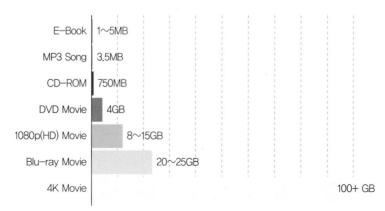

출처: http://filecatalyst.com

| 그림 2-31  멀티미디어 데이터의 크기 비교

멀티미디어 데이터를 압축할 때 압축되는 정도를 압축률(Compression Rate)이라 부른다. 압축률이 높으면 복원시 데이터의 품질이 떨어진다. 그림 2-32는 낮은 압축률로 압축한 이미지와 높은 압축률을 적용한 이미지의 품질을 비교하고 있다. 멀티미디어 데이터는 상호 공유할 수 있어야 하기 때문에 멀티미디어 활용 환경과 목적에 따라 다양한 멀티미디어 압축 기법이 존재한다. 멀티미디어 압축 기법이란 멀티미디어 정보를 디지털 데이터로 변환하고 압축하여 공유할 수 있는 데이터의 형식을 의미한다. 멀티미디어 데이터의 표현은 상호 공유를 보장하기 위하여 표준화되어 있다.

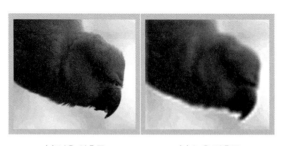

(a) 낮은 압축률          (b) 높은 압축률

| 그림 2-32  이미지의 압축률에 따른 이미지 품질의 비교

압축시 멀티미디어 데이터의 원래 데이터로 복원할 수 없는 경우를 손실 압축(Lossy Compression)이라 부르고 원래 데이터로 온전히 복원시킬 수 있는 경우를 비손실 압축(Lossless Compression)이라 부른다. X-레이 이미지처럼 원래 데이터로 완전히 복원시켜야 할 경우에는 압축률이 좀 떨어지더라도 비손실 압축 기법을 적용한다. 런-길이 부호화(Run-length Encoding) 기법은 비손실 압축 기법으로 동일한 데이터가 반복될 때 일일이 데이터를 저장하지 않고 한번만 표현하고 그 반복횟수를 기록한다. 예를 들어, "aaaaabbbbbbbaaaaccccc"라는 데이터 패턴이 있다면 이 데이터 패턴을 일일이 표현하는 대신 a5b7a4c6로 압축하여 표현할 수 있다. 따라서 압축한 데이터를 원래 데이터로 온전히 복원하는 것이 가능하다. 사람이 페인팅 소프트웨어를 이용하여 그린 그림의 경우 이웃하는 픽셀이 같은 색상을 가지는 경우가 많으므로 이러한 경우에 런-길이 부호화기법을 적용하면 매우 효과적인 압축이 가능하다. 이에 비하여 우리가 음악을 듣기 위해 흔히 사용하는 MP3 파일은 사운드 압축시 원래 데이터를 잃게 되므로 음악의 청취를 위해 복원할 때 원래 사운드 데이터로 복원하는 것이 불가능하다.

■ 멀티미디어 데이터의 압축

멀티미디어 데이터의 표현과 압축을 위해 여러 표준기구에서 멀티미디어 데이터 표현 및 압축 방식을 표준으로 지정하였다. 이미지와 그래픽의 표준으로 BMP, TIFF, GIF, PNG, JPEG 등이 자주 이용된다. 또한 사운드의 표준으로는 WAV, Au, A-Law, MP3, AAC 등이 존재하고 스트리밍 방식의 사운드를 위해 RealAudio 기법이 있다. 한편 동영상의 압축을 위한 표준으로는 MPEG-1, MPEG-2, MPEG-4, MPEG-7, H.264, MPEG-21 등이 있다. 이와 같이 멀티미디어 데이터의 압축표준은 그 목적과 환경에 따라 매우 다양한 방식으로 표현된다.

## 2.4.3 정보의 오류 탐지

데이터가 컴퓨터 내부에서 구성요소 간에 전송되거나 원거리에 있는 다른 컴퓨터로 전송될 때 전송되는 디지털 데이터에 통신 오류가 발생할 수 있다. 이러한 오류를 찾아내기 위한 오류를 탐지할 수 있는 방법이 존재한다. 오류를 간단히 탐지하기 위하여 패리티 비트(Parity Bit)를 사용한다. 패리티 비트란 전송하려는 비트 패턴에 패리티 비트라는 한 비트를 추가하여 비트 패턴의 "1"의 개수가 홀수가 되도록 한다. 이것을 홀수 패리티(Odd Parity)라 부른다. 예를 들어, 그림 2-33에서 보듯이 비트 패턴에 "1"의 개수가 8개이므로 짝수가 되어 패리티 비트 값은 "1"이 된다. 만일 데이터 전송 도중에 오류가 발생하여 한 개의 비트가 변경되었다면 수신 쪽의 비트 패턴의 "1"의 개수가 짝수가 되므로 오류가 발생했다는 사실을 탐지할 수 있다. 만일, 전송 오류가 2개의 비트에서 발생했다면 오류를 탐지할 수 없게 된다. 이러한 경우에 대비하여 패리티 비트를 한 개 이상 사용하면 이러한 경우에 대응할 수 있다. 그러나 현실적으로 한 개 이상의 비트에서 오류가 발생하는 경우는 극히 드물다. 패리티 비트라는 한 비트를 추가하여 비트 패턴의 "1"의 개수가 짝수가 되도록 하는 경우를 짝수 패리티(Even Parity)라 부른다.

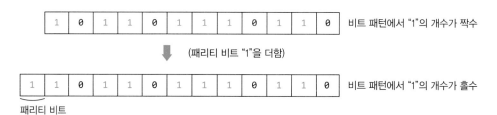

| 그림 2-33 데이터 전송 오류탐지를 위한 홀수 패리티

패리티 비트를 적용하면 데이터 전송 오류가 발생할 때 탐지할 수 있다. 그러나 오류를 원래 데이터로 복원시킬 수 있는 것은 아니다. 데이터 전송 오류를 발견하여 원래의 올바른 데이터로 복원하는 기법도 존재한다. 이것을 오류 복원(Error Correction)이라 부르며 해밍(Richard Mamming)에 의하여 제시된 해밍 거리(Hamming distance) 기법을 적용하여 데이터 전송시 발생한 오류를 원래의 데이터로 복원할 수 있다.

연습문제

객관식

2-1 아날로그 데이터에 비해 디지털 데이터로 정보를 표현할 때 얻을 수 있는 장점과 가장 거리가 먼 것은?

(a) 정보의 호환성이 높아진다.

(b) 디지털 회로로 처리 가능

(c) 데이터의 전송 오류가 감소

(d) 다양한 미디어를 디지털 데이터로 변환하면 동일한 방식으로 다룰 수 있다.

(e) 정보의 양이 줄어든다.

2-2 십진법 수 13을 이진법으로 표현하면?

(a) 1101        (b) 1110        (c) 1011        (d) 1111        (e) 1001

2-3 이진법 수 11001을 십진법으로 나타내면?

(a) 27          (b) 29          (c) 25          (d) 31          (e) 19

2-4 10101100을 16진법으로 나타내면?

(a) A8          (b) B8          (c) BA          (d) B4          (e) AC

2-5 십진법 수 13 및 −13을 2의 보수로 표현하면?

(a) 01101, 10011        (b) 01110, 10001        (c) 01101, 10010

(d) 01101, 10000        (e) 01110, 10010

2-6 분수 $1\frac{3}{8}$을 8 비트의 정규화 부동소수점으로 나타내면?

(a) 00111011    (b) 00011101    (c) 01011011    (d) 00011011    (e) 01011101

**2-7** 멀티미디어 정보의 특성과 가장 관련성이 적은 것은?

    (a) 용량이 크다

    (b) 데이터의 압축이 요구된다.

    (c) 오류가 생기기 쉽다.

    (d) 동일한 유형의 미디어라도 다양한 형태로 표현이 가능

    (e) 데이터 처리가 복잡하다.

**2-8** 인간이 들을 수 있는 사운드의 영역은?

    (a) 20Hz~20KHz      (b) 20Hz~100KHz      (c) 100Hz~20KHz

    (d) 100Hz~100KHz      (e) 100Hz~200KHz

**2-9** 어떤 사진이 크기 500×500 픽셀의 이미지로 저장되며 각 픽셀은 RGB 컬러로 표현된다면 이 이미지의 메모리 용량은(단, 이미지의 압축은 없다고 가정함)?

    (a) 2.5MB      (b) 7.5MB      (c) 0.25MB      (d) 0.75MB      (e) 0.5MB

**2-10** 논리연산 1010 XOR 1111의 결과는?

    (a) 1111      (b) 1010      (c) 0101      (d) 0000      (e) 1110

**2-11** 1GB의 1000배 크기의 데이터 크기는?

    (a) 1PB      (b) 1TB      (c) 1ZB      (d) 10ZB      (e) 1EB

**2-12** 다음 중 홀수 패리티 방식이 적용된 비트 패턴은?

    (a) 10101010      (b) 01010101      (c) 11001100      (d) 00110101      (e) 01101110

### 괄호 채우기

**2-1** "0"과 "1"과 같은 가장 작은 데이터를 나타내는 단위를 (        )라 한다. 즉 하나의 비트는 "0" 또는 "1"의 데이터를 가지고 있다. 이러한 비트 8개가 모여 하나의 (        )를 구성한다.

**2-2** 컴퓨터에서 일반적으로 정수를 표현하기 위하여 주로 사용하는 방식은 (        )방식이다.

**2-3** 실수를 정규화 부동소수로 표현하여 부호(            ), 지수(            ), (            )를 구할 수 있다.

**2-4** (            )는 영어 문자를 나타내기 위한 표준 코드로 미국 표준국 ANSI에서 제정한 코드이다.

**2-5** 영어 문화권에서는 ASCII 코드를 이용하면 큰 불편이 없지만 영어를 제외한 언어에서는 새로운 코드가 요구된다. 각 언어마다 자체의 코드를 정하여 사용할 수 있지만 이렇게 하면 혼란이 발생하므로 국제적으로 모든 언어를 포함할 수 있는 국제표준 (            )가 제정되었다.

**2-6** 사람은 최대 20KHz까지 들을 수 있으므로 (            )에 따르면 20KHz 주파수의 두 배 즉 초당 40,000회 샘플링하여 표현한다.

**2-7** 이미지에서 하나의 픽셀을 표현하기 위해 일반적으로 사용하는 (            )에서 각 컬러가 1 바이트를 차지하므로 하나의 픽셀을 표현하는 데 3 바이트의 메모리가 요구된다.

**2-8** (            )는 1847년 수학자 부울(George Boole)에 의해 고안된 대수학으로 참/거짓(True/False)에 대한 논리자료의 연산을 처리한다. (            )가 디지털 논리회로에 적용될 때의 대수학을 스위칭 대수(Switching Algebra)라고 부른다.

**2-9** (            )는 가장 작은 단위의 디지털 논리회로로서 부울 연산을 처리하는 장치라고 생각할 수 있다.

**2-10** 때로는 기억소자와 같이 디지털 논리회로가 현 상태 값을 기억하고 싶은 경우가 있다. 현 상태를 기억하는 디지털 논리회로를 (            )이라 부른다.

**2-11** 압축 시 멀티미디어 데이터의 원래 데이터로 복원할 수 없는 경우를 (            )이라 부르고 원래 데이터로 온전히 복원 시킬 수 있는 경우를 (            )이라 부른다.

**2-12** 디지털 데이터통신에서 오류를 간단히 탐지하기 위하여 패리티 비트(Parity Bit)를 사용한다. 패리티 비트란 전송하려는 비트 패턴에 패리티 비트라는 한 비트를 추가하여 비트 패턴의 "1"의 개수가 홀수가 되도록 한다. 이것을 (            )라 부른다.

2-1 아날로그 데이터에 비해 디지털 데이터 표현 방식의 장점을 설명하라.

2-2 정수를 표현할 때 2의 보수법(2's Complement)이 부호-크기법에 비해 어떤 측면에서 우수한가?

2-3 한글 문자를 표현하는 표준 방식에는 어떠한 것들이 있는지 조사하여 장단점을 기술하라.

2-4 부동소수점 실수를 표현 할 때 부동소수점을 정규화하는 이유는 무엇인가?

2-5 이미지를 JPEG로 압축할 때 압축률은 어느 정도인가? 또한 동영상을 MPEG-2로 나타낼 때 압축률은 어느정도인가?

2-6 풀덧셈기(Full Adder)의 입력과 출력 간의 관계를 진리표를 작성하고 게이트들을 이용하여 풀덧셈기 회로를 구성하라.

2-7 원주율 π = 3.14159를 8 비트 정규화 부동소수점으로 나타내라. 단, 부동소수점 표현에서 부호를 1 비트, 지수를 3 비트 그리고 맨티사를 4 비트 배정한다.

2-8 정수 3 및 −7을 4 비트의 2의 보수 방식으로 나타내고, 연산 3-7을 2의 보수 방식을 이용하여 계산하라.

# Chapter 03

# 컴퓨터 시스템의 구조

CHAPTER

# 컴퓨터 시스템의 구조

컴퓨터 시스템은 프로세서, 메모리 장치 및 입출력장치로 구성되어 있다. 본 장에서는 컴퓨터 시스템의 구성과 작동 원리에 대하여 공부한다. 프로세서의 구성과 프로세서가 어떻게 프로그램을 실행하는지 명령어 사이클을 이해하자. 메모리 장치의 계층적 구조를 통해 그 유용성을 알아보자. 또한 다양한 입출력장치의 기능과 특성을 살펴보고 컴퓨터 시스템의 다양한 기기 간의 통신 방식에 대하여 공부한다. 마지막으로 프로세서의 성능을 높이기 위한 병렬처리 방식과 파이프라이닝에 대하여 알아보자.

## 3.1 컴퓨터 시스템의 구성과 작동

컴퓨터 시스템이 어떤 구성요소로 이루어져 있는지 알아보자. 또한 컴퓨터가 어떤 체계를 갖고 어떻게 작동하는지에 대하여 공부하자.

### 3.1.1 컴퓨터 시스템의 구성

■ 컴퓨터 시스템의 구성요소

컴퓨터 시스템은 하드웨어 부분과 소프트웨어 부분으로 구성되어 있다. 컴퓨터 시스템을 구성하는 하드웨어는 그림 3-1과 같이 중앙처리장치(CPU), 저장장치(기억장치), 입력장치 및 출력장치로 구성되어 있다. 다음에 각 하드웨어 모듈의 역할과 기능에 대하여 알아보자.

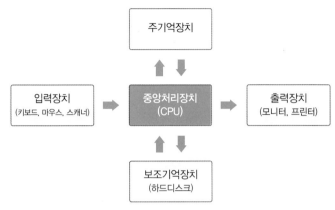

| 그림 3-1 컴퓨터 시스템의 하드웨어 구성

## (1) 중앙처리장치(CPU: Central Processing Unit)

CPU는 프로세서(Processor)라고도 불리며 컴퓨터의 가장 핵심적인 장치로 사람의 두뇌와 같이 수리적 연산 및 논리적 연산을 수행하는 구성요소이다. 또한 CPU는 사람의 신경계와 마찬가지로 컴퓨터 시스템이 적절하게 작동하도록 각 모듈에 신호를 보내고 제어하며 순서에 따라 세부 작업이 진행되도록 해준다. CPU는 연산장치(ALU), 레지스터(Register), 제어장치 등으로 구성되어 있다. CPU 내에서는 모든 데이터가 바이너리 형태로 저장되고 바이너리 형태로 처리된다. 대형 컴퓨터에서는 중앙처리장치가 보드형태로 제작되며, 개인용 컴퓨터나 소형 컴퓨터 등에서는 하나의 마이크로프로세서 칩의 형태로 구성된다.

## (2) 저장장치(기억장치)

컴퓨터에 필요한 정보를 저장하는 장치로 주기억장치와 보조기억장치로 나눌 수 있다. 주기억장치는 CPU에 의하여 즉시 처리할 데이터나 프로그램 코드(명령어)를 저장하며, 보조기억장치는 주기억장치를 보조하는 역할을 한다. 모든 데이터는 저장장치 내에서 데이터의 특성에 맞게 바이너리 형태로 저장된다. 주기억장치로는 RAM(Random Access Memory)과 ROM(Read Only Memory), 보조기억장치로는 하드디스크, 플래시메모리, 광학디스크(CD-ROM, DVD, 블루레이 디스크) 장치 등이 있다.

### (3) 입력장치

컴퓨터 시스템의 외부로부터 데이터를 입력받는 장치로, 마우스, 키보드, 터치스크린, 터치패드, 바코드 리더기, 광학 스캐너, 카메라, 마이크 등이 있다. 입력장치는 컴퓨터의 활용 분야에 따라 매우 다양하다. 입력장치는 아날로그 세계로부터 데이터를 입력받아 이를 디지털 데이터로 변환하여 컴퓨터에 저장하거나 처리한다. 특히 스마트폰과 같은 휴대형 기기에서는 이동 중에 입력이 가능해야 하기 때문에 터치 패드나 소리인식기를 사용한 입력장치가 관심을 받고 있다.

### (4) 출력장치

출력장치는 중앙처리장치에서 처리된 결과물을 시스템 외부로 출력해주는 장치이다. 출력장치는 영상이나 인쇄, 사운드 등 매우 다양한 매체를 통해 사용자에게 정보를 제공하므로 종류가 다양하다. 컴퓨터 내부에 저장된 디지털 데이터가 다시 외부세계의 아날로그 데이터로 변환되어 출력된다. 근래에는 멀티미디어 정보가 많아 문자, 그림, 동영상, 소리 등이 동시에 출력되는 경우가 빈번하다. 특히 게임 지원 컴퓨터 시스템에서는 시각, 청각 이외에 촉각을 활용한 출력장치까지 개발되고 있다. 대표적인 출력장치에는 프린터, 스피커, 모니터 등이 있다.

### 3.1.2 컴퓨터 시스템의 작동

컴퓨터 시스템이 제대로 작동하기 위해서는 하드웨어만으로는 가능하지 않다. 하드웨어를 적절히 구동시키는 부분이 소프트웨어이다. 하드웨어와 소프트웨어가 어떻게 상호협동하여 원하는 작업을 처리할 수 있는지 알아보자.

■ 컴퓨터 시스템의 체계 – 하드웨어와 소프트웨어

컴퓨터 시스템은 하드웨어만으로는 동작이 되지 않으며, 하드웨어를 작동시키기 위한 시스템 소프트웨어와 특정 작업을 수행하기 위한 응용 소프트웨어가 필요하다. 시스템 소프트웨어에서 가장 핵심 되는 부분이 그림 3-2에서 보듯이 운영체제와 펌웨어(Firmware)이다.

운영체제는 하드웨어와 응용 소프트웨어의 작동을 관리하는 프로그램이며, 펌웨어는 컴퓨터의 시작에 필요한 시스템 소프트웨어로 시스템의 초기동작을 제어한다. 응용 소프트웨어는 사용자가 사용하는 프로그램으로 운영체제 위에서 작동한다. 예를 들어, 사무 자동화 패키지인 마이크로소프트 오피스(Microsoft Office)와 같은 응용 소프트웨어는 운영체제의 도움을 받아 사용자가 실행한다. 시스템 소프트웨어와 응용 소프트웨어는 각각 4장과 5장에서 소개한다.

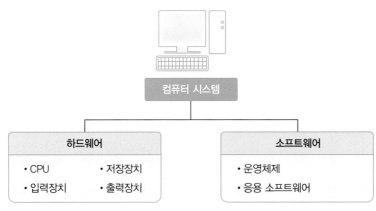

| 그림 3-2 컴퓨터 시스템의 체계

■ 컴퓨터 시스템의 작동 원리

컴퓨터 시스템을 처음 켜는 행위를 부팅(Booting)이라고 부른다. 부팅은 '부트 스트래핑(Boot Strapping)'에서 유래된 말로 스스로 무엇을 행한다는 의미를 담고 있다. 컴퓨터에서 전원을 켜게 되면 제일 먼저 하는 작업은 시스템 내의 하드웨어를 점검하고 운영체제가 원활히 작동할 수 있도록 컴퓨터의 초기화 작업을 수행하는 것이다. 수행할 일련의 과정은 ROM 메모리에 기록되어 있어, 시스템을 켤 때 컴퓨터 시스템은 ROM으로부터 시작 프로그램을 읽게 된다. 이와 같이 컴퓨터를 작동시키기 위해 실행되는 소프트웨어를 펌웨어라고 한다.

펌웨어가 먼저 수행하는 작업은 컴퓨터 시스템 내의 하드웨어를 초기화하여 사용 가능한 상태로 만드는 것이다. 그 다음, 펌웨어는 운영체제를 하드디스크와 같은 보조기억장치로부터 주기억장치인 RAM으로 가져와서 CPU가 운영체제를 실행할 수 있도록 준비한다. 이 과정이 끝나면 시스템의 초기 화면이 나타난다.

운영체제가 일단 주기억장치에 로드되면, 이후 컴퓨터의 모든 제어는 운영체제에 의해 주도된다. 운영체제는 프로세서 관리, 주기억장치 관리, 입출력 디바이스 관리, 보조기억장치 관리, 응용프로그램 관리, 사용자 인터페이스 관리 등을 통해 컴퓨터 시스템을 관리한다. 이러한 컴퓨터 시스템의 작동원리가 그림 3-3에 설명되어 있다.

| 그림 3-3 컴퓨터 시스템의 작동 원리

## 3.2 프로세서

컴퓨터의 두뇌에 해당하는 프로세서는 ALU, 레지스터 및 제어장치로 구성되어 있다. 이러한 구성요소의 기능을 이해하고 컴퓨터의 기반 개념이 되는 폰 노이만 구조를 이해하자. 컴퓨터를 작동시키는 명령어를 기계어와 어셈블리어라 부른다. 명령어의 처리 사이클을 이해하고, 마지막으로 프로세서 성능의 발전에 대하여 알아보자.

### 3.2.1 프로세서의 구성

프로세서 또는 CPU는 산술논리연산 장치인 ALU(Arithmetic & Logical Unit), 매우 빠른 속도의 기억장치인 레지스터, 그리고 컴퓨터를 제어하는 제어장치로 구성되어 있다. 이러한 구성은 컴퓨터의 유형에 관계없이 모든 컴퓨터가 마찬가지이다. 각 구성요소는 PC나 모바일기기의 경우 마이크로프로세서(Microprocessor)라는 하나의 칩에 모두 존재하지만 메인프레임 컴퓨터에서는 각기 따로 떨어져 존재할 수 있다.

그림 3-4는 일반적인 프로세서와 주기억장치(Main Memory)를 보여주고 있다. 주기억장치가 프로세서와 하나의 칩 상에 존재할 수도 있지만 대체로 따로 떨어져 존재한다. 주기억장치는 DRAM 칩들로 구성된 대체로 빠른 속도의 기억장치이다. 프로세서와 주기억장치는 버스(Bus)에 의해 서로 연결되어 있다. 프로세서는 주기억장치에 있는 프로그램과 데이터를 레지스터로 가져와야 하기 때문에 이 두 개의 장치를 연결하는 버스가

필요하다. 버스는 두 장치 사이를 연결하는 일종의 도선의 묶음이라고 생각할 수 있다.

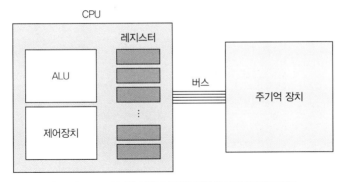

| 그림 3-4 버스에 의해 연결된 프로세서와 주기억장치

■ 프로세서의 구성요소

프로세서의 내부에 위치한 ALU, 레지스터, 제어장치에 대하여 간단히 설명한다.

## (1) ALU

ALU는 프로세서의 가장 핵심 요소로 컴퓨터의 연산 기능을 제공한다. ALU 장치는 덧셈, 곱셈, 나눗셈과 같은 산술연산 기능, 2장에서 공부한 AND, OR, XOR과 같은 논리연산 기능을 제공한다. ALU는 디지털 논리회로로 입력 데이터를 레지스터에서 가져와 연산을 수행하고 그 결과를 다시 레지스터에 저장한다.

## (2) 레지스터(Register)

레지스터는 데이터 접근 속도가 매우 빠른 적은 수의 메모리 회로들의 집합이다. 레지스터의 수는 수십 개 정도이고 한 레지스터의 용량은 컴퓨터의 워드 크기와 일치한다. 예를 들어, 한 워드가 크기가 32 비트인 컴퓨터에서 하나의 레지스터의 크기는 32 비트가 된다. 그림 3-5에서 보듯이 레지스터는 두 가지 유형으로 구분할 수 있다. 한 가지는 범용 레지스터(General-Purpose Register)이고 다른 유형은 특수 레지스터(Special-Purpose Register)이다. 범용 레지스터는 주기억장치에서 가져온 데이터를 일시 저장해 두는 장소이다. ALU는 레지스터에 있는 명령문이나 데이터를 가져와서 정해진 일을 수행한다. 처리 결과는 다시 레지스터에 일시 저장해 둔다. 결과적으로 레지스터는 주기억장치와 ALU 간에 중개 역할을 하는 메모리로 이해하면 된다. 그림 3-5

의 프로세서는 n+1 개의 레지스터를 가지고 있다. 이에 비해 특수 레지스터인 PC와 IR 은 제어장치에서 정해진 용도로 사용되는 레지스터이다.

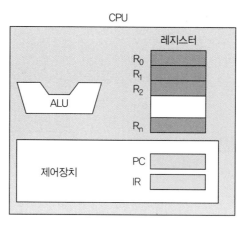

| 그림 3-5  CPU의 구성

## (3) 제어장치

제어장치는 데이터를 처리하기 위한 장치가 아니고 프로그램이 원활하게 수행되는 것을 제어하기 위한 장치이다. 예를 들어, 제어장치는 PC(Program Counter) 레지스터의 값을 주기억장치에 전기신호를 보내 어떤 주소에 있는 명령문을 가져올지를 지정한다. 또한 IR(Instruction Register) 레지스터에 있는 코드를 해석하여 ALU와 범용 레지스터에 적절한 전기신호를 보내 어떤 연산을 해야 하는지 어떤 범용 레지스터를 액세스해야 하는지 알려준다.

프로세서에서 처리할 명령어와 데이터는 모두 주기억장치에 위치하고 있다. 주기억장치는 주소가 지정되어 있고 각 주소마다 데이터 내용이 저장되어 있다. 따라서 주기억장치의 주소(Address)와 내용(Contents)은 다른 것이다. 프로세서의 제어장치는 PC 레지스터를 통해 주기억장치의 주소를 지정하지만 정작 가져올 데이터는 그 주소에 저장되어 있는 데이터이다. 그림 3-6은 주기억장치의 주소와 메모리셀(Memory Cell)을 보여주고 있다. 메모리셀에 데이터 내용이 저장되어 있다.

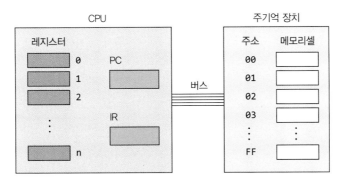

| 그림 3-6  주기억장치의 주소와 메모리셀

■ 캐시 메모리(Cache memory)

레지스터의 속도와 주기억장치의 속도 간에 차이가 크므로 거의 모든 컴퓨터 시스템은
레지스터와 주기억장치 사이에 캐시 메모리(Cache Memory)를 두고 있다(그림 3-7 참
조). 캐시 메모리의 용량은 주기억장치보다 훨씬 작으나 데이터 접근 속도는 주기억장치
보다 빠르다. 일반적으로 캐시 메모리의 용량은 수백 KB 수준이다. 따라서 실질적으로
주기억장치의 내용을 캐시에 가져다 놓고 다시 캐시에서 범용 레지스터로 가져온다. 즉
데이터의 이동이 레지스터와 캐시 메모리 사이에 이루어진다.

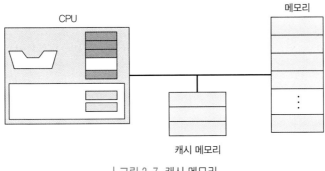

| 그림 3-7  캐시 메모리

■ 버스(Bus)

프로세서와 주기억장치를 연결하는 버스는 도선의 묶음(Collection of Wires)으로 데
이터 버스, 주소 버스 및 제어 버스의 세 가지가 있다(그림 3-8 참조). 프로세서는 주
소 버스를 통해 접근할 주기억장치의 주소를 보낸다. 제어 버스는 컴퓨터를 제어하기
위한 전기신호를 보내기 위한 버스이다. 예를 들어, "데이터를 읽어오라(Read)" 또는

"데이터를 저장하라(Write)"는 명령어를 수행하기 위하여 주기억장치의 회로에 제어신호를 보낸다. 실질적으로 데이터는 데이터 버스를 통해서 오간다.

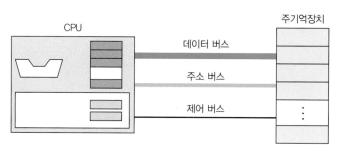

| 그림 3-8  데이터 버스, 주소 버스 및 제어 버스의 기능

■ 저장 프로그램 개념(폰 노이만 구조)

초기의 전자 컴퓨터는 새로운 응용을 처리하기 위하여 프로세서 하드웨어의 회로를 다시 구성해야 하는 어려움이 따랐다. 다시 말하면 컴퓨터 하드웨어의 유연성이 결여되었다. 이러한 문제점을 해결하기 위하여 프로그램 개념이 도입되었다. 프로세서(CPU)의 회로를 다시 구성하는 대신 프로그램을 통해 새로운 응용문제를 해결할 수 있게 되었다. 프로그램은 데이터와 마찬가지로 주기억장치에 저장되었다가 프로세서로 가져와 명령어를 해석하여 프로세서가 처리하는 과정을 거치게 되었다. 이러한 컴퓨터 시스템의 개념을 '저장 프로그램 개념(Stored Program Concept)'이라고 부른다. 오늘날 모든 컴퓨터는 이러한 개념에 따라 설계된다. 이러한 개념으로 설계된 컴퓨터를 폰 노이만 구조(von Neumann Architecture)라고 한다. 폰 노이만 구조는 그림 3-9와 같이 ALU, 제어장치, 기억장치 및 입출력장치의 4가지 구성요소를 가지며 저장 프로그램 개념을 따르고 있다.

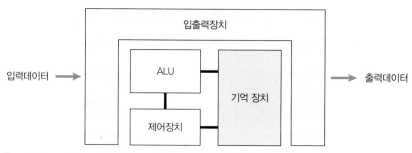

참조: Foundations of Computer Science, B. Forouzan and F. Mosharraf

| 그림 3-9  폰 노이만 구조

## 3.2.2 기계어와 어셈블리어

컴퓨터의 프로세서는 비트열로 구성된 기계어를 이해하고 기계어 명령에 따라 해당 작업을 수행한다. 기계어의 구성을 살펴보고 기계어의 유형을 알아보자.

■ 기계어(Machine Instruction) – 연산자(Opcode)와 피연산자(Operand)

기계어는 그림 3-10과 같이 연산자와 피연산자로 구성되어 있다. 연산자는 프로세서가 처리할 작업을 지정해주고 피연산자는 처리할 목적물을 의미한다. 예를 들어, 그림 3-10과 같은 기계어를 생각해보자. 기계어의 길이는 일반적으로 컴퓨터의 워드 크기와 일치한다. 이 예에서는 편의상 매우 간단한 가상의 프로세서를 고려한다. 가상 프로세서의 워드 크기는 16 비트이고 연산자는 4 비트, 피연산자는 12 비트라고 하자. 피연산자의 수는 0, 1, 2 또는 3개이다. 피연산자의 개수는 연산자의 유형에 따라 정해진다. 그림 3-10의 기계어는 '0101 0011 1100 0101'의 비트열을 가지고 있다. '0101'은 연산자이고 '0011 1100 0101'은 피연산자를 의미한다고 하자. 피연산자의 앞 4자리 비트열 '0011'은 범용 레지스터 번호를 가리키고 뒤 8자리 비트열 '1100 0101'은 주기억장치의 주소라 하자. 연산자 '0101'은 레지스터에 값을 로드(Load)하라는 명령어이고 피연산자 '0011'은 레지스터 3을 나타낸다고 가정하자. 따라서 이 기계어 명령어의 의미는 "주기억장치 주소 '1100 0101'에 있는 값을 레지스터 3에 로드"하라는 의미이다. 연산자가 4 비트를 이용하므로 연산자의 종류는 최대 $2^4$ = 16가지이고 범용 레지스터도 4 비트를 이용하므로 레지스터의 개수도 최대 $2^4$ = 16개이다. 주기억장치의 주소는 8 비트를 사용하므로 주기억장치의 주소는 $2^8$ = 256개이다. 이 컴퓨터의 워드 크기는 16 비트이므로 주기억장치의 각 주소도 16 비트의 정보를 저장할 수 있다.

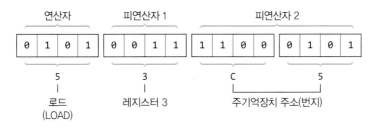

| 그림 3-10 가상 프로세서의 기계어 명령어 예

일반적으로 컴퓨터의 워드 크기는 32 비트, 64 비트 또는 그 이상이다. 따라서 기계어 명령어의 크기도 32 비트 또는 64 비트이다. 프로세서의 연산자의 종류도 수백 가지일 수 있고 피연산자의 수도 2개 이상일 수 있다. 또한 메모리 용량도 여기서 예로 든 가상의 프로세서에 비해 훨씬 크다.

■ 어셈블리어

앞의 예에서 연산자 '0101'은 주기억장치에 있는 값을 레지스터에 로드하라는 의미이다. 이와 같이 비트열로 표현되는 기계어를 이용하여 프로그램을 작성하는 것은 매우 복잡하다. 비트열을 일일이 기억해야 하고 메모리 주소도 비트열로 작성해야 한다. 어셈블리어는 기계어의 이러한 문제점을 해결해준다. 이 예에서 연산자 '0101' 대신에 "로드하라"는 의미를 담은 "LOAD"를 사용하고 레지스터 주소 '0011' 대신에 'R3(Register 3)'로 나타낸다. 또한 주기억장치 주소 '1100 0101' 대신에 이 주소에 의미를 부여하여 사용한다. 예를 들면 주기억장치 주소 '1100 0101'을 'MemAdd'라 하자. 그러면 기계어 명령어는 아래와 같이 된다.

비트 패턴 '0101 0011 1100 0101' ⇒ LOAD R3 MemAdd

어셈블리어를 사용하면 기계어를 사용할 때와 비교하여 프로그램의 작성이 한결 용이해진다. 어셈블리어는 기계어 명령어를 사람이 쉽게 해독할 수 있도록 문자화하거나 기호화한 형태의 명령어이다. 기계어가 0과 1로 이루어진 비트열인데 비하여 어셈블리어는 명령어를 사람이 쉽게 이해할 수 있는 형태로 바꾸어 놓은 것이다. 따라서 기계어와 어셈블리어는 1:1 매핑 관계에 있다.

■ 기계어(Machine Instruction)의 종류

기계어의 종류(Instruction Set)는 프로세서마다 모두 다르다. 이것은 프로세서의 구조가 다르고 용도가 다르기 때문이다. 여기서는 가상 프로세서의 예를 통해 기계어 명령어의 유형을 아래와 같이 분류해보자. 프로세서는 데이터 이동, 산술연산, 논리연산, Shift/Rotate 연산 및 제어 기능을 수행한다. 산술연산, 논리연산 및 Shift/Rotate 연산은 ALU 장치에 의해 처리된다.

## (1) 데이터 이동(Data transfer)

데이터를 한 장소로부터 다른 장소로 이동시키는 명령어이다. 예를 들어, 레지스터에 저장되어 있는 데이터를 특정 주기억장치의 주소로 이동하거나(STORE) 역으로 특정 주기억장치의 주소에 저장되어 있는 데이터를 레지스터로 이동시키는(LOAD) 명령어이다. 이 경우 원래의 데이터는 그대로 존재하고 그 카피가 새로운 장소에 복사된다.

## (2) 산술연산(Arithmetic)

두 개의 수 사이에 산술적연산을 수행한다. 덧셈(ADD), 뺄셈(SUBTRACT), 곱셈(MULTIPLY), 나눗셈(DIVIDE) 등이 이에 해당된다. 경우에 따라 정수의 연산과 부동소수점의 연산을 수행하는 명령어가 다를 수 있다. 두 개의 수 간에 산술적연산을 수행하기 위해서는 우선 두 수를 주기억장치에서 레지스터로 가져온 후 ALU 장치가 연산을 수행한다. 연산의 결과를 다시 주기억장치에 저장하기 위해서는 'STORE' 명령어를 사용하여 연산값을 이동한다.

## (3) 논리연산(Logic)

논리연산 명령어는 두 비트열 간에 AND, OR, XOR, NOT과 같은 논리적 연산을 수행한다. 이 때 논리연산을 수행하기 위해서는 두 비트열의 길이가 같아야 한다. 논리연산은 비트열의 각 비트 자리마다 수행하여 그 결과를 얻는다. 산술연산과 마찬가지로 논리연산을 수행하기 위해서는 두 비트열을 일단 주기억장치로부터 ALU의 레지스터로 가져와서 논리연산을 수행한 후 다시 그 결과를 주기억장치에 가져다 놓는다.

아래와 같이 AND, OR 및 XOR 논리연산의 예를 알아보자.

| | 10101010 | | 10101010 | | 10101010 |
|---|---|---|---|---|---|
| AND | 11110000 | OR | 11110000 | XOR | 11110000 |
| | 10100000 | | 11111010 | | 01011010 |

## (4) Shift/Rotate

Shift 연산과 Rotate 연산은 비트열을 한 비트 왼쪽 또는 오른쪽으로 이동시키는 연산이다. 아래의 예에서 보듯이 왼쪽으로 Shift 시키면 비트열의 제일 왼쪽 비트는 사라지고 제일 오른쪽에 자동적으로 비트 '0'이 들어온다, 이에 비하여 Rotate 연산은 비트열을 회전시키는 기능을 수행한다. 예를 들어, 왼쪽으로 Rotate 시키면 비트열의 제일 왼쪽 비트가 제일 오른쪽 비트의 위치로 이동한다.

$$
\begin{array}{llll}
\text{Shift to Left} & 11001011 & \Rightarrow & 10010110 \\
\text{Rotate to Left} & 11001011 & \Rightarrow & 10010111
\end{array}
$$

## (5) 제어(Control)

제어 명령어는 프로그램의 수행을 제어하는 명령어이다. 예를 들어, 명령어 'JUMP'는 프로그램의 수행 순서를 특정 위치로 이동하라는 의미이다. 무조건 이동하라는 'JUMP' 명령도 가능하고 어떤 조건을 만족하였을 때 'JUMP' 하라고 명령할 수도 있다. 또한 프로그램의 수행을 완전히 중단하라는 'HALT' 명령어도 제어 명령에 속한다.

■ 가상 프로세서의 사례

이제 가상의 프로세서를 이용하여 산술연산 "A + B = C"를 수행하는 기계어 프로그램(또는 어셈블리어 프로그램)을 작성해보자. 데이터 A, B, C가 각각 주기억장치 주소 0A, 1B, 2C(여기서 0A, 1B, 2C는 16진법으로 표현한 수이다)에 있다고 가정하자. 먼저 주소 A의 값을 레지스터 1로(LOAD), 주소 B의 값을 레지스터 2로 가져온다(LOAD). ALU는 레지스터 1과 레지스터 2에 덧셈을 수행하여(ADD) 그 결과를 레지스터 3에 갖다 놓는다. 마지막으로 레지스터 3의 값을 주소 C에 저장한다(STORE). LOAD, ADD, STORE의 연산자를 각각 '0101', '0110' '0100'이라고 하자. 주소 A, B, C를 이진수로 나타내면 각각 '0000 1010', '0001 1011', '0010 1100'이다.

## (1) 어셈블리 프로그램

```
LOAD    R1    A              ← ①
LOAD    R2    B              ← ②
ADD     R3    R1   R2        ← ③
STORE   R3    C              ← ④
```

## (2) 기계어 프로그램

$$0101 \ 0001 \ 0000 \ 1010 \Rightarrow \text{LOAD} \quad \text{R1} \quad \text{A}$$
$$0101 \ 0010 \ 0001 \ 1011 \Rightarrow \text{LOAD} \quad \text{R2} \quad \text{B}$$
$$0110 \ 0011 \ 0001 \ 0010 \Rightarrow \text{ADD} \quad \text{R3} \quad \text{R1} \quad \text{R2}$$
$$0100 \ 0011 \ 0010 \ 1100 \Rightarrow \text{STORE} \quad \text{R3} \quad \text{C}$$

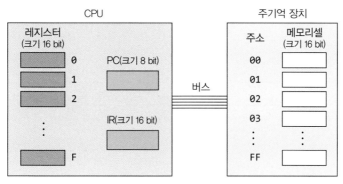

| 그림 3-11 가상 프로세서의 구조

■ 프로세서 설계 방식

프로세서의 설계 철학에 따라 기계어의 집합이 간단할 수도 있고 복잡할 수도 있다. 기계어의 종류가 많고 하나의 기계어 명령어가 보다 복잡한 일을 수행하는 경우 프로세서의 설계가 복잡해진다. 이러한 프로세서를 CISC 머신(Complex Instruction Set Computer)이라 한다. 일반적으로 Intel사의 프로세서가 CISC 구조를 가지고 있다. CISC 프로세서는 매우 강력한 하드웨어 기능을 가지고 있으나 하나의 기계어 명령어를 처리하기 위해 몇 개의 클록 사이클이 필요하다. 컴퓨터는 클록 사이클에 동기화되어 작업을 처리한다. 클록의 속도가 빠르면 프로세서가 더 빨리 작업을 수행한다. 예를 들어, 어떤 컴퓨터의 클록 스피드가 1GHz라면 1초에 10억 번의 펄스가 생성된다는 것을 의미한다. 이에 비해 RISC 머신(Reduced Instruction Set Computer)은 기계어 명령어의 종류가 적고 하나의 기계어가 비교적 간단한 작업을 수행하므로 하드웨어 구조가 간단하다. RISC 머신의 한 기계어 명령어를 수행하기 위하여 하나의 클록 사이클이 필요하다. RISC 머신은 하드웨어보다 소프트웨어적으로 기계어 명령어 기능의 부족함을 해결한다. ARM 프로세서와 MIPS 프로세서가 RISC 구조를 가지고 있다. RISC

프로세서의 하드웨어 구조는 매우 간단하므로 대부분의 모바일기기나 임베디드 컴퓨터가 ARM 프로세서에 기반하고 있다. 표 3-1은 CISC 구조와 RISC 구조의 특징을 비교하고 있다.

| 표 3-1 CISC 머신과 RISC 머신의 비교

| CISC | RISC |
| --- | --- |
| 하드웨어 강조 | 소프트웨어 강조 |
| 명령어가 복잡하고 종류가 많음 | 명령어가 간단하고 종류가 적음 |
| 적은 수의 레지스터 이용 | 많은 수의 레지스터 이용 |
| 다양한 주소 모드 | 적은 주소 모드 |
| 명령어 처리를 위해 몇 클록사이클 필요 | 명령어를 한 클록사이클에 처리 |
| 파이프라이닝 어려움 | 파이프라이닝 용이함 |

출처: https://csarassignment.wordpress.com

### 3.2.3 프로그램의 실행과 명령어처리 사이클

■ 명령어처리 사이클 - 호출(Fetch), 해석(Decode), 실행(Execute)

프로그램은 다수의 기계어 명령어들로 구성되어 있다. 각 기계어 명령어의 수행을 제어하기 위하여 프로세서는 특수 레지스터인 PC(Program Counter)와 IR(Instruction Register)를 사용하고 있다(그림 3-12 참조). PC는 다음에 처리할 기계어 명령어의 위치를 가지고 있다. 프로세서는 PC 레지스터의 값에 해당하는 주기억장치 주소에 가서 그 내용을 IR 레지스터에 옮겨 놓는다. 이러한 과정을 "호출(Fetch)"이라 부른다.

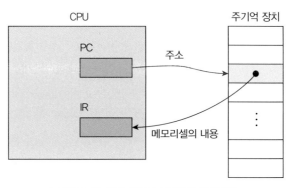

| 그림 3-12 특수 레지스터 PC와 IR의 기능

프로세서는 기계어 명령어들의 집합인 프로그램을 수행하기 위하여 각 명령어마다 "호출", "해석", "실행"의 사이클을 반복적으로 수행한다. 이러한 사이클을 명령어처리 사이클(Machine cycle)이라 한다. 그림 3-13에서 보듯이 명령어처리 사이클은 아래의 과정을 반복한다.

### ① 호출(Fetch) 사이클

레지스터 PC에 저장되어 있는 값에 해당하는 주기억장치의 주소에 가서 저장되어 있는 데이터를 복사하여 레지스터 IR에 저장한다. 그 후 PC의 값은 다음 메모리 주소로 증가시킨다. 가져온 명령어가 "JUMP"인 경우에는 PC는 새로운 값을 가진다. 예를 들어, 명령어가 "JUMP NextAdd"라면 NextAdd에 해당하는 값을 레지스터 PC에 저장한다.

### ② 해석(Decode) 사이클

레지스터 IR로 가져온 기계어 비트열을 해석한다. 연산자의 유형에 따라 피연산자 필드를 적절히 나눈다.

### ③ 실행(Execute) 사이클

레지스터 IR의 비트열에 해당하는 신호를 ALU 장치와 범용 레지스터 및 주기억장치에 보내 기계어 명령어를 수행한다. 실행 사이클이 완료되면 프로세서는 다시 호출 사이클을 수행한다.

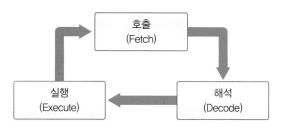

| 그림 3-13 명령어처리 사이클(Machine cycle)

앞에서 사례로 제시한 산술연산 "A + B = C"를 생각해보자. 가상 프로세서에서 이 산술연산은 4개의 기계어 명령어로 표현되었다. 첫 명령어인 "LOAD R1 A"를 수행하기

위하여 호출 사이클에서 PC 레지스터에 저장되어 있는 주소로 가서 이 명령어의 카피를 IR 레지스터에 가져다 놓는다. LOAD 명령어의 해석 사이클에서 이 명령어는 2개의 연산자, 즉 하나의 범용 레지스터와 하나의 주기억장소를 가진다는 사실을 해석한다. 그 후 실행 사이클에서 주기억장소 A의 내용을 레지스터 R1으로 가져다 놓는다(로드). 이제 PC 레지스터의 값은 증가하여 다음 주기억장소를 가리키게 된다. 이러한 명령어처리 사이클이 4회 반복되어 산술연산 "A + B = C"에 해당하는 4개의 기계어 명령어가 수행된다.

### 3.2.4 프로세서 성능의 발전

Intel사의 첫 마이크로프로세서인 Intel 4004는 4 비트의 정보를 동시에 처리하는 4 비트 프로세서로 1971년 개발되었으며, 그 후 8008, 8080, 8088, 80286, 80386, 80486, 펜티엄(Pentium), 아이테니엄(Itanium)으로 발전하였다. Intel 8080은 8 비트 프로세서이고 16 비트, 32 비트로 발전하여 아이테니엄의 경우 64 비트 프로세서로 발전하였다. 마이크로프로세서의 집적도도 지속적으로 증가하여 Intel 80486의 경우 100만 개의 트랜지스터로 구성되었다. 인텔 외에도 모토로라나 AMD 등에서 만들어진 마이크로프로세서도 발전을 거듭하고 있다.

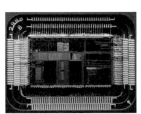
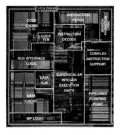

(a) INTEL 4004          (b) Intel 80486D×2          (c) Intel Pentium 프로세서

출처: 인텔사

| 그림 3-14  4세대 컴퓨터에서 사용되는 프로세서 칩

■ 무어의 법칙

인텔사 회장 무어(Gordon Moore)는 1965년 마이크로프로세서 집적도의 발전에 관하여 무어의 법칙(Moore's Law)을 발표하였다. 무어의 법칙에 의하면 마이크로프로세서

칩의 성능은 18개월마다 두 배씩 증가한다. 무어의 법칙은 지난 40여 년간 정확하게 맞아왔으며 앞으로도 계속 유효할 것으로 예측되고 있다. 그림 3-15는 1971년부터 최근까지 인텔사 마이크로프로세서 성능의 변화를 칩에 포함된 트랜지스터의 수로 표현한 것이다.

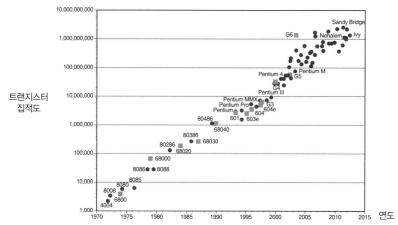

출처: http://electroiq.com

| 그림 3-15 무어 법칙의 적용 – INTEL 마이크로프로세서(파란점)의 경우

### ■ 다양한 기능의 프로세서 칩

컴퓨터에는 마이크로프로세서 이외에도 다양한 기능의 프로세서 칩이 사용되고 있다. 예를 들면, 3차원 그래픽을 빠르게 처리하기 위한 3차원 그래픽 가속기 프로세서, 비디오 파일을 디스플레이하기 위한 비디오 코덱(Video Codec) 프로세서, 음악을 출력하기 위한 미디어 프로세서(Media Processor), 통신용 모뎀에서 신호를 처리하기 위한 모뎀칩 등 다양한 기능을 지원하는 프로세서가 존재한다. 컴퓨터 시스템은 이러한 칩들을 사용하여 응용 소프트웨어를 지원한다. 예를 들어, 3D 그래픽 가속기 칩은 그래픽 작업을 마이크로프로세서에 집중시키지 않고 3D 그래픽 전용 프로세서를 사용하여 작업 속도를 빠르게 하고 출력시간을 단축시키는 역할을 한다. 이와 같이 부가적인 프로세서 칩은 기존 마이크로프로세서의 기능을 보조하여 컴퓨터의 성능을 향상시키는 역할을 한다.

일반적으로 프로세서는 두 가지 형태가 있는데, 하나는 시장에서 판매되는 일반제품용 칩과 특수 목적을 위해 주문 생산되는 주문형 반도체(ASIC: Application Specific Integrated Circuit)로 나눌 수 있다.

## 3.3 메모리 장치

컴퓨터 시스템에는 다양한 저장장치가 사용되고 있다. 최근에는 멀티미디어 정보를 지원하기 위하여 대용량 저장장치가 필요하다. 특히 USB를 이용한 대용량 착탈식 메모리가 보편화되면서 편리하게 데이터를 저장하게 되었다. 이 절에서는 메모리 시스템이 어떻게 구성되는지를 알아보도록 하자.

### 3.3.1 메모리 시스템의 계층적 구조

■ 계층적 메모리 개념 – 레이어(Layer) 개념

메모리 시스템의 계층적 구조는 크게 4가지로 구분할 수 있다. 프로세서 내에 위치한 레지스터, 프로세서의 수행 시 필요한 데이터를 저장하는 캐시메모리와 주기억장치, 대용량의 데이터를 저장하기 위한 2차 저장장치, 그리고 컴퓨터로부터 분리가 가능한 오프라인 저장장치로 구분된다. 다양한 메모리는 그림 3-16과 같이 계층적 구조를 가지고 있어 위로 올라갈수록 메모리 속도는 빨라지고 가격이 비싸며 용량은 작다. 아래로 갈수록 메모리의 속도는 감소하지만 가격이 저렴하고 메모리 용량은 커진다. 컴퓨터 시스템은 이러한 메모리를 적절하게 이용함으로써 시스템의 목적을 달성할 수 있다.

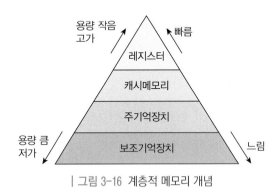

| 그림 3-16 계층적 메모리 개념

### (1) 레지스터

레지스터는 프로세서에 위치하고 있는 매우 빠른 메모리로 플립플롭(Flip-Flop) 회로를 이용하여 구성된다. 전기가 공급될 때만 저장 기능이 있고 전기가 끊기는 순간부터 저장되어 있는 데이터는 사라진다. 레지스터 메모리는 매우 빠르게 데이터를 저장하고 접근할 수 있다.

### (2) 주기억장치(Main Storage)

CPU가 데이터를 읽거나 저장하기 위해서 사용하는 메모리 공간이다. 주기억장치는 SRAM이나 DRAM으로 구성되는데, SRAM을 사용하여 고속처리가 가능한 캐시메모리와 DRAM을 사용한 주기억장치로 되어 있다. CPU는 일차적으로 캐시메모리에 접근하고, SRAM 캐시메모리에서 찾고자 하는 데이터가 없는 경우에 DRAM 메모리로 접근한다.

### (3) 보조기억장치 – 하드디스크

주기억장치는 속도가 빠른 반면 용량이 작은 단점이 있으므로, 주기억장치를 보조하는 보조기억장치가 사용된다. 보조기억장치로 주로 사용되는 메모리로 하드디스크가 있으며, 대용량의 프로그램과 데이터를 저장하고 현재 프로그램 수행에 필요한 데이터만을 주기억장치로 보내는 역할을 한다. 최근에는 USB 포트를 사용하여 탈착이 가능한 이동식 하드디스크(Portable Hard Disk)도 사용되고 있다.

### (4) 보조기억장치 – 오프라인 저장장치

하드디스크와 같은 목적으로 사용되지만 컴퓨터에 고정되어 있지 않고 필요시에 컴퓨터에 연결하여 사용하는 오프라인 저장장치를 의미한다. 주로 CD나 DVD 등의 매체를 사용하며, 그 외에도 USB 메모리, SD 메모리 등을 사용하고 있다. 동작 속도가 하드디스크에 비해서 상대적으로 느리나 가격이 저렴하고 정보를 쉽게 저장하고 휴대하기 간편한 장점이 있다.

### 3.3.2 메모리의 종류

메모리의 계층적 구조에 속하는 메모리는 그림 3-17과 같은 다양한 메모리의 유형이 존재하며 각 메모리는 다른 특징을 가지고 있다. 캐시 메모리는 SRAM 기술로 만들어졌고 메인 메모리는 DRAM 기술로 제조되었다. SRAM 및 DRAM은 전기가 끊어지면 저장되어 있는 모든 데이터가 사라지는 특성을 가지고 있다. 이에 비하여 자기적 성질을 이용하는 하드디스크와 광학적 성질을 이용한 CD, DVD는 전기가 끊겨도 데이터가 저장된 상태를 유지한다. 최근 많이 이용되고 있는 플래시 메모리도 오프라인 메모리로 대용량 데이터를 저장하기 위해 자주 이용되고 있다.

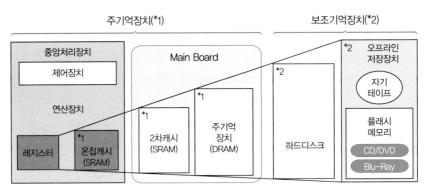

| 그림 3-17 메모리 시스템의 계층적 구조

■ 주기억장치

주기억장치(Main Memory)는 마이크로프로세서가 직접 접근할 수 있는 메모리이며, 마이크로프로세서에서 수행할 명령어와 데이터 등을 저장하는 메모리이다.

과거에는 주기억장치의 기억매체로 자기코어(Magnetic Core)를 사용하여, 코어를 통과하는 전선에 전류를 보내 자화된 방향에 따라 0과 1을 기억하게 하였다. 현재는 대부분 반도체 기억장치를 사용하는데, 반도체 기억장치에는 전원이 끊어져도 기억된 내용이 보존되는 ROM과 전원이 꺼지면 모든 내용이 지워지는 휘발성 메모리 타입의 RAM이 있다.

RAM은 기억된 내용을 사용자가 임의로 변경할 수 있으며 프로그램이나 자료를 저장할 수 있으나 전원이 꺼지면 기억된 내용이 모두 지워진다. 이러한 이유로 RAM을 휘발성 메모리라고도 한다. RAM에는 SRAM(Static RAM)과 DRAM(Dynamic RAM)이 있다. SRAM은 전원이 공급되는 동안에는 기억된 내용이 유지되나, DRAM은 전원이 공급되어도 주기적으로 충전(Refresh)을 해야 기억된 자료가 유지된다. SRAM은 동작 속도가 DRAM에 비해 빨라 주기억장치 중에서도 캐시메모리에 사용된다. DRAM은 SRAM에 비해 속도가 느리나 가격이 저렴하여 주기억장치에서 일반적으로 사용되고 있다.

## (1) 하드디스크 시스템

하드디스크는 대용량 프로그램이나 데이터 등을 저장하기 위해 사용된다. 하드디스크는 자성체를 입힌 알루미늄 디스크(원반)를 회전시키면서 그 위에 자료를 읽거나 기록하기 위한 보조기억장치이다. 내부의 구조는 그림 3–18에서 보듯이 여러 개의 원반이 하나의 축을 중심으로 약간의 간격을 두고 레코드판처럼 겹쳐 있는 구조로 되어 있다. 각 디스크 위에는 트랙이라는 동심원이 그려져 있는데, 이 동심원에 자성 헤드가 데이터를 읽거나 쓰게 된다.

하드디스크의 성능을 좌우하는 요인으로는 디스크의 회전수, 데이터 접근속도, 단위면적당 자기밀도 등을 들 수 있다.

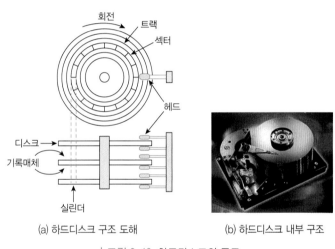

(a) 하드디스크 구조 도해          (b) 하드디스크 내부 구조

| 그림 3–18  하드디스크의 구조

## (2) 이동식 하드디스크

과거의 하드디스크는 컴퓨터 시스템 내부에 설치되어 본체로부터 분리가 되지 않는 고정형이었으나, 최근 이동식 하드디스크가 많이 사용되고 있다. 특히, 외장 하드디스크는 개인용 동영상 파일이나 대용량의 데이터를 백업하거나 파일을 이동시키는 데 많이 사용되고 있다. 그림 3–19는 이러한 이동식 하드디스크의 예를 보여준다.

(a) 주사위 크기만한 하드디스크          (b) 외장 하드디스크

| 그림 3-19  다양한 이동식 하드디스크

## (3) SSD

하드디스크(HDD)는 회전하고 이동하는 부품으로 구성되어 있으므로 데이터 접근 속도가 제한되고 작동 시에 소리와 진동을 발생시킨다. 이에 비해 플래시 메모리로 구성된 SSD(Solid State Drive)는 움직이는 부품이 없어 소리와 진동이 전혀 없고 데이터 접근 속도가 HDD에 비해 훨씬 빠르다. 따라서 HDD 대신에 SSD를 장착하면 운영체제, 응용 프로그램 및 데이터를 매우 빠르게 주기억장치로 로드 할 수 있다. SSD는 HDD에 비하여 용량 대비 가격이 비싸지만 에너지 소모량 측면에서는 훨씬 우수한 장점을 가지고 있다(그림 3-20 참조).

SSD VS HDD

– 빠른 속도                    – GB당 저렴한 가격
– 잡음과 진동에 강함        – 대용량 HDD 가능
– 적은 에너지 사용

출처: http://www.ultrabookreview.com

| 그림 3-20   SSD와 하드디스크(HDD)의 비교

■ 광디스크 시스템 – 오프라인 저장장치

광디스크(Optical Disk)는 플로피 디스크의 부족한 용량을 극복한 저장 매체로 주로 멀티미디어 데이터의 저장에 사용되고 있다. 즉, 음악, 그림, 사진, 영화 등 비교적 용량이 큰 데이터를 저장하는 데 사용되는 메모리이다. 광디스크 시스템은 레이저 광을 이용하여 음성, 문자, 영상 등의 데이터를 알루미늄 등 금속성의 원반에 기록한다. 데

이터를 읽을 때에는 레이저 광선을 원반에 쏘아 알루미늄 원반에 기록된 데이터의 반사를 이용하여 데이터를 재생한다. 광디스크 시스템의 예로 CD(Compact Disk)와 DVD(Digital Video Disc)를 들 수 있다. CD는 650MB까지 기록할 수 있으며, 이는 백과사전 또는 셰익스피어 전집 등을 담을 수 있는 크기이다. DVD는 8.6GB까지 담을 수 있으므로 CD 13장이나 되는 대규모의 데이터를 저장할 수 있다. 이외에도 50GB의 큰 용량의 데이터를 저장할 수 있는 블루레이(Blu-ray) 디스크가 등장하였다.

## (1) CD

CD는 크게 오디오 저장방식과 컴퓨터 저장방식으로 나눌 수 있다. 오디오 데이터를 저장하기 위해서는 CD-DA(Digital Audio) 포맷을 사용하며, 컴퓨터 데이터를 표현하기 위해서는 CD-ROM(Read Only Memory)을 사용한다. CD는 사용 용도에 따라 읽기 전용인 CD-ROM, 쓰기가 가능한 CD-R(Recordable), 재사용이 가능한 CD-R/W(ReWritable)로 구분할 수 있다.

## (2) DVD

DVD는 1997년에 등장하였고, 과거의 VHS 비디오테이프를 대체하여 사용되고 있다. DVD는 CD와 유사하며, 레이저 광선을 사용하여 데이터를 쓰고 읽는 광저장장치이다. CD에 비해 약 7배 정도 많은 데이터를 저장할 수 있는 대용량 저장장치로써, 약 133분 분량의 고화질 비디오를 저장할 수 있으며, MPEG-2 형식의 영화 한 편을 저장할 수 있다.

## (3) 블루레이(Blu-ray) 메모리

고선명(High Definition) 비디오의 디지털 데이터를 저장할 수 있도록 만들어진 광저장장치이다. DVD에서 사용된 적색 레이저보다 파장이 짧은 청색 레이저를 사용하므로 DVD에 비해서 더 많은 데이터를 담는 것이 가능하다. 블루 레이저를 사용하기 때문에 블루레이 메모리라 부른다. 단층 사용 시 일반 영화는 13시간, 고화질급(HDTV) 영상은 2시간 분량에 해당하는 25GB의 데이터 저장 능력이 있다. 복층 사용 시에는 50GB의 데이터를 저장할 수 있다.

| 표 3-2 광디스크의 각 세대별 주요 특성

| 세대 | 제1세대 | 제2세대 | 제3세대 | 제4세대 | 제5세대 |
|------|---------|---------|---------|---------|---------|
| 시기 | 1970~ | 1980~ | 1995~ | 2000~ | |
| 종류 | LP | CD | DVD | Blu-ray | 홀로그램 |
| 주요<br>특성 | • 단면 40분<br>• 양면 80분 | 650MB | • 단면<br> 4.7GB/8.5GB<br>• 양면<br> 9.4GB/17GB | • 단면 27GB<br>• 양면 50GB | • 근접장 광학헤드<br>• Super RENS<br>• 홀로그램/다층<br>• 1TB 이상 |
| 크기 | 30cm/25cm | 12cm | 12cm | 12cm | |

■ 기타 저장장치 시스템 – 오프라인 저장장치

최근에는 광디스크나 자기 디스크 장치에 비해 사이즈가 매우 작아 휴대하기 편리한 소형 플래시메모리가 널리 쓰이고 있다. 플래시메모리는 1984년 도시바(Toshiba)사의 마수오카 박사가 고안한 반도체 메모리로, 비휘발성 메모리이며 전기적으로 지우거나 다시 쓸 수 있는 반도체 메모리이다. 발명할 당시 카메라의 플래시 라이트를 연상시킨다는 의미에서 플래시메모리라고 부르게 되었다. 플래시메모리는 디지털 카메라, 홈비디오, 게임 콘솔, MP3 플레이어 등에 활용되고 있으며, 컴퓨터 시스템에서도 중요한 저장장치로 자리잡고 있다. 이 절에서는 플래시메모리를 이용한 USB 메모리, 메모리카드를 중심으로 그 특성을 살펴본다.

## (1) USB 메모리

USB 메모리는 플래시메모리와 USB 포트가 결합한 저장장치로, 그림 3-21에서 보는 바와 같이 휴대가 간편하고 사용이 편리해서 널리 쓰이고 있다. 단순한 저장장치 기능 이외에도 MP3 플레이어 기능을 제공할 수 있도록 음악재생 칩이 내장된 제품도 있으며, 소형이면서 휴대성이 뛰어나기 때문에 다양한 형태로 응용되고 있다. USB 메모리는 1 GB에서 1 TB(즉 1000GB)까지 다양한 용량이 존재한다.

| 그림 3-21  다양한 USB메모리

## (2) 메모리카드

메모리카드는 디지털카메라 또는 캠코더에 사용되는 플래시메모리로 카드 형태로 제작된다. 디지털 카메라 제조사에 따라 규격이 다르며 다음과 같은 메모리가 사용되고 있다.

- SD(Secure Digital) 메모리카드: 1999년에 마츠시타(Matsushita), 샌디스크(SanDisk), 도시바(Toshiba)가 공동 제안한 메모리 카드로 플래시메모리를 사용하고 있으며 SD, 미니 SD, 마이크로 SD 등의 메모리 규격을 제공하고 있다(그림 3-22(a)).

- 메모리 스틱(Memory Stick): 소니(Sony)사가 1988년에 자사제품에 사용하기 위하여 만든 막대형 저장장치로 메모리 스틱이라고 부르기도 한다. USB 메모리보다 이전에 개발되었고, 그 제원을 공개하여 컴퓨터 업체의 표준을 유도하고 있으나 아직까지는 널리 사용되고 있지 않다(그림 3-22(b)).

- CF카드(Compact Flash): 샌디스크(SanDisk)사가 개발한 플래시메모리로 NEC, 캐논(Canon), 앱손(Epson) 등 12개 회사가 연합하여 만든 메모리이다. 주로 디지털 카메라에 많이 쓰이고 있다(그림 3-22(c)).

(a) 샌디스크사의 SD 메모리    (b) 소니사의 메모리 스틱    (c) 샌디스크사의 CF카드

| 그림 3-22  메모리 카드의 종류

## 3.4 입출력 장치

2008년 CES 전시회의 개막연설에서 빌 게이츠는 "앞으로 10년의 디지털 기술의 변화는 마우스와 키보드 방식의 기존의 컴퓨터에서 음성과 터치 방식을 이용하는 인간 친화형 기술로 바뀌게 될 것이다."라고 예측했다. 현재 멀티 터치스크린을 채택한 애플 아이폰 및 아이패드, 움직임 센서 기반의 닌텐도 Wii 스테이션 게임기 등은 이미 기존 입력 시스템의 변화가 시작되었다는 것을 보여 주고 있다.

컴퓨터 시스템에서 사용자 및 다른 정보기기와 정보를 주고받기 위해서 입출력장치가 사용된다. 이러한 입출력장치는 매우 다양한 형태로 되어 있으며 인간과 컴퓨터 상호 간에 밀접한 관계가 있다. 이러한 이유로 입출력장치는 HCI(Human Computer Interaction) 학문과 결합하여 활발하게 연구되고 있다. 이 절에서는 입력(Input)과 출력(Output)의 기본 동작 원리에 대하여 살펴보고 미래의 입출력장치에 대하여 알아보도록 하자.

### 3.4.1 입력장치

■ 자판(Keyboard)

가장 기본적인 입력장치로 타자기의 자판에서 기원을 찾을 수 있다. 자판은 사용자가 누르는 버튼에 해당되는 신호를 컴퓨터로 전송하는 역할을 한다. 운영체제는 이 신호를 적절한 문자코드(예, ASCII, EBCDIC, 유니코드 등)나 제어문자로 변환하여 응용프로그램으로 전달하거나 처리한다.

자판 배열방식에 따라 쿼티(QWERTY), 드보락 등 여러 가지 방식으로 분류한다. 현재 가장 널리 사용되는 방식은 쿼티 방식(그림 3-23)으로, 특수문자와 기능키(Function key)를 포함하여 총 104개 이상의 키 버튼이 있고, 자판 배열은 좌상단에 Q, W, E, R, T, Y로 시작한다.

한글 키보드는 기본적인 영문 키보드의 하단에 한/영키와 한자 변환키를 추가하여 한글 입력 시 이 키를 눌러 한글/영문 모드를 전환한다. 한글 키보드는 2벌식과 3벌식으로 나뉘며 주로 2벌식 자판이 사용된다.

| 그림 3-23  QWERTY 키보드 자판 배열

■ 모바일 기기의 자판

스마트폰과 같은 휴대용 기기는 크기가 작기 때문에 문자를 입력하기가 어렵다. 따라서 제한된 작은 공간에서 정보를 입력할 수 있도록 특수자판이 사용된다. 그림 3-24에서 보듯이 숫자판을 이용하여 문자를 입력하는 천지인 방식(그림 3-24(a)), 이지한글 방식 (그림 3-24(b)), 10개의 키를 이용한 입력 방식, 휴대용 자판기 등의 방식이 있으며, 근래에는 모바일 기기에서 작은 형태의 쿼티(QWERTY) 방식(그림 3-24(c))의 키를 사용하기도 한다.

(a) '천리안' 자판 배열          (b) '이지한글' 자판 배열          (c) QWERTY 방식을
                                                              이용한 모바일 자판 배열

| 그림 3-24  모바일 기기의 자판 배열

■ 마우스

화면에서 어떠한 위치를 지정하는 장치, 즉 포인팅 장치의 대명사인 마우스는 엔젤바트 (D. Engelbart)가 최초로 고안하였다. 엔젤바트는 흔히 'HCI의 아버지'라고 불리는데, 현재의 마이크로소프트사의 윈도우나 애플사의 Mac OS에서 사용되는 그래픽 사용자 인터페이스(GUI: Graphic User Interface)를 엔젤바트가 1969년에 처음 개발하였을

뿐만 아니라 이에 사용되는 마우스도 함께 개발하여 시연하였다.

볼 마우스는 최초의 마우스와 가장 유사한 원리로 동작한다. 볼 마우스에는 X축과 Y축의 움직임을 감지할 수 있는 두 개의 휠이 있어 각 휠이 단위시간당 회전한 회수를 이동 거리로 환산하여 화면의 포인터를 이동시킨다. 근래에는 레이저로 움직임을 감지하고 블루투스 통신을 이용한 무선 마우스가 개발되어 많이 사용되고 있다.

(a) 엔젤바트가 고안한
최초의 마우스 프로토타입

(b) 현재의 마우스
(출처: 애플사)

| 그림 3-25  최초의 마우스와 현재 마우스

■ 조이스틱

그림 3-26과 같이 360° 자유롭게 움직이는 스틱을 이용하여, 사용자가 누르는 압력을 단계별로 인식하여 전달하는 기기이다. 자유로우면서도 정확한 입력으로 인하여 게임, 3D 내비게이션, 로봇 제어 등의 응용 분야에서 사용되고 있다. 최근에는 실감나는 반응을 제공하기 위하여 진동기를 내장하여 사용자에게 물리적 반응을 제공한다.

(a) 다양한 종류의 조이스틱/조이패드 기기들

(b) 실감형 게임을 위한 Wii의 Wiimote

출처: 닌텐도사

| 그림 3-26  다양한 조이스틱 기기들

■ 펜 타입 입력장치

인간에게 가장 오래되고 친숙한 필기도구는 펜이다. 펜 타입 입력장치는 터치패드 화면에서 펜 형태의 장치를 통해 사용자가 직접 입력하는 장치이다. 따라서 필기체 문자를 직접 화면을 통해서 입력할 수 있다. 병원에서의 차트 정리 등에 많이 사용되고 있으며, 모바일기기에서 편리한 인터페이스로 사용될 것으로 기대된다.

### ■ 3D 스캐너(3D Scanner)

3D 스캐너 장치는 레이저 빔을 물체에 발사하여 3차원 물체의 표면의 (x, y, z) 값을 입력할 수 있다. 그림 3-27은 사람의 얼굴, 전시물, 기계 부품 등 다양한 물체의 형태를 컴퓨터로 입력하는 모습을 보여주고 있다.

| 그림 3-27 **3차원 스캐너**

## 3.4.2 출력장치

출력장치는 크게 영상 출력장치, 인쇄 장치, 햅틱 장치나 사운드 장치 등으로 나눌 수 있다.

### ■ LCD 디스플레이

영상 출력장치는 흔히 디스플레이라고도 하며 컴퓨터 장치에서 처리된 정보를 영상의 형태로 출력해주는 장치를 의미한다. 이러한 장치에는 TV, 모니터, 차세대 디스플레이, 빔프로젝터 등이 있다. 이 중 TV와 모니터는 가장 흔히 볼 수 있는 영상 출력장치인데, 과거에는 주로 브라운관 혹은 CRT라고 불리는 음극선관(Cathode-Ray Tube)을 이용하였으나, 근래에는 LCD(Liquid Crystal Display)나 LED(Light Emitting Diode) 등으로 대체되고 있다.

LCD는 근래 가장 빠르게 확산되고 있는 디스플레이로 모니터와 TV, 휴대전화 화면 등에 널리 사용된다. LCD의 기본 원리는 두 개의 편광 유리판 사이에 액체 상태의 결정

(액정)을 주입하고, 이 사이에 전압의 세기에 따라 빛을 투과시켜서 영상을 출력한다.

■ 차세대 디스플레이

차세대 디스플레이 기술의 한 종류인 OLED(Organic Light-Emitting Diode) 디스플레이(그림 3-28(a))는 반응시간이 빠르고, 해상도가 높아 선명한 색상을 표현하며, 전력 소모가 적어서 미래의 각종 모니터와 TV 디스플레이를 대체할 것으로 기대되고 있다.

또한 그림 3-28(b)와 같이 전자 잉크(e-Ink)를 사용하는 전자 종이(e-Paper), 두루마리 디스플레이 등은 종이처럼 매우 얇고 가벼우며 휘어지는 장점이 있고 전력 소모가 적어 차세대 디스플레이로써 손색이 없다.

(a) OLED를 사용한 3mm의
초박형 두께의 Sony TV XEL-1
출처: e-Ink사, 소니사, 삼성전자

(b) 전자잉크를 이용한 두루마리 디스플레이(Flexible Display)

| 그림 3-28 미래형 출력장치

■ 프린터

일반적으로 종이나 천 등에 정보를 출력하기 위한 것으로 프린터와 플로터가 많이 이용된다. 프린터의 경우에는 그림 3-29와 같이 도트 프린터, 잉크젯 프린터, 레이저 프린터 등이 있다. 근래에는 주로 잉크젯과 레이저 프린터를 많이 사용하고 있다.

### (1) 도트 프린터

도트 프린터는 프린터 헤드에서 전기적 신호에 따라 해당되는 글자 모양으로 핀들이 튀어나오고, 이것이 종이와 헤드 사이의 잉크 리본이나 먹지를 누르면서 핀 모양에 따라 잉크가 종이에 묻게 된다. 신용카드 영수증과 같이 카본 종이를 이용하여 복사본을 만드는 경우에 유리하다(그림 3-29(a)).

## (2) 잉크젯 프린터

잉크젯 프린터는 프린터 헤드에 핀 대신 미세한 잉크 방울을 뿜어 낼 수 있는 구멍들이 있는데, 출력할 형태에 따라 해당하는 구멍들이 잉크 방울을 만들어 내보냄으로써 종이에 인쇄하는 것이 일반적인 방식이다. 때로는 열을 가해 잉크를 녹여 출력하는 열전사 방식도 잉크젯 프린터에 적용된다.

## (3) 레이저 프린터

레이저 프린터는 복사기의 인쇄 방식과 유사하다. 즉, 롤러 모양으로 생긴 드럼에 인쇄할 모양으로 감광을 한 후, 드럼에 토너를 묻히면 그 모양대로 드럼에 남게 되는데, 드럼에 종이를 밀착하고 열과 압력을 가해 토너가 종이에 옮겨 붙게 한다(그림 3-29(c)).

(a) 도트 프린터
(Epson LQ-300+II)

(b) 잉크젯 프린터
(Epson Stylus C67)

(c) 레이저 프린터
(Epson AcuLaser C4200DN)

| 그림 3-29 다양한 프린터 종류

■ 플로터

프린터를 이용하여 일반적인 문서, 그래픽 및 그림을 인쇄하는 것은 큰 무리가 없으나 CAD 설계도면이나 지도와 같은 것을 출력하기에는 부적절하다. 플로터는 직선, 곡선과 같은 도형으로 이루어진 큰 출력물을 정교하게 출력할 때 매우 적절한 출력장치이다. 플로터는 용지 공급방식에 따라 평판 플로터와 드럼 플로터로 구분된다.

| 그림 3-30  플로터의 종류

■ 3D 프린터

3D 프린터는 그래픽스 소프트웨어를 이용하여 모델링한 3차원 모델로부터 물리적 형태를 빠른 시간 내에 제작하기 위한 장치이다. 3D 프린터를 이용하면 제작하고 싶은 3차원 물체를 빠른 시간 내에 설계하여 저렴한 비용으로 빨리 제작할 수 있는 장점이 있다. 최근 3D 프린터의 활용 분야가 확장되고 가격이 저렴해지면서 많은 관심을 갖게 되었다. 활용 분야는 산업용, 일반고객용, 의학용 등 다양한 영역에서 이용되며 가격도 수백 달러에서 수십만 달러까지 용도와 성능에 따라 다양하다. 산업용으로는 자동차 산업, 항공 산업, 군사용, 기계 부품, 패션, 안경, 신발 등의 분야가 있으며 최근에는 제품의 대량 생산도 가능하게 되었다. 3D 프린터를 이용하면 상품모형의 빠른 프로토타입의 개발에 매우 유리하다. 일반고객용 3D 프린터는 수백 달러~수천 달러의 장치가 존재하며 장난감, 운동기구, 액세서리 제작, 기계 부품, 교육 분야, 심지어는 피자와 같은 음식물의 제조에서도 이용되고 있다. 특히, 의학용 3D 프린터는 바이오 기술을 적용하여 인간의 뼈를 비롯한 귀나 장기 같은 세포 조직의 제작에도 이용하고 있다.

| 그림 3-31  3D 프린터

■ 기타 출력장치

시각적인 출력장치 이외에 음향이나 햅틱장치 등도 출력장치로 사용되고 있다. 음향장치로는 흔히 볼 수 있는 이어폰, 헤드폰, 스피커 등이 있으며, 햅틱장치로는 진동 장치가 있다. 근래에는 음향장치의 중요성이 강조되고 있는데, 홈시어터 시스템 등에는 그림 3-32(a)와 같은 5.1채널(5개의 스피커와 하나의 우퍼 스피커) 이상의 음향장치가 지원된다. 5.1채널이란 2개의 전방 스피커, 2개의 후방 스피커, 중앙 스피커, 중저음 보강용 우퍼 스피커로 구성되는 스피커 세트를 말하는데, 근래에는 6.1채널이나 7.1채널 등도 사용되고 있다.

햅틱 인터페이스는 주로 촉감이나 진동, 혹은 압력 등의 촉각을 지원하는 인터페이스를 의미한다. 과거에는 사용되지 않았으나 최근 휴대전화의 진동 기능에 사용되며, Wii, XBOX360, PS3 등 콘솔 게임기에서 사용자에게 실감나는 경험을 제공하기 위해 많이 사용되고 있다.

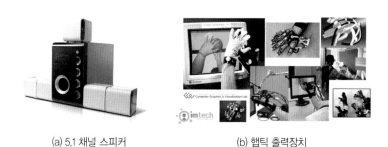

(a) 5.1 채널 스피커　　　　　　(b) 햅틱 출력장치

출처: immersivetech.org

| 그림 3-32  다양한 출력장치들

## 3.5 기기 간의 통신

컴퓨터와 외부기기 간에 데이터를 주고받기 위하여 통신을 제어하는 장치가 필요하다. 이러한 장치를 컨트롤러라 한다.

■ 컨트롤러(Controller)의 역할

컨트롤러는 그림 3-33에서 보듯이 컴퓨터와 외부 입출력장치 간에 데이터를 주고받기 위한 장치로 컴퓨터 내에 장착되어 있다. 외부장치를 컴퓨터에 연결해주는 포트(Port)를 통해 데이터의 입출력이 발생한다. 즉 포트는 외부 입출력장치를 컴퓨터에 꽂아서 연결시켜주는 부위를 의미한다. 컨트롤러는 외부장치의 데이터를 컴퓨터가 인식할 수 있도록 해주고 역으로 컴퓨터의 내부 데이터를 외부장치가 인식할 수 있도록 중간 매개체 역할을 담당한다.

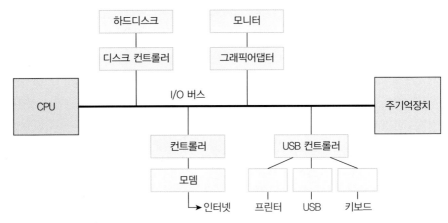

| 그림 3-33  컨트롤러를 통해 버스에 연결된 외부 입출력장치

컴퓨터가 'STORE' 명령어를 수행할 때 그 주소가 외부장치에 해당하면 컴퓨터는 주기억장치와 같이 동일하게 다루어 데이터를 해당 컨트롤러로 보낸다. 또한 컴퓨터가 'LOAD' 명령어를 수행할 때 그 주소가 외부장치에 해당하면 주기억장치와 동일하게 외부장치의 컨트롤러로부터 데이터를 가져온다. 이와 같이 컴퓨터가 외부장치를 주기억장치와 같이 동일한 방식으로 통신할 때 이러한 방식을 메모리 맵 입출력(Memory-mapped I/O)이라고 한다. 이에 비해 컴퓨터가 컨트롤러를 주기억장치와 달리 처리하여 독립된 입출력 명령어를 가지고 있는 경우도 있다. 그림 3-34는 메모리 맵 입출력 방식으로 컨트롤러와 통신하는 것을 보여주고 있다. 컨트롤러는 버스에 연결되어 있으므로 프로세서가 버스를 이용하지 않을 동안 컨트롤러는 외부입출력 장치로부터 직접 주기억장치로 데이터를 주고받을 수 있다. 이와 같이 컨트롤러가 직접 주기억장치를 접근할 수 있는 기능을 직접 메모리 접근(DMA: Direct Memory Access)이라 부른다.

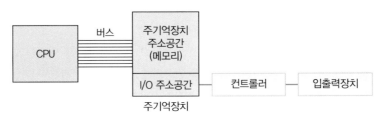

| 그림 3-34  메모리 맵 입출력의 개념

■ 병렬통신(Parallel communication)과 직렬통신(Serial communication)

외부 입출력장치가 컨트롤러를 통해서 컴퓨터와 통신하는 방식에는 병렬통신과 직렬통신이 있다. 병렬통신은 병렬포트를 통해서 데이터를 동시에 여러 비트를 보내는 병렬 방식을 의미한다. 이에 비해 직렬통신은 직렬포트를 통해서 한 번에 한 비트씩 직렬 방식으로 보내는 것이다. 데이터 통신의 유형에 대하여 알아보자.

## (1) 단거리 데이터 통신

CPU는 입출력장치를 사용하여 입력된 데이터를 처리하고 처리된 데이터를 출력한다. 이러한 시스템의 입출력을 위하여 다양한 장치가 사용된다. 주요 입출력장치로는 모니터, 키보드, 마우스, 프린터, 이동형 메모리 등이 있다. 입출력 포트는 이러한 입출력장치를 컴퓨터에 연결해주는 역할을 하는데, PC에서 많이 사용되는 입출력 포트로는 병렬포트(Parallel Port), 직렬포트(Serial Port), USB 포트, Firewire 포트, LAN 포트, 음향기기를 위한 입출력 포트 등이 있다. 최근에는 기존 병렬포트와 직렬포트가 USB 포트와 Firewire 포트로 대체되고 있으며 더 나아가 블루투스와 같은 무선 연결 방식으로 대체되고 있는 추세이다. 그림 3-35는 이러한 연결 방식의 변화에 대하여 설명하고 있다.

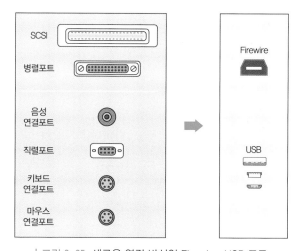

| 그림 3-35  새로운 연결 방식인 Firewire, USB 포트

## (2) 근거리 데이터 통신 - 이더넷(Ethernet)

USB나 Firewire의 경우보다 좀 더 먼 거리의 데이터 통신을 담당하기 위해 가정이나 빌딩 내에서 이더넷이 이용된다. 이더넷은 전선이나 무선 방식을 통해서 수십 미터 이내의 영역을 커버할 수 있다. 이더넷은 직렬통신 방식으로 데이터를 주고받는다.

## (3) 원거리 데이터 통신

원거리 통신의 경우는 DSL, 케이블, 통신위성 등이 존재한다. 과거 PC를 통한 원거리 데이터 통신으로 전화선과 모뎀이 이용되었다. 전화선은 사람의 목소리를 전송하기 위해 개발된 것으로 4KHz 이하의 신호를 보내는 통신선이었다. PC 통신에서는 디지털 데이터를 모뎀을 이용해서 전화선을 통해 전송할 수 있는 아날로그 신호로 바꾸어 데이터를 전송하였다. 이러한 이유로 일반 전화의 모뎀을 통해 전송할 수 있는 데이터 전송속도가 56Kbps에 그쳤다. 그 후 DSL(Digital Subscriber Line)이 개발되면서 전화선을 이용하여 4KHz 이상의 주파수를 이용하여 디지털 데이터를 전송하게 되었다. 따라서 DSL 방식은 사람의 목소리를 전송하는 전화선에 비해 훨씬 빠른 속도로 데이터를 전송할 수 있다. DSL이 발전한 형태가 ADSL 및 VDSL이다. DSL 방식도 대체적으로 빠르게 데이터를 전송할 수 있었으나 기술의 발달로 이제는 전화선이 광케이블로 대체되고 있는 현실이다. 또한 케이블 TV 선을 이용하거나 통신위성을 이용해도 원거리 데이터 통신이 가능하다. DSL, 광케이블, 케이블 TV 모두 데이터를 직렬통신 방식으로 전송한다.

■ 데이터 전송속도(Data communication rate)

통신 방식에 따라 단위 시간에 전송할 수 있는 최대 데이터양이 정해져 있다. 통신 채널을 통해 보낼 수 있는 최대 데이터 전송속도를 때로는 대역폭(Bandwidth)이라고 부른다. 대역폭은 단위 시간에 데이터를 전송할 수 있는 용량을 의미한다. 빠른 대역폭을 가진 데이터 전송을 흔히 브로드밴드(Broadband)라고 한다. 일반적으로 수십 Mbps 이상의 데이터 전송속도를 가진 통신 채널이 브로드밴드에 속한다.

## 3.6 병렬처리와 파이프라이닝

프로세서의 기계어 프로그램을 빨리 처리하기 위하여 여러 가지 컴퓨터 구조가 고안되었다. 파이프라인닝 구조와 병렬처리 컴퓨팅이 가장 자주 이용되는 개념이다.


### 3.6.1 병렬처리의 개념

■ 파이프라이닝(Pipelining)

3.2.3절에서 명령어처리 사이클에 대하여 설명하였다. 기계어 프로그램을 처리하기 위하여 '호출', '해석', '실행'의 사이클을 반복한다. '호출' 사이클에 주기억장치에 저장되어 있는 기계어 명령어를 프로세서의 IR 레지스터로 가져 온다. 그런데 주기억장치와 프로세서 간에는 일정한 물리적 거리가 존재한다. 둘 사이의 거리가 1 피트(30cm)라고 가정하자. 전선을 통해 전류가 흐르는 속도는 빛의 속도 이상일 수 없으므로 1 피트의 거리를 전류가 흐르는데 약 1 나노초(1 Nanosecond = 10억분의 1초)가 걸린다.

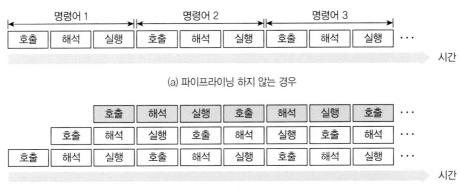

(a) 파이프라이닝 하지 않는 경우

(b) 파이프라이닝 경우

참조: Foundations of Computer Science, B. Forouzan and F. Mosharraf

| 그림 3-36 **파이프라이닝의 개념**


따라서 프로세서가 '호출' 명령어 신호를 주기억장치에 보내고 주기억장치로부터 데이터가 프로세서로 오는 데 걸리는 시간은 최소 2 나노초이다. 따라서 프로세서가 아무리 빨리 명령어를 수행할 수 있다 해도 '호출' 사이클에 걸리는 시간 때문에 프로세서의 속

도에 한계가 있다. 이러한 이유로 그림 3-36과 같이 '호출' 사이클, '해석' 사이클 및 '실행' 사이클을 동시에 수행하여 컴퓨터의 성능을 높여주는 컴퓨터 구조를 파이프라이닝 (Pipelining)이라 부른다. 특히 컴퓨터 그래픽이나 이미지 처리 분야에서는 알고리즘 처리과정이 매우 복잡하므로 파이프라이닝 기법을 이용하면 보다 빠르게 수행 결과를 얻을 수 있다.

■ 병렬처리(Parallel processing)

병렬 컴퓨팅에서는 프로세서가 다수 존재하여 동시에 여러 개의 기계어 명령어들을 처리한다. 오늘날 대부분의 PC나 노트북 컴퓨터는 2개, 4개 또는 8개의 프로세서를 가지고 있어 동시에 다수의 데이터를 처리할 수 있다. 이러한 프로세서를 멀티코어(Multi-core)라 부르며 PC에서 Dual(2개), Quad(4개), Octa(8개) 등의 프로세서가 존재한다. 그림 3-37은 n개의 프로세서를 가지고 있는 컴퓨터 구조를 보여주고 있다. 이러한 병렬 컴퓨터는 하나의 기계어 명령어를 처리할 때 각 프로세서가 다른 데이터를 동시에 처리할 수 있다. 그래픽스, 애니메이션, 이미지 처리, 비디오 처리 등의 분야에서 자주 행렬 계산을 필요로 한다. 이러한 경우 하나의 명령어이지만 처리해야 할 데이터는 행렬의 각 요소가 된다. 이 때 멀티코어를 사용하면 보다 빠르게 결과를 얻을 수 있다.

| 그림 3-37 **병렬처리의 개념**

병렬처리 방식에는 한 순간 하나의 기계어 명령어를 처리하느냐 다수의 기계어 명령어를 처리 하느냐에 따라 SIMD 머신과 MIMD 머신으로 나누어진다.

## 3.6.2 병렬처리의 유형

병렬처리 컴퓨터는 다수의 프로세서를 가지고 있다. 다수의 프로세서가 어떤 방식으로 명령어를 수행하는가에 따라 SIMD 머신과 MIMD 머신으로 구분된다.

### ■ SIMD와 MIMD

SIMD(Single Instruction Multiple Data)는 한 순간 하나의 기계어 명령어를 가져와서 처리한다. 그러나 그림 3-38과 같이 이 명령어가 다수의 데이터를 처리하는 명령어라면 각 프로세서가 다수의 데이터를 동시에 처리하므로 명령어의 처리 시간이 크게 단축된다. 어레이 프로세서(Array processor)가 가장 대표적인 SIMD 머신이다. 어레이 프로세서는 컴퓨터 그래픽스, 이미지 처리, 비디오 처리, 일기예보, 항공기 시뮬레이션, 과학 계산 등의 분야에서 매우 빠르게 명령어를 수행할 수 있다.

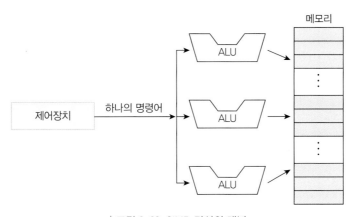

| 그림 3-38 SIMD 머신의 개념

MIMD(Multiple Instruction Multiple Data)는 한 순간 다수의 기계어 명령어를 가져와서 처리한다. 각 기계어 명령어는 각각 다른 데이터를 처리한다. 하나의 프로그램에서 명령어를 동시에 처리하면 논리적으로 순서상 문제가 생길 수 있다. 따라서 항상 다수의 명령어들을 동시에 처리할 수 있는 것은 아니다. 논리적 순서상 문제가 발생하지 않는 경우에 한하여 병렬처리가 가능하다. 그림 3-39는 다수의 프로세서가 각각 다른 명령어를 처리하는 것을 보여주고 있다.

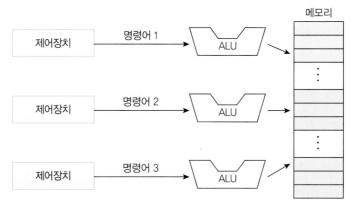

| 그림 3-39  MIMD 머신의 개념

■ GPU(GPGPU)

GPU(Graphic Processing Unit)는 컴퓨터 그래픽스나 이미지 처리에 매우 효율적인 수많은 병렬처리 프로세서를 가지고 있어 그래픽 및 이미지처리 알고리즘에 매우 빠른 처리와 조작에 적합하게 구성되어 있다. GPU라는 용어는 1999년 세계 최초의 GPU라 할 수 있는 Nvidia사의 GeForce 256 칩에서 처음 사용되기 시작하였다. GPU 칩은 게임과 같이 동시에 수많은 데이터 처리가 요구되는 응용에서 필수적으로 사용되고 있다. 2006년 Nvidia사는 GeForce 8 시리즈를 통하여 보다 범용적인 GPU를 개발하여 GPGPU(General-Purpose GPU) 시대를 열게 되었다. GPGPU 칩을 생산하는 기업은 Nvidia사를 비롯하여 AMD/ATI, INTEL 등이 있다. GPGPU는 칩 내의 수백~수천 개 이상의 코어(Core)를 활용하여 연산을 병렬적으로 처리할 수 있는 구조를 가지고 있다. GPGPU는 그래픽 및 이미지처리는 물론 병렬처리가 효과를 발휘할 수 있는 다양한 활용 분야에서 이용되고 있다. 예를 들어, 비주얼 컴퓨팅, 증강 현실(AR), 머신 러닝, 음성 인식, 암호학, 선형대수, 통계처리 등의 분야가 이에 속한다. 그림 3-40은 Nvidia GTX 680으로 8개의 GPC(Graphics Processing Cluster)를 가지고 있고 각 GPC는 다시 192개의 코어를 가지고 있어 Nvidia GTX 680 칩은 총 1536개의 코어를 가지고 있다.

 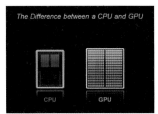 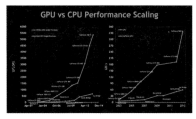

(a) Nvidia GTX 680                    (b) Intel CPU와 Nvidia 칩의 성능 비교

출처: http://furryball.aaa-studio.eu

| 그림 3-40  CPU와 GPGPU의 비교

# 연습문제

**3-1** 가상 프로세서의 기계어 명령어가 16 비트로 구성되어 있고 연산자는 4 비트, 피연산자는 12 비트를 차지한다. 이러한 프로세서가 가질 수 있는 연산자의 종류는 최대 몇 가지인가?

(a) 8가지　　　　(b) 16가지　　　　(c) 32가지　　　　(d) 12가지　　　　(e) 256가지

**3-2** 다음 중 기계어의 일반적인 유형에 해당하지 않는 것은?

(a) 데이터 이동(예, LOAD)　(b) 산술연산(예, ADD)　　　　(c) 논리연산(예, AND)
(d) ROTATE　　　　　　(e) 데이터 삭제(예, DELETE)

**3-3** 다음의 논리연산 A가 10101010 (논리연산 A) 11110000 → 01011010의 결과를 얻었다면 이 논리연산 A는 어디에 해당하는가?

(a) XOR　　　　(b) AND　　　　(c) OR　　　　(d) NOT　　　　(e) NAND

**3-4** 연산 A×B=C를 어셈블리어로 나타낸다면 다음과 같다. 괄호 속에 어떠한 것이 와야 하는가(단, 여기서 R은 레지스터를 의미함)?

```
LOAD  R1  A
LOAD  R2  B
MULTIPLY  (   )  R1  R2
STORE     (   )  C
```

(a) R1　　　　(b) R2　　　　(c) R3　　　　(d) A　　　　(e) B

**3-5** 다음 중 올바른 명령어 처리 사이클(Machine cycle)의 순서는?

(a) 호출 → 해석 → 실행　　　　　　(b) 해석 → 호출 → 실행
(c) 호출 → 저장 → 해석　　　　　　(d) 호출 → 해석 → 저장
(e) 호출 → 실행 → 저장

3-6 다음 중 가장 속도가 빠른 저장장치는?

    (a) 레지스터    (b) DRAM    (c) 캐시메모리    (d) USB 메모리    (e) SSD

3-7 다음 중 명령어 처리 사이클의 실행을 위해 신호를 보낼 필요가 없는 장치는?

    (a) ALU               (b) 범용 레지스터        (c) 주기억장치

    (d) PC(Program Counter) (e) ROM

3-8 다음 중 컴퓨터의 출력장치에 해당하지 않는 것은?

    (a) 음향장치            (b) 햅틱장치           (c) OLED 디스플레이

    (d) 스캐너             (e) 3D 프린터

3-9 다음 중 병렬처리와 관련성이 없는 것은?

    (a) 파이프라이닝       (b) SIMD          (c) MIMD

    (d) GPGPU          (e) Firewire

3-10 다음 중 주기억장치와 가장 관련성이 적은 것은?

    (a) DRAM    (b) USB    (c) SRAM    (d) ROM    (e) 캐시메모리

3-11 다음 중 CPU의 구성요소가 아닌 것은?

    (a) 산술연산 장치      (b) 논리연산 장치      (c) 데이터 버스(Data Bus)

    (d) 제어장치          (e) 레지스터

3-12 명령어를 호출하여 해석하기 전에 어디에 가져다 놓아야 하는가?

    (a) PC            (b) IR          (c) 캐시메모리

    (d) ALU         (e) 범용 레지스터

---

괄호 채우기

3-1 CPU는 프로세서(Processor)라고도 불리며 컴퓨터의 가장 핵심적인 장치로 사람의 두뇌와 같이 수리적 연산 및 논리적 연산을 수행하며 컴퓨터 시스템이 적절하게 작동하도록 각 모듈에 신호를 보내고 제어한다. CPU는 연산장치(ALU), (           ), 제어장치 등으로 구성되어 있다.

**3-2** 컴퓨터에서 전원을 켜게 되면 제일 먼저 하는 작업은 시스템 내의 하드웨어를 점검하고 운영체제가 원활히 작동할 수 있도록 컴퓨터의 초기화 작업을 수행하는 것이다. 수행할 일련의 과정은 (              )에 기록되어 있다.

**3-3** 주기억장치는 DRAM 칩들로 구성된 대체로 빠른 속도의 기억장치이다. 프로세서와 주기억장치는 (              )에 의해 서로 연결되어 있다.

**3-4** ALU는 디지털 논리회로로 입력 데이터를 (레지스터)에서 가져와 연산을 수행하고 그 결과를 다시 (              )에 저장한다.

**3-5** 레지스터의 속도와 주기억장치의 속도 간에 차이가 크므로 거의 모든 컴퓨터 시스템은 레지스터와 주기억장치 사이에 (              )를 두고 있다.

**3-6** 프로그램은 데이터와 마찬가지로 주기억장치에 저장되었다가 프로세서로 가져와 명령어를 해석하여 프로세서가 처리하는 과정을 거치게 되었다. 이러한 컴퓨터 시스템의 개념을 (              ) 이라고 부른다. 오늘날 모든 컴퓨터는 이러한 개념에 따라 설계된다. 이러한 개념으로 설계된 컴퓨터를 (              )라고 한다.

**3-7** (              )은 기계어 명령어의 종류가 적고 하나의 기계어가 비교적 간단한 작업을 수행하므로 하드웨어 구조가 간단하다.

**3-8** 프로세서는 기계어 명령어들의 집합인 프로그램을 수행하기 위하여 각 명령어마다 "호출", (              ), "실행"의 사이클을 반복적으로 수행한다.

**3-9** (              )는 주로 촉감이나 진동, 혹은 압력 등의 촉각을 지원하는 인터페이스를 의미한다. 과거에는 사용되지 않았으나 최근 휴대전화의 진동 기능에 사용되며, Wii, XBOX360, PS3 등 콘솔 게임기에서 사용자에게 실감나는 경험을 제공하기 위해 많이 사용되고 있다.

**3-10** 컨트롤러는 컴퓨터와 외부 입출력장치 간에 데이터를 주고받기 위한 장치로 컴퓨터 내에 장착되어 있다. 외부장치를 컴퓨터에 연결해 주는 (              )를 통해 데이터의 입출력이 발생한다.

**3-11** 컴퓨터가 외부장치를 주기억장치와 같이 동일한 방식으로 통신할 때 이러한 방식을 (          )라고 한다.

**3-12** (          )는 병렬처리의 한 가지 유형으로 한 순간 다수의 기계어 명령어를 가져와서 처리한다. 각 기계어 명령어는 각각 다른 데이터를 처리한다.

**주관식**

**3-1** 가상의 컴퓨터에서 다음 연산 (A+B) × C=D를 수행하기 위한 어셈블리 명령어들을 작성하라.

**3-2** 컴퓨터의 부팅을 위하여 DRAM 메모리 대신 ROM 메모리가 필요한 이유를 설명하라.

**3-3** 명령어 처리 사이클에서 해석(Decoding) 과정은 구체적으로 어떠한 일을 수행하는지 예를 들어 설명하라.

**3-4** CPU의 제어장치가 하는 일은 구체적으로 설명하라. 또한, 특수 레지스터인 IR (Instruction Register)과 PC(Program Counter)가 수행하는 일은 무엇인가?

**3-5** 3D 프린터의 원리를 조사하고 3D 프린터가 현재 활용되는 분야에 대하여 설명하라.

**3-6** 가상의 프로세서에서 "JUMP" 명령어가 필요한 이유는 무엇이라 생각하는가?

**3-7** ARM 프로세서와 같은 RISC 머신의 기계어 유형에 대하여 조사하라.

CHAPTER

# 운영체제(OS)와 시스템 소프트웨어

운영체제는 컴퓨터 시스템을 올바르게 작동시키고 효율적으로 활용하기 위한 가장 핵심적인 소프트웨어이다. 운영체제의 목적과 발전에 대하여 이해하고 운영체제의 구성에 대하여 살펴본다. 즉 컴퓨터의 시동, 사용자 인터페이스와 커널, 메모리 관리, 파일관리에 대하여 공부한다. 또한 컴퓨터의 실행을 제어하기 위하여 프로세서의 개념을 이해하고 이와 관련하여 컴퓨터 자원을 차지하려는 경쟁에 대하여 공부한다. 마지막으로 시스템 소프트웨어의 범위와 유틸리티에 대하여 알아본다.

## 4.1 운영체제의 개념과 발전

운영체제(OS)는 컴퓨터 시스템이 올바르게 작동할 수 있도록 관리하고 데이터 파일을 저장하며 프로그램의 실행이 효율적으로 진행될 수 있도록 해준다. 운영체제는 컴퓨터 시스템의 가장 핵심이 되는 소프트웨어이다.

### 4.1.1 운영체제의 목적과 발전

■ 운영체제의 목적

컴퓨터 시스템의 소프트웨어는 그림 4-1과 같이 크게 나누어 볼 때 응용 소프트웨어와 시스템 소프트웨어로 구분할 수 있다. 응용 소프트웨어는 특정한 응용을 위해 개발된 소프트웨어이다. 포토샵, 일러스트레이터, 엑셀, 파워포인트와 같이 특정 목적을 위해 기업이 개발하여 판매하는 상업적 소프트웨어(Commercial Software)나 개인이나 기관이 개발한 프로그램들이 응용 소프트웨어에 속한다. 이에 비해 시스템 소프트웨어는 운영체제, 파일압축 소프트웨어, 보안 소프트웨어, 컴파일러 등과 같이 컴퓨터 시스템을 적절히 사용하기 위하여 필수적으로 요구되는 소프트웨어이다. 시스템 소프트웨어는 다시 운영체제와 유틸리티 소프트웨어로 구분된다.

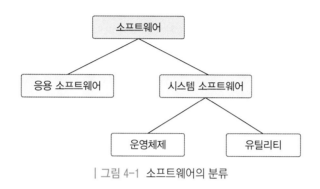

| 그림 4-1 소프트웨어의 분류

운영체제(OS: Operating System)는 하드웨어와 사용자(프로그램이나 이용자)간의 인터페이스 역할을 수행하며 이용자(사람)나 응용 프로그램이 컴퓨터의 모든 자원을 효율적으로 편리하게 이용할 수 있도록 해준다. 따라서 운영체제는 모든 이용자와 응용 프로그램이 의존하고 있는 가장 기반(Foundation)이 되는 핵심 소프트웨어로 이해될 수 있다. 운영체제의 목적을 아래의 두 가지로 요약할 수 있다.

## (1) 하드웨어 자원의 효율적 이용

컴퓨터 시스템의 프로세서, 주기억장치, 보조 기억장치, 입출력장치, 컴퓨터 네트워크와 같은 하드웨어를 효율적으로 관리하며 다수 사용자 환경에서 사용자가 가장 효율적으로 이용할 수 있도록 하드웨어 자원을 배분한다. 오늘날의 컴퓨터 시스템은 많은 하드웨어 자원을 가지고 있고 동시에 처리해야 할 일들이 다수 존재하므로 이들을 효율적으로 관리하는 것은 매우 중요하고 컴퓨터 시스템의 가장 기본이 되는 작업이다.

## (2) 자원의 편리한 이용

컴퓨터 시스템은 다양한 하드웨어 자원과 소프트웨어 자원을 가지고 있다. 이러한 자원을 이용하기 위해서는 컴퓨터 시스템의 구조에 대하여 잘 이해하고 있어야 한다. 그러나 일반 사용자는 컴퓨터 시스템의 내부 구조에 대한 지식이 없다. 설령 컴퓨터 시스템을 잘 이해하고 있다고 해도 컴퓨터 시스템의 복잡한 자원을 효율적으로 사용하는 것은 쉬운 일이 아니다. 운영체제는 사용자로 하여금 컴퓨터 자원을 편리하게 사용할 수 있도록 도와준다. 예를 들어, 과거 PC에서 사용자가 마이크로소프트의 운영체제인 MS-DOS의 명령어를 통해서 컴퓨터 자원을 이용했으나 지금은 Windows 운영체제를 이용하고 있다. 명령어 방식인 MS-DOS를 통해서도 컴퓨터 자원을 이용할 수 있었으나 GUI(Graphical User Interface) 방식을 지원하는 Windows를 이용하면 훨씬 용이하게 컴퓨터의 자원을 이용할 수 있다. GUI는 윈도우, 메뉴, 아이콘, 마우스 포인터를 이용하여 초보자도 쉽게 컴퓨터를 사용할 수 있게 해준다. 이와 같이 운영체제는 이용자로 하여금 컴퓨터 자원을 편리하게 이용할 수 있도록 도와준다.

■ 운영체제의 발전

1950년대 초창기에는 컴퓨터의 이용자가 직접 컴퓨터 룸에 들어가 컴퓨터의 모든 작동을 수동적으로 수행하였다. 그 후 전문 오퍼레이터가 컴퓨터의 작동을 맡아 수행하게 되었고 상호대화식 프로세싱, 다중 프로그래밍, 병렬처리 및 실시간 처리 운영체제로 발전하였다.

## (1) 배치 프로세싱(Batch processing)

배치 프로세싱은 처리할 프로그램을 순차적으로 주기억장치에 저장하여 원칙적으로 도착한 순서에 따라 하나씩 실행하는 방식이다. 처리할 프로그램이나 명령어를 작업 또는 잡(Job)이라 부르며 각 작업은 컴퓨터 시스템 내에서 작업 대기열을 구성하여 자신이 처리될 순서를 기다린다(그림 4-2 참조). 먼저 도착한 작업을 먼저 처리하는 방식을 FIFO(First-In First-Out) 방식이라 부른다.

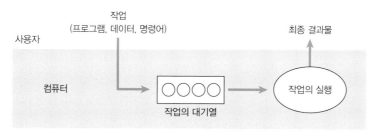

| 그림 4-2 배치 프로세싱의 개념

## (2) 상호대화식 프로세싱(Interactive processing)

배치 프로세싱의 경우 이용자와 컴퓨터 간에 상호대화 할 수 있는 방법은 전혀 없다. 미리 프로그램과 데이터가 주어진 회계처리 프로그램과 같은 경우에는 배치 프로세싱이 타당한 방식이나 프로그램의 수행 도중에 이용자가 데이터를 제공하거나 프로그램의 수행에 관여하고 싶은 경우에 배치 프로세싱은 이용자와 상호대화를 허용하지 않는다. 상호대화식 프로세싱은 컴퓨터에 연결된 모니터를 통하여 프로그램의 실행 도중에 데이터를 제공하거나 프로그램을 제어하고 경우에 따라서 중간 결과를 확인할 수 있는 방식의 운영체제이다.

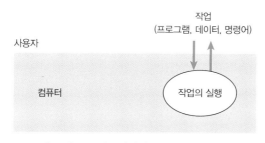

| 그림 4-3 상호대화식 프로세싱의 개념

## (3) 시분할 시스템(다중 프로그래밍, 다중작업)

운영체제의 주요 기능으로 시스템 자원을 프로그램이나 주변기기에 할당하여 실행을 제어하는 실행관리 또는 자원관리라고 불리는 작업이 있다. 한 명의 사용자가 작업을 한 가지만 할 경우에는 그다지 복잡한 일이 아니지만, 다수의 사용자가 여러 개의 프로그램을 동시에 실행하거나 하나의 프로그램을 더 빠르게 실행하고자 하는 경우에는 다양한 기술이 필요하다. 예를 들어, PC에서 음악을 틀어 놓은 채로 문서작성 작업과 그림편집 작업을 동시에 하고 백그라운드 작업으로 이메일 수신까지 하는 경우가 있다.

이와 같이 여러 개의 프로그램을 동시에 실행하는 것을 다중작업(Multitasking)이라 한다.

CPU가 하나인 PC에서 한순간에는 하나의 작업만이 실행 가능하므로 여러 개의 작업을 시간을 분할하여 순서대로 돌아가며 실행하는 시분할(Time Sharing) 기법을 적용한다. 그림 4-4에서는 4개의 프로그램 A, B, C, D가 작은 단위의 작업인{(A₁, A₂, …), (B₁, B₂, …), (C₁, C₂, …) (D₁, D₂, …)}으로 나뉘어 순서대로 실행되는 과정을 설명하고 있다. 한편, CPU가 여러 개인 경우에는 프로그램의 실행제어가 더욱 복잡해진다.

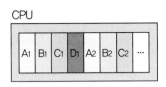

CPU

| 그림 4-4 다중작업의 개념

### (4) 병렬처리(Parallel System)

그림 4-5(a)와 같이 하나의 프로그램 A를 여러 개의 작업 {A₁, A₂, …, A₆}로 분할하여 몇 개의 CPU에 할당하면 하나의 프로그램에 대해 빠른 실행결과를 얻을 수 있다. 이와 같이 하나의 작업을 여러 개의 CPU가 실행하여 더 빠르게 하는 기술을 병렬처리(Parallel Processing)라고 한다. 한편, 그림 4-5(b)에서는 여러 개의 프로그램을 여러 개의 CPU가 실행하여 전체적인 성능을 향상시키는 기술을 설명하고 있으며, 이를 다중처리(Multiprocessing)라고 한다.

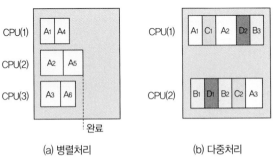

(a) 병렬처리          (b) 다중처리

| 그림 4-5 병렬처리의 개념

## (5) 실시간 처리(RTOS: Real-Time Operating System)

컴퓨터로 하여금 정해진 짧은 시간 내에 작업의 처리를 완료하게 하고 싶은 경우 실시간 운영체제는 거의 실시간에 작업을 완료하게 해준다. 예를 들어, 자율주행 자동차의 경우 자동차에 부착된 센서들을 통하여 외부 세계의 데이터를 입력받으면 컴퓨터가 실시간으로 데이터를 분석하여 합당한 조치를 취하도록 한다. 동영상을 처리하는 경우에도 실시간 처리 방식의 운영체제가 요구된다. 동영상은 비디오 부분과 오디오 부분으로 구성되어 있으며 비디오와 오디오가 실시간에 처리되어 거의 동시에 출력되어야 한다. 오늘날 대부분의 임베디드 시스템은 모두 실시간 처리를 요구하고 있다.

### ▪ 운영체제의 역사

초창기에는 컴퓨터 시스템마다 자체의 운영체제를 가지고 있었다. IBM 컴퓨터는 OS/360, CDC 컴퓨터는 SCOPE과 같은 운영체제를 가지고 있었다. 이러한 운영체제가 배치 프로세싱, 상호대화식 프로세싱, 시분할 시스템, 병렬처리 방식으로 발전해 나갔다.

운영체제 역사에게 가장 주목할 사건은 1969년 개발된 UNIX 운영체제이다. UNIX는 당시 AT&T사의 벨연구소에서 개발된 운영체제로 1969년 켄 톰슨과 데니스 리치 등이 어셈블리어로 개발하였다가 1971년 C 언어를 이용하여 다시 작성하였다. UNIX는 개발자들에게 무상으로 제공되어 현재 다양한 컴퓨터 기종에서 구현이 되고 있다. 여러 사람이 동시에 사용할 수 있도록 다중사용자 및 다중작업 기능을 지원하는 대표적인 운영체제이며, 명령어 방식의 인터페이스를 기본으로 한다. 예를 들어, 파일의 목록을 보려면 'ls'라는 명령을 입력해야 하며, 파일을 삭제하려면 'rm'이라는 명령을 입력해야 한다. 1980년대부터는 업체에 사용권을 판매하여 다양한 버전으로 개조되어 판매되고 있으며, 대표적인 유닉스 계열의 상업용 운영체제로는 HP-UX, 썬 마이크로시스템즈의 솔라리스(Solaris) 등이 있다.

리눅스(Linux)는 유닉스 계열의 운영체제 중 대표적인 공개 소프트웨어로서, 1991년 당시 핀란드 헬싱키 대학의 대학원생이던 리누스 토발즈(Linus Torvalds)가 개발하였다. 원래 공개 소프트웨어 운동은 MIT의 리차드 스톨만(Richard Stallman) 교수가 유닉스와 유사한 운영체제인 GNU를 공개 소프트웨어로 개발하면서 시작하였다. 당시 GNU 운영체제에는 커널이 제대로 개발되지 못했는데 바로 리눅스가 최초의 공개소스 운영체제의 커널로 개발된 것이다. 공개 소스 소프트웨어 운동이란 소스코드를 모든 사람에게 공개하고 각자 수정한 결과를 또다시 공유하자는 취지로서 '오픈소스(Open Source)'라는 용어도 탄생시켰다. 오픈소스는 사용하는 것은 물론 수정하거나 재배포하고 심지어 최종상품으로 판매하는 것까지 가능하다. 한편, 리눅스의 배포는 대표적으로 레드햇(RedHat)사에서 배포판을 제작하여 오픈소스 비즈니스를 전개하고 있다.

(a) GNU 로고       (b) Linux 로고       (c) RedHat 로고

| 그림 4-6 Linux 관련 로고

데스크탑에서 사용되는 대표적인 운영체제로는 도스(DOS), MS 윈도우(MS Windows), 맥 OS(Mac OS), 유닉스(UNIX), 리눅스(Linux) 등이 있다. 1980년대 초반 IBM PC가 등장하면서 사용된 도스(DOS)는 1990년대 초반까지 PC에서 널리 사용되었다. 마이크로소프트사의 초기 제품인 MS-DOS는 그림 4-7에서 보듯이 명령어 방식의 인터페이스를 지니고 있었다. 예를 들어, 파일의 목록을 보려면 키보드에서 'dir'이라는 명령을 입력해야 하며, 파일을 삭제하려면 'del 〈파일이름〉'이라는 명령을 입력해야 한다.

| 그림 4-7 DOS 운영체제의 실행화면

1980년대 후반 마이크로소프트사가 개발한 MS 윈도우는 대표적인 GUI 방식 운영체제이며, 현재 대부분의 PC에서 널리 사용되고 있다. 오히려 대부분의 PC에서 독점적으로 사용되고 있기 때문에 미국에서는 독점규제 대상이 되고 있다. 윈도우 2.0, 3.0 버전을 거쳐 윈도우 95 버전부터 매킨토시의 인터페이스와 유사하게 개발되어 현재와 같은 모습의 GUI 개념이 적용되고 있다. 이후 윈도우 98, 2000, XP, 비스타(Vista), 윈도우 7 버전을 거쳐 2015년 윈도우 10 버전이 발표되었다(그림 4-8 참조).

| 그림 4-8 Windows 운영체제의 실행화면

맥 OS는 애플사에서 1984년 매킨토시 기종에 초기부터 사용한 운영체제로, 2007년 레오파드(Leopard) 버전이 발표되었다(그림 4-9 참조). 맥 OS는 발표 초기부터 요즘 널리 사용하고 있는 GUI 방식의 인터페이스를 최초로 탑재한 운영체제라는 데 매우 큰 의미가 있다. 맥 OS 인터페이스의 주요 특징으로는 데스크탑 메타포를 적용하여 마치 책상 위에서 서류와 폴더들을 나열해놓고 작업을 처리하듯이 컴퓨터 화면을 구성하였다. 또 다른 특징으로는 아이콘을 더블클릭하거나 드래그&드롭 개념으로 프로그램을 실행할 수 있다.

| 그림 4-9 맥 OS의 실행화면

■ 모바일 운영체제

휴대폰, TV 셋톱박스, 산업용 전자기기, 로봇과 같은 장치에서는 컴퓨터 프로세서와 같은 칩이 장착되어(Embedded) 있으며, 이들 장치의 작동을 위하여 컴퓨터와 마찬가지로 운영체제가 필요하다. 그러나 컴퓨터에 비하여 장치의 규모가 작으며 각 기기의 특수한 상황에서의 기능을 주로 요구하므로 운영체제의 핵심 기능만 필요하다. 이와 같이 임베디드 장치에 필요한 핵심적인 시스템 소프트웨어 부분을 임베디드 운영체제라고 부른다. 고사양의 임베디드 운영체제로는 윈도우 CE(Windows CE)와 임베디드 리눅스(Embedded Linux)가 많이 사용되며 저사양의 소형기기에는 RTOS(Real Time Operating System) 계열의 운영체제가 사용된다. 윈도우 CE와 임베디드 리눅스는 기존 운영체제의 기능을 축소하여 작은 기기에 사용할 목적으로 개발되어 PDA나 휴대폰 외에도 산업용 제어기기, 셋톱박스, 로봇, 내비게이션 시스템, 미디어 플레이어, 티켓 머신 등에 사용된다.

한편, 최근의 스마트폰, 태블릿 PC 등의 모바일 기기에는 일반 운영체제보다는 작지만, 모바일 환경에 특화된 모바일 운영체제가 사용되고 있다. 초창기 스마트폰에서는 심비안 OS(Symbian OS)와 윈도우 모바일(Windows mobile)이 많이 사용되었으나, 2010년 이후 애플사의 아이폰이 개발되면서 모바일 운영체제에 큰 변화가 일어났다. 그 후 구글사는 안드로이드(Android)라는 개방형 모바일 운영체제를 개발하면서 스마트폰 및 태블릿 PC의 운영체제로는 구글의 안드로이드와 애플의 iOS가 대부분을 차지하고 있다. 그 외에 윈도우폰(Windows phone)이나 RIM사의 블랙베리(Blackberry)가 일부 사용되고 있으며, 차세대 웹 기반 OS로는 파이어폭스(Firefox), 타이젠(Tizen), 우분투(Ubuntu) 등이 주목받고 있다. 그림 4-10에서는 각종 임베디드 운영체제가 적용된 휴대폰을 보여주고 있다.

(a) 윈도우 모바일폰    (b) 심비안 OS폰    (c) 아이폰    (d) 안드로이드 태블릿 PC

| 그림 4-10  다양한 모바일 기기용 OS의 실행화면

## 4.1.2 플랫폼 개념

■ 플랫폼이란?

플랫폼이란 기차나 버스가 서는 정거장에서 사람들이 오르고 내리는 장소를 말한다. 모든 사람은 플랫폼을 거쳐야 기차를 탈 수 있다. 컴퓨터 용어에서 플랫폼이란 어떤 일을 하기 위해 필수적으로 거쳐야 하는 장소를 의미한다. 운영체제도 컴퓨터 시스템이라는 관점에서 보면 일종의 플랫폼이다. 컴퓨터를 사용하기 위해서 또는 응용프로그램을 이용하고 개발하기 위해서 없어서는 안 되는 소프트웨어 환경이다. 운영체제는 컴퓨터를 부팅하고 컴퓨터의 자원을 효율적으로 이용하고 데이터를 불러오고 응용프로그램을 개발하기 위해 필수적인 핵심 소프트웨어이다. 또한 사용자가 컴퓨터를 편리하게 이용하기 위해서 운영체제는 사용자 인터페이스를 제공한다.

오늘날 플랫폼의 중요성은 아무리 강조해도 지나치지 않는다. 하버드 대학 아이젠만 교수의 연구에 의하면 세계 100대 기업의 60% 이상이 플랫폼을 기반으로 비즈니스를 하고 있다고 분석하였다. 특히 ICT 분야에서는 플랫폼 개념이 중요하다. 마이크로소프트 사의 윈도우를 비롯하여 구글, 애플, 아마존, 페이스북, 이베이, 네이버, 카카오, 라쿠텐, 알리바바 등 거의 모든 ICT 분야의 굴지의 기업들이 실질적으로 플랫폼 개념에 기반하여 기업을 운영하고 있다. 안드로이드 및 iOS와 같은 운영체제를 비롯하여 아마존의 커머스 마켓, 페이스북의 SNS 환경, 구글의 검색엔진과 광고 서비스, 네이버의 포털 사이트 등이 플랫폼의 역할을 수행하고 있다.

플랫폼이란 어떤 목적을 위한 환경을 구축하여 이 환경을 중심으로 이용자, 개발자, 사업자들이 모여 하나의 생태계를 이루어 나간다. 플랫폼은 개발자나 사업자들이 용이하게 개발하고 사업을 할 수 있도록 여러 가지 장치와 도구를 제공한다. 따라서 많은 이용자들이 모여들고 이용자들 간의 상호작용이 일어난다. 어떤 의미에서 이용자들이 많이 존재하므로 개발자나 사업자가 몰려든다고 이해할 수도 있다. 따라서 더 많은 사용자들을 모으는 것이 플랫폼 비즈니스에서 매우 중요하다. 이러한 개념을 "네트워크 효과(Network Effect)"라고 부른다. 플랫폼 개념은 소프트웨어에만 국한된 개념은 아니다. 플랫폼 개념은 물리적 세계, 하드웨어, 소프트웨어 및 인터넷 서비스에도 폭 넓게 적용되는 개념이다. 고객들이 많이 모이는 곳에 백화점을 만들어 유망한 상점들을 입점시켜 비즈니스 하는 것도 백화점 측에서 보면 공간과 인프라를 제공하고 유망한 상점을 입점시켜 더 많은 고객을 끌어들일 수 있는 환경을 제공한다. 하드웨어 분야에서도 Xbox, PlayStation과 같은 게임기를 제공하고 더 많은 콘텐츠를 개발할 수 있도록 해준다. 콘텐츠 개발사는 더 많은 이용자가 있는 게임기 환경에서 콘텐츠를 개발하는 것이 더 이롭다. ARM 칩이나 Intel 칩도 이러한 프로세서를 기반으로 스마트폰, 게임기, 노트북, 로봇, 가전제품 등 다양한 기기들이 제작되므로 이러한 프로세서가 플랫폼의 역할을 수행한다. 따라서 플랫폼은 "기반" 또는 "매개"의 개념으로 이해될 수 있다.

■ 플랫폼의 역할

플랫폼은 다양한 기능과 역할을 수행한다. 플랫폼의 목적과 환경에 따라 아래의 몇 가지 유형의 플랫폼으로 구분할 수 있다. 이러한 구분이 절대적인 것은 아니나 플랫폼의 역할을 이해하는 데 어느 정도 도움이 된다.

## (1) 기반형 플랫폼

운영체제는 다양한 모습의 플랫폼들 중에서도 가장 중요한 위치를 차지하고 있다. 그림 4-11(a)에서 보듯이 운영체제는 하드웨어와 애플리케이션 사이에 존재하고 있다. 모든 운영체제는 응용프로그램을 개발하기 위한 환경을 제공하고 있다. 응용 프로그램 개발자는 운영체제가 제공하는 API(Application Program Interface)를 통해 다양한 프로그램을 개발하고 또한 운영체제 환경은 소프트웨어 개발도구인 SDK(Software Development Kit)를 제공한다. 따라서 운영체제는 소프트웨어의 기반 역할을 한다. 마이크로소프트사의 윈도우(Windows)는 윈도우 환경에서 개발된 모든 응용 소프트웨어의 기반이 되고 있다. 윈도우 환경에 익숙한 사용자는 현실적으로 다른 운영체제 환경으로 떠나기가 어렵다. 즉 소프트웨어 환경의 고착화 현상이 발생한다. 안드로이드 환경에 익숙한 이용자가 아이폰으로 전환하면 그동안 사용하던 앱과 정보를 잃게 되므로 새로운 환경으로의 전환비용이 발생한다. 구글과 같은 환경이 제공하는 검색엔진, 위치정보, 광고 서비스를 지원하는 다양한 API들도 기반 역할을 하는 플랫폼이다. 기반형 플랫폼이 애플리케이션 생태계로 자리 잡고나면 새로운 플랫폼이 새롭게 끼어들기 어렵고 우위에 있는 플랫폼은 지속적으로 발전하고 수익을 창출할 수 있다. 모바일 환경의 안드로이드 및 iOS가 대표적인 사례이다.

## (2) 매개형 플랫폼

매개형 플랫폼은 그림 4-11(b)와 같은 커머스 플랫폼이 대표적인 예이다. 예를 들어, 아마존과 같은 플랫폼은 아마존이 여러 가지 도구를 제공하여 판매자가 "상품을 누구에게 팔 것인가?", "무엇을 팔 것인가?", "어떻게 팔 것인가?"와 같은 데이터를 구할 수 있게 도와준다. 아마존은 오픈 마켓(Open Market)을 통해 판매자와 구매자가 서로 만날 수 있는 환경을 지원하고 있다. 추천 시스템을 통해 특정 상품에 관심 있는 구매자에게 상품을 추천하는 시스템을 제공하고 있다. 매개형 플랫폼이 효과적으로 작동하기 위해서는 다수의 구매자와 다수의 판매자가 특정한 목적으로 함께 모이는 장터를 구축해 주어야 한다. 커머스 플랫폼은 판매자와 구매자 간의 매개 역할을 수행한다. 이베이, G마켓, 11번가 등 많은 매개형 플랫폼이 존재한다.

## (3) 복합형 플랫폼

소셜 미디어와 SNS 사이트도 이용자와 이용자가 서로 만나는 매개 역할을 수행하고 있다. 이용자들이 서로 만나 상호작용하고 특정 목적을 위해 서로 정보를 교환한다. 이러한 측면에서 보면 소셜 미디어와 SNS 서비스는 매개형 플랫폼이다. 페이스북과 같은 소셜 플랫폼은 사용자 간에 상호작용하고 서로 만나는 매개형 플랫폼으로 시작하였다. 그러나 최근에는 페이스북이 제공하는 API를 이용하여 많은 개발자들이 다양한 애플리케이션을 개발하고 있다. 이런 측면에서 볼 때 페이스북과 같은 SNS 서비스는 복합형 플랫폼의 역할을 하고 있다. 이에 비하여 안드로이드와 같은 모바일 운영체제는 애플리케이션을 개발하는 기반형 플랫폼으로 시작하였으나 구글플레이와 같은 앱 마켓을 만들어 개발자와 사용자가 직접 서로 만나는 장터를 제공하고 있다. 따라서 안드로이드는 기반형 플랫폼에서 복합형 플랫폼으로 발전하였다고 할 수 있다.

안드로이드와 같은 성공적인 플랫폼이 구축되고 나면 이 환경에서 애플리케이션이 매우 다양하므로 많은 사용자가 존재하고 따라서 많은 안드로이드폰 구매자가 생겨난다. 또한 많은 사용자가 존재하므로 더 많은 개발자와 광고자가 나타날 수 있다. 이러한 선순환 구조를 기업생태계라고 한다. 기업생태계를 구축하기 위해서는 우선 수많은 사용자를 확보하는 것이 가장 중요하다.

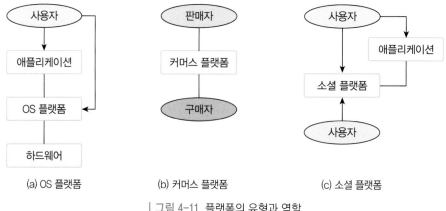

(a) OS 플랫폼      (b) 커머스 플랫폼      (c) 소셜 플랫폼

| 그림 4-11  플랫폼의 유형과 역할

## 4.2 운영체제의 구성

운영체제의 기능은 컴퓨터 시스템의 모든 작업이 효율적으로 실행될 수 있도록 제어하는 부분, 주기억장치의 관리, 파일의 관리, 입출력장치 드라이버 등으로 구성되어 있다. 또한 사용자에게 사용자 인터페이스를 제공한다. 이제 각 구성요소들에 대하여 알아보자.

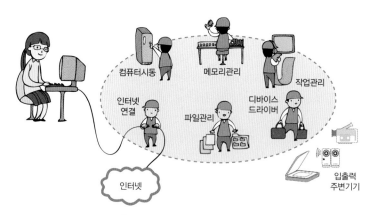

| 그림 4-12  운영체제의 역할

## 4.2.1 컴퓨터의 시동

운영체제는 하드 디스크와 같은 보조 기억장치에 저장되어 있다. 운영체제를 컴퓨터 시스템 내부로 가져와 작동시키기 위해 부트로더(Boot Loader)라는 프로그램이 필요하다. 부트로더는 평소에 ROM(Read Only Memory) 메모리에 저장되어 있다가 컴퓨터를 켜는 순간 프로세서에 의하여 즉시 실행된다. 이 과정을 부팅(Booting)이라 부른다. 일단 컴퓨터 시스템이 부팅되면 부트로더 프로그램은 하드디스크에 저장되어 있는 운영체제 프로그램을 주기억장치로 가져온다. 주기억장치가 DRAM 메모리로 구성되어 있어 전기가 끊어지는 순간 모든 데이터가 사라지나 ROM 메모리는 전기와 상관없이 항상 존재한다. DRAM이 휘발성 기억장치인데 비하여 ROM은 비휘발성 기억장치이다. 컴퓨터를 시동시키는 부팅기능은 컴퓨터에 전원이 들어와서 처음 작동되는 부분이므로 하드디스크에 일반 소프트웨어 형태로 저장할 수가 없다. 하드디스크에 있는 프로그램은 누군가 읽어 와서 주기억장치에 로드하고 실행할 환경을 준비해주어야 한다. 따라서 컴퓨터를 부팅시키는 프로그램은 하드웨어에 종속적인 형태로 작성하여 하드웨어에서 직접 읽어올 수 있는 ROM 방식의 메모리에 저장된다. 이와 같이 하드웨어를 직접 제어하는 프로그램을 소프트웨어와 하드웨어의 중간쯤 된다는 개념을 적용하여 펌웨어(Firmware)라고도 부른다. 그림 4-13은 이러한 과정을 잘 보여주고 있다. 부트로더의 임무가 완료되고 나서 즉시 제어가 운영체제로 이동된다. 부트로더도 넓은 의미에서 운영체제의 한 부분으로 이해될 수 있다.

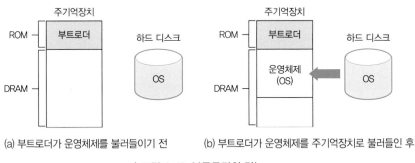

(a) 부트로더가 운영체제를 불러들이기 전     (b) 부트로더가 운영체제를 주기억장치로 불러들인 후

| 그림 4-13 부트로더의 기능

컴퓨터를 시동시키는 방법으로는 전원 버튼을 누름으로써 전원을 연결시켜 컴퓨터를 시작시키는 콜드부팅(Cold-booting)과 운영체제에서 컴퓨터를 재시작시키는 웜부팅(Warm-booting)이 있다. MS 윈도우의 경우 시작메뉴에서 '다시 시작' 버튼메뉴를 수

행하는 경우가 웜부팅에 해당한다.


## 4.2.2 사용자 인터페이스와 커널(Kernel)

운영체제는 사용자 인터페이스와 커널 부분으로 구성되어 있다(그림 4-14 참조). 사용자 인터페이스와 커널의 기능에 대하여 알아보자.


■ 사용자 인터페이스

컴퓨터 사용자가 컴퓨터 시스템에게 원하는 작업을 요청하기 위하여 상호 소통할 수 있는 방법이 필요하다. 이를 위하여 컴퓨터 시스템은 사용자 인터페이스(User Interface)를 제공하고 있다. 이러한 인터페이스를 통하여 사용자는 새로운 파일을 생성하여 폴더에 저장하고 프로그램을 컴파일하는 등 다양한 작업을 요청할 수 있다. 그림 4-14와 같이 사용자가 운영체제와 상호 소통하는 것은 사용자 인터페이스 통해서이다. 운영체제의 모든 기능은 커널이라 불리는 부분이 맡아서 처리한다. 커널은 어휘 그대로 운영체제의 가장 핵심 되는 부분이다(그림 4-14 참조). UNIX에서는 사용자 인터페이스를 쉘(Shell)이라 부른다. GUI 방식의 쉘을 윈도우 관리자(Window Manager)라 부른다.

컴퓨터가 시동되고 나면 하드디스크에 있던 운영체제 프로그램 중에서 핵심이 되는 소프트웨어 부분인 커널(Kernel)이 주메모리에 로드되어 기본 작업을 수행한다. 커널 부분은 메모리 상주 프로그램 형태로 실행되어 눈에 보이지 않고 백그라운드에서 작업을 수행하며 운영체제의 나머지 기능은 필요할 때 해당 부분을 로드하여 실행한다. 또한 컴퓨터가 시동되면 운영체제에서 하드웨어의 연결 상태를 확인하여 시스템의 구성목록을 관리한다. 주변기기를 사용하려면 장치를 제어해주는 장치 드라이버가 필요한데, 요즘은 주변기기를 연결하면 해당 드라이버를 자동으로 찾아서 연결해주는 플러그앤플레이(Plug&Play) 기능을 제공하고 있다.

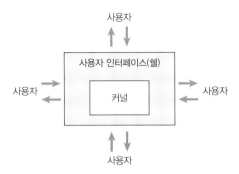

| 그림 4-14 운영체제의 사용자 인터페이스와 커널

사용자 인터페이스의 유형으로는 명령어(Command Line) 방식, 메뉴(Menu Driven) 방식, 그래픽 사용자 인터페이스(GUI: Graphical User Interface) 방식이 있다.

명령어 방식은 사용자가 키보드에서 문자 형태의 명령을 직접 타이핑하여 입력하는 방식으로 예전에 많이 사용되었으며, 현재 그림 4-15(a)와 같이 UNIX 등에서 일부 사용되고 있다. 메뉴 방식은 명령어를 직접 문자로 입력하는 것 대신에 기능이 할당된 키또는 그림 4-15(b)에서 보듯이 명령어에 해당하는 화면의 메뉴항목을 선택하여 실행하는 방식이다. 요즘에는 그림 4-15(c)와 같이 입력과 출력을 모두 그림으로 표현해주는 GUI 방식이 많이 사용되고 있다.

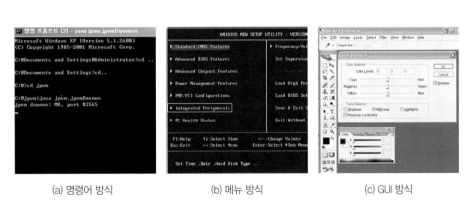

(a) 명령어 방식                (b) 메뉴 방식                (c) GUI 방식

| 그림 4-15 사용자 인터페이스의 예

■ 커널(Kernel)

앞에서 운영체제는 사용자 인터페이스와 커널 부분으로 구성되어 있다고 언급하였다. 커널의 기능은 크게 다음의 네 가지 요소로 구성되어 있다(그림 4-16 참조).

① 프로세스 관리자(Process manager)

② 메모리 관리자(Memory manager)

③ 파일 관리자(File manager)

④ 장치 관리자(Device manager)

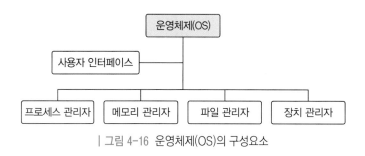

| 그림 4-16 운영체제(OS)의 구성요소

메모리 관리자는 다중 프로그래밍이나 다중작업 환경에서 주기억장치를 어떻게 효율적으로 관리할 것인지를 담당한다. 주기억장치는 제한적인 용량을 가지고 있기 때문에 효율적인 활용은 컴퓨터 시스템의 성능 향상에 매우 중요한 일이다. 파일 관리자는 생성한 다양한 파일들을 하드 디스크와 같은 보조 기억장치의 어떤 곳에 저장하고 파일을 액세스하는 방법을 지원한다. 또한 사용자의 파일을 디렉토리나 폴더로 관리해주는 것도 파일 관리자의 역할이다. 장치 관리자(또는 장치 드라이버)는 외부 입출력 장치가 연결되는 컨트롤러와 상호 정보를 주고받는 일을 수행한다. 프린터, 모니터, 하드 디스크, 마우스 등과 같은 장치는 자체적인 방식으로 설계, 제작되었으므로 컴퓨터 시스템과 상호 소통하기 위해서는 각 장치가 연결되어 있는 컨트롤러와 적절한 상호소통이 요구된다. 이러한 역할을 장치 관리자가 담당한다. 프로세스 관리자는 다중 프로그래밍이나 다중작업 환경에서 다음에 처리할 프로세스를 결정하고 프로세서의 시간을 어떠한 방식으로 배정할지를 정한다(4.1.1절의 시분할 방식 참조). 프로세스의 개념에 대해서는 4.3절에서 자세히 설명한다.

## 4.2.3 메모리 관리

메모리를 관리하는 작업 역시 운영체제의 주요한 기능 중 하나이다. CPU 내에 있는 빠른 속도의 레지스터와 캐시메모리, 주기억장치인 RAM 및 하드디스크 등의 메모리 사용을 최적화하는 것이 목적이다.

현재 수행 중인 작업에서 프로그램과 데이터를 적절한 메모리 영역에 할당하고 프로그램의 실행이 완료된 후에는 이들을 제거하는 일을 한다. 운영체제의 커널 부분과 상황에 따라 필요한 기능, 실행 중인 프로그램, 작업 중인 데이터 등을 주기억장치인 RAM에 할당시켜야 하는데 경우에 따라서 RAM 용량이 부족한 경우가 있다. 이런 경우 하드디스크 일부를 RAM처럼 활용하는 가상메모리(Virtual Memory) 기법을 적용한다. 실행 중인 프로그램을 적당한 크기로 나누어 현재 실행에 꼭 필요한 부분은 RAM에 배치하고 당장 필요하지 않는 부분은 하드디스크에 배치하였다가 필요하게 되면 바꾸어 로드하여 RAM 용량이 훨씬 큰 것처럼 느끼도록 처리한다.

가상메모리 기법에는 크게 두 가지가 있다. 첫째는 페이징(Paging) 기법으로 처리할 프로그램이나 작업을 일정한 크기의 페이지 단위로 잘라 프로세서가 처리하기 위하여 당장 필요한 페이지와 앞으로 필요할 것으로 예상되는 페이지를 주기억장치에 가져다 놓는다(그림 4-17(a) 참조). 이에 해당하지 않는 부분은 그대로 하드디스크에 남아 있다. 운영체제는 주기억장치 내에 페이지 크기와 동일한 크기인 프레임 단위로 페이지들을 관리한다. 동적으로 필요한 새로운 페이지를 주기억장치에 가져오고 필요 없게 된 기존의 페이지는 제거된다. 두 번째 기법은 세그멘테이션(Segmentation) 기법으로 그림 4-17(b)와 같이 처리할 프로그램이나 서브프로그램 단위로 주기억장치에 가져온다. 프로그램이나 서브프로그램의 크기는 모두 다르므로 그림과 같이 빈 공간이 생긴다. 따라서 빈 공간이 많이 생기면 가끔씩 빈 공간들을 정리할 필요가 있다.

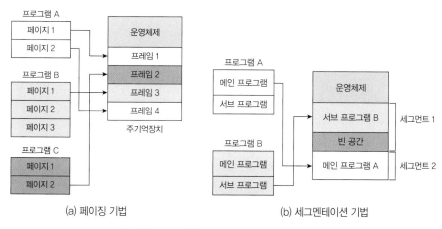

(a) 페이징 기법  (b) 세그멘테이션 기법

| 그림 4-17 운영체제의 주기억장치 관리 기법

### 4.2.4 파일관리 시스템

파일관리 기능은 하드디스크에 파일을 계층적 구조의 디렉토리(Directory)와 폴더 (Folder)에 저장시키는 역할을 한다. 파일경로(Directory Path)라는 것은 하드디스크 의 계층적 구조에서 찾고자 하는 파일의 위치를 표현한 것이다. 예를 들어, 디스크 C: 에 있는 파일의 경로를 UNIX의 경우에는 다음과 같은 형식으로 적을 수 있다.

C://Introduction to Computers/text/ch03_software.ppt

MS DOS의 경우에는 다음과 같은 형식으로 적을 수 있다.

C:\컴퓨터 개론\text\03장_software.hwp

일반적으로 파일이름은 문자나 숫자 등으로 구성되며, 이름 끝에 점(.) 다음에는 파일 의 종류를 알 수 있도록 확장자를 붙인다. 파일 확장자로는 표 4-1의 예에서 보듯이 실 행프로그램의 경우 .exe, 한글 문서의 경우 .hwp, 웹문서의 경우 .html 등이 있다. 표 4-1에는 종류별로 자주 사용되는 파일형식의 확장자를 나열하였다.

| 표 4-1 파일 확장자의 예

| 파일의 종류 | 확장자 |
|---|---|
| 프로그램 | .exe, .com, .bat, .dll |
| 문서 | .hwp, .doc, .ppt, .txt, .pdf, .html, .xml |
| 멀티미디어 | .bmp, .jpg, .gif, .wav, .au, .mp3, .mpeg |
| 압축 | .zip, .alz |

## 4.3 컴퓨터 실행의 제어

컴퓨터가 프로그램이나 작업의 순서를 결정하고 CPU 시간을 할당하고 프로세서가 처리를 중단하는 것을 제어하는 것은 매우 중요한 일이다. 이러한 상황을 올바르게 이해하기 위해서는 프로그램, 작업(Job) 및 프로세스(Process)의 개념을 이해해야 한다.

### 4.3.1 프로세스의 개념

#### ■ 프로세스란?

프로세스 개념은 운영체제에서 가장 중요하고 핵심적인 개념이다. 프로세스(Process)란 프로그램을 실행할 목적으로 생성된 동적 엔티티로 정의할 수 있다. 다중프로그래밍 환경에서 프로세서(Processor)가 처리할 다수의 작업이 존재한다. 이러한 작업들은 일반적으로 하드 디스크에 프로그램 형태로 존재한다. 처리해야할 프로그램을 작업 또는 잡(Job)이라 부른다. 그러나 프로세서가 모든 작업을 즉시 처리할 수 있는 것은 아니다.

그림 4-18에서 보듯이 하드 디스크에 존재하는 처리해야할 프로그램 중 정해진 순서에 의해 일부 프로그램들을 주기억장치로 불러들인다. 일단 프로그램이 주기억장치에 들어오면 새로운 프로세스가 생성되고 이 프로세스는 "준비(Ready)" 상태로 존재한다. 이제 프로세스가 주기억장치에 기다리고 있다가 자기 차례가 되면 프로세서(Processor)에 의하여 처리되는 상태로 된다. 처리되고 있는 프로세스를 "실행(Running)" 상태라고 부른다. 어떤 프로세스가 "실행" 상태로 있다가 주어진 CPU 타임이 소진되거나 프로세스 수행 중 입출력 요구를 만나면 이 프로세스는 일단 정지된다. 프로세스가 정지된 상태를 "인터럽트(Interrupt)" 되었다고 부른다. 자신에게 할당된 CPU 타임이 소진되어 인터럽트 된 경우에 이 프로세스는 다시 "준비(Ready)" 상태로 들어간다. 만일 프로세스가 입출력 요구를 만나 인터럽트된 경우에는 새로운 입출력 프로세스가 생성되고 이 프로세스가 완료되었을 시에 다시 "준비" 상태로 들어간다. 따라서 모든 프로세스는 상황에 따라 생겨났다 사라지는 동적 엔티티이다. 이러한 과정을 통해 하나의 프로세스가 원하는 작업을 완전히 끝냈을 때 이 프로세스는 프로세서가 더 이상 필요치 않으므로 프로세서를 떠나 종료(즉 "Terminated") 상태가 된다.

프로그램의 실행과 관련된 프로그램, 작업(잡), 프로세스 및 프로세서의 개념적 차이점을 잘 이해하는 것은 매우 중요하다. 그림 4-18은 이러한 용어들 간에 어떤 상관성이 있는지를 잘 보여주고 있다.

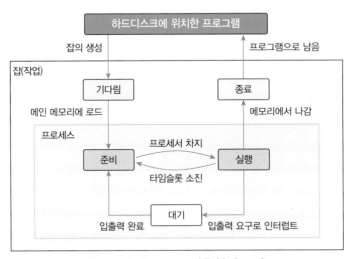

참조: Foundations of Computer Science, B. Forouzan and F. Mosharraf

| 그림 4-18  프로그램, 작업(잡), 프로세스 및 프로세서의 개념

### ■ 프로세스의 관리

프로그램이 처리할 작업(잡)이 되면 그림 4-19에서 보듯이 일단 대기 상태(Job Queue)가 된다. 잡이 프로세서에 의해 처리되기 전에 주기억장치에 들어와서 다시 준비 상태(Ready Queue)로 차례를 기다린다. 이 때 비로소 작업이 프로세스로 생성된다. 프로세스는 프로세서의 배정 방식에 따라 차례를 기다린다. 먼저 들어온 순서대로 프로세스가 처리하는 방식을 FCFS(First Come First Served) 방식이라 하고 처리시간이 짧은 프로세스를 우선 처리하는 방식을 SPN(Shortest Process Next)이라 부른다. 많은 경우에는 프로세스가 시분할(Time Sharing) 방식에 의하여 일정량의 프로세스 시간(Time slot)을 돌아가며(즉 Round-Robin 방식) 프로세스에 배정하는 방식을 따른다. 프로세서에 의해 처리되고 있는 프로세스는 완료되어 종료되거나("Done") 입출력이 필요한 경우 인터럽트 되어 입출력 대기(I/O Queue) 상태가 된다. 입출력이 완료되면 다시 프로세서를 기다리는 준비 상태로 돌아간다. 시분할 방식에서 타임 슬롯 내에 완료되지 않은 프로세스는 인터럽트되어 프로세스를 기다리는 준비 상태에 들어간다.

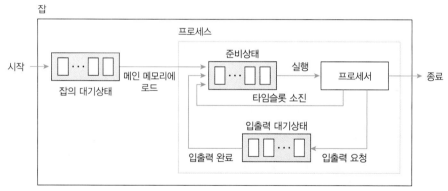

참조: Foundations of Computer Science, B. Forouzan and F. Mosharraf

| 그림 4-19  프로세스 관리자와 대기열(Waiting Queue)


## 4.3.2 컴퓨터 자원의 경쟁

프로세스 관리자가 올바르게 프로세스들을 관리하기 위하여 몇 가지 주의해야 할 점이 존재한다. 이와 관련하여 이 절에서는 세마포 개념과 프로세스 데드록 및 프로세스 기아에 대하여 설명한다.


■ 세마포(Semaphor)

프로세스 간에 자원을 차지하려는 경쟁 상태를 고려할 때 우선 세마포 개념을 이해하여야 한다. 예를 들어, 두 프로세스 A와 B가 프린터 자원을 차지하려 한다고 하자. 사용할 수 있는 프린터가 한 대 밖에 없다고 가정한다. 이 프린터를 이용할 수 있는지를 나타내는 상태를 표시하기 위하여 깃발(Flag) 개념을 생각하자. 즉 "Flag = 1"이면 프린터를 이용할 수 있는 상태이고 "Flag = 0"이면 프린터를 사용할 수 없는 상태를 나타낸다. 이러한 깃발을 운영체제에서는 세마포(Semaphor)라 부른다.

프로세스 A가 먼저 프린터를 요구하고 이 때 세마포 = 1이라면 프로세스 A는 프린터를 점유하고 세마포 = 0 값으로 변경한다. 그런데 이 과정을 처리하기 위하여 컴퓨터의 프로세서 측면에서는 여러 개의 머신 명령어를 수행해야 처리된다. 만일 프로세서가 세마포 = 0으로 처리하기 전에 프로세스 B가 프린터를 요청한다면 아직 세마포 = 1, 즉 프린터를 사용할 수 있는 상태로 오인하브로 잘못된 자원의 할당이 이루어진다. 따라서 프로그램의 어떤 부분은 이 부분이 완료될 때까지 다른 프로세스가 인터럽트하면 안

된다. 즉 앞의 예에서 세마포의 값을 완전히 변경하기까지 다른 프로세스가 수행되면 오류가 발생할 수 있다. 이와 같이 프로그램의 어떤 부분이 시작되어 완료될 때까지 다른 프로세스가 간섭하면 안 되는 프로그램의 부분을 크리티컬 리전(Critical Region)이라 부르며 프로그램 상에 세마포를 이용하여 크리티컬 리전을 표시할 수 있다. 앞에서 설명한 세마포를 보다 정확히 설명하면 세마포는 프로그램의 어떤 부분을 잠그는(Lock) 기능이 있어 이 부분을 완료하고 풀어줄 때(Unlock)까지 다른 프로세스가 수행될 수 없음을 의미한다.

| 그림 4-20 세마포를 이용한 자원의 할당

■ 데드록(Deadlock)

프로세스 간에 자원을 차지하려고 경쟁하다 보면 문제가 생길 수 있다. 예를 들어, 그림 4-21(a)와 같이 프로세스 A와 B는 원하는 작업을 처리하기 위하여 자원 1과 자원 2를 모두 필요로 한다. 프로세스 A가 자원 1을 점유하고 프로세스 B가 자원 2를 점유한 상태를 가정해보자. 만일 이러한 상태가 지속된다면 프로세스 A와 프로세스 B는 더 이상 원하는 작업을 진행할 수 없게 된다. 이러한 상황을 프로세스의 데드록(Deadlock)이라 한다. 이러한 데드록 현상은 교통상황에서 흔히 발생할 수 있다(그림 4-21(b) 참조).

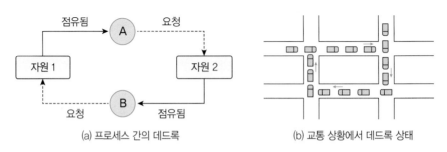

(a) 프로세스 간의 데드록                (b) 교통 상황에서 데드록 상태

| 그림 4-21 데드록의 개념

데드록 문제를 해결하기 위하여 데드록이 발생하는 이유를 살펴보기로 한다. 데드록은 다음의 세 가지 조건이 만족할 때만 발생할 수 있다.

① 공유할 수 없는 자원에 관한 경쟁이 존재한다.
② 필요한 자원을 한꺼번에 점유하지 않고 하나씩 점유한다. 또한 일단 점유한 자원은 필요한 자원을 모두 차지할 때까지 놓아주지 않는다.
③ 자원이 프로세스에 의해 점유된 후에는 강제로 빼앗을 수 없다.

이 중 한 가지라도 만족하지 않을 때 데드록은 절대 발생하지 않는다. 위의 세 가지 조건이 발생했다는 사실을 발견하는 것을 데드록 탐지(Deadlock Detection)라고 부른다. 데드록이 발생한다면 이 세 가지 조건 중 한 가지를 해결한다면 데드록 현상은 자연히 사라지게 된다(Deadlock Correction). 이에 비해 위의 세 가지 조건이 동시에 발생하지 않도록 운영체제가 통제하는 기법을 데드록 회피(Deadlock Avoidance)라 부른다.

어떤 프로세스가 필요한 자원을 점유했을 때 다른 프로세스는 필요한 자원이 놓여질 때까지 사용할 수 없게 된다. 만일 한 프로세스가 프린터를 점유하고 있다면 다른 프로세스는 프린팅 작업을 수행할 수 없는가? 여기에 스풀링(Spooling) 개념이 사용된다. 스풀링이란 다른 프로세스가 프린터를 점유하고 있다 하더라도 이와 상관없이 가상의 프린터를 염두에 두고 가상의 컴퓨터에 일단 출력결과를 보낸다. 추후 물리적 프린터가 이용 가능하면 그 때 가상의 프린터에 있는 출력결과를 물리적 프린터로 한꺼번에 보내 프린트한다. 이러한 개념을 스풀링이라 한다.

■ 프로세스 기아(Starvation)

데드록을 탐지하고 수정하는 알고리즘이나 데드록 회피 알고리즘을 이용하여 데드록이 절대 발생하지 않도록 프로세스를 운영한다고 하자. 그러나 이런 상황에서도 또 다른 문제가 발생할 수 있다. 이제 프로세스의 기아 문제를 생각해 보자.

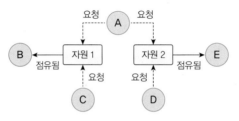

(a) 프로세스 A가 자원 1 및 자원 2를 요청함

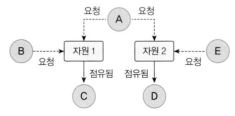

(b) 프로세스 A가 자원 1 및 자원 2를 차지하려고 요청중

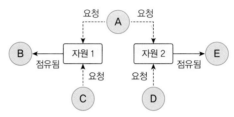

(c) 프로세스 A가 아직 자원 1 및 자원 2를 차지하려고 요청중

| 그림 4-22  프로세스의 기아 현상

그림 4-22에서 보듯이 프로세스 A, B, C, D, E가 현재 활성화된(Active) 프로세스라고 가정하자. 프로세스 A는 자원 1 및 자원 2를 동시에 필요로 한다. 이에 비하여 프로세스 B와 C는 자원 1만을 필요로 하고 프로세스 D와 E는 자원 2만 필요로 한다. 이제 자원 1은 프로세스 B가 점유하고 있고 자원 2는 프로세스 E가 점유하고 있다고 하자(그림 4-22(a) 참조). 프로세스 B가 자원 1을 놓아주면 프로세스 C가 자원 1을 차지한다. 프로세스 A는 자원 1과 자원 2을 동시에 차지해야 한다고 가정하자. 그 후 프로세스 E가 자원 2을 놓아주면 프로세스 D가 자원 2를 차지한다(그림 4-22(b) 참조). 만일 이러한 상황이 프로세스 B, C, D, E 간에 반복적으로 발생하면 프로세스 A는 영원히 자원 1 및 자원 2를 동시에 차지할 수 없게 된다(그림 4-22(c) 참조). 이러한 현상을 프로세스의 기아(Starvation)라고 부른다. 이러한 문제점이 실제 운영체제에서 발생할 수 있다. 따라서 운영체제는 이러한 문제가 발생하지 않도록 즉 기아 문제가 일어나지 않도록 프로세스와 자원을 관리한다.

# 4.4 시스템 소프트웨어

컴퓨터 시스템을 작동시키고 컴퓨터의 자원을 관리하는 대다수의 기능은 운영체제에서 제공하고 있다. 그러나 운영체제에서 제공하는 기능 이외에 시스템을 관리하기 위한 다양한 부가적인 기능들이 유틸리티 소프트웨어로 제공되기도 한다. 이 절에서는 소프트웨어의 계층적 구조를 살펴보고 범용 유틸리티 소프트웨어와 특별히 네트워크에 관련된 유틸리티 소프트웨어를 알아본다.

## 4.4.1 시스템 소프트웨어의 범위

### ■ 소프트웨어의 계층적 구조

시스템 소프트웨어에는 여러 가지 종류의 프로그램이 있다. 하드웨어를 작동시키고 자원을 관리해주는 운영체제, 응용 프로그램을 개발하기 위한 컴파일러, 대용량의 데이터를 관리하기 위한 데이터베이스, 프린터 드라이버나 네트워크 접속 프로그램 등의 유틸리티 소프트웨어가 있다. 그림 4-23에서는 이들 시스템 소프트웨어와 하드웨어, 응용 소프트웨어의 계층적인 관계를 보여주고 있다.

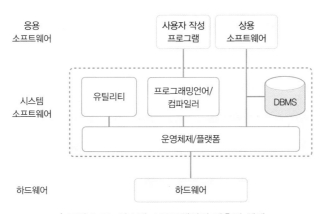

| 그림 4-23 시스템 소프트웨어의 계층적 체계

시스템 소프트웨어의 계층적 구조에서 하드웨어를 직접 제어하고 자원을 관리해주는 계층을 운영체제라고 한다. 응용 프로그램들은 하드웨어에서 직접 실행되는 것이 아니

라 운영체제라는 시스템 소프트웨어가 바로 실행환경이 된다. 운영체제는 다른 응용 프로그램들이 실행되는 기반이라는 의미로 플랫폼(Platform)이라고도 불린다.

또 다른 시스템 소프트웨어로는 응용 소프트웨어를 개발하거나 사용자 자신의 프로그램을 개발하기 위하여 컴퓨터가 이해하는 언어로 번역해주는 소프트웨어인 컴파일러나 인터프리터가 있다. 프로그래밍 언어는 컴퓨터가 읽고 사용하는 명령이나 코드의 집합으로 BASIC, C, C++, Java, Python 등의 언어가 있으며 원하는 프로그램을 개발하는 데 사용된다. 작성된 프로그램은 컴파일러, 즉 번역기 프로그램을 통하여 사람이 작성하기 쉬운 형태에서 컴퓨터가 이해하고 실행 가능한 형태로 변환된다. 또한 데이터베이스 관리시스템도 응용 소프트웨어와 운영체제 사이에서 대용량 데이터를 효율적으로 관리하기 위한 시스템 소프트웨어로 간주될 수 있다.

유틸리티 소프트웨어는 사용자가 시스템을 사용하기 편리하게 도움을 주는 프로그램으로 파일관리, 파일설치, 압축, 보안, 네트워크 등의 기능을 수행하는 다양한 프로그램들이다. 이러한 유틸리티 프로그램은 운영체제 위에서 실행되며 주로 시스템 관리나 유지 보수를 위하여 사용자가 직접 사용하는 경우가 많다. 경우에 따라서는 시스템 소프트웨어와 응용 소프트웨어를 구별하기 어려운 경우도 있다. 예를 들어, MS 윈도우에서는 웹브라우저, 메모장, 그림판, 계산기 등 다수의 응용 프로그램을 운영체제에 기본적으로 포함하고 있어서 이런 경우 시스템 소프트웨어와 응용 소프트웨어를 구분하기가 모호하다.

## 4.4.2 유틸리티 소프트웨어

### ■ 범용 유틸리티 소프트웨어

컴퓨터 시스템이나 주변기기, 소프트웨어 등을 사용할 때 이들을 관리하거나 유지 보수를 위하여 파일을 복사하고 폴더를 정리하거나 프린터를 조작하여 출력을 하는 등 다양한 작업을 수행한다. 이러한 작업들은 운영체제에 내장된 기본 기능으로 수행하기도 하고 별도로 제공되는 독립형 유틸리티 프로그램으로 처리하기도 한다. 이와 같이 사용자가 컴퓨터를 사용하거나 관리하는 데 필요한 다양한 기능을 단독으로 수행하는 프로그램들을 범용 유틸리티(Utility) 소프트웨어라고 한다. 유틸리티 소프트웨어의 대표적인 기능으로는 파일관리, 디스크관리, 시스템 상태관리, 네트워크 관리 및 이에 따른 보안관리 등이 있다.

파일관리를 위한 기능으로는 파일의 목록을 보여주고 파일을 복사하거나 이름을 바꾸고 삭제하며 DVD에 저장하는 등의 기능이 있으며, 검색 기능도 제공된다. MS 윈도우의 익스플로러에서와 같이 일반적으로 운영체제에서 기본적으로 제공되지만 별도로 파일관리 유틸리티로 제공되는 경우도 있다. 대표적인 제품으로는 ACDSystem의 ACDSee가 있으며(그림 4-24(a) 참조), 국내에서는 이스트소프트의 알씨가 있다. 단순히 파일을 관리하는 기능 외에도 프로그램을 설치하거나 제거하는 기능도 필요하며 파일의 압축 및 복원 기능은 컴퓨터를 사용하는 데 필수적으로 요구된다. 파일의 압축 및 복원에는 Winzip이 가장 대표적으로 사용되고 있으며, 국내에서는 이스트소프트의 알집도 많이 사용되고 있다(그림 4-24(b) 참조).

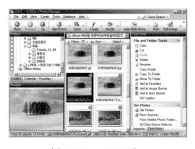 

(a) ACDSee 프로그램        (b) 알집 프로그램

| 그림 4-24 파일관리 및 압축 프로그램의 실행화면

디스크 관리를 위해 많이 사용되는 기능으로는 디스크 상태 보기와 디스크 조각 모으기 기능이 있다. 디스크 상태 보기는 디스크의 사용 현황을 분석하여 필요 없는 파일을 삭제하거나 문제점을 해결하는 기능이다. 물론 디스크 내용을 전부 지워서 초기화하는 포맷팅 기능도 포함하고 있다. 디스크 조각 모으기는 디스크에서 사용하지 않는 공간이 작은 조각으로 나누어져 있는 경우 이들 조각들을 모아서 시스템에서 파일 공간으로 사용하기 쉽도록 만들어 주는 기능이다.

시스템 상태 보기는 디스크뿐 아니라 컴퓨터 하드웨어, 주변기기나 시스템 소프트웨어의 상태를 보여주는 유틸리티 프로그램이다. 일반적으로 상태보기에서 그치는 것이 아니라 시스템의 문제를 진단하여 오류 수정까지 하는 기능이 포함되어 있다. 또한 디스크의 파일이나 데이터를 잃어버리지 않도록 백업을 해주고 디스크 오류 발생 시에 복구를 해주는 프로그램도 있다.

경우에 따라서는 여러 가지 다양한 시스템 관리 기능들을 한군데로 모아놓은 종합 유틸리티 프로그램이 편리할 때도 있다. DOS 운영체제를 사용하던 시스템의 디스크 관리용 프로그램으로 시작한 노턴 유틸리티(Norton Utility)가 대표적인 범용 유틸리티이며, 그 외에도 시만텍(Symantec)사의 PCAnywhere가 있으며 국내 회사인 이스트소프트사의 알툴즈도 있다.

(a) 노턴 유틸리티

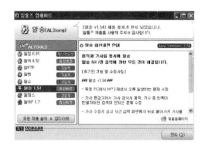
(b) 알툴즈 프로그램

| 그림 4-25  유틸리티 프로그램의 실행화면

■ 네트워크 유틸리티

네트워크와 관련해서도 다양한 프로그램이 수행되지만 자세한 내용은 7장에서 설명하고 여기에서는 몇 가지 네트워크 관련 유틸리티 프로그램들을 소개한다. 우선 전화접속 또는 유무선 네트워크 호스트에 접속해주는 네트워크 연결 도구 및 통신용 프로그램이 있다. 그림 4-26(a)에서 보여주는 KT의 네트워크 접속 프로그램이 대표적인 예이다. 또한 네트워크 호스트에 접속하여 텔넷(Telnet), 파일전송(FTP), 원격제어, 네트워크 프린터관리 등 다양한 서비스를 수행하는 호스트 접속 프로그램이 있다. FTP 프로그램으로는 그림 4-26(b)에서 보여주는 이스트소프트사의 알 FTP, IPSwitch사의 WS FTP, InterSoft사의 Secure Netterm이 많이 사용되고 있다. 그 외에도 네트워크의 상태나 성능을 검사하고 관리해주는 네트워크 관리 및 분석도구도 있다. 인터넷 관련 소프트웨어로는 인터넷 접속 프로그램, 웹 브라우저, 메신저 및 통신 프로그램 등의 다양한 소프트웨어가 있으며, 이러한 인터넷 관련 프로그램은 8장에서 자세히 설명한다.

(a) KT 네스팟 접속 프로그램       (b) 알 FTP

| 그림 4-26  네트워크 접속 및 원격제어 프로그램의 실행화면

네트워크나 인터넷에 접속하여 프로그램을 실행할 때는 특히 보안에 많은 관심을 기울여야 한다. 바이러스를 방지하고 제거하기 위한 백신 프로그램이나 스파이웨어 또는 애드웨어 등의 악성코드를 제거하는 보안 유틸리티 소프트웨어를 안철수연구소, 하우리, 맥아피(McAfee), 시만텍(Symantec) 등에서 제공하고 있다. 또한 인터넷이나 메일을 차단하는 프로그램도 필요하다. 학교, 기업, 도서관, 특수기관, 아동 등의 용도에 따라 인터넷 접속 시 외부의 특정사이트를 제한하거나 특정내용을 차단하는 웹 접근 제한 프로그램이 사용되고 있으며, 팝업 윈도우를 제한하는 유틸리티 및 스팸메일을 차단하는 이메일 필터링 유틸리티 등이 사용되고 있다.

# 연습문제

**4-1** 운영체제의 기능과 가장 관련성이 적은 것은?

   (a) 하드웨어 자원의 효율적 이용       (b) 자원의 편리한 이용

   (c) GUI                       (d) 플랫폼 기능

   (e) 파이프라이닝

**4-2** 운영체제 커널(Kernel)의 기능 4가지 요소에 속하지 않는 것은?

   (a) 프로세스 관리자      (b) 메모리 관리자      (c) 파일 관리자

   (d) 메일 관리자        (e) 장치 관리자

**4-3** 다중 프로그래밍(Multiprogramming) 또는 다중 작업(Multitasking)과 가장 관련성이 큰 것은?

   (a) 배치 프로세싱      (b) 상호대화식 프로세싱    (c) 병렬처리

   (d) 시분할 시스템      (e) 실시간 처리(RTOS)

**4-4** "공개 소프트웨어(Open Source) 운동"과 가장 관련성이 높은 운영체제는?

   (a) Unix           (b) Linux        (c) 윈도우(Windows)

   (d) 맥 OS          (e) Android

**4-5** 다음 중 매개형 플랫폼과 가장 관련성이 적은 것은?

   (a) 윈도우(Windows)    (b) 오픈 마켓(Open Market)    (c) eBay

   (d) 커머스 플랫폼      (e) G마켓

**4-6** 다음 중 메모리 관리자와 가장 관련성이 적은 것은?

   (a) 페이징 기법       (b) 가상 메모리      (c) 세그멘테이션

   (d) 프레임          (e) 시분할 법칙

**4-7** 처리될 프로그램이 주기억장치에 들어와 실행될 때까지 '준비 상태'로 존재하는 동적 엔티티(Dynamic Entity)를 무엇이라 하는가?

 (a) 잡(Job)     (b) 인터럽트     (c) 프로세스

 (d) 프로세서     (e) 작업(Task)

**4-8** 프로세서(Processor)에 의해 처리되고 있는 프로세스(Process)가 완료되어 종료되거나 입출력이 필요한 경우 프로세서에 의해 '대기 상태'로 되는 상황을 무엇이라 하는가?

 (a) 종료(Terminated)  (b) 인터럽트(Interrupt)  (c) "Done" 상태

 (d) 시분할 상태    (e) Round-Robin

**4-9** 다음 개념 중 가장 상호 관련성이 적은 것은?

 (a) 세마포     (b) 크리티컬 리전    (c) Flag 개념

 (d) 시분할 시스템   (e) 프로세스

**4-10** 프린터의 스풀링(Spooling) 개념과 가장 관련성이 큰 것은?

 (a) 데드록 탐지   (b) 데드록 회피    (c) 기아(Starvation)

 (d) 자원을 하나씩 점유 (e) 자원을 강제로 **빼앗음**

**4-11** 다음 중 유틸리티 소프트웨어 아닌 것은?

 (a) 멀티미디어 파일의 압축   (b) 하드 디스크의 관리

 (c) 네트워크의 보안     (d) 네트워크 접속 프로그램

 (e) 사용자 인터페이스

**4-12** Unix 운영체제에서 쉘(Shell)의 기능은?

 (a) 메모리 관리자   (b) 파일 관리자    (c) 사용자 인터페이스

 (d) 프로세스 관리자  (e) 입출력 관리자

---

**괄호 채우기**

**4-1** 명령어 방식인 MS-DOS를 통해서도 컴퓨터 자원을 이용할 수 있었으나 (    )을 지원하는 Windows를 이용하면 훨씬 용이하게 컴퓨터의 자원을 이용할 수 있다. (   )는 윈도우, 메뉴, 아이콘, 마우스 포인터를 이용하여 초보자도 쉽게 컴퓨터를 사용할 수 있게 해준다.

**4-2** PC에서 음악을 틀어 놓은 채로 문서작성 작업과 그림편집 작업을 동시에 하고 백그라운드 작업으로 이메일 수신까지 하는 경우가 있다. 이와 같이 여러 개의 프로그램을 동시에 실행하는 것을 (          )이라 한다.

**4-3** 하나의 작업을 여러 개의 CPU가 실행하여 더 빠르게 하는 기술을 (          )라고 한다. 또한, 여러 개의 프로그램을 여러 개의 CPU가 실행하여 전체적인 성능을 향상시키는 기술을 설명하고 있으며, 이를 (          )라고 한다.

**4-4** 운영체제 역사에게 가장 주목할 사건은 1969년 개발된 (          )운영체제이다. (UNIX)는 당시 AT&T사의 벨연구소에서 개발된 운영체제로 1969년 토마스 리치 등이 어셈블리어로 개발하였다가 1971년 C 언어를 이용하여 다시 작성하였다.

**4-5** (          )이란 어떤 목적을 위한 환경을 구축하여 이 환경을 중심으로 이용자, 개발자, 사업자들이 모여 하나의 생태계를 이루어 나간다. (          )은 개발자나 사업자들이 용이하게 개발하고 사업을 할 수 있도록 여러 가지 장치와 도구를 제공한다.

**4-6** 응용 프로그램 개발자는 운영체제가 제공하는 (          )를 통해 다양한 프로그램을 개발하고 또한 운영체제 환경은 소프트웨어 개발도구인 (          )를 제공한다.

**4-7** 운영체제를 컴퓨터 시스템 내부로 가져와 작동시키기 위해 (          )라는 프로그램이 필요하다. 부트로더는 평소에 ROM(Read Only Memory) 메모리에 저장되어 있다가 컴퓨터를 켜는 순간 프로세서에 의하여 즉시 실행된다.

**4-8** 컴퓨터가 시동되고 나면 하드디스크에 있던 운영체제 프로그램 중에서 핵심이 되는 소프트웨어 부분인 (          )이 주메모리에 로드되어 기본 작업을 수행한다.

**4-9** 운영체제에서 커널 부분과 상황에 따라 필요한 기능, 실행 중인 프로그램, 작업 중인 데이터 등을 주기억장치인 RAM에 할당시켜야 하는데 경우에 따라서 RAM 용량이 부족한 경우가 있다. 이런 경우 하드디스크 일부를 RAM처럼 활용하는 (          )을 적용한다.

**4-10** 일단 프로그램이 주기억장치에 들어오면 새로운 (          )가 생성되고 이 (          )는 "준비(Ready)" 상태로 존재한다. 이제 (          )가 주기억장치에 기다리고 있다가 자기 차례가 되면 (          )에 의하여 처리되는 상태로 된다.

4-11 어떤 프로세스가 "실행" 상태로 있다가 주어진 CPU 타임이 소진되거나 프로세스 수
행 중 입출력 요구를 만나면 이 프로세스는 일단 정지된다. 프로세스가 정지된 상태를
(          ) 되었다고 부른다.

4-12 (          )는 사용자가 시스템을 사용하기 편리하게 도움을 주는 프로그램으로 파일
관리, 파일설치, 압축, 보안, 네트워크 등의 기능을 수행하는 다양한 프로그램들이다.

### 주관식

4-1 운영체제에서 하드웨어의 효율적 이용에는 어떤 것들이 있는지 예를 들어 설명하라.

4-2 운영체제에서 사용자 인터페이스의 유형에는 명령어 방식, 메뉴 방식, 그래픽 방식이 있
다. 각 방식의 작동원리를 설명하고 각 방식의 사용자 인터페이스가 적용된 운영체제를
열거하라.

4-3 실시간 운영체제(RTOS)의 기능이 멀티미디어 데이터 처리에서 왜 중요한지 사례를 들어
설명하라.

4-4 다중작업(Multitasking)과 병렬처리(Parallel Processing)가 어떻게 다른지 설명하라.
다중작업을 위해서 항상 한 개 이상의 프로세서가 필요한가?

4-5 범용 운영체제 Linus와 모바일 운영체제 Android가 크게 확산되어 많이 이용되는 이유
와 배경을 설명하라.

4-6 운영체제에서 프로그램(Program), 잡(Job), 프로세스(Process) 및 프로세서
(Processor)는 서로 어떻게 연관된 개념인지 그림을 그려 설명하라.

4-7 휴대폰이나 TV 셋톱박스와 같은 소형 장치에도 프로세서 칩이 장착되어(Embedded) 있
어서 보통 임베디드 기기라고 불린다. 이러한 소형기기용 임베디드 운영체제는 일반 PC용
운영체제와 어떠한 차이점이 있는가?

4-8 프린터의 스풀링(Spooling) 기능은 데드록이 발생하는 세 가지 조건 중 어떤 것을 미리
방지하는가?

Chapter

# 05

# 프로그래밍 언어와
# 소프트웨어 개발

# 프로그래밍 언어와 소프트웨어 개발

컴퓨터를 이용하여 프로그램을 작성하기 위해서 프로그래밍 언어가 필요하다. 다양한 프로그래밍 언어의 역사와 종류에 대하여 알아보자. 또한 프로그래밍 언어를 기계어로 바꾸는 컴파일 과정에 대하여 공부한다. 가장 주요한 프로그래밍 언어로 절차적 프로그래밍 언어와 객체지향 언어를 들 수 있다. 이러한 언어의 개념적 차이점과 유형을 알아본다.

프로그램을 개발하기 위한 소프트웨어 개발 방법론에 대하여 이해하고 소프트웨어 개발 도구를 공부한다. 마지막으로 응용소프트웨어의 종류에 대하여 살펴보고 ICT 기술의 기반 학문과 연관된 분야를 알아보자.

## 5.1 프로그래밍 언어와 컴파일러

컴퓨터를 이용하여 프로그램을 작성하기 위해서 프로그래밍 언어가 필요하다. 프로그래밍 언어는 용도에 따라 매우 다양하다. 기계가 이해하기 쉬운 기계어나 어셈블리어를 저수준(Low-level) 언어라 한다. 이에 비해 C, C++, Java와 같이 사람이 이해하기 쉬운 언어를 고수준(High-level) 언어라 한다.

**■ 저수준 언어와 어셈블러**

3.2.2절에서 기계어와 어셈블리어의 관계를 설명하였다. 기계어는 컴퓨터 하드웨어에서

자료 표현의 기본 단위인 비트의 값 0과 1로 그대로 표기하는 언어이다. 기계어는 컴퓨터 CPU에서 명령을 수행하기 위해 반드시 필요하며 CPU의 종류에 따라 각기 고유한 명령어로 구성되어 있다. 컴퓨터는 기계어로 작성된 프로그램을 직접 수행할 수 있으므로 컴퓨터 실행에는 효율적이지만, 사람이 작성하기에는 불편하여 매우 많은 시간과 노력이 있어야 한다.

어셈블리 언어는 컴퓨터 고유의 기계어 명령을 사람이 어느 정도 해독할 수 있도록 문자화하거나 기호화한 형태이다. 어셈블리 프로그램은 기계어 프로그램과 동일한 내용을 수행하는 명령으로 0과 1로 구성된 기계어를 문자 형태로 그대로 대응시킨 것이다. 따라서 어셈블리 언어는 기계어와 마찬가지로 CPU 종류에 따라 명령어가 다르게 표현된다.

한편, 어셈블리 프로그램이 실행될 때에는 일단 기계어로 번역되는 과정을 거쳐야 컴퓨터에서 실행이 가능하다. 어셈블리어가 기계어로 번역될 때는 1:1 매핑 관계로 번역된다. 즉 어셈블리 명령어 하나가 기계어 명령어 하나로 번역된다. 어셈블리어를 기계어로 번역해주는 소프트웨어를 어셈블러라 부른다(그림 5-1 참조).

| 그림 5-1 어셈블리어와 기계어

■ 고수준 프로그래밍 언어

어셈블리 언어도 사람이 프로그램을 작성하기에는 결코 쉽지가 않으며 컴퓨터 CPU의 종류에 따라 다르다는 단점이 있다. 고수준 프로그래밍 언어는 프로그램 작성이 보다 쉽도록 명령어를 일상적으로 사용하는 문장에 가깝게 만들어서 코딩 부분이 훨씬 줄어들게 하였다. 그림 5-2의 예는 데이터 20개의 합과 평균을 구하는 C 언어 프로그램의 일부분으로 사람이 쉽게 작성하고 이해할 수 있다. 물론 고수준 언어는 기계어로 번역되는 복잡한 과정을 거쳐야 하지만 컴퓨터 하드웨어에 독립적이므로 프로그래밍 과정이 더욱 간단해진다.

```
sum = 0.0;
for (i=0; i<20; i++)
        sum = sum + data[i];
if (sum > 0.0)
        average = sum/20;
```

| 그림 5-2  고수준 컴퓨터 언어 프로그램의 예

고수준 언어로는 실행할 작업의 목적이나 성격에 따라 다양한 언어가 사용되고 있으며 그동안 기술의 발전에 따라 많이 진화되어 왔다. 일반적인 프로그램을 작성하는 절차적(Procedural) 언어로는 포트란(FORTRAN), 코볼(COBOL), C, 파스칼(Pascal), 베이직(BASIC) 등이 대표적이며, 최근에는 C++, 자바(Java), 파이썬(Python) 등의 객체지향 언어가 많이 사용되고 있다. 한편, 자연어에 더 가까운 4세대 언어로는 SQL, RPG 등이 있으며, 인공지능 등의 특수 목적의 언어로는 리스프(LISP), 프롤로그(Prolog), 스몰토크(SmallTalk) 등이 있다.

■ 컴파일러와 인터프리터

고수준 언어는 작성하기 쉬울 뿐만 아니라 특정한 CPU로부터 독립적(Machine Independent)이기 때문에 어떤 응용을 고수준 언어로 작성하면 모든 CPU 상에서 사용할 수 있는 장점이 있다. 고수준 언어로 작성된 모든 프로그램은 일단 사용하는 CPU의 기계어로 번역되어야 프로그램의 실행이 가능하다. 기계어로 번역해주는 소프트웨어를 컴파일러(Compiler)라고 부른다(그림 5-3 참조).

| 그림 5-3  컴파일러의 기능

기계어는 컴퓨터가 직접 해석하여 처리할 수 있는 언어이며 고수준 프로그래밍 언어는 사람이 쉽게 사용할 수 있도록 만들어진 언어이다. 따라서 기계어 이외의 다른 언어로 작성된 모든 프로그램은 일단 기계어로 번역되어야 프로그램의 실행이 가능하다. 고수준의 컴퓨터 프로그램을 번역하는 데에는 컴파일러와 인터프리터의 두 가지 방식이 있다.

컴파일러(Compiler)는 고수준 프로그램 언어로 작성된 소스 프로그램(Source Program)을 기계어로 번역하여 그 결과를 오브젝트 코드(Object Code)라 불리는 실행 가능한 프로그램으로 저장해 둔다. 일단 오브젝트 코드로 존재하는 프로그램은 항상 컴퓨터에서 실행이 가능하다. *.exe 또는 *.com 파일이 이에 해당하며 대부분의 응용 프로그램들이 이런 방식으로 컴파일되어 실행파일 형태로 제공된다. 프로그램이 실행될 때에는 번역이 필요 없으므로 실행 속도도 빠르며 번역된 기계어는 사람의 해독이 어려워 소스 프로그램의 보안에도 좋다. 그러나 일단 컴파일하여 제공되므로 오류가 발생하거나 새로운 내용으로 변경하고자 할 때 즉시 적용하는 것은 곤란하다.

한편 인터프리터(Interpreter)는 미리 번역을 해두는 것이 아니라 실행할 때마다 소스 프로그램을 한 문장씩 기계어로 해석하여 바로 실행을 하는 방식이다. 베이직(BASIC)이 대표적인 인터프리터 방식의 언어이며 웹페이지에 많이 사용되는 스크립트 언어(Script Language)들도 인터프리터 방식을 따르고 있다. 실행 속도는 약간 느리더라도 특별히 문제가 안 되는 분야에서 많이 사용되며, 장점으로는 개발이나 업데이트가 쉽다는 점이 있다.

그림 5-4에서는 어셈블러, 컴파일러, 인터프리터에서 프로그램 처리과정을 비교하여 보여주고 있다. 그림 5-4(a)에서는 어셈블리 언어로 작성된 프로그램이 어셈블러에 의해 기계어로 변환되어 실행되는 과정을 설명한다. 그림 5-4(b)에서는 일단 컴파일러에 의해 오브젝트 코드로 번역되어 보관되었다가 필요할 때 실행하는 과정을 설명하고 있으며, 그림 5-4(c)에서는 고수준언어로 작성된 프로그램을 인터프리터가 해석하여 바로 실행되는 과정을 설명하고 있다.

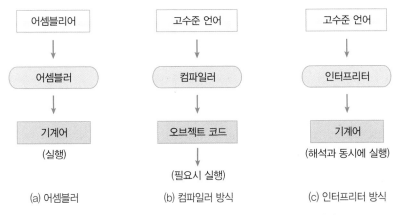

| 그림 5-4 어셈블러 및 컴파일러와 인터프리터의 처리 과정

## 5.2 프로그래밍 언어의 역사와 종류

프로그래밍 언어의 4가지 패러다임, 즉 절차적 언어, 객체지향 언어, 선언적 언어 및 함수형 언어의 개념을 이해하자. 또한 각 패러다임에 속하는 프로그래밍 언어로 어떠한 것들이 있는지 알아보고 발전역사를 살펴보자.

■ 프로그래밍 언어의 패러다임

프로그래밍 패러다임이란 프로그래밍 언어의 접근 방법을 개념적으로 분류하는 것이다. 일반적으로 프로그래밍 패러다임은 그림 5-5와 같이 절차적 언어, 객체지향 언어, 선언적 언어 및 함수형 언어의 4가지 패러다임으로 분류할 수 있다. 이들 중 가장 많이 이용되는 패러다임은 절차적 언어와 객체지향 언어이다.

### (1) 절차적 언어(Procedural Programming Language)

절차적 언어는 명령형 언어(Imperative Language)라고도 불리는데 프로그램이 기본적으로 알고리즘을 표현하기 위한 명령어들의 집합으로 구성된다. 프로그램은 주어진 문제를 해결하기 위하여 명령어를 순서대로 하나씩 기술해 나간다. 절차적 언어는 선택, 반복 등의 작업을 수행하기 위하여 구조를 따라 수행하는 구조적 프로그래밍(Structured Programming) 개념을 따른다. 또한 미리 정해진 작업을 수행하기 위하여 서브프로그램을 호출하여 데이터를 보내고 작업을 수행한 후 결과를 얻는다. COBOL, FORTRAN, ALGOL, BASIC, PASCAL, C, Ada 등이 대표적인 절차적 언어이다.

### (2) 객체지향 언어(Object-Oriented Programming Language)

객체지향 언어는 Simula, Smalltalk, C++, C#, Java 등에서 사용하는 패러다임으로 객체(Object)라 불리는 엔티티에 데이터와 메소드가 내포되어 있다. 메소드는 데이터를 처리하기 위한 절차이다. 같은 유형의 객체들이 클래스라는 템플렛(Template)에 의하여 정의된다. 객체 내의 데이터를 접근하기 위해서는 필히 객체의 메소드를 통해서만 가능하다.

## (3) 선언적 언어(Declarative Programming Language)

선언적 언어는 절차적 언어와 달리 주어진 문제를 해결하기 위하여 문제가 무엇인지 ("What the problem is") 정의하는 방식을 따른다. 문제를 어떻게 풀지를("How to solve the problem") 기술하지 않는다. 시뮬레이션 언어 GPSS, 논리적 언어 Prolog, 데이터베이스 질의어 SQL 등이 선언적 언어에 속한다.

## (4) 함수형 언어(Functional Programming Language)

함수형 언어는 블록 단위의 프로그램이 마치 수학적 함수와 같이 작용한다. 배정문 (Assignment Statement)을 이용하여 변수의 값을 변경하는 대신에 주로 재귀문 (Recursion)을 자주 사용한다. 인공지능 언어 LISP, Scheme 등이 함수형 언어이다.

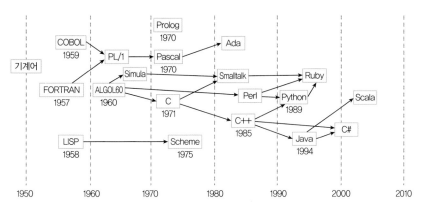

| 그림 5-5 프로그래밍 언어의 패러다임과 발전과정

어떤 특정한 패러다임을 따르지 않고 다중 패러다임 언어에 속하는 프로그래밍 언어도 존재한다. 또한 컴퓨터로 하여금 어떤 작업을 수행하도록 명령하는 언어를 스크립트 언어라 부른다. 스크립트 언어는 컴퓨터 초창기에 운영체제로 하여금 어떤 작업을 수행토록 명령하는 JCL(Job Control Language)로부터 시작되었다. 지금은 스크립트 언어가 다양한 프로그래밍 언어의 기능을 수행할 수 있다. 웹 언어인 Perl, PHP, JavaScript 등이 스크립트 언어에 속한다.

### ■ 4세대 프로그래밍 언어

프로그래밍 언어를 세대별로 구분하면 그림 5-6에서 보듯이 기계어를 제1세대 언어로 간주하고 어셈블리 언어가 제2세대 언어이며 고수준의 프로그래밍 언어가 제3세대 언어라 말할 수 있다. 제4세대 언어는 일반적인 프로그래밍에서 더욱 발전하여 프로그램을 더 간결하게 작성할 수 있거나 특수한 목적에 맞도록 프로그램 할 수 있도록 하자는 취지에서 개발되었다. 그러나 이러한 프로그래밍 언어의 세대별 구분이 항상 시간적 흐름과 일치하는 것은 아니다.

제4세대 언어는 초고수준 언어(Very High Level Language)로 선언적 언어(Declarative Language)라는 특성을 가지고 있다. 절차적 언어에서는 작업의 방법("How to do")을 표현하지만 선언적 언어에서는 해야 할 작업의 대상("What to do")을 표현하는 방식으로, 데이터베이스에서 질의어인 SQL이나 보고서 작성언어인 RPG가 대표적인 제4세대 언어이다. 또한 제4세대의 일반 프로그래밍 언어는 그래픽 프로그래밍 환경을 제공하는 것이 일반적인 추세이다. 보통 비주얼 프로그래밍 환경이라 불리며 비주얼베이직(Visual Basic)과 비주얼 C++(Visual C++) 등이 포함된 비주얼스튜디오(Visual Studio), 델파이(Delphi), 파워빌더(PowerBuilder) 등이 많이 알려져 있다.

한편, 일반적인 프로그래밍 언어와는 별도로 다양한 분야에서 자신들의 목적에 맞는 특수 목적의 언어가 발전해 왔다. 대표적인 사례로 인공지능 분야에서 사용되는 언어로 리스프(LISP)과 프롤로그(Prolog)가 있다. 웹 환경의 개발용 언어로는 웹 문서나 데이터를 표현해주는 HTML, XML 등의 마크업 언어와 사용자 인터랙션을 표현할 수 있는 자바스크립트(JavaScript), 펄(Perl), 에이잭스(Ajax) 등의 스크립트 언어가 많이 사용되고 있다.

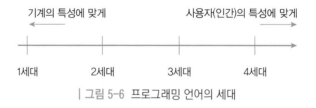

| 그림 5-6 프로그래밍 언어의 세대

## 5.3 프로그래밍 언어의 구조와 컴파일 과정

프로그래밍 언어의 공통적인 구조를 공부하고 특히 프로시저와 함수의 매개변수 값의 전달 방식에 대하여 이해한다. 마지막으로 프로그래밍 언어의 컴파일 과정을 알아보자.

### 5.3.1 프로그래밍 언어의 구조

전통적인 프로그래밍 언어는 몇 가지 공통적인 개념에 기반하고 있다. 이것은 절차적 언어와 객체지향 언어 모두에 적용되는 개념이다. 이를 위하여 FORTRAN, C, C++, Java 언어에서 예를 들어 설명한다. FORTRAN과 C 언어는 대표적인 3세대의 절차적 언어이고 C++는 객체지향 언어로 C 언어로부터 유래 되었다. Java는 객체지향 언어이며 C++ 언어의 영향을 받았다. Java 언어는 Sun Microsystem사에 의해 개발되었으나 그 후 선마이크로 시스템이 Oracle사에 팔렸다.

프로그램은 크게 세 가지 유형의 문장으로 분류될 수 있다. 세 가지는 선언문, 명령문 및 주석(Comment)을 의미한다. 선언문은 프로그램에서 사용하는 변수(Variable)의 자료형, 문자나 숫자의 값이 미리 정의된 상수(Constant)를 선언한다. 명령문은 프로그램의 알고리즘을 수행할 명령어를 의미한다. 주석은 프로그램을 이해하기 쉽도록 설명한 문장으로 사람이 쉽게 읽고 이해하도록 도와주는 역할을 한다.

| 그림 5-7 **프로그램의 선언부와 명령부**

■ 변수(Variable)와 자료형(Data type)

변수의 자료형은 integer, float(real), character, Boolean을 포함한다. 프로그램의 선언문에서 C, C++, Java에서 다음과 같이 사용한다.

```
float      Length, Width;
int        Price, Tax, Total;
char       Symbol;
```

int, float, char와 같은 기본 자료형(Primitive data type) 외에 프로그램은 데이터 구조(Data structure)를 지원한다. 배열(Array)은 같은 종류의 다수의 데이터를 가지고 있고 레코드(Record) 또는 스트럭처(Structure)는 다른 유형의 데이터를 포함한다. 그림 5-8의 배열이 C와 FORTRAN에서 각각 아래와 같이 선언된다. 배열이 선언문에서 일단 정의되면 첨자(Index)를 사용하여 배열의 행(Row)과 열(Column)을 지정할 수 있다.

int SCORE [2] [3] ;    ← C

INTEGER SCORE(3, 4)  ← FORTRAN

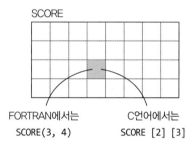

| 그림 5-8  행과 열로 구성된 2차원 배열의 예

C 언어에서는 그림 5-9와 같은 스트럭처를 다음과 같이 정의한다. 변수 Employee는 Name, Age, SkillLevel 3개의 필드(Field)를 가진 스트럭처이다.

```
struct {char     Name[20];
        int      Age;
        float    SkillLevel;}
        Employee;
```

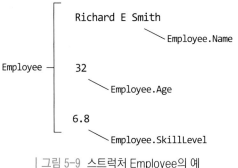

| 그림 5-9  스트럭처 Employee의 예

■ 리터럴(Literal)과 상수(Constant)

리터럴과 상수는 다음과 같이 표현된다. 처음 두 문장의 "300"와 "Lee"는 리터럴을 나타내고 세 번째 선언문은 C 언어에서 상수(Const)를 선언하는 방식이다. Java 언어에서는 네 번째 선언문으로 상수를 나타낸다.

$$EffectiveHeight \quad \leftarrow \quad Height + 300$$
$$LastName \quad \leftarrow \quad \text{"Lee"}$$
$$const\ int\ BaseAlt = 500; \quad \leftarrow C$$
$$final\ int\ BaseAlt = 500; \quad \leftarrow Java$$

■ 배정문(Assignment statement)

프로그램에서 연산을 위해 자주 사용하는 배정문을 C, C++, Java에서는 다음의 첫 번째 문장과 같이 나타내고 APL 언어에서는 두 번째 문장과 같이 나타낸다.

$$A = X + Y; \quad \leftarrow C, C++, Java$$
$$A \leftarrow X + Y \quad \leftarrow APL$$

■ 제어문 – 조건문과 반복문

문장의 제어문은 프로그램의 명령문들의 수행 순서를 지정해준다. 프로그램은 원칙적으로 적혀있는 순서에 따라 수행된다. 그러나 goto 문을 사용하면 프로그램의 수행 순서가 바뀌게 된다. 이러한 사실은 프로그램의 이해를 매우 어렵게 하기 때문에 원칙적으로 goto 문을 사용하지 않는다. 이와 같이 프로그램을 이해하기 쉬운 방식으로 작성하는 것을 구조적 프로그래밍(Structured Programming)이라 부른다. 구조적 프로그래밍으로 제어를 수행하기 위하여 절차적 언어, 객체지향 언어, 함수형 언어에서 조건문과 반복문을 제공한다. C, C++, Java에서는 조건문 if-then-else와 switch 문을 다음과 같이 나타낸다.

if 〈Condition〉 〈Statement A〉
    else 〈Statement B〉

switch 〈Variable〉 {
    Case 1: 〈Statement A〉; Break;
    Case 2: 〈Statement B〉; Break;
    Case 3: 〈Statement C〉; Break;
    default: 〈Statement D〉 }

또 하나의 제어를 담당하는 반복문으로 while 문과 for 문이 존재한다. C, C++, Java에서 사용하는 while 문의 형식과 for 문의 사례가 다음에 나타나 있다.

while 〈Condition〉
    {Loop Body}

for (int Count = 1; Count〈10; Count++)
    {Loop Body}

■ 프로시저(Procedure)와 함수(Function)

크기가 큰 프로그램을 이해할 수 있는 적당한 크기의 여러 개의 프로그램으로 나누어 관리하는 기법을 모듈화 프로그래밍(Modular Programming)이라 부른다. 이 때 중심되는 하나의 프로그램을 주프로그램(Main Program)이라 부르고 나머지 프로그램들을 서브프로그램(Subprogram)이라 부른다. 주프로그램이 서브프로그램을 "호출(Call)하여" 주어진 작업을 수행케 하며 서브프로그램은 주프로그램에 의해 "호출 당한다(Called)"고 한다. 서브프로그램이 다른 서브프로그램을 호출할 수도 있다.

서브프로그램에는 프로시저(Procedure)와 함수(Function)의 두 가지가 있다. 프로시저는 그림 5-10과 같이 어떤 프로그램의 수행 중 프로시저를 호출하면 제어가 호출 당한 프로시저로 넘어가고 그 프로시저의 실행이 완료된 후 다시 제어가 호출한 프로그램으로 돌아온다(즉 실행순서가 그림 5-10의 ①, ②, ③, ④, ⑤와 같이 됨). 이에 비해 함수의 경우 제어 관계는 프로시저와 동일하나 함수의 실행이 끝났을 때 함수의 값으로 호출한 프로그램에 되돌려준다.

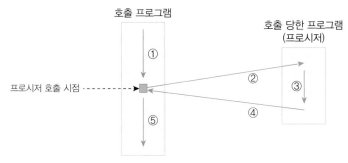

| 그림 5-10 프로그램과 프로시저의 실행 순서

그림 5-11은 C 언어로 작성된 프로시저의 예를 보여주고 있다. 프로시저의 이름은 ProjectGDP이고 호출하는 프로그램이 매개변수의 값을 GrowthRate를 통해 보내준다. 따라서 매개변수 GrowthRate는 호출 프로그램과 호출 당하는 프로그램 사이를 연결하는 통로이다. C 언어에서 프로시저는 항상 void로 시작한다. 이것은 이 프로그램이 함수가 아니고 프로시저임을 나타내고 있다. 이 프로그램에서 행렬 GDP는 이 프로시저 밖에서도 인식되는 전역변수(Global Variable)이고 변수 Year은 이 프로시저 내부에서만 인식되는 지역변수(Local Variable)이다.

```
        void  ProjectGDP  (float GrowthRate)


{ int Year;  ── 지역변수


  GDP[0] = 100.0;
  for (Year = 0; Year =< 10; Year++)
  GDP[Year+1] = GDP[Year] + (GDP[Year] * GrowthRate);
}
```

C 언어에서 프로시저를 의미함    C 언어로 작성된 프로시저의 형식 매개변수

행렬 GDP는 전역변수

| 그림 5-11  C 언어로 작성된 프로시저 ProjectGDP의 사례

■ 매개변수(Parameter)의 값 전달 방식

앞에서 호출 프로그램은 호출 당하는 프로시저 또는 함수에게 매개변수(Parameter)의 값을 전달한다고 설명하였다. 프로시저 또는 함수 내에서 정의되는 매개변수를 형식 매개변수(Formal Parameter)라고 부르며 프로시저가 호출될 때 매개변수를 통해 전달되는 실제 값을 실 매개변수(Actual Parameter)라 부른다. 그림 5-11의 프로시저에서 GrowthRate는 형식 매개변수이고 어떤 프로그램이 프로시저 ProjectGDP(0.03)를 호출하면 매개변수 값 0.03은 실 매개변수가 된다.

어떤 프로그램이 프로시저를 호출할 때 매개변수 값을 전달하는 두 가지 방식을 설명한다. 첫 번째 방식은 "값에 의한 호출(Call by Value)" 방식이고 두 번째 방식은 "참조에 의한 호출(Call by Reference)"이다. 프로그래밍 언어에 따라 서로 상이한 매개변수 전달 방식을 사용한다.

### (1) 값에 의한 호출(Call by Value)

이 방식에서는 호출하는 프로그램에서 호출 당하는 프로시저로 한번 실 매개변수 값을 전달하면 그것으로 끝난다. 예를 들어, 그림 5-12에서 보듯이 호출하는 프로그램이 "0.03"이라는 값을 프로시저에 전달하고 이 프로시저 내부에서 형식 매개변수 B의 값 "0.03"이 "0.04"로 변경되더라도 이것이 호출하는 프로그램에 남은 실 매개변수 값 "0.03"에 영향을 미치지 않는다.

(a) 프로시저를 호출할 때 데이터 0.03을
호출되는 프로시저에 전달

(b) 호출되는 프로시저가
데이터 0.03을 0.04로 변경

| 그림 5-12  매개변수 값에 의한 프로시저 호출

## (2) 참조에 의한 호출(Call by Reference)

이 방식에서는 호출하는 프로그램에서 호출 당하는 프로시저로 매개변수의 값을 전달하는 것이 아니고 매개변수가 저장되어 있는 메모리 주소를 대신 전달한다. 그림 5-13에서 보듯이 호출 당하는 프로시저의 형식 매개변수는 실 매개변수 값이 저장되어 있는 메모리 주소를 기억하고 있다. 따라서 형식 매개변수는 실 매개변수의 값 "0.03"이 저장되어 있는 주소를 포인트하고 있다. 호출 당하는 프로시저 내부에서 형식 매개변수 B의 값 "0.03"을 "0.04"로 변경시키기 위해서 값 "0.03"이 저장되어 있는 메모리 주소 (즉 실 매개변수 A의 주소)를 액세스하여 이 값을 "0.04"로 변경시킨다. 따라서 호출 프로그램의 실 매개변수 값도 "0.04"로 변하게 된다.

(a) 프로시저를 호출할 때 호출되는 프로시저의
형식 매개변수는 실 매개변수의 주소를 포인트 함

(b) 호출되는 프로시저의 형식 매개변수
값을 변경하면 실 매개변수의 값도 변함

| 그림 5-13  매개변수 참조에 의한 프로시저의 호출

### 5.3.2 프로그래밍 언어의 컴파일 과정

C, C++, Java와 같은 고수준 프로그래밍 언어로 작성된 프로그램이 특정한 컴퓨터에 의해 처리되기 위해서는 그 컴퓨터의 CPU 구조에 맞는 기계어로 번역되어야 한다. 이러한 번역과정을 컴파일이라고 한다. 컴파일 과정은 매우 복잡하다.

그림 5-14에서 보듯이 고수준 언어로 작성된 프로그램을 소스 프로그램(Source

program)이라 한다. 소스 프로그램은 렉시컬 분석 과정을 거쳐 토큰(Token)을 생성한다. 토큰은 프로그램의 명령문(Statement)에서 가장 작은 단위로 변수, 상수, 리터럴과 같은 단위이거나 if, then, else, while과 같은 키워드를 의미한다. 이러한 키워드를 프로그래밍 언어 구문에서 예약어(Reserved word)라고 부른다.

일단 토큰들이 생성되면 이러한 토큰들을 조합하여 어떠한 유형의 명령문인지를 분석한다. 이러한 분석 과정을 파싱(Parsing)이라 부르고 파싱의 결과는 파스트리(Parse tree)이다. 코드생성기는 파스트리로부터 해당하는 CPU의 기계어를 생성한다. 이렇게 생성된 기계어들의 집합을 목적 프로그램(Object Program)이라 부른다.

| 그림 5-14 컴파일 과정

■ 렉시컬 분석(Lexical Analysis)

렉시컬 분석을 통하여 합법적인 토큰을 찾아낸다. 토큰은 변수 이름, 상수 이름, 리터럴 또는 예약어 등을 의미한다. 토큰은 언어의 구문이 본래의 의미를 가지기 위해 더 이상 자를 수 없는 프로그램에서 가장 작은 단위를 의미한다.

■ 구문 분석(Syntax Analysis)

프로그램에서 특정 명령문의 문법이 구문 다이어그램(Syntax Diagram)으로 표현된다. 구문 다이어그램은 프로그래밍 언어에 따라 달리 표현된다. 예를 들어, 의사코드(Pseudocode) if-then-else 문장을 구문 다이어그램으로 나타내면 그림 5-15와 같이 된다. 이제 임의의 if-then-else 문이 들어오면 이 문장을 구문 다이어그램에 맞게 분석하여 하나의 트리형태로 나타낸다. 이러한 과정을 파싱이라 부르며 파싱의 결과가 파스트리이다. 그림 5-15의 구문 다이어그램에서 if, then, else는 예약어이고 더 이상 분해할 필요가 없으므로 이러한 것을 터미널(Terminal)이라 부른다. 그러나 어떤 문장의 부분이 Boolean Expression이나 Statement 인지는 더 분석해야 알 수 있으므로 이러한 것들을 논터미널(Nonterminal)이라 부른다. 따라서 Boolean Expression과 Statement는 다시 자신을 기술하는 구문 다이어그램으로 표현된다.

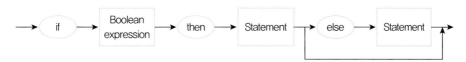

| 그림 5-15 if-then-else 문장의 구문 다이어그램

이제 배정문(Assignment Statement)에서 "="의 오른쪽에 오는 표현식(Expression)에 대한 구문 다이어그램의 예를 생각해보자. Expression은 그림 5-16(a)로 나타난다. 여기서 Term은 논터미널이므로 Term은 다시 그림 5-16(b)와 같이 표현된다. Factor는 논터미널이므로 그림 5-16(c)와 같이 표현된다. 그림 5-16(c)는 모두 터미널만으로 구문 다이어그램이 표현되므로 여기서 구문 다이어그램이 완료된다.

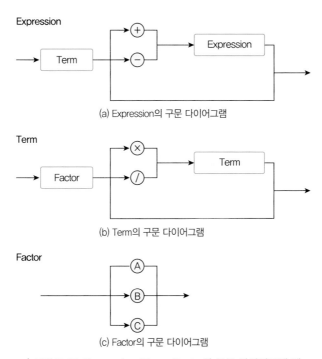

(a) Expression의 구문 다이어그램

(b) Term의 구문 다이어그램

(c) Factor의 구문 다이어그램

| 그림 5-16 Expression, Term, Factor의 구문 다이어그램 예

파싱의 한 예로 표현식(Expression) A + B × C를 생각해보자. 이것을 그림 5-16의 구문 다이어그램에 따라 파싱하면 그림 5-17의 파스트리가 생성된다. 이 파스트리를 보면 Expression A + B × C의 수행 순서는 곱셈(즉, ×)이 덧셈(즉, +) 보다 먼저 수행됨을 알 수 있다. 이러한 파싱의 결과는 프로그래밍 언어의 문법에 따라 정해짐을 알 수 있다.

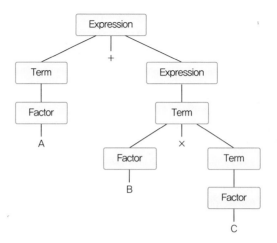

| 그림 5-17 Expression의 파싱 결과

■ 프로그래밍 언어의 모호성

프로그래밍 언어의 문법(Grammar)은 항상 분명하게 정의되어야 한다. 만일 문법이 두 가지 이상의 파싱 결과를 초래하는 경우 이러한 문법을 모호 문법(Ambiguous grammar)이라 부른다. 사람이 사용하는 자연어는 문법적 모호성이 존재하는 경우가 많다. 예를 들어, "He saw a woman in the garden with a telescope"라는 문장을 생각해보자. 이 문장을 영어 문법에 맞게 파싱하면 여러 가지로 파싱 될 수 있다. 정원에 있는 사람이 남자("He")인지 여자("woman")인지 모호하다. 또한 망원경을 가진 사람이 남자("He")인지 여자("woman")인지도 모호하다. 이와 같이 자연어에는 문법적 모호성이 존재한다. 그러나 프로그래밍 언어에는 문법적 모호성이 존재하면 안 된다.

## 5.4 절차적 프로그래밍 언어

초창기 프로그래밍 언어인 FORTRAN, COBOL을 비롯하여 PASCAL, BASIC, C 등 많은 언어가 절차적 언어에 속한다. 이 절에서 다양한 절차적 언어의 유형에 대하여 알아보자.

## 5.4.1 절차적 언어의 개념

1970년대에 들어와 소프트웨어의 개발이 활발해지면서 작성이 용이하고 체계적인 프로그래밍 언어의 요구가 증가되었다. 특히 컴퓨터가 수행할 작업의 내용을 순서대로 작성해주는 절차적 언어(Procedural Language)의 필요성이 대두되었다. 컴퓨터의 수행 작업은 주로 입력, 연산, 데이터 처리 및 저장, 출력 등의 작업이 반복되는 것이다. 이를 체계적인 구조로 표현하기 위하여 구조적 프로그래밍(Structured Programming) 개념을 프로그램 언어에 적용하였다.

구조적 프로그래밍에서는 프로그램의 반복 및 제어 구조의 표현을 체계적으로 할 수 있다는 점이 가장 큰 특징으로, 반복구조를 위해 for, while 문장이 있고, 선택 구조를 위해 if-then-else 문이나 switch-case 문이 있다. 이러한 구조문은 언어에 따라 문법만 다를 뿐 기본 개념은 동일하다. 대표적인 절차적 프로그래밍 언어로는 C, 파스칼(Pascal), 베이직(BASIC), PL/I, 에이다(Ada) 등이 있다.


## 5.4.2 절차적 언어의 유형

### ■ 초창기 절차적 언어: COBOL, FORTRAN

컴퓨터 기종에 독립적인 일반 프로그램 언어로는 1954년 과학이나 공학 계산을 위한 프로그램용으로 개발된 최초의 고수준 프로그래밍 언어인 포트란(FORTRAN, FORmular TRANslator)이 있다. 원래의 개발 목적이 그렇듯이 과학공식의 표현을 쉽게 할 수 있는데, 예를 들어 2차 방정식 $y=x^2+5x+9$의 경우 Y=X**2+5*X+9와 같이 표기할 수 있다. 그림 5-18(a)에서는 데이터를 입력받아 합계와 평균값을 구하는 간단한 포트란(FORTRAN) 프로그램 예를 보여준다. 우주선의 궤도를 계산하거나 자동차 및 선박의 설계 분야 등에 많이 사용되었으며, 아직도 선박설계용으로 사용하는 경우가 있다.

```
C    FORTRAN PROGRAM
C    AVERAGE OF INPUT NUMBERS
     SUM = 0
     READ (5, 50) NUMBER
2    IF (NUMBER .EQ. 999) GO TO 3
     SUM = SUM + NUMBER
     COUNT = COUNT +1
     WRITE (6, 60)
     READ (5, 50) NUMBER
     GO TO 2
3    AVER = SUM / COUNT
     WRITE(6, 70) AVER
50   FORMAT (I3)
60   FORMAT (1X, 'ENTER : ')
70   FORMAT (1X, 'AVERAGE = ', F6.2)
     STOP
     END
```

```
IDENTIFICATION DIVISION.
PROGRAM-ID. SAMPLE
*Example COBOL program using MULTIPLY

DATA DIVISION.
WORKING-STORAGE SECTION.
01 Num1      PIC 9    VALUE ZEROS.
01 Num2      PIC 9    VALUE ZEROS.
01 Result    PIC 99   VALUE ZEROS.

PROCEDURE DIVISION.
   DISPLAY "Enter 1st number (1 digit);".
   ACCEPT Num1.
   DISPLAY "Enter 2st number (1 digit);".
   ACCEPT Num2.
   MULTIPLY Num1 BY Num2 GIVING Result.
   DISPLAY "RESULT IS = ", Result.
   STOP RUN.
```

(a) 포트란 프로그램      (b) 코볼 프로그램

| 그림 5-18 포트란 및 코볼 프로그램의 예

코볼(COBOL) 언어는 1960년대 초반 여군으로 활동 중이던 컴퓨터과학자 그레이스 호퍼(Grace Hopper)가 데이터 처리를 주목적으로 개발하였다. 그림 5-18(b)의 예에서 보듯이 영어 표기와 유사하며, 읽기 쉽고 작성하기 쉬우며 유지하기 용이하다는 장점이 있다. 회계처리나 상거래와 같은 비즈니스 응용에서 많이 사용되었다.

#### ▪ C, BASIC, PASCAL

C 언어는 1970년대 초반 AT&T 벨 연구소에서 유닉스 운영체제 프로그램을 작성하기 위하여 개발한 언어로, 요즘은 각종 응용 소프트웨어의 개발에 널리 사용되고 있다. C 언어는 고수준 프로그램뿐만 아니라 저수준의 하드웨어 제어 프로그램의 작성에도 편리하므로 응용 프로그램의 개발은 물론이고 시스템 프로그램이나 산업기계 제어 프로그램의 개발까지 폭넓게 사용되고 있다.

베이직(BASIC: Beginner's All purpose Symbolic Instruction Code)은 간단한 계산을 위하여 초보자용으로 개발된 언어로 배우기 쉽고 작성이 용이하다는 장점이 있다. 1980년대 및 1990년대 PC에서부터 널리 활용되어 왔다. 그림 5-19는 합계와 평균을 구하는 동일한 내용을 수행하는 프로그램으로 각각 C 언어와 베이직(BASIC) 언어로 작성되었다.

```
/* C language program          */
main () {
    int number, count=0, sum=0;
    float aver;
    scanf("Enter : %d", &number);
    while (number < 999) {
        sum += number;
        count++;
        scanf("Enter : %d", &number");
    }
    if (count > 0)
        aver = (float)sum / count;
    printf("\n Average = %.2f", aver);
}
```

```
'EXAMPLE BASIC PROGRAM
SUM = 0
COUNT = 0
PRINT "ENTER A NUMBER"
INPUT NUMBER
DO WHILE MUMBER < 999
    SUM = SUM + NUMBER
    COUNT = COUNT + 1
    PRINT "ENTER A NUMBER"
LOOP
IF COUNT > 0 THEN AVER = SUM / COUNT
PRINT "AVERAGE = "; AVER
```

(a) C 언어 프로그램      (b) 베이직 프로그램

| 그림 5-19  절차적 프로그램 언어의 예

## 5.5 객체지향 언어

최근 소프트웨어 개발을 위해 자주 이용되는 C++, Java, Python 등이 객체지향 언어
에 속한다. 객체지향 언어의 클래스, 객체 및 메소드 개념을 이해하자. 또한 객체지향
언어가 가지는 추상화, 캡슐화, 상속 및 다형성 개념을 공부한다. 마지막으로 절차적 언
어와 객체지향 언어의 차이점을 알아본다.

### 5.5.1 객체지향 언어의 개념

■ 클래스, 객체 및 메소드의 개념

절차적 프로그래밍 언어는 컴퓨터가 수행할 작업 순서대로 프로그램을 작성하지만 객
체지향(Object Oriented) 언어는 인간이 이해하기 쉬운 사물이나 개념을 객체(Object)
로 표현하고 이들 객체 위주로 프로그램을 작성하는 것이다. 객체지향 언어에서 객체의
형식을 의미하는 클래스(Class)는 객체의 속성값과 그 객체의 처리 방법을 한 묶음으
로 가지고 있다. 예를 들어, 그림 5-20(a)와 같이 밴, 아우디, 스포츠카는 가가 객체이
고 이들은 자동차라는 클래스의 인스턴스(Instance)가 된다.

객체 또는 클래스는 속성(Attribute 또는 Property)과 메소드(Method)를 가지고 있다. 객체의 속성은 자동차의 fuel, maxspeed 등과 같이 객체의 상태를 기술하고 메소드는 객체에 적용되는 프로시저이다. 자동차의 경우 메소드의 예로 getfuel, refuel, getspeed, setspeed, drive 등이 있다.

(a) 클래스와 객체                    (b) 클래스의 속성과 메소드

출처:http://www.expertphp.in

| 그림 5-20  클래스의 개념


■ 추상화, 캡슐화, 상속 및 다형성 개념

객체지향 언어는 추상화(Abstraction), 캡슐화(Encapsulation), 상속(Inheritance) 및 다형성(Polymorphism)의 특성을 가지고 있다(그림 5-21 참조). 이러한 특성의 의미를 알아보자.

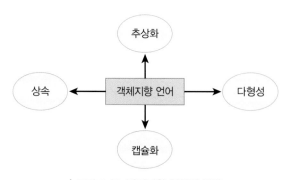

| 그림 5-21  객체지향 언어의 개념

## (1) 추상화(Abstraction)

객체지향 언어에서 추상화란 클래스 또는 객체를 어떤 속성과 메소드를 통하여 나타내는지를 의미한다. 일반적으로 객체는 수많은 특성(속성)과 처리할 작업(메소드)을 가질 수 있으나 그 중 애플리케이션 프로그램(즉, 관심영역)에서 꼭 필요로 하는 속성과 메소드만을 추려서 클래스 또는 객체를 나타낸다. 객체지향 언어의 이러한 개념을 추상화라 한다.

## (2) 캡슐화(Encapsulation)

캡슐화란 객체 안에 속성과 메소드가 존재하고 이들에의 접근이 외부로부터 통제되므로 객체 내부에서의 어떤 행위가 내부에 그치고 다른 객체로는 어떤 영향도 미치지 않는 개념이다. 따라서 객체들 간에 서로 독립적으로 존재하여 전체 프로그램의 구조를 이해하기 쉬워진다.

## (3) 상속(Inheritance)

상속 개념은 그림 5-22(a)와 같이 하나의 클래스가 상위 클래스의 모든 속성 및 메소드를 상속 받는 개념이다. 이 때 상위 클래스를 수퍼클래스, 하위 클래스를 서브클래스라 부른다. 그림 5-22(a)의 예에서 상위 클래스 'Shape'는 모든 기하학적 모양에 대한 객체들을 의미하고 하위 클래스 'Triangle'와 'Line'은 상위 클래스인 'Shape'로부터 속성과 메소드를 상속 받으며 또한 자체 클래스가 필요한 속성과 메소드를 추가로 가질 수 있다. 따라서 수퍼클래스는 서브클래스에 비해 보다 일반적인 클래스이다.

## (4) 다형성(Polymorphism)

그림 5-22(b)는 'Shape'라는 기본 클래스(Base class)와 이로부터 유래한 'Line', 'Triangle', 'Rectangle', 'Circle' 클래스를 가족으로 가지고 있다. 기본 클래스 'Shape'를 위한 메소드로 Draw, Area, Boundary를 수행하는 메소드가 존재한다. 실제적으로 'Line', 'Triangle', 'Rectangle', 'Circle' 클래스는 각기 이러한 메소드를 실현하는 방법이 모두 다르다. 그러나 외부에서는 이러한 자세한 차이점을 상관하지 않고 기본 클래스의 메소드를 호출한다. 실제 호출되어 실행되는 객체는 상황에 따라 기본 클래스의 객체가 아니고 가족 중 한 객체일 수 있다. 이러한 개념을 다형성이라 부르며 다형성은 프로그램의 작성과 이해를 간결하게 한다.

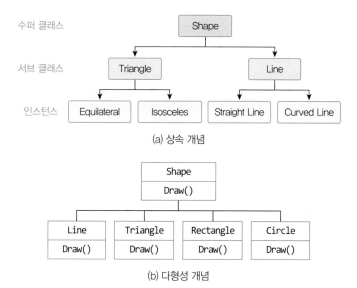

(a) 상속 개념

(b) 다형성 개념

출처:http://www.bbc.co.uk, stackoverflow.com

| 그림 5-22 상속 개념과 다형성 개념

■ 절차적 언어와 객체지향 언어의 차이점

그림 5-23에서 보듯이 절차적 언어는 한 프로시저가 다른 프로시저를 호출할 때 데이터를 전달하기 위해 매개변수를 통하게 된다. 데이터를 보내는 프로시저와 데이터를 받는 프로시저가 데이터에 노출되므로 프로시저들 간에 독립성이 떨어진다. 이에 비하여 객체지향 언어는 한 객체가 다른 객체에게 메시지(Message)를 보냄으로써 서로 상호작용한다. 객체는 내부에 속성과 메소드를 내포하고 있으며 따라서 속성과 메소드는 다른 객체에 직접적으로 노출되어 있지 않다. 이러한 개념이 앞에서 설명한 캡슐화에 해당한다. 하나의 객체가 다른 객체의 속성값에 액세스하기 위해서는 필히 다른 객체의 메소드를 통해서만 이것이 가능하다.

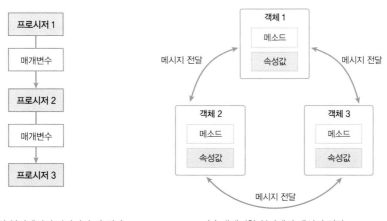

(a) 절차적 언어에서의 파라미터 값 전달          (b) 객체지향 언어에서 메시지 전달

출처: http://www.bbc.co.uk

| 그림 5-23  절차적 언어와 객체지향 언어의 개념 차이

절차적 언어에서는 프로그램의 시작부터 끝날 때까지의 작업절차를 표현하고 있지만 객체지향 언어에서는 객체의 처리방법을 클래스에 정의하고 있다가 필요시(이벤트 발생 시) 호출하여 해당 작업만을 수행한다(그림 5-24 참조). 이를 이벤트기반(Event Driven) 프로그래밍 기법이라고 한다. 객체지향 언어에서는 프로그램을 객체별로 분리하여 취급할 수 있으므로 재사용과 수정이 용이하다. 대표적인 객체지향 언어로는 스몰토크(SmallTalk), C++, 자바(Java), C# 등이 있다.

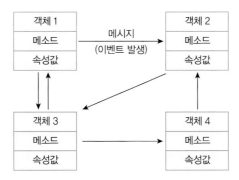

| 그림 5-24  메시지를 통한 이벤트기반 프로그래밍 개념

## 5.5.2 객체지향 언어의 종류

■ C++, Java, Python

C++ 언어는 1980년대 AT&T 벨연구소에서 C 언어를 확장하여 클래스, 객체, 이벤트 등의 객체지향 개념을 적용하도록 만든 언어이다. 데이터베이스에서의 활용이나 웹 애플리케이션의 개발뿐만 아니라 각종 응용 프로그램 개발에 많이 사용되고 있다. 한편 C# 언어는 마이크로소프트사에서 웹 서비스 애플리케이션에 적합하도록 C++를 확장하여 개발한 객체지향 언어이다.

자바(Java) 언어는 1995년 썬 마이크로시스템즈사가 차세대 프로그래밍 언어로 개발한 대표적인 객체지향 언어로 현재 웹 애플리케이션뿐만 아니라 일반 애플리케이션이나 소형 가전기기에도 사용되고 있다. 자바로 작성된 일반 데스크탑 응용 프로그램을 애플리케이션(Application)이라 부르며, 웹 응용 프로그램은 애플릿(Applet), 셋탑박스나 모바일 기기 등에서의 자바(Java) 프로그램은 Xlet 또는 Jlet 등으로 불리고 있다. 자바(Java) 컴파일러는 일종의 중간 형태의 기계어인 바이트코드(Byte Code) 형태로 번역하고, 실행 시에는 자바 가상 머신(JVM: Java Virtual Machine)에서 바이트코드를 해석하여 작업을 수행한다. 그래서 자바 응용 프로그램이 수행되려면 사용자의 시스템에 JVM이 설치되어 있어야 한다.

파이썬(Python) 언어는 1991년 귀도 반 로섬(Guido van Rossum)이라는 프로그래머가 발표하고 비영리 기관인 파이썬 소프트웨어 재단이 관리하고 있다. 플랫폼에 독립적인 대화식 객체지향 언어로서 자바(Java)와 유사하게 바이트코드 형태의 중간 코드로 번역해 놓는 인터프리터 방식이며, 실행 시 데이터형을 검사하는 동적 타이핑(Dynamic Typing) 기능이 특징이다. 파이썬은 작성하기가 쉬우며 라이브러리가 풍부하여 현재 학습 목적뿐 아니라 실용적인 목적으로 초보자부터 전문가까지 폭넓게 사용되고 있다. 그림 5-25는 자바 및 파이썬으로 작성된 프로그램으로 앞의 예와 마찬가지로 합계와 평균을 구하는 프로그램이다.

```
/* Java language program      */
public static void main(Sting, args[]) {
    int number, count=0, sum=0;
    float aver;
    DataInputStream dis =
        new DataInputStream();
    System.out.println("Enter : ");
    while ((number=dis.readInt())< 999) {
        sum += number;
        count++;
        System.out.println("Enter : ");
    }
    if (count > 0)
        aver = (float)sum / count;
    System.out.println("Aberage = "+aber);
    dis.close;
}
```

```
sum, coutn = 0, 0
number = eval(input("Enter : "))

while number < 999:
    sum += number
    count += 1
    number = eval(input("Enter : "))

print("\n Sum = %.2f," %(sum), end=" ")

if count > 0;
    aver = sum / count
print("Average = %.2f " %(aver))
```

(a) 자바 프로그램         (b) 파이썬 프로그램

| 그림 5-25  자바 및 파이썬 언어 프로그램의 예

## 5.6 소프트웨어 공학과 소프트웨어 개발 방법론

소프트웨어 공학은 소프트웨어를 설계하고, 개발, 테스트 및 유지하는 전 과정을 다룬다. 복잡한 소프트웨어를 성공적으로 개발하기 위한 소프트웨어 개발 방법론과 모듈화개념에 대하여 공부한다. 또한 통합 모델링 언어(UML)를 비롯한 몇 가지 주요한 소프트웨어 개발도구에 대하여 소개한다. 마지막으로 소프트웨어 테스팅 방법을 알아보자.

### 5.6.1 소프트웨어 공학

프로그램의 개발에는 다른 공학 분야에서처럼 체계적인 공법이 없을 뿐 아니라 눈에 보이지 않는 부분이므로 일반적인 정보시스템 개발에서 가장 어려운 부분이 소프트웨어의 개발이다. 대부분의 프로젝트에서 소프트웨어의 개발 일정과 소요 비용을 예측하는 것은 언제나 부정확하다. 또한 소프트웨어는 처음 개발하는 비용보다도 유지 보수하는 비용이 훨씬 더 크다는 사실이 보편적으로 인정되고 있다. 이를 뒤집어 말하면 만약 소프트웨어를 처음 설계할 때부터 체계적으로 진행한다면 유지보수 비용이 매우 줄

어들 수 있으며, 개발일정이나 소요비용을 많이 줄일 수 있을 것이다. 이런 이유로 소프트웨어 공학 분야에서 프로그램의 개발 방법론이나 설계방법론, 개발 도구와 같은 소프트웨어 개발 환경들에 대해 연구하고 있다.

일반적으로 공학 분야에서 시스템을 설계하고 제작할 때 이미 존재하는 부품("off-the-shelf" components)들을 가져와서 하나의 시스템을 구성한다. 그러나 이러한 방법이 소프트웨어에는 잘 해당되지 않는다. 규모가 크고 복잡한 소프트웨어를 설계하고 실현하기 위하여 아무것도 없는 상태에서 맨 밑바닥부터 시작하는 경우가 허다하다. 그러나 체계적으로 소프트웨어 시스템을 개발할 방법이 전혀 없는 것은 아니다. 소프트웨어 공학 측면에서 두 가지 방향이 존재한다. 하나는 현장에서의 실질적인 측면이고 다른 하나는 이론적인 소프트웨어 공학 영역이다. 이 두 가지 방향에는 큰 차이가 있지만 상호보완적으로 소프트웨어 공학이 발전해 왔다.

소프트웨어 공학은 CASE 도구(CASE: Computer-Aided Software Engineering)를 통해서 발전해오고 있다. 이러한 도구를 이용하면 프로젝트 기획, 프로젝트 관리, 프로토타입 개발 및 시뮬레이션, 인터페이스 설계 및 프로그램 설계 등의 영역에서 도움을 받을 수 있다. 최근에는 통합개발환경(IDE: Integrated Development Environment) 시스템을 이용하여 에디터, 컴파일러, 디버깅 도구 등의 개발도구를 통합된 형태로 제공 받을 수 있다.

## 5.6.2 소프트웨어 개발 방법론

### ■ 소프트웨어 라이프사이클

소프트웨어 라이프사이클(Software Life Cycle)은 크게 보아 프로그램 개발과 프로그램의 이용과 유지보수가 반복되는 과정으로 이해할 수 있다. 소프트웨어 라이프사이클을 구체적으로 살펴보면 그림 5-26과 같이 요구분석, 프로그램 설계, 프로그램 구현, 테스팅 및 유지보수의 과정으로 나눌 수 있다. 이러한 단계가 마치 폭포수와 같아 보이므로 이것을 폭포수 모델(Waterfall Model)이라 부른다.

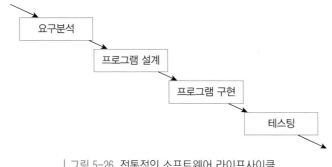

| 그림 5-26  전통적인 소프트웨어 라이프사이클

소프트웨어 라이프사이클의 첫 번째 단계는 프로그램의 사용자가 원하는 것을 정확히 파악하는 요구분석 단계이다. 요구분석을 통하여 프로그램의 목표가 정확히 설정되면 다음으로 프로그램의 설계에 들어간다. 프로그램 설계는 우선 사용자 인터페이스의 외부설계를 먼저하고 나서 프로그램의 내부 구성을 위한 상세설계를 한다. 설계를 충분히 검토하고 난 뒤에 프로그램을 구현하며, 이어서 테스트를 한다. 테스트를 충실히 하여야 소프트웨어 개발을 완료한 후 실제로 사용할 때 오류가 줄어들 것이다. 일반적으로 개발부서 또는 개발회사 내부에서 진행하는 것을 알파테스트라 하고, 회사외부에서 일반사용자를 대상으로 진행하는 것을 베타테스트라고 부른다. 마지막 단계는 문서화 작업을 마무리한 후 필요에 따라 수정하거나 새로운 기능을 추가하는 등의 유지보수를 하는 단계이다.

■ 소프트웨어 공학 방법론

최근에는 소프트웨어 기술발전이나 환경변화에 따라 폭포수 모델 이외에 다른 개발 모델들도 적용하고 있다. 대표적인 방법으로 프로토타입(Prototype) 개발방법이 있다. 어떤 소프트웨어는 아무리 설계를 정확히 해도 실제 구현을 하면 설계할 때 상상했던 것과는 많이 차이가 나는 경우가 있다. 특히 다양하고 복잡한 사용자 인터페이스 기능을 포함하고 있는 경우에는 더욱 예상하기 힘들다. 이런 경우에 프로토타입을 우선 개발하여 사용해보면 사용자와 개발자 사이에 발생하는 오해를 최대한 줄여서 보다 정확한 개발이 가능해진다. 기계설계나 건축에서 모형을 먼저 만들어보는 것과 마찬가지의 이유이다.

이외에도 단계를 거듭할수록 최종 목표에 접근해가는 나선형 모델이나, 최근 많은 주목을 받고 있으며 재사용성을 극대화한 컴포넌트기반 개발(CBD: Component Based Development)방법론이 있다. 한편, 객체지향 프로그래밍 기법의 발전과 함께 이에 어울리는 객체지향 개발방법론도 많이 연구되어 소프트웨어 개발에 적용되고 있다. 문제를 분석하는 단계부터 시작하여 프로그래밍은 물론이고 설계 단계까지 객체지향 방법론을 기반으로 소프트웨어 개발을 하자는 개념이다. 대표적인 몇 가지 소프트웨어 공학 방법론을 알아보자.

### (1) 폭포수 모델(Waterfall Model)

폭포수 모델은 전통적으로 많이 사용해오던 방법으로 앞에서 언급한대로 소프트웨어 개발과정이 요구분석, 프로그램 설계, 프로그램 구현, 테스팅의 과정을 순서대로 정확히 거쳐야 한다는 개념이다. 잘못된 요구분석이나 프로그램 설계는 추후 엄청난 비용과 시간을 야기하므로 폭포수 모델은 순서를 엄정하게 따를 것을 주장한다.

### (2) 점진적 모델(Incremental Model)

복잡하고 규모가 큰 소프트웨어를 개발할 때 한 번에 모두 개발하지 말고 처음에는 간단한 시스템을 개발하고 점진적으로 현실에 맞게 증가시켜 나가는 방법이다. 이 방법은 최근에 많이 이용되며 폭포수 모델과는 달리 간단한 시스템 개발 후 사용자들로부터 검증을 거치고 테스트한 후 새로운 기능을 추가해 나간다.

### (3) 오픈소스 개발(Open-source Development)

오픈소스 개발방법은 오늘날 대부분의 무료 공개 소프트웨어가 개발되는 방식이다. 잘 알려진 Linux 운영체제는 초기 리누스 토발즈(Linus Torvalds)에 의해 운영체제의 핵심인 커널 부분이 개발되었고 공개된 후 많은 프로그래머들에 의해 다양한 기능이 추가되어 왔다. 또한 개발자들이 프로그램 에러를 잡아 수정하고 자신이 원하는 기능을 추가해 나간다. 프로그램의 모든 변화는 초기 개발자에게 보고되고 다음 버전에서 이러한 변화가 반영되어 공개된다.

### (4) 애자일 방법론(Agile Method)

앞에서 언급한 폭포수 모델로부터 가장 큰 변화는 애자일 방법의 출현이다. 애자일 방법은 시시각각으로 변화하는 비즈니스 환경과 상황을 소프트웨어 개발에 기민하게 반영시키기 위해 제안된 방법이다. 애자일 방법은 폭포수 모델에서 제시하는 요구분석 및 프로그램 설계의 순서를 전혀 고집하지 않는다. 애자일 방법의 하나인 익스트림 프로그래밍(XP: Extreme Programming) 방법은 10여 명 이하의 소프트웨어 개발팀을 구성하여 서로 아이디어와 디자인을 상호 나눌 수 있는 환경을 제공한다. 이러한 방법으로 단시일 내에 소프트웨어 시스템을 개발한 후 매일 새로운 요구와 상황을 만족시키는 방향으로 발전시켜 나간다.

### ■ 소프트웨어의 모듈화(Modularity)

그리 크지 않은 프로그램도 하나의 프로그램으로 개발하면 개발도 어려워지고 프로그램을 이해하기도 어렵게 된다. 따라서 모든 소프트웨어 개발에서 소프트웨어를 적절한 크기로 모듈화 하는 것이 일반적으로 통용되는 방법이다. 이 방법은 프로그램의 구성을 하향식(Top-down Approach)으로 나누어 모듈화해 나가는 것이다. 이러한 방법은 절차적 언어와 객체지향 언어 모두에 적용되는 개념이다. 절차적 언어에서는 프로시저가 모듈 단위가 되고 객체지향 언어에서는 클래스가 모듈의 단위가 된다. 모듈의 단위는 프로그램을 이해할 수 있고 관리할 수 있는 단위가 된다.

### (1) 프로시저

절차적 언어에서 프로시저나 함수로 나누어 개발한다. 하나의 프로시저는 다른 프로시저들로부터 독립적으로 존재하는 단위가 바람직하다. 프로시저들 간에 디커플링(Decoupling)이 된다면 한 프로시저의 내부를 변경했을 때 다른 프로시저들이게 영향을 미치지 않게 된다. 또한 하나의 프로시저는 가급적 응집력(Cohesion)을 가지는 것이 좋다. 즉 상호 관련된 내용이 하나의 모듈로 묶임으로써 응집력을 갖는다.

### (2) 객체

객체지향 프로그램에서도 데이터 디커플링 및 프로그램의 응집력 개념을 기반으로 객체를 정의하는 것이 바람직하다. 객체지향 프로그램에서의 모듈화 디자인의 바람직한 개념은 정보은닉(Information Hiding)이다. 정보은닉이란 데이터가 소프트웨어의 일부에만 적용되는 개념이다. 정보은닉의 이점은 소프트웨어의 특정 모듈에 존재하는 프로그램의 결과가 다른 모듈에 전혀 영향을 미치지 않는 현상을 의미한다. 또한 정보은 닉은 모듈 내에서 데이터가 어떻게 처리되는지 이용자 또는 다른 모듈에게는 가려져 있어 모듈이 마치 "블랙박스(Blackbox)"와 같이 작동하는 개념을 의미한다.

### (3) 컴포넌트

앞에서 컴포넌트 개념이 소프트웨어 공학에서 잘 적용되기 어렵다고 언급하였다. 그러나 컴포넌트기반 개발(CBD: Component Based Development) 방법은 이러한 측면에서 새로운 가능성을 열어 놓았다. 특히 객체지향 프로그래밍에서 객체는 그 자체가 완전하고 잘 정의된 하나의 단위로 적절한 인터페이스를 통해 외부 세계와 소통하기 때문에 객체 또는 클래스를 하나의 컴포넌트로 생각할 수 있다. C++ 언어의 표준 템플렛 라이브러리(Standard Template Library), Java 언어의 API, C# 언어의 .NET 프레임워크 클래스 라이브러리(Framework Class Library) 등이 이미 모듈화되어 있는 클래스 라이브러리이다.

### 5.6.3 소프트웨어 개발도구

소프트웨어의 개발은 노동집약적이며 개발공정의 관리가 쉽지 않으면서, 반면에 다양한 프로그램 개발 도구로 구성된 개발환경을 필요로 한다. 소프트웨어 개발 사이클의 전 과정을 효율적으로 진행하고 개발 과정을 최대한 자동화하려는 경우에 CASE 도구 (Computer Aided Software Engineering)들을 사용한다. CASE 도구에는 전체 공정에 걸쳐 요구사항을 정리해주는 도구로부터, 문제를 분석하고 프로그램을 설계하는 모델링 도구, 프로그램 코딩을 위한 컴파일러 및 각종 도구, 테스트 도구, 자료나 문서 파일 등의 관리 도구까지 다양한 도구들이 사용되고 있다.

초기의 소프트웨어 개발공정은 하드웨어 개발에서 아이디어를 빌려왔지만 1970년대부터 구조적 프로그래밍 개념의 발전과 더불어 구조화된 개발 방법론이 발전해왔다. 최근에는 비주얼 프로그래밍과 객체지향 프로그래밍의 개념이 적용되어 CASE 도구들이 개발되고 있다. 객체지향 개념을 바탕으로 하는 컴포넌트기반 소프트웨어 개발 방법론이 많은 주목을 받고 있다. 이러한 구조화된 개발방법은 프로그램 코드는 물론 설계의 재사용도 가능하여 비용의 절감이나 품질개선의 효과를 얻을 수 있다. 그림 5-27에서

는 소프트웨어 개발 사이클에서 각 단계에 따라 적용되는 CASE 도구들의 적용범위를
보여주고 있다.

| 그림 5-27   프로그램개발 라이프사이클(PDLC)과 CASE 도구

여기서 소프트웨어 개발의 분석 및 설계과정에서 자주 사용되는 모델링 기법과 그래프
기반 다이어그램을 소개한다. 소프트웨어 개발 도구는 절차적 프로그래밍과 객체지향
프로그래밍에 따라 다르게 적용된다.

■ 데이터흐름 다이어그램, 데이터 사전

데이터흐름 다이어그램(Dataflow Diagram)은 오래전부터 존재해왔으며 주로 절차적
프로그램의 개발을 위해 사용되어 왔다. 이것은 데이터가 어떤 방향으로 흘러가는지
또 데이터의 처리가 발생하는 지점이 어디인지에 초점이 맞추어진 기법이다. 그림 5-28
은 데이터흐름 다이어그램의 예로서 외부 사용자 입장에서 소프트웨어 시스템을 바라
보는 간단한 데이터흐름 다이어그램이다.

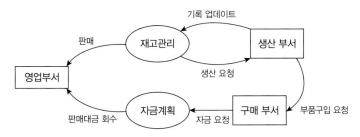

| 그림 5-28  간단한 데이터흐름 다이어그램의 예

한편 소프트웨어 엔지니어들은 오래전부터 데이터 사전(Data Dictionary)을 이용하여 소프트웨어 개발에 사용하여 왔다. 데이터 사전은 소프트웨어의 식별자(Identifier)가 어디에 정의되어 있고 어떤 모듈에서 사용되며 데이터 아이템이 어디에 저장되어 있는 지를 말해주는 사전이다.

■ 통합 모델링 언어(UML: Unified Modeling Language)

UML은 객체지향 소프트웨어 개발에서 주로 사용되는 프로그램 개발도구이다. UML 은 목적에 따라 사용되는 많은 그래픽 다이어그램을 포함하고 있다. UML에서 사용하 는 다이어그램들은 그림 5-29에서 보듯이 매우 다양하다.

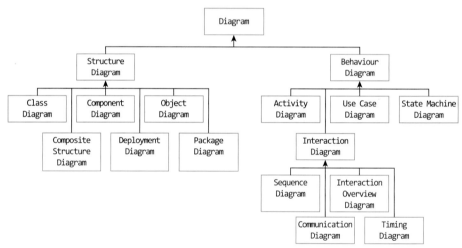

출처: https://commons.wikimedia.org

| 그림 5-29  UML에서 사용되는 다이어그램의 유형

이들을 용도에 따라 분류하면 사용자 관점(User view), 구조적 관점(Structural view), 행위적 관점(Behavioral view) 및 구현 관점(Implementation view)으로 구 분할 수 있다. 사용자 관점이란 외부 사용자가 소프트웨어 시스템을 어떻게 상호작용 하는지를 보여준다. 그림 5-30(a)와 같은 간단한 사용자 유스케이스 다이어그램(Use Case Diagram)은 사용자 관점의 한 가지 예이다. 구조적 관점에서 다양한 다이어그 램들이 사용된다. 그림 5-30(b)는 클래스 다이어그램(Class Diagram)으로 클래스들 간의 관계를 구조적으로 보여주고 있다.

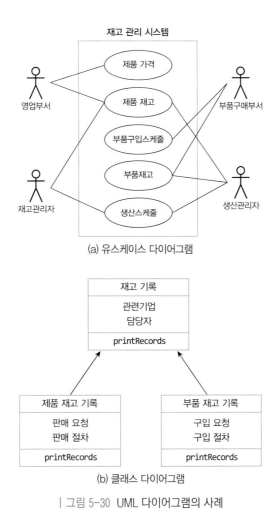

재고 관리 시스템

제품 가격

제품 재고

부품구입스케줄

부품재고

생산스케줄

영업부서

부품구매부서

재고관리자

생산관리자

(a) 유스케이스 다이어그램

재고 기록

관련기업
담당자

printRecords

제품 재고 기록

판매 요청
판매 절차

printRecords

부품 재고 기록

구입 요청
구입 절차

printRecords

(b) 클래스 다이어그램

| 그림 5-30  UML 다이어그램의 사례

## 5.6.4 소프트웨어 테스팅

과거 소프트웨어의 품질관리는 주로 프로그램의 개발이 완료된 후 디버깅 과정을 통해 프로그램의 오류를 찾아내는 작업에 한정되었다. 그러나 오늘날 소프트웨어의 품질보장(Quality Assurance)은 이보다 훨씬 확장되어 프로그램의 개발뿐만 아니라 소프트웨어 공학 방법론, 훈련 과정에 이르기까지 매우 포괄적으로 적용되고 있다. ISO, IEEE, ACM과 같은 기관에서는 소프트웨어의 품질보장을 위한 표준화 작업을 수행하여 왔다. 예를 들어, 일반적인 품질관리를 위해 ISO-9000 시리즈와 ISO/IEC 15504 표준이 존재하고 소프트웨어 개발을 위해 IEEE 1028 표준이 있다.

소프트웨어 테스트를 위한 방법으로는 크게 유리박스 테스팅(Glass-Box Testing) 기법과 블랙박스 테스팅(Black-Box Testing) 기법이 있다.

## (1) 유리박스 테스팅

유리박스 테스팅은 전체 소프트에어에서 가장 중요하고 문제의 소지가 있는 일부 모듈을 중심으로 테스트하는 기법이다. 오래 전 이태리의 파레토는 소위 '파레토 법칙(Pareto's Rule)'을 통해 가장 중요한 일부가 전체 시스템의 대부분을 차지한다는 원리를 제시하였다. "80-20 법칙"이라고 불리는 이 법칙에 의하면 "중요한 20%의 비중이 80%를 점유한다"는 사실을 의미한다. 유리박스 테스팅을 수행하기 위해서는 소프트웨어의 내부 구조를 잘 이해하고 있어야 한다. 유리박스 테스팅의 다른 한 가지 방법은 기본경로 테스팅(Basis Path Testing)으로 전체 소프트웨어의 모든 가능한 실행루트를 찾아 각 루트가 적어도 한 번 이상 실행되는 데이터 세트로 소프트웨어가 올바르게 작동하는지 검증한다.

## (2) 블랙박스 테스팅

이에 비해 블랙박스 테스팅 기법은 소프트웨어를 하나의 블랙박스로 생각한다. 즉 소프트웨어의 내부를 이해하지 못해도 가능한 모든 데이터 세트를 사용하여 소프트웨어의 작동을 검증한다. 이를 위하여 테스트에 사용할 데이터에 경계값 분석(Boundary Value Analysis)을 적용하기도 한다. 경계값이란 데이터가 가지는 값의 범위에서 가장 경계에 위치한 값을 의미한다. 확률적으로 경계값에 해당하는 값을 갖고 테스팅 할 때 프로그램의 오류를 발견하기 쉬워진다. 블랙박스 테스팅에서 개발팀 내부에서 테스팅하는 방법을 알파 테스팅(Alpha Testing)이라 하고 앞으로 예상되는 외부의 사용자들로 하여금 소프트웨어를 검증하는 방법을 베타 테스팅(Beta Testing)이라 부른다. 당연히 이러한 검증 과정을 거친 후 소프트웨어를 시장에 출시한다.

## 5.7 응용 소프트웨어

단순히 데이터를 저장하고 파일을 관리하는 것만으로는 컴퓨터를 사용한다고 하지 않는다. 컴퓨터를 사용하는 궁극적인 목적은 특정한 업무를 처리하는 것이다. 예를 들어, 컴퓨터를 사용하여 결재 문서를 작성한다든지 영업실적을 집계하고 회계처리를 하는 간단한 것에서부터 국가기간 전산망 등 대규모 정보시스템까지 다양한 업무를 처리하는 것이다. 컴퓨터를 구동하는 운영체제나 시스템 관리를 위한 유틸리티 등 컴퓨터의 기본 기능을 수행하는 시스템 소프트웨어와 비교하여 응용 소프트웨어는 사용자가 요구하는 특정한 업무를 처리하기 위하여 작성된 프로그램이라고 할 수 있다. 사용자는 응용 소프트웨어의 도움을 받아 자신이 처리하려는 업무를 훨씬 효율적으로 수행함으로써 업무생산성을 높일 수 있다.

### ■ 응용 소프트웨어의 활용 분야

응용 소프트웨어가 많이 활용되고 있는 분야를 그림 5-31과 같이 정리해볼 수 있다. 우선 사무 생산성 향상을 위한 개인 사무용 소프트웨어 분야로 우리가 쉽게 접할 수 있는 문서작성, 표계산을 위한 스프레드시트, 프레젠테이션 등이 있다. 다음으로는 수학계산이나 통계분석, 데이터 시각화 등 과학 분석용 소프트웨어가 있다. 응용 소프트웨어의 가장 중요한 활용 분야는 무엇보다도 기업 비즈니스 및 정보시스템에서의 활용이라 할 수 있다. 전자상거래, ERP, SCM, CRM 등 비즈니스 활용을 위한 기업용 소프트웨어 분야가 있으며, 대규모 기업, 정부, 공공기관 등에서 사용하는 MIS, 국가 기간 전산망 등의 정보시스템 분야가 있다. 그 외에도 그래픽스, 미디어, 게임 등 멀티미디어 분야, CAD/CAM 등 산업용, 교육용, 군사용, 가정용 등 다양한 분야에서 응용 소프트웨어가 사용되고 있다.

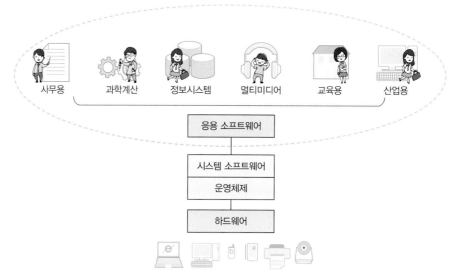

| 그림 5-31 응용 소프트웨어의 활용 분야

■ 응용 소프트웨어의 배포방식

응용 소프트웨어는 사용자에 의해 직접 작성되기도 하지만, 사용자가 프로그램을 개발하는 것은 대단히 번거로운 작업이므로 대개의 경우 각 분야의 전문가나 기업에서 제작하여 제공하는 것을 사용한다. 이러한 응용 소프트웨어를 일반사용자에게 전달하는 방식으로는 번들 소프트웨어, 패키지 소프트웨어, 웹 다운로드 방식, 맞춤형 방식이 있다.

## (1) 번들 소프트웨어

PC가 출현하기 이전인 1970년대까지의 대형 컴퓨터 시대에는 대부분의 소프트웨어가 컴퓨터와 같이 공급되었다. 컴퓨터 기종별로 하드웨어에 맞는 소프트웨어가 개발되어 컴퓨터 시스템에 내장된 후 통합된 시스템으로 제공되는 형태가 주류를 이루었다. 또한 근래에 PC의 경우에도 운영체제나 문서작성기 등 컴퓨터 시스템에 기본적으로 필요한 프로그램이 미리 설치되어 공급된다. 이렇게 하드웨어와 함께 제공되는 경우에 묶어서 함께 판매된다는 의미로 번들(Bundled) 소프트웨어라고 부른다.

## (2) 패키지 소프트웨어

PC가 출현한 이후 응용 소프트웨어를 별도의 패키지로 포장하여 판매하기 시작하였고, 이를 패키지(Package) 소프트웨어라고 부른다. 일반 사무용이나 그래픽 및 멀티미디어 소프트웨어의 경우 사용자 개인 또는 사무실에서 필요할 때 별도로 패키지 소프트웨어를 구매하여 설치하는 경우가 일반적이다. 최근에는 컴퓨터 관련 매장뿐 아니라 서점이나 사무용품 매장에서도 패키지 소프트웨어를 판매하고 있다. 패키지 소프트웨어로써 최초의 '킬러 어플리케이션(Killer Application)'은 1978년 애플 II 컴퓨터에서 표계산용 스프레드시트로 개발된 비지칼크(VisiCalc)라는 제품이다(그림 5-32 참조). 비지칼크는 지속적으로 발전하여 소프트웨어를 별도로 판매하는 기틀을 다져 나갔으며, 결국 비지칼크와 같은 응용 소프트웨어의 개발이 PC를 개인 업무의 필수품으로, 그리고 PC 산업을 전 세계에서 가장 각광받는 비즈니스로 만든 계기가 되었다.

(a) 개발자 대니얼 브리클린과 로버트 프랭스턴          (b) 1979년 비지칼크 초기 버전의 광고

| 그림 5-32  비지칼크(Visicalc) 개발자와 초기 버전의 광고

## (3) 웹 다운로드 방식

웹 다운로드 소프트웨어 배포방식은 인터넷에서 사용자가 응용 프로그램의 전체 또는 일부분을 다운로드받아 실행한다. 주로 웹 환경에서 실행되는 프로그램을 웹에서 구매하여 곧바로 다운받기도 하고 별도로 구매한 응용 소프트웨어의 업그레이드 버전을 서비스로 다운로드받는 경우가 많다. 한편, 최근에는 응용 소프트웨어를 별도 구매하지 않고 필요할 때마다 웹에 접속하여 서버에서 실행되는 프로그램을 자신의 PC에서 사용한 후 접속시간에 따라 비용을 지불하는 SaaS(Software as a Service) 방식도 등장하였다. 빈번히 사용하지 않는 고가의 응용 소프트웨어의 경우에는 구입 또는 사용 비용이 많이 줄어들 수 있다.

## (4) 맞춤형 방식

맞춤형(Custom) 소프트웨어 배포방식은 사용자 요구에 맞추어 직접 응용 소프트웨어를 개발해주는 방식이다. 대량 판매가 가능한 경우에는 패키지 소프트웨어나 웹방식의 판매가 가능하지만, 고객이 제한되어 있는 대규모 응용 소프트웨어의 경우에는 미리 개발하여 판매하기가 곤란하다. ERP, SCM, MIS와 같은 정보시스템의 경우 기본 기능을 포함하는 공통부분을 미리 개발하고 고객에게 알맞은 기능 및 인터페이스는 계약이 체결된 후 개발을 마무리하여 고객에게 제공하는 방식을 따른다.

■ 응용 소프트웨어의 소유권/저작권에 따른 분류

응용 소프트웨어 개발 및 보급이 활성화되기 위해서는 무엇보다도 일반 사용자들이 적절한 대가를 지불하여 저작권보호가 보장되는 분위기가 형성되어야 한다. 그래야 관련 산업이 제대로 유지될 수 있다. 응용 소프트웨어를 저작권이나 소유권에 따라 구분해보면 상용 소프트웨어, 쉐어웨어, 프리웨어 및 공개 소프트웨어가 있다.

### (1) 상용 소프트웨어

상용(Commercial) 소프트웨어는 제작자가 이윤을 얻기 위해 개발하여 판매하는 컴퓨터 프로그램을 말한다. 패키지 형태의 소프트웨어 판매는 주로 단일 사용자에게 사용권을 주는 형태이며, 단체 사용자에게는 여러 명이 사용할 수 있도록 사이트 사용권을 판매하기도 한다. 한편, 소프트웨어가 배포되어 사용자에게 전달될 때 구매하는 것이 아니라 일단 사용해본 후 구입하도록 하는 데모(Demo) 버전 또는 시험(Trial) 버전이 있는데 이들은 보통 쉐어웨어라고 불린다.

### (2) 쉐어웨어

쉐어웨어(Shareware)는 판매를 목적으로 개발되었지만 사용자들이 일단 사용해본 후 마음에 들면 구매하는 소프트웨어이다. 대개 일정기간 동안 무료로 사용해보고 계속 사용할 마음이 있으면 정식 사용자로 등록하여 비용을 지불하는 형태로 국내에서는 평가판이라 부르기도 한다. 쉐어웨어는 제작회사로부터 직접 구하거나 홈페이지를 통해서 구할 수도 있고 인터넷 공개 자료실에서 구할 수도 있다.

### (3) 프리웨어

프리웨어(Freeware)는 개발자가 저작권은 가지고 있지만 누구나 무료로 사용할 수 있도록 배포하는 소프트웨어로, 국내에서는 공개판이라고 부르기도 한다. 프리웨어의 경우 사용자가 사용하는 비용을 지불할 필요는 없지만 판매를 목적으로 재배포하는 것이 금지되어 있다. 다른 사용자에게 직접 판매하는 것은 물론 영리를 목적으로 하는 다른 응용 소프트웨어에 포함되는 것도 허용되지 않는다.

### (4) 공개 소프트웨어

공개(Public Domain) 소프트웨어는 원 개발자가 자신의 저작권을 주장하지 않고 공개한 소프트웨어이므로 누구나 무료로 사용할 수 있을 뿐 아니라 아무런 제약 없이 복제하여 배포하는 것까지 가능하다. 오픈소스(Open Source) 소프트웨어는 소스코드까지 공개하여 일반 사용자들이 아무런 제약 없이 배포하는 것은 물론이고 소프트웨어를 수정하여 영리를 목적으로 배포하는 것도 가능하다.

그림 5-33은 저작권의 소유형태에 따라 소프트웨어의 다양한 배포방식을 보여주고 있다. 소프트웨어를 사용하거나 배포할 때 제작자가 저작권을 소유하고 있는지, 무료사용이 가능한지, 재배포가 가능한지와 같은 구분에 따라 적절히 저작권 보호를 해주어야 한다. 만약 임의로 사용하거나 배포하는 경우 소프트웨어 불법복제가 되며 이는 범죄행위로 처벌 받을 수 있다.

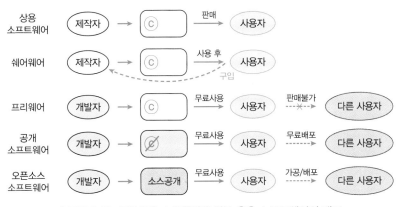

| 그림 5-33 저작권의 소유형태에 따른 응용 소프트웨어의 배포

## 5.8 ICT 기술과 관련학문 분야

응용 소프트웨어와 정보시스템이 다양한 분야에서 활용되고 있듯이 다양한 학문분야와도 연계되어 있다. 이 절에서는 ICT 기술이 연계되어 있는 다양한 학문분야와 향후 전개되리라 예상되는 융합기술에 대해 어떤 분야들이 있는지 정리해본다.

### 5.8.1 ICT 기술의 기반 학문

앞에서 살펴보았듯이 응용 소프트웨어는 개인사무용, 기업용, 정보시스템, 산업용, 가정용 등 다양한 분야에서 활용되고 있으며, 당연히 컴퓨터 시스템과 시스템 소프트웨어가 실행되는 환경에서 제공되고 있다. 여기서는 컴퓨터 시스템 및 소프트웨어의 기반 기술을 살펴보기로 하자.

컴퓨터 시스템을 구성하는 전자회로와 주변기기들을 개발하기 위하여, 전자공학 및 전기공학 분야에서 컴퓨터 회로나 각종 전자부품 및 반도체를 설계하고 제조하는 기술이 필요하며, 네트워크를 위한 통신기술도 필수적이다. 물리학이나 재료공학분야에서는 기억소자, 광학장치, 디스플레이 등의 소재를 개발하는 기술이 컴퓨터 부품을 개발하는 데 활용되고 있으며, 최근에는 화학이나 화학공학 분야에서 프린터 잉크나 디스플레이 장치의 신소재 연구결과가 주변장치 개발에 활용되고 있다. 기계 및 제어 분야의 기술은 컴퓨터의 외장 케이스를 제작하는 것부터 시작하여 프린터, 스캐너 등의 입출력 장치와 산업용 로봇 등의 각종 기기의 기계장치를 개발하는 데 적용되고 있다. 물론 산업공학이나 경영학의 생산관리 기술은 컴퓨터의 생산공정 관리에 적용되고 있다.

운영체제, 프로그래밍 언어, 데이터베이스 등의 시스템 소프트웨어가 발전하는 데 가장 기본이 된 학문은 수학이다. 컴퓨터의 아버지라 불리는 찰스 바비지(Charles Babbage), 프로그래밍의 기본 원리를 처음 제안한 앨런 튜링(Alan M. Turing), 오늘날 컴퓨터의 작동원리 및 구조를 개발해낸 폰 노이먼(John von Neumann), 관계형 데이터베이스의 개념을 처음 제안한 에드가 카드(Edgar F. Codd) 등 프로그래밍의 원리를 개발해낸 초창기의 많은 수의 학자가 수학자 출신이었다.

또한 프로그래밍 언어를 설계하고 인공지능의 원리를 제시하기 위하여 수학 이외에도 언어학이나 논리학, 심리학 등의 분야가 많은 역할을 하였다. 최근 사용자 인터페이스나 HCI 분야의 발전에는 인지과학, 심리학, 디자인학 등 다양한 분야의 지식이 필요하다. 한편, 응용 소프트웨어 및 정보시스템의 개발에는 물론 해당 분야의 지식이 가장 필요하지만 실험이나 조사 분석을 수행하는 분야에서는 통계학과 산업공학의 기초 지식이 필요하다.

## 5.8.2 ICT 기술의 연계 학문 분야

응용 소프트웨어와 정보시스템이 다양한 산업분야에 활용되기 위해서는 연계된 학문 분야와의 협력이 필요하다. 요즘 기계설계, 건축설계, 경영정보시스템과 같은 일부 학문 분야에서는 컴퓨터나 소프트웨어의 도움 없이 이론적으로만 존재할 수가 없는 상황까지 되었다. 여기에서는 ICT 기술이 산업분야가 아니라 어떤 학문분야에서 활용되고 있는지 살펴보기로 한다.

이공학 계열의 대부분의 분야에서는 컴퓨터나 소프트웨어가 필수적이다. 컴퓨터를 활용하는 유형을 살펴보면 각종 설계에 사용하는 경우, 실험도구로 사용하는 경우, 데이터 처리 및 분석을 위해 사용하는 경우 등이 있다. 설계 소프트웨어가 필요한 분야는 기계, 전기전자, 건축, 토목, 도시 설계 분야이며, 생명과학, 의학, 화학, 물리 등의 분야에서는 데이터를 측정하고 실험을 제어하는 소프트웨어를 개발하여 사용하기도 한다. 데이터를 취급하는 대부분의 분야에서는 데이터 처리 및 분석 소프트웨어가 필요하다.

예체능 분야 중 디자인 전공에서 그래픽 소프트웨어가 필수적인 것은 너무도 당연하며, 영상 및 애니메이션 분야에서는 컴퓨터 그래픽스 기술을 많이 활용하고 있다. 음악 분야의 경우에도 음의 합성이나 작곡을 위한 프로그램을 이용하여 디지털 사운드를 제작하여 사용하고 있다. 인문학 분야에서도 경영정보, 문헌정보 등 여러 분야에서 해당 분야의 각종 자료를 저장하고 정보로 활용하기 위하여 소프트웨어가 필요하다. 그림 5-34에서 보듯이 컴퓨터 및 ICT 기술은 연관이 없는 분야를 찾기 힘들 정도로 각 학문분야에서 다양하게 활용되고 있다.

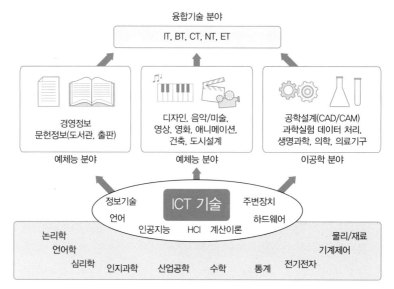

| 그림 5-34 ICT 기술과 관련분야

ICT 융합시대의 컴퓨터과학

# 연습문제

**객관식**

**5-1** 소스 프로그램을 미리 번역해 두는 것이 아니라 실행할 때마다 소스 프로그램을 한 문장씩 기계어로 해석하여 바로 실행하는 방법과 가장 관련성이 적은 것은?

(a) 인터프리터      (b) 컴파일러      (c) 스크립트 언어

(d) JavaScript      (e) Python

**5-2** 다음 중 절차적 언어가 아닌 것은?

(a) FORTRAN      (b) COBOL      (c) ALGOL

(d) C      (e) Java

**5-3** 다음 중 객체지향적 언어가 아닌 것은?

(a) C++      (b) Java      (c) Smalltalk

(d) ALGOL      (e) C#

**5-4** 다음 중 모든 프로그래밍 언어가 가지는 기본 구성요소에 해당하지 않는 것은?

(a) 행렬      (b) 배정문      (c) 메소드

(d) 선택문      (e) 반복문

**5-5** 호출하는 프로시저(Procedure)에 메모리 주소를 전달하는 방식은?

(a) 참조에 의한 호출      (b) 값에 의한 호출      (c) 실제값 호출

(d) 형식 호출      (e) 메모리 호출

**5-6** 소스 프로그램의 컴파일 과정으로 올바른 것은?

(a) 렉시컬 분석 → 파싱 → 코드 생성 → 목적 프로그램

(b) 파싱 → 렉시컬 분석 → 코드 생성 → 목적 프로그램

(c) 파싱 → 파스트리 → 코드 생성 → 목적 프로그램

(d) 파싱 → 토큰 생성 → 코드 생성 → 목적 프로그램

(e) 렉시컬 분석 → 코큰 생성 → 코드 생성 → 목적 프로그램

**5-7** 1960년대 초반 데이터 처리를 주목적으로 개발된 언어로 회계처리나 상거래 같은 비즈니스 응용에서 많이 이용되는 프로그래밍 언어는?

    (a) FORTRAN         (b) COBOL         (c) BASIC

    (d) C언어             (e) Java

**5-8** 객체지향적 언어와 개념적으로 가장 관련성이 적은 것은?

    (a) 추상화         (b) 모듈화         (c) 캡슐화

    (d) 상속성         (e) 다형성

**5-9** Python 언어의 특징이 아닌 것은?

    (a) 인터프리터 방식     (b) 작성하기 쉬움     (c) 라이브러리가 풍부함

    (d) 프로그램의 모듈화    (e) 데이터 형의 동적 타이핑

**5-10** 소프트웨어 라이프사이클에서 요구분석, 프로그램 설계, 프로그램의 구현, 테스팅 및 유지보수 과정을 거치는 소프트웨어 개발 방법론은?

    (a) 점진적 모델      (b) 폭포수 모델     (c) 컴포넌트 모델

    (d) 애자일 방법론     (e) 익스트림 프로그래밍

**5-11** 소프트웨어의 모듈화와 가장 관련성이 적은 것은?

    (a) 프로시저        (b) 객체          (c) 컴포넌트

    (d) 하향식(Top-down Approach)     (e) 추상화

**5-12** 소프트웨어 개발 과정에서 블랙박스 테스팅에서 외부 사용자들로 하여금 소프트웨어를 검증하는 방법을 무엇이라 하는가?

    (a) 알파 테스팅      (b) 베타 테스팅     (c) 블랙박스 테스팅

    (d) 유리박스 테스팅    (e) 기본경로 테스팅

**괄호 채우기**

**5-1** (          )는 작성하기 쉬울 뿐만 아니라 특정한 CPU로부터 독립적(Machine Independent)이기 때문에 어떤 응용을 (         )로 작성하면 모든 CPU 상에서 사용할 수 있는 장점이 있다.

5-2 (　　　　　)는 고수준 프로그램 언어로 작성된 소스 프로그램(Source Program)을 기계어로 번역하여 그 결과를 오브젝트 코드(Object Code)라 불리는 실행 가능한 프로그램으로 저장해 둔다.

5-3 (　　　　　)는 미리 번역을 해두는 것이 아니라 실행할 때마다 소스 프로그램을 한 문장씩 기계어로 해석하여 바로 실행을 하는 방식이다.

5-4 (　　　　　)는 명령형 언어(Imperative Language)라고도 불려지는데 프로그램이 기본적으로 알고리즘을 표현하기 위한 명령어들의 집합으로 구성된다.

5-5 (　　　　　)는 Simula, Smalltalk, C++, C#, Java 등에서 사용하는 패러다임으로 객체(Object)라 불리는 엔티티에 데이터와 메소드가 내포되어 있다. 메소드는 데이터를 처리하기 위한 절차이다.

5-6 크기가 큰 프로그램을 이해할 수 있는 적당한 크기의 여러 개의 프로그램으로 나누어 관리하는 기법을 (　　　　　)이라 부른다. 이 때 중심 되는 하나의 프로그램을 주프로그램(Maim program)이라 부르고 나머지 프로그램들을 서브프로그램(Subprogram)이라 부른다.

5-7 고수준 언어로 작성된 프로그램을 소스 프로그램(Source program)이라 한다. 소스 프로그램은 렉시컬 분석 과정을 거쳐 (　　　　　)을 생성한다.

5-8 절차적 프로그래밍 언어는 컴퓨터가 수행할 작업 순서대로 프로그램을 작성하지만 객체지향(Object Oriented) 언어는 인간이 이해하기 쉬운 사물이나 개념을 객체(Object)로 표현하고 이들 객체 위주로 프로그램을 작성하는 것이다. 객체지향 언어에서는 객체(데이터)의 형식을 의미하는 (　　　　　)와 그 객체의 처리방법을 한 묶음으로 표현한다. 객체 또는 클래스는 속성(Attribute 또는 Property)과 (　　　　　)를 가지고 있다.

5-9 객체지향 언어는 (　　　　　), 캡슐화(Encapsulation), 상속(Inheritance) 및 다형성(Polymorphism)의 특성을 가지고 있다.

5-10 소프트웨어 라이프사이클을 구체적으로 살펴보면 요구분석, 프로그램 설계, 프로그램 구현, 테스팅 및 유지보수의 과정으로 나눌 수 있다. 이러한 단계가 마치 폭포수와 같아 보이므로 이것을 (　　　　　)이라 부른다.

**5-11** (           ) 기법은 소프트웨어를 하나의 블랙박스로 생각한다. 즉 소프트웨어의 내부를 이해하지 못해도 가능한 모든 데이터 세트를 사용하여 소프트웨어의 작동을 검증한다. 이를 위하여 테스트에 사용할 데이터를 경계값 분석(Boundary Value Analysis)을 적용하기도 한다.

**5-12** (           )는 판매를 목적으로 개발되었지만 사용자들이 일단 사용해본 후 마음에 들면 구매하는 소프트웨어이다. 대개 일정기간 동안 무료로 사용해보고 계속 사용할 마음이 있으면 정식 사용자로 등록하여 비용을 지불하는 형태로 국내에서는 평가판이라 부르기도 한다.

**주관식**

**5-1** Python 언어와 Java 언어의 차이점에 대하여 설명하라.

**5-2** 객체지향 언어의 특성과 장점은?

**5-3** 소프트웨어 공학 방법론 중 애자일 방법이 폭포수 모델에 비하여 어떻게 다르고 어떤 장점이 있는지 설명하라.

**5-4** Python 언어는 인터프리터 방식을 따른다. Python의 이러한 방식이 실제 프로그램을 개발할 때 어떻게 편리한지 논하라.

**5-5** 절차적 언어의 프로시저는 객체지향 언어의 메소드와 어떻게 다른가?

**5-6** 프로그래밍 언어를 해석하여 컴퓨터에서 실행시키는 방법으로 컴파일러와 인터프리터 방식이 있다. 두 방식의 차이점을 설명하라.

**5-7** 현재 기업 환경에서 가장 많이 사용되고 있는 프로그래밍 언어 몇 가지를 제시하고 왜 이러한 언어가 현장에서 사용되고 있는지 설명하라.

# 데이터 구조와
# 알고리즘

## 데이터 구조와 알고리즘

소프트웨어의 개발에서 알고리즘의 역할은 매우 중요하다. 알고리즘의 의미와 중요성을 이해하고 알고리즘과 데이터구조가 어떻게 연관되는지 알아보자. 소프트웨어의 개발을 위해 자주 사용되는 기본적인 데이터 구조, 즉 행렬과 레코드, 리스트, 스택과 큐, 연결리스트 및 트리와 그래프의 구조와 특성을 공부한다.

문제를 해결하기 위한 다양한 알고리즘들이 존재한다. 가장 중요하고 자주 이용되는 정렬 알고리즘과 탐색 알고리즘을 공부한다. 마지막으로 알고리즘을 통한 문제 해결 방식에 대하여 알아보자.

## 6.1 알고리즘의 개념

프로그램을 설계하고 구현할 때 가장 중요한 이슈가 어떠한 알고리즘을 사용하여 문제를 해결할 것인가이다. 알고리즘이란 문제를 해결하는 구체적 방법이라 할 수 있다. 여기서는 알고리즘이란 무엇인지 알아보고 알고리즘의 중요성을 이해하자. 또한 알고리즘과 데이터구조의 관계를 살펴보자.

### 6.1.1 소프트웨어와 알고리즘

알고리즘을 공식적으로 정의하고 컴퓨터과학에서 알고리즘의 의미와 위치를 생각해보자. 또한 소프트웨어와 알고리즘의 관계를 살펴본다.

■ 문제 해결과 알고리즘

알고리즘은 컴퓨터과학에서 가장 중요한 개념이며 핵심 주제이다. 컴퓨터과학을 알고리즘에 관한 공부("Computer Science is the study of algorithms")라고 하듯이 컴퓨터를 이용하여 문제를 해결할 때 결국은 모든 것이 알고리즘으로 귀결된다. 인간은 컴퓨터를 활용하여 세상의 다양한 문제를 해결하기 원한다. 오늘날 컴퓨터는 연산 능력이나 메모리 크기에서 거의 무한대의 성능을 가지고 있다. 문제는 이러한 강력한 기계를 이용하여 어떻게 우리에게 주어진 문제를 풀 수 있는가이다. 이것을 문제 해결 (Problem Solving)이라고 부른다. 우리가 컴퓨터와 관련된 지식을 쌓는 것도 결국은 컴퓨터를 활용하여 세상의 문제를 해결하기 위해서이다. 컴퓨터는 다양한 입출력 장치와 연결되어 있다. 또한 오늘날 컴퓨터 프로세서와 입출력 장치가 다양한 기계 및 기구에 장착되어 있다. 이러한 여건 속에서 과거에 인간이 해결하지 못한 다양한 문제의 해결방법을 찾아내고 컴퓨터로 실현하는 것은 미래 사회에 인간에게 주어진 중대한 과제가 된다.

출처: http://www.123rf.com

| 그림 6-1 문제 해결과 알고리즘

또한 최근 많은 관심을 받고 있는 컴퓨터적 사고(Computational Thinking)라는 개념도 결국에는 알고리즘과 연관되어 있다. 컴퓨터적 사고란 컴퓨터를 활용하여 어떻게 세상의 문제를 해결할지 주어진 문제와 상황을 창의성을 가지고 컴퓨터적으로 사고하는 능력을 의미한다.

■ 알고리즘의 정의

알고리즘을 공식적으로 정의하면 다음과 같다. 아래 세 가지를 동시에 만족시킬 때 비로소 알고리즘으로 존재할 수 있다.

① 알고리즘은 모호하지 않은(Unambiguous) 일련의 절차나 명령의 집합이다.
② 알고리즘의 모든 절차는 컴퓨터에 의하여 수행 가능(Executable)해야 한다.
③ 알고리즘은 반드시 종결하는(Terminating) 절차이어야 한다.

알고리즘은 일반적으로 위의 세 가지 조건을 만족시키나 항상 그런 것은 아니다. 예를 들면 인공지능의 어떤 알고리즘은 알고리즘의 절차 중에 모호성이나 임의성이 존재할 수 있다. 또한 감시용 CCTV에 연결된 컴퓨터는 결코 종결 없이 1년 365일 하루 24시간 쉬지 않고 운영된다. 그러나 예외적인 경우를 제외하고 알고리즘은 위의 세 가지 조건을 만족한다. 또 한 가지 추가할 사항은 알고리즘은 효율적이어야 한다. 주어진 문제를 해결할 수 있는 방법은 여러 가지가 존재할 수 있다. 하지만 문제 해결 방법이 알고리즘이기 위해서는 다른 방법에 비해 상대적으로 효율성을 가져야 한다. 알고리즘의 효율성에 관해서는 나중에 다시 설명하기로 한다.

■ 소프트웨어와 알고리즘의 관계

문제 해결은 결국 알고리즘을 찾는 것으로 귀착한다. 찾은 알고리즘에 따라 실질적으로 실현되어야 한다. 알고리즘은 '잘 정의된 기본절차(Well-defined Primitives)'들을 이용하여 실현된다. 잘 정의된 기본절차는 어떤 시스템을 만드는 빌딩블록(Building Block) 역할을 담당한다. 우리가 레고 조각을 가지고 원하는 목적물을 만들 때 다양한 레고 조각들을 사용한다. 이 때 레고 조각은 빌딩블록이 되는 것이다. 소프트웨어의 개발에서 잘 정의된 기본절차는 프로그래밍 언어를 의미한다.

우리 주변에서 어떤 과정을 기술하는 알고리즘을 표현하기 위하여 다양한 방법이 사용된다. 예를 들어, 종이접기 놀이를 생각해보자. 종이접기를 통해 학을 만드는 과정을 기술하기 위하여 흔히 그림 6-2(a)와 같은 방법을 사용하여 그 절차를 나타낸다. 그러나 이와 같은 방법은 일반인들에게 분명치 않을 수 있다. 대신 몇 가지 기본 절차를 정의하고 이러한 절차를 사용하여 종이접기를 기술해보자. 이 때 각 절차는 '잘 정의된 기본절차'가 되어야 한다. 그림 6-2(b)는 그림 6-2(a)에 비해 보다 종이접기 과정을 분명히 나타내고 있다. 종이접기에서 한번 이러한 '잘 정의된 기본절차'를 정의하면 나중에 학 접기 외에 다른 종이접기에도 적용할 수 있다. 프로그램의 개발에도 프로그램 언어라는 '잘 정의된 기본절차'를 이용하여 알고리즘을 실현한다. 때로는 의사코드(Pseudocode)를 이용해도 마찬가지로 알고리즘을 표현할 수 있다. 여기서는 의사코드를 사용하여 알고리즘을 설명하기로 한다. 의사코드로 알고리즘을 표현하면 배정문, 조건문 if-then-else와 switch-case, 반복문 for loop와 while-do, 프로시저 등이 '잘 정의된 기본절차' 역할을 수행한다.

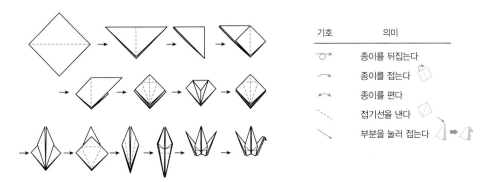

| 기호 | 의미 |
| --- | --- |
| ↻ | 종이를 뒤집는다 |
| ⌒ | 종이를 접는다 |
| ↩ | 종이를 편다 |
| ⋰ | 접기선을 낸다 |
| ↘ | 부분을 눌러 접는다 |

| (a) 그림으로 설명한 종이접기 | (b) 종이접기를 위한 '잘 정의된 기본절차' |

참조: http://tip.daum.net/openknow/47247525

| 그림 6-2 종이접기와 '잘 정의된 기본절차'의 사례

결론적으로 알고리즘은 어떤 작업을 수행하는 방법을 나타내는 일련의 잘 정의된 절차라 할 수 있다. 알고리즘을 프로그램 언어로 표현한 결과물이 프로그램이고 따라서 프로그램 언어는 알고리즘을 표현하기 위한 수단으로 이해될 수 있다. 일반적으로 소프트웨어는 개념적으로 알고리즘과 프로그램을 통합적으로 의미한다.

## 6.1.2 알고리즘의 의미와 중요성

### ■ 문제 해결 방법론

문제를 해결하는 방법에 대하여 오래 전부터 연구되어 왔다. 수학자 조지 폴야(George Polya)는 1945년 "폴야의 문제 해결 과정(Polya's Problem Solving Steps)"을 발표하였다. 이 방법은 다음의 4단계로 설명된다(그림 6-3 참조).

① 주어진 문제를 이해한다.
② 문제를 풀기 위한 구체적 방법을 찾는다.

③ 찾은 방법에 따라 실현한다.

④ 문제 해결 방법의 신뢰성을 검증한다. 또한 이 방법이 보다 폭넓게 적용되어 일반
적인 도구로 사용될 수 있는지 알아본다.

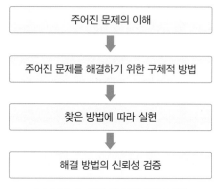

| 그림 6-3 폴야의 문제 해결 과정

위의 4가지 항목 중 항목 ②는 알고리즘에 해당하고 항목 ③은 프로그램에 해당한다.
그러나 "폴야의 문제 해결 과정"이 항상 순서대로 수행되는 것은 아니다. 항목 ①을 완
전히 해결하기 위하여 즉 주어진 문제를 완전히 이해하기 위하여 항목 ②를 먼저 수행
해야 하는 경우도 있다. 때로는 항목 ③과 ④를 통하여 항목 ①을 달성하는 경우도 자
주 발생한다. 그림 6-4는 이러한 문제 해결의 단계가 어떻게 상호작용 하는지를 보여
주고 있다.

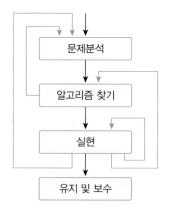

| 그림 6-4 문제 해결 단계들 간의 상호작용

알고리즘은 프로그램을 통해 주어진 문제를 해결할 수 있는 구체적 방법과 절차를 담고 있기 때문에 소프트웨어의 개발에서 없어서는 안 될 매우 중요한 핵심요소이다. 예를 들어, 우리가 100만 개의 데이터를 정해진 순서에 따라 정렬한다거나 웹에서 검색한 웹페이지들을 중요성에 따라 나열하기 위해서 알고리즘이 필요하다. 이미지를 압축하거나 이미지를 특정한 필터를 이용하여 처리하기 위해서도 주어진 문제의 알고리즘을 먼저 확보해야 한다. 또한 사람의 목소리를 텍스트로 변환하거나 게임에 관한 인공지능 기법의 적용도 결국 알고리즘이 있어야 가능하다. 알고리즘은 다음 두 가지 측면에서 매우 중요한 이슈이다.

### (1) 알고리즘은 주어진 문제를 정확하게 해결할 수 있어야 한다.

우리는 일상에서 매일 많은 문제에 부닥치고 이를 해결하는 방법을 알고 있다. 예를 들어, 비행기를 타고 공항에 내려 집까지 가려고 할 때 여러 가지 방법이 존재한다. 택시 정류소로 걸어가서 택시를 타고 기사에게 나의 목적지를 이야기 할 수도 있고, 공항의 버스정류장까지 걸어가서 100번 버스를 타고 광화문에 내려서 다시 80번 버스로 갈아타고 여의도역에서 하차한 후 집까지 걸어가는 방법도 있다. 이외에도 지하철을 타거나 렌트카를 빌리는 등 여러 가지 방법이 존재한다. 우리는 일상에서 알든 모르든 주어진 상황에서 문제를 해결하기 위하여 알고리즘에 따라 행동한다. 잘못된 알고리즘을 따라가면 결코 문제를 풀 수 없게 된다.

### (2) 알고리즘은 목적에 맞고 효율적이어야 한다.

앞의 예에서 공항에 도착하여 집으로 가기 위한 방법에 대하여 기술하였다. 나의 목적이 가급적 빨리 집에 도착하는 것이라면 아마도 공항에서 택시를 타는 것이 가장 바람직할 것이다. 그러나 만일 시간대가 러시아워라면 차라리 지하철을 타고 걷는 것이 오히려 더 빠를 수 있다. 이에 비하여 만일 나의 목적이 가장 저렴하게 집에 가는 방법을 찾는다면 아마도 지하철을 이용하는 것이 가장 바람직할 것이다. 걸리는 시간과 비용을 모두 염두에 둘 경우에는 또 다른 방법을 선택할지 모른다. 나의 문제를 해결하고 목적을 달성하기 위한 가장 효율적인 방법은 무엇인가? 소프트웨어에 적용하는 알고리즘도 주어진 목적을 달성하기 위한 가장 효율적인 알고리즘을 찾아야 한다.

다음에 알고리즘의 효율성에 대한 패러미터로 빅-O 표기법(Big-O Notation)을 소개한다.

## ■ 알고리즘의 효율성: 빅-O 표기법(Big-O Notation)

주어진 문제에 적용되는 알고리즘의 성능을 평가할 수 있는 방법이 필요하다. 알고리즘의 성능이란 주어진 작업을 처리하는 데 걸리는 CPU 시간과 필요한 메모리 공간을 들수 있다. 오늘날의 메모리 공간은 거의 무제한으로 사용할 수 있으므로 알고리즘의 성능은 대체로 시간복잡도(Time Complexity)를 이야기 한다. 어떤 알고리즘을 수행하는 데 걸리는 시간이 얼마인지를 미리 아는 것은 어려운 작업이다. 걸리는 시간은 입력 데이터에 따라 달라지고 프로그램을 어떻게 작성하는 가에 따라서도 달라진다. 또한 어떤 알고리즘을 수행하는 데 걸리는 시간을 이야기 할 때 평균 시간(Average Time)과 최악 시간(Worst Time)이 많은 차이가 날 수 있다.

빅-O 표기법은 알고리즘의 상호 성능을 가장 일반적으로 평가하고 비교할 수 있는 일반적인 방법이다. 모든 문제는 입력 데이터를 필요로 한다. 입력 데이터는 크기가 있고 일반적으로 컴퓨터가 처리하는 데이터의 수는 매우 방대하다. 예를 들어, N개의 데이터를 처리하는 데 걸리는 시간이 10N인 알고리즘(알고리즘 A라 하자)과 $0.2N^2$인 알고리즘(알고리즘 B라 하자)을 비교해보자. N = 10일 때 알고리즘 A의 처리시간은 100, 알고리즘 B의 처리시간은 20이 된다. 그러나 N = 100일 때 알고리즘 A의 처리시간은 1000, 알고리즘 B의 처리시간은 2000이 된다. 만일 N = 1000이라면 알고리즘 A의 처리시간은 10,000, 알고리즘 B의 처리시간은 200,000이 된다. 즉 N이 큰 수일수록 알고리즘 A의 성능이 알고리즘 B의 성능에 비해 훨씬 우수함을 알 수 있다. 따라서 위의 예에서 알 수 있듯이 알고리즘의 성능을 비교할 때 N이냐 $N^2$이냐가 중요하지 앞에 나오는 상수 10과 0.2는 상대적으로 중요성이 떨어진다. 알고리즘 A를 빅-O 표기법으로 나타내면 O(N)이 되고 알고리즘 B는 $O(N^2)$이 된다.

이제 알고리즘의 성능을 빅-O 표기법으로 나타낼 때 N의 값이 증가함에 따라 어떻게 변화하는지 그림 6-5를 통해 이해하자.

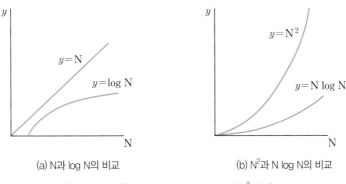

| (a) N과 log N의 비교 | (b) N²과 N log N의 비교

| 그림 6-5  함수 N, log N, N log N 및 N²의 비교

다음의 표 6-1은 데이터 크기 N = 100 경우, O(N)의 처리시간이 $10^{-6}$초, 즉 1 마이크로초라 하자. 어떤 알고리즘의 빅-O 함수가 O($2^N$)라면 처리시간은 $10^{14}$년이 걸린다. 현실적으로 N은 매우 큰 수이므로 어떤 알고리즘의 처리시간이 O($2^N$)라면 아무리 프로세서가 빨라져도 이러한 알고리즘을 실행할 방법은 존재하지 않는다.

| 표 6-1  데이터 크기 N=100일 때 알고리즘의 처리시간(O(N) = 1 마이크로초 기준)

| O(Log(N)) | $10^{-7}$ seconds |
|---|---|
| O(N) | $10^{-6}$ seconds (1 마이크로초) |
| O(N Log(N)) | $10^{-5}$ seconds |
| O(N²) | $10^{-4}$ seconds |
| O(N⁶) | 3 minutes |
| O($2^N$) | $10^{14}$ years |
| O(N!) | $10^{142}$ years |

출처: https://www.topcoder.com

### 6.1.3 알고리즘과 데이터 구조

■ 알고리즘과 데이터구조의 관계

일반적으로 알고리즘은 데이터구조와 연관성이 강하다. 데이터구조란 데이터가 개념적으로 어떻게 구성되어 있는지를 의미한다. 사용되는 데이터구조에 따라 사용하는 알고리즘의 성능이 달라진다. 즉 알고리즘을 효율적으로 실행하기 위해서 효율적인 데이터구조가 필수적이다. 그림 6-6에서 보듯이 주어진 문제(Problem)를 해결하기 위하여 알고리즘이 필요하고 이 알고리즘은 프로그램으로 표현된다. 입력 데이터가 데이터구조로 표현되기도 하고 알고리즘이 내부적으로 특정한 데이터 구조에 기반하여 처리되고 그 결과가 출력된다. 데이터구조와 알고리즘을 표현하기 위하여 프로그래밍 언어가 사용된다. 따라서 그림 6-6에서 보듯이 "데이터구조 + 알고리즘 + 프로그래밍 언어 = 프로그램"으로 생각할 수 있다.

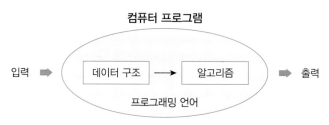

| 그림 6-6 데이터구조 + 알고리즘 + 프로그래밍 언어 = 프로그램

이러한 이유로 효율적인 알고리즘을 디자인하기 위해서는 알고리즘에서 사용하는 적절한 데이터구조가 필요하다. 데이터구조는 매우 다양하여 알고리즘에 따라 달리 사용된다. 공통적으로 많이 사용되는 데이터구조 연산(Operation)은 순회(Traversal), 탐색(Searching), 삽입(Insertion), 삭제(Deletion), 정렬(Sorting), 병합(Merging) 등이 있다. 이들을 다음에 간단히 설명하자.

① 순회(Traversal): 데이터구조에 속한 모든 데이터를 차례로 한 번씩 방문한다.
② 탐색(Searching): 주어진 데이터 값을 데이터구조에서 검색한다.
③ 삽입(Insertion): 데이터구조에 새로운 데이터를 첨가한다.
④ 삭제(Deletion): 데이터구조로부터 어떤 조건을 만족하는 데이터를 제거한다.
⑤ 정렬(Sorting): 데이터구조 내의 데이터를 주어진 조건에 따라 정렬한다.
⑥ 병합(Merging): 두 개 이상의 데이터구조를 하나의 데이터구조로 합친다.

이와 같은 데이터구조에 대한 연산을 알고리즘으로 표현하면 데이터구조에 따라 각 알고리즘이 다르게 된다. 주어진 문제를 해결하기 위하여 알고리즘을 디자인할 때 어떤 데이터구조를 사용할지는 매우 중요한 결정이다.

■ 데이터 추상화(Data Abstraction)

데이터 추상화란 데이터구조가 어떻게 구성되는지 또한 데이터구조에 적용되는 연산이 어떤 절차로 수행되는지를 알지 못해도 데이터구조를 이용할 수 있는 개념이다. 데이터 추상화 개념은 객체지향 언어에서 객체에 관한 추상화 개념과 유사하다. 객체 내의 메소드가 어떻게 데이터를 처리하는지 알지 못해도 객체 밖에서 객체에게 메시지를 보내 원하는 작업을 수행할 수 있다. 이렇게 함으로써 프로그램의 독립성이 강해진다. 즉 메소드를 변경해도 객체 외부에서 메소드를 간접적으로 이용하는 방법에는 변화가 없다. 데이터구조에서도 데이터 추상화 개념은 데이터구조와 연산들이 외부로부터 독립적으로 존재하게 한다.

데이터구조는 추상 데이터형(ADT: Abstract Data Type)으로 존재하여 외부에서 데이터구조와 데이터구조에 적용되는 연산에 대해 세부적인 작용과 절차를 알지 못해도 호출하여 사용할 수 있다(그림 6-7 참조). ADT 개념은 데이터를 데이터구조에 주고 원하는 연산을 지정하면 그 결과를 돌려주는 방식이다. 이 때 내부에서 어떻게 연산이 수행되는지 자세한 내용은 감추어져 있다. 이러한 개념은 오늘날 데이터구조를 활용할 때 매우 중요한 개념이다.

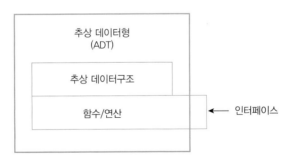

| 그림 6-7 외부 인터페이스를 통해 접근하는 ADT 개념

## 6.2 기본 데이터 구조

자주 사용하는 데이터구조로 배열과 레코드를 들 수 있다. 배열과 레코드(또는 스트럭처)는 프로그래밍 언어가 직접 지원하는 데이터구조이다. 이에 비해 스택, 큐와 연결 리스트 그리고 트리와 그래프는 프로그래머가 정의하여 사용하는 데이터구조이다.

## 6.2.1 배열과 레코드

프로그래밍 언어는 Integer, Real(Floating Point), Character, Boolean과 같은 단순 데이터형을 지원한다. 또한 복합 데이터형으로 배열(Array)과 레코드(Record)도 언어 자체가 지원한다. 어떤 언어에서는 레코드를 스트럭처(Structure)라고 부른다.

배열은 동일한 유형의 데이터가 다수 존재하는 경우이고 레코드(또는 스트럭처)는 다른 유형의 데이터를 포함한다. 이에 대하여는 5.3.1절에 설명되어 있다. 배열은 1차원, 2차원, 3차원 배열이 주로 쓰이지만 n차원의 배열도 가능하다(그림 6-8 참조).

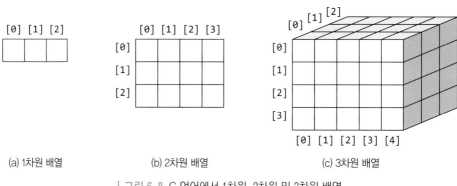

(a) 1차원 배열  (b) 2차원 배열  (c) 3차원 배열

| 그림 6-8 C 언어에서 1차원, 2차원 및 3차원 배열

배열이나 스트럭처의 각 데이터 항목을 요소(Element)라고 부른다. 그림 6-9는 C 언어로 스트럭처 Student를 정의한 것이다. 그림에서 보듯이 스트럭처의 요소가 배열일 수 있고 스트럭처가 스트럭처를 요소로 가질 수도 있다. 마찬가지로 배열의 요소가 스트럭처일 수도 있다.

```
struct student
    {
    char name[20];
    int roll_no;
    float marks;
    char gender;
    long int phone_no;
    }st1, st2, st3;
```

| 그림 6-9 C 언어로 정의한 스트럭처 Student

## 6.2.2 리스트(List): 스택과 큐

리스트(List)는 순서로 나열된 데이터의 모임이다(그림 6-10(a) 참조). 리스트의 맨 앞을 헤드(Head)라 부르고 맨 뒤를 테일(Tail)이라 부른다. 리스트의 예로 텍스트는 문자나 부호가 순서에 의해 모인 것으로 이해할 수 있다. 내가 좋아하는 음악명을 순서로 나열한 것도 일종의 리스트에 해당된다. 이외에도 우리 주변에 쇼핑 리스트, 재고 리스트, 과목 리스트 등 많은 리스트의 예가 존재한다.

| 그림 6-10  리스트, 스택 및 큐의 개념

■ 스택(Stack)

스택(Stack)은 일종의 리스트에 해당되나 데이터 접근방법이 특이하다. 스택은 그림 6-10(b)에서 보듯이 Top과 Bottom이 존재하고 새로운 항목을 스택에 삽입할 경우 맨 위(즉 Top)에다 쌓는다. 또한 스택에서 한 항목을 가져갈 때도 맨 위에 있는 항목을 가져가게 된다. 이것은 마치 책을 쌓아놓은 스택에 새로운 책을 쌓으려면 맨 위에다 가져다 놓는 것과 마찬가지이다. 책을 한권 가져갈 때도 맨 위부터 가져가게 된다. 따라서 스택은 LIFO(Last In First Out) 법칙을 따른다. 즉 가장 나중에 스택에 들어온 항목이 가장 먼저 나간다.

스택에 새로운 항목을 쌓는 행위를 "Push"라 부르고 맨 위의 항목을 가져가는 행위를 "Pop"이라 부른다. 또한 스택이 완전히 찬 경우를 알아보는 행위를 "IsFull", 스택이 비어있는 경우를 알아보는 행위를 "IsEmpty"라 하자. 6.1절에서 설명한 추상 데이터 형 (ADT)에 따라 스택을 이해하면 그림 6-11과 같이 나타난다. 그림 6-11에서 보듯이 스택에 일정 개수의 데이터가 들어 있는 상황에서 'Push', 'Pop', 'IsFull', 'IsEmpty' 연산을 통하여 스택에 관한 작업을 수행한다. 이 때 스택이 구체적으로 어떻게 구현되고 각 연산이 어떻게 수행되는지 추상 데이터 개념에서는 알 필요가 없다. 다만 스택이 존재하고 이러한 연산이 가능하다는 가정 하에 프로그래머는 프로그램을 작성하게 된다.

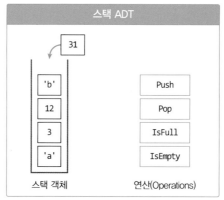

출처: http://iampandiyan.blogspot.kr

| 그림 6-11 스택의 추상 데이터 형(ADT)

■ 큐(Queue)

이제 큐(Queue)에 대하여 알아보자. 큐도 일종의 리스트에 속하며 그림 6-10(c)와 같이 우리 주변에서 쉽게 볼 수 있는 대기행렬에 해당한다. 은행에서 사람들이 줄을 서서 기다리는 것도 일종의 큐에 해당한다. 큐의 특성은 맨 앞에 있는 사람이 먼저 서비스 받는다. 새로 온 사람이 줄의 맨 뒤에 서게 된다. 큐의 맨 앞을 헤드(Head), 그리고 맨 뒤를 테일(Tail)이라 부른다. 큐는 FIFO(First In First Out) 법칙을 따른다. 즉 가장 먼저 들어온 항목이 가장 먼저 나간다. 그림 6-12는 스택과 큐의 차이점을 보여주고 있다.

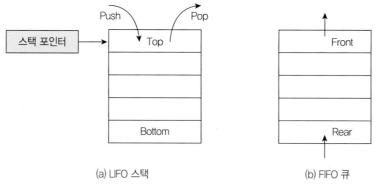

(a) LIFO 스택                    (b) FIFO 큐

| 그림 6-12 스택과 큐의 차이점

### 6.2.3 연결 리스트

연결 리스트(Linked List)는 리스트와 개념적으로 유사하나 항목의 연결 방식이 상이하다. 리스트나 스택, 큐의 경우는 각 항목들이 연속적으로 저장되어 있다고 생각한다. 따라서 배열과 같은 데이터구조를 이용하여 리스트를 구현할 수 있다. 그러나 연결 리스트의 경우는 그림 6-13과 같이 포인터(Pointer) 개념을 이용하여 각 항목을 연결한다. 연결 리스트의 각 항목을 노드(Node)라고 부르며 노드는 데이터 필드와 포인터 필드로 구성되어 있다. 포인터 필드는 그림 6-13에서 보듯이 다음 노드를 가리키고 있다. 즉 포인터 필드는 다음 노드의 주소를 가지고 있다. 연결 리스트의 처음은 헤드포인터(Head Pointer)가 가리키고 있고 맨 마지막 노드의 포인터 필드는 NIL 포인터를 이용하여 연결 리스트의 끝임을 알려준다.

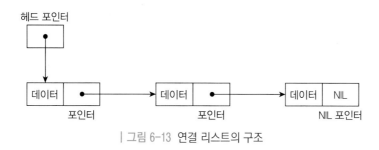

| 그림 6-13 연결 리스트의 구조

연결 리스트를 사용하면 리스트를 사용하는 경우에 비해 노드들의 연결이 동적으로 구성된다. 만일 리스트를 그림 6-14와 같이 크기 15인 배열을 이용하여 데이터 항목 2, 7, 1, 3, 7, 2, 1, 0, 8, 2, 4를 각각 저장하였다. 데이터 0과 8 사이에 새로운 데이터 5를 삽입시키고 싶으면 데이터 항목 8, 2, 4를 모두 한 자리씩 오른쪽으로 이동시켜야 한다. 또한 데이터 항목 3을 삭제하는 경우 3이 삭제된 자리가 빈 공간으로 남게 된다. 뿐만 아니라 이 배열의 크기가 15로 정의되었으므로 데이터 항목의 개수가 15보다 클 경우 더 이상 데이터를 저장할 장소가 없게 된다. 이것은 리스트를 실현하는 배열이 정적인 데이터구조이기 때문이다.

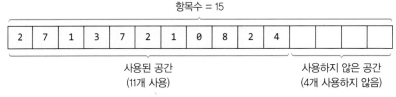

항목수 = 15

| 2 | 7 | 1 | 3 | 7 | 2 | 1 | 0 | 8 | 2 | 4 | | | | |

사용된 공간
(11개 사용)

사용하지 않은 공간
(4개 사용하지 않음)

| 그림 6-14 배열을 이용한 연결 리스트의 실현

이에 비해 동적으로 노드들을 연결하는 연결 리스트를 살펴보자. 그림 6-15에 노드 A, 노드 B, 노드 C가 포인터에 의해 서로 연결되어 있다. 이제 노드 A와 노드 B 사이에 새로운 노드 S를 삽입(Insertion)하려고 한다(그림 6-15 참조). 이를 위하여 다음의 순서에 따라 작업을 수행한다. 각 노드는 두 개의 필드(Data, Pointer)로 구성되어 있으며, 임의의 노드 N의 두 필드를 N.Data 및 N.Pointer로 나타내고 노드 N을 가리키는 주소를 Addr(N)으로 표시하자.

①  S.Pointer = A.Pointer
②  A.Pointer = Addr(S)

이와 같이 새로운 노드 S를 삽입하는 것은 다른 노드에 영향을 주지 않고도 간단하게 동적으로 처리할 수 있다.

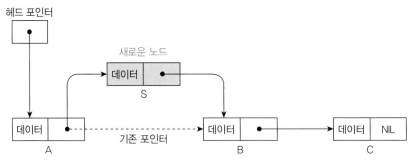

| 그림 6-15 연결 리스트에서 새로운 노드의 삽입 과정

이제 그림 6-16에서 노드 B를 연결 리스트에서 삭제(Deletion)하려고 한다. 이 작업은 다음과 같이 간단하게 수행될 수 있다. 이러한 과정을 통하여 연결 리스트에서 노드 B 가 제거되며 행렬을 이용한 리스트의 경우와 달리 빈 공간에 생기지 않는다.

① A.Pointer = B.Pointer

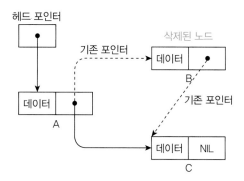

| 그림 6-16 연결 리스트에서 노드의 삭제 과정

연결 리스트는 다양한 형태로 존재할 수 있다. 그림 6-17에서 보듯이 이중 연결리스트 (Doubly Linked List)는 각 노드가 포인터를 두 개씩 가지고 있어 한 포인터를 오른쪽 방향으로 다른 포인터는 왼쪽 방향으로 향하고 있다. 따라서 이중 연결리스트를 이용하 면 양방향으로 노드들을 자유롭게 순회(Traversal)할 수 있다.

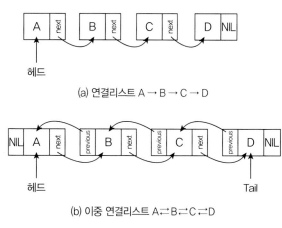

(a) 연결리스트 A → B → C → D

(b) 이중 연결리스트 A⇄B⇄C⇄D

| 그림 6-17 연결 리스트와 이중 연결리스트

### 6.2.4 트리와 그래프

트리와 그래프의 사례를 우리 주변에서 흔히 볼 수 있다. 서로 상관관계가 있는 객체들이 존재하고 이들 간의 상호 연결상태를 트리 또는 그래프의 형태로 나타낼 수 있는 경우가 많다. 트리와 그래프의 구조와 특성에 대하여 알아보자.

■ 트리(Tree)

회사나 기관의 조직도가 트리의 형태로 표현된다. 그림 6-18에서 보듯이 이 조직도를 통해 객체들 간의 상관관계를 알 수 있다. 이외에도 우리 주변에 트리 형태로 표현할 수 있는 수많은 사례들이 존재한다.

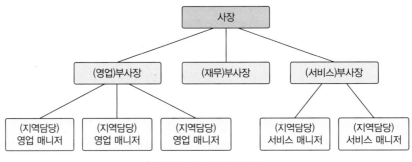

| 그림 6-18 회사의 조직도

이제 트리를 설명하기 위해 트리와 관련된 용어들을 설명하기로 하자. 그림 6-19와 같은 트리가 있다고 하자. 이 트리의 각 객체를 노드(Node)라고 부른다. 트리에서 선에 의해 연결된 노드와 노드는 상호관계를 나타내고 있다. 트리에서 최상위에 위치한 노드를 루트노드(Root Node)라고 부르며 루트노드는 반드시 1개 존재한다. 트리의 노드는 1개 이상의 자식을 가질 수 있으며 이들을 자식노드(Children Node)라고 하고 자식노드의 부모를 부모노드(Parent Node)라고 부른다. 따라서 부모노드는 1개 이상의 자식노드를 가질 수 있고 자식노드는 반드시 1개의 부모노드만 가진다. 같은 부모를 가지고 있는 노드들을 서로 형제노드(Siblings)라고 부른다. 트리에서 임의의 노드를 선택하고 이 노드를 루트노드 즉 정점으로 하나의 트리가 생성되는데 이 트리를 서브트리(Subtree)라고 한다.

트리에서 맨 밑에 존재하는 노드들을 터미널(Terminal) 또는 리프노드(Leaf Node)라고 부른다. 따라서 터미널은 자식노드를 갖지 않는다. 루트노드로부터 시작하여 터미널까지 가장 긴 패스(Path)에 존재하는 노드수를 이 트리의 깊이(Depth)라고 한다.

세상의 많은 문제는 트리 형태로 표현될 수 있다. 어떤 문제가 트리 형태로 표현될 수 있고 트리와 관련된 다양한 답을 얻을 수 있다. 이를 위하여 트리의 모든 노드를 방문하는 순회, 특정 노드를 찾아내는 검색, 새로운 노드의 삽입, 노드의 삭제, 2개의 트리의 병합 등 다양한 행위들을 수행한다.

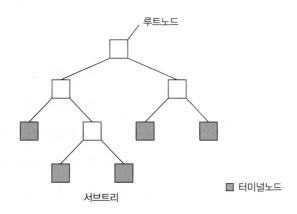

| 그림 6-19  트리의 개념과 용어

트리에는 여러 가지 형태의 트리가 존재한다. 그 중 이진트리(Binary Tree)는 트리의 각 노드가 2개 이하의 자식을 갖는다. 이진트리의 노드를 그림 6-20과 같이 나타낸다. 즉 이진트리는 노드의 데이터 필드 외에 왼쪽 포인터(Left Pointer)와 오른쪽 포인터(Right Pointer)를 가지고 있다.

| 데이터 필드 | 왼쪽 포인터 | 오른쪽 포인터 |

| 그림 6-20  이진트리의 노드

이제 이진트리를 포인터를 이용하여 나타내보자. 그림 6-21(a)에서 보듯이 이진트리가 A, B, C, D, E, F의 6개의 노드로 구성되어 있다 하자. 각 노드는 앞에서 설명한 대로

데이터 필드 외에 왼쪽 포인터와 오른쪽 포인터를 가지고 있다. 결과적으로 루트포인터가 루트노드 A를 가리키고 있고 그 아래 노드 B, C, D, E, F가 연결되어 있다. 터미널 노드 D, E, F의 포인터 필드는 NIL 값을 가지고 있다. 이진트리를 활용하여 다수의 데이터를 크기 순서로(예를 들어, 오름차순으로) 정렬하는 경우가 있다. 이 때 모든 서브트리에서 이 서브트리의 루트노드는 그의 왼쪽 서브트리의 각 노드 데이터 값보다 크거나 같고 오른쪽 서브트리의 각 노드 데이터 값보다 작거나 같다.

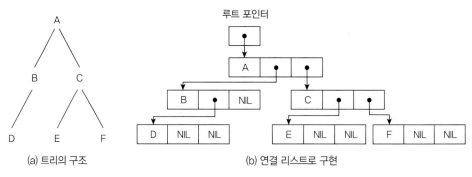

(a) 트리의 구조        (b) 연결 리스트로 구현

| 그림 6-21  포인터를 이용한 이진트리의 표현 예

■ 그래프(Graph)

그래프는 다양한 경우에 이용될 수 있는 데이터구조이다. 도시간의 연결, 컴퓨터 네트워크, 도로망의 연결, 전력망과 수도망 등 수많은 그래프 구조가 존재한다. 이제 그래프의 한 가지 예로 미국의 13개 주요도시 Atlanta, Boston, Chicago, Columbus, Dallas, Denver, Las Vegas, Los Angeles, Miami, New York, San Francisco, Seattle, St Louis 간의 비행시간을 생각해보자(그림 6-22(a) 참조). 서로 이웃하는 도시 간의 비행시간이 각 도시를 연결하는 링크(Link)의 데이터 값으로 나타나 있다. 이러한 상황을 그래프로 나타내면 그림 6-22(b)와 같이 된다. 주어진 문제가 "미국 서북부에 위치한 Seattle에서 동남부에 위치한 Miami까지 비행할 수 있는 방법 중 가장 빠른 루트를 찾으라"라면 어떻게 이 문제를 해결할 것인가?

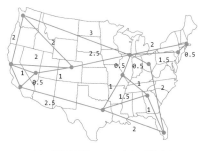

(a) 미국의 주요 도시 간의 비행시간

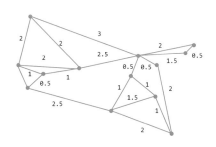

(b) 그래프로 표현한 비행시간

출처: web.cse.ohio-state.edu

| 그림 6-22  도시 간의 비행시간을 보여주는 그래프의 예

어떤 문제가 그래프 형태로 표현될 수 있는지 발견하고 그래프 형태로 나타난 문제와 관련하여 여러 가지 해답을 구할 수 있다. 예를 들면, 그래프의 각 노드들 간의 최단 거리, 최단 시간, 노드들 간의 전력, 데이터, 물과 같은 흐름의 최대 용량 등 다양한 사례가 존재한다.

## 6.3 알고리즘의 소개

알고리즘의 종류는 매우 다양하다. 정렬 알고리즘이나 탐색 알고리즘과 같이 자주 사용되는 알고리즘이 있는 반면 어떤 경우에는 프로그래머가 직접 알고리즘을 고안해야 한다. 이 절에서는 기본적인 정렬 알고리즘과 탐색 알고리즘을 살펴보고 다양한 알고리즘의 유형을 분류한다.

### 6.3.1 정렬(Sorting) 알고리즘

프로그램을 개발할 때 가장 자주 사용되는 알고리즘이 정렬 알고리즘이다. 잘 알려진 정렬 알고리즘이 수십 가지가 넘는다. 모든 여건에서 가장 좋은 정렬 알고리즘은 존재하지 않는다. 상황에 따라 바람직한 알고리즘이 존재한다. 여기서는 가장 기본적인 알고리즘 몇 가지를 소개한다.

정렬(Sorting)이란 데이터의 모임을 어떤 조건에 따라 오름차순 또는 내림차순으로 정렬하는 것이다. 데이터의 유형은 크기를 갖는 숫자가 될 수도 있고 문자로 구성된 문자열이 될 수도 있다. 때로는 이미지와 같은 멀티미디어 자료도 어떤 단서에 의해 정렬된다. 다양한 상황에 따라 가장 적절한 정렬 알고리즘을 찾는 것이 중요하다. 현실적으로는 웬만한 정렬 알고리즘은 모두 이미 개발되어 라이브러리 형태로 제공되고 있어 프로그래머는 그대로 가져다 사용하거나 다소 수정하여 사용하는 것이 일반적이다.

여기서는 버블 정렬, 삽입 정렬, 합병 정렬 및 퀵 정렬에 대한 특성을 알아보고 서로 비교해본다.

### (1) 버블 정렬(Bubble Sort)

버블 정렬은 이웃하는 숫자를 비교하여 (오름차순으로 정렬한다면) 큰 수를 오른쪽으로 이동시켜 나가는 알고리즘이다. 이것은 마치 버블이 위로 올라가는 모습과 유사하다. 왼쪽부터 모든 수에 대하여 각각 버블 정렬을 수행한다. 예를 들어, (5, 1, 4, 2, 8)의 숫자에 버블 정렬을 수행하면 다음과 같은 과정을 거쳐 정렬이 완료된다. 각 패스의 결과로 "|" 부호 오른쪽이 정렬된다.

① 패스 1

$(\underline{5\,1}\,4\,2\,8) \rightarrow (\underline{1\,5}\,4\,2\,8)$, 5 > 1 이므로 5와 1을 교환

$(1\,\underline{5\,4}\,2\,8) \rightarrow (1\,\underline{4\,5}\,2\,8)$, 5 > 4 이므로 5와 4를 교환

$(1\,4\,\underline{5\,2}\,8) \rightarrow (1\,4\,\underline{2\,5}\,8)$, 5 > 2 이므로 5와 2를 교환

$(1\,4\,2\,\underline{5\,8}) \rightarrow (1\,4\,2\,5\,|\,8)$, 5 < 8 이므로 교환하지 않음

② 패스 2

$(\underline{1\,4}\,2\,5\,|\,8) \rightarrow (\underline{1\,4}\,2\,5\,|\,8)$, 1 < 4 이므로 교환하지 않음

$(1\,\underline{4\,2}\,5\,|\,8) \rightarrow (1\,\underline{2\,4}\,5\,|\,8)$, 4 > 2 이므로 4와 2를 교환

$(1\,2\,\underline{4\,5}\,|\,8) \rightarrow (1\,2\,4\,|\,5\,8)$, 4 < 5 이므로 교환하지 않음

여기서 이미 숫자열의 정렬이 완료되었으나 알고리즘은 이 사실을 알지 못하므로 알고리즘의 수행을 계속한다.

③ 패스 3

( 1 2 4 | 5 8 ) → ( 1 2 4 | 5 8 ), 1 < 2 이므로 교환하지 않음

( 1 2 4 | 5 8 ) → ( 1 2 | 4 5 8 ), 2 < 4 이므로 교환하지 않음

④ 패스 4

( 1 2 | 4 5 8 ) → ( 1 | 2 4 5 8 ), 1 < 2이므로 교환하지 않음

| 그림 6-23 버블 정렬 알고리즘의 예(패스 1의 경우)

버블 정렬 알고리즘의 성능을 빅-O 표기법으로 나타내면 시간복잡도가 평균 경우 $O(N^2)$이고 최악의 경우도 $O(N^2)$이다. 버블 정렬 알고리즘은 결코 좋은 성능을 발휘하지 못한다.

## (2) 삽입 정렬(Insertion Sort)

삽입 정렬은 정렬이 된 왼쪽 부분과 정렬이 안 된 오른쪽 부분으로 나누고 오른쪽 부분의 맨 왼쪽 요소를 정렬된 부분의 적절한 위치에 삽입한다. 이러한 절차를 정렬이 안 된 요소가 완전히 사라질 때까지 반복한다. 이제, 한 가지 예로 (5, 1, 4, 2, 8)의 숫자에 삽입 정렬을 수행하면 다음과 같은 과정을 거쳐 정렬이 완료된다. 각 패스의 결과로 "|" 부호 왼쪽이 정렬된다.

◎ 패스 0

( <u>5</u> | 1 4 2 8 )에서 ( 5 )는 당연히 정렬되어 있음

① 패스 1: 숫자 1을 기준으로 처리

( 5 1 4 2 8 ) → ( <u>1 5</u> | 4 2 8 ), 1 < 5 이므로 1과 5를 교환
( 1  5)가 부분 정렬됨

② 패스 2: 숫자 4를 기준으로 처리

( 1 5 <u>4</u> 2 8 ) → ( 1 <u>4 5</u> 2 8 ),  4 < 5 이므로 4와 5를 교환
( 1 <u>4</u> 5 2 8 ) → ( 1 4 5 | 2 8 ),  4 > 1 이므로 교환하지 않음
( 1 4 5)가 부분 정렬됨

③ 패스 3: 숫자 2를 기준으로 처리

( 1 4 5 <u>2</u> 8 ) → ( 1 4 <u>2 5</u> 8 ),  2 < 5 이므로 2와 5를 교환
( 1 4 <u>2</u> 5 8 ) → ( 1 <u>2 4</u> 5 8 ),  2 < 4 이므로 2와 4를 교환
( 1 <u>2</u> 4 5 8 ) → ( 1 2 4 5 | 8 ),  2 > 1 이므로 교환하지 않음
( 1 2 4 5)가 부분 정렬됨

④ 패스 4: 숫자 8을 기준으로 처리

( 1 2 4 5 <u>8</u> ) → ( 1 2 4 5 <u>8</u> ),  8 > 5 이므로 교환하지 않음
( 1 2 4 5 8 )이 완전히 정렬됨

| 그림 6-24 삽입 정렬 알고리즘의 개념

삽입 정렬 알고리즘의 성능을 빅-O 표기법으로 나타내면 평균 경우 시간복잡도가 $O(N^2)$이고 최악의 경우도 $O(N^2)$이다.

## (3) 합병 정렬(Merge Sort)

합병 정렬은 정렬할 데이터 수가 N일 때 이것을 1/2 N으로 분할하여 정렬하는 알고리즘이다. 데이터 수가 1/2 N이 된 데이터를 정렬하기 위하여 다시 1/2로 분할한다. 즉 이제는 데이터의 수가 1/4 N이 된다. 이와 같이 재귀적(Recursively)으로 반복하면 결국에는 데이터 수가 1개만 남아 간단한 정렬 문제가 된다. 이제 부분적으로 정렬된 데이터를 다시 합병하는 순서를 거친다. 다음 예를 통하여 합병 정렬을 이해하자. 초기에 (5, 1, 4, 2, 8)의 숫자가 존재한다고 가정하자.

### 1) 분할 단계

① 패스 1: 숫자의 모임을 다음과 같이 두 부분으로 분할한다.

( 5 1 4 2 8 ) → ( 5 1 4 )와 ( 2 8 )

② 패스 2: ( 5 1 4 )와 ( 2 8 )을 다시 각각 두 부분으로 분할한다.

( 5 1 4 ) → ( 5 1 )과 ( 4 ), ( 4 )는 더 이상 분할할 수 없음
( 2 8 ) → ( 2 )와 ( 8 ), 더 이상 분할할 수 없음

③ 패스 3: ( 5 1 )을 다시 두 부분으로 분할한다.

( 5 1 ) → ( 5 )와 ( 1 ), 더 이상 분할할 수 없음

### 2) 합병 단계

① 패스 1: ( 5 )와 ( 1 )을 합병하여 정렬

( 5 ), ( 1 ) → ( 1 5 )

② 패스 2: ( 1 5 )와 ( 4 )를 합병하여 정렬, (2)와 (8)을 합병하여 정렬

( 1 5 ), ( 4 ) → ( 1 4 5 )
( 2 ), ( 8 ) → ( 2 8 )

③ 패스 3: ( 1 4 5 )와 ( 2 8 )을 합병하여 정렬

( 1 4 5 ), ( 2 8 ) → ( 1 2 4 5 8 )

합병 정렬 알고리즘의 성능을 빅-O 표기법으로 나타내면 평균 경우 시간복잡도가 O(N logN)이고 최악의 경우도 O(N logN)이다.

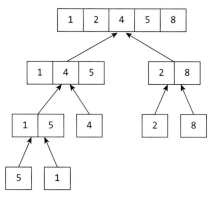

| 그림 6-25 합병 정렬 알고리즘에서 합병 과정

### (4) 퀵 정렬(Quick Sort)

퀵 정렬은 피봇(Pivot)이라 불리는 요소를 중심으로 피봇보다 작은 요소는 왼편으로, 피봇보다 큰 수는 오른편으로 위치하도록 분할하고 피봇을 그 사이에 놓는다. 퀵 정렬은 이러한 과정을 재귀적으로 반복하여 최종 하나의 요소가 남으면 중단한다. 다음 예를 통하여 퀵 정렬을 이해하자. 초기에 (5, 1, 4, 2, 8)의 숫자가 존재한다고 가정하자.

① 패스 1: ( 5 1 4 2 8 )에서 4를 피봇으로 하자.

( 5 1 4 2 8 ) → ( 1 2 ) 4 ( 5 8 )

② 패스 2: ( 1 2 )에서 2를 피봇으로 하고, ( 5 8 )에서 5를 피봇으로 하자.

( 1 2 ) → ( 1 ) 2
( 5 8 ) → 5 ( 8 )

③ 패스 3: ( 1 )과 ( 8 )의 요소가 각각 1개 남았으므로 알고리즘을 중단한다.

따라서 정렬 결과는 1 2 4 5 8 이 된다.

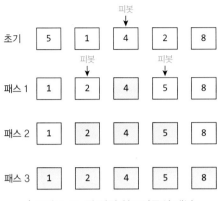

| 그림 6-26 퀵 정렬 알고리즘의 개념

퀵 정렬 알고리즘의 성능을 빅-O 표기법으로 나타내면 평균 경우 시간복잡도가 $O(N \log N)$이고 최악 경우는 $O(N^2)$이다. 일반적으로 지금까지 알려진 정렬 알고리즘들 중 퀵 정렬 알고리즘이 평균적으로 가장 속도가 빠른 알고리즘으로 알려져 있다.

정렬 알고리즘의 성능은 데이터의 수가 급격히 증가할 때 알고리즘들 간에 큰 성능의 차이를 보인다. 한 예로 초창기에 트위터(Twitter)의 성능이 사용자 수가 증가함에 따라 급격히 떨어진 적이 있다. 나중에 밝혀진 이유는 트위터가 바람직하지 않은 정렬 알고리즘을 사용한 것에 기인함이 밝혀졌다. 당시에 버블 정렬, 삽입 정렬 및 퀵 정렬의 처리 시간을 비교한 결과가 그림 6-27에 나타나 있다.

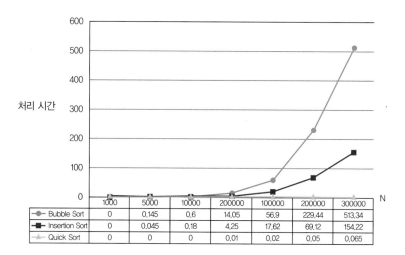

| | 1000 | 5000 | 10000 | 200000 | 100000 | 200000 | 300000 |
|---|---|---|---|---|---|---|---|
| ● Bubble Sort | 0 | 0.145 | 0.6 | 14.05 | 56.9 | 229.44 | 513.34 |
| ■ Insertion Sort | 0 | 0.045 | 0.18 | 4.25 | 17.62 | 69.12 | 154.22 |
| △ Quick Sort | 0 | 0 | 0 | 0.01 | 0.02 | 0.05 | 0.065 |

출처: https://vinayakgarg.wordpress.com

| 그림 6-27 버블 정렬, 삽입 정렬 및 퀵 정렬의 처리시간 비교

### 6.3.2 탐색(Searching) 알고리즘

탐색이란 수많은 데이터 중 어떤 조건을 만족시키는 데이터를 찾아내는 과정이다. 탐색 알고리즘은 웹 정보검색에서 항상 이용되고 또한 데이터베이스의 질의어 SQL(Structured Query Language)에서도 탐색 알고리즘이 사용된다. 이외에도 탐색은 실세계에서 자주 사용되는 알고리즘으로 탐색 알고리즘은 정렬 알고리즘과도 관련성이 높다. 탐색을 수행하기 위하여 일단 데이터를 정렬할 필요가 있기 때문이다.

상황에 따라 다양한 탐색 알고리즘이 존재한다. 어떤 한 가지 탐색 알고리즘이 가장 좋은 것은 아니고 주어진 상황과 가정에 따라 적용할 알고리즘이 달라진다. 여기서는 가장 간단한 탐색 알고리즘으로 순차 탐색과 이진 탐색에 대하여 공부한다.

### (1) 순차 탐색(Sequential Search)

순차 탐색은 임의의 데이터 모임에서 원하는 데이터를 찾기 위해 처음부터 하나씩 비교해 나가는 방법이다. 그림 6-28에서 데이터 리스트 (19, 27, 5, 99, 88, 32, 72)가 존재한다고 하자. 여기서 주어진 값 5를 찾는 방법을 생각해보자. 그림 6-28(a)에서 보듯이 왼쪽부터 하나씩 비교해 나간다. 만일 5를 찾았다면 탐색 알고리즘을 중단한다(5가 1개 밖에 없다고 가정하자). 주어진 값 202를 찾는다면 이러한 과정을 마칠 때까지 찾

ICT 융합시대의 컴퓨터과학

을 수 없다(그림 6-28(b) 참조). 이런 경우 탐색은 실패('Failure')로 끝난다.

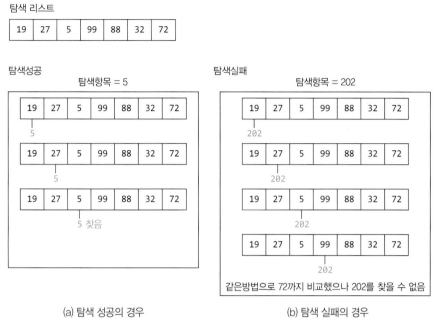

| 그림 6-28 순차 탐색 알고리즘의 개념

순차 탐색 알고리즘의 성능을 빅-O 표기법으로 나타내면 평균 경우 시간복잡도가 O(N)이고 최악 경우도 O(N)이다. 순차 탐색 알고리즘은 원시 데이터가 전혀 정렬되어 있지 않은 경우 사용하는 알고리즘이다.

## (2) 이진 탐색(Binary Search)

이진 탐색은 원래 데이터가 순서에 따라 정렬되어 있는 경우에 사용할 수 있는 알고리즘이다. 정렬된 데이터의 중간을 중심으로 반으로 나누어 비교하고, 나누어진 데이터를 다시 반으로 나누어 비교한다. 이러한 과정을 반복하면 언젠가는 원하는 데이터를 찾을 수 있다. 예를 들어, 그림 6-29와 같이 ( 9 7 6 4 3 2 1 )의 데이터가 내림차순으로 정렬된 상태로 있다고 하자. 찾는 데이터가 6이라면 그림과 같이 반으로 나누어 비교한다. 이 경우 중간 데이터는 4가 된다. 6 > 4이므로 원하는 데이터는 왼편에 존재함을 알 수 있다. 이제 왼편의 데이터를 다시 7을 중심으로 반으로 나눈다. 6 < 7이므로 원

하는 데이터는 이 구간의 오른편에 있다. 드디어 데이터 6을 찾는다.

이진 탐색 알고리즘의 성능을 빅-O 표기법으로 나타내면 평균 경우 시간복잡도가 O(log N)이고 최악 경우도 O(log N)이다. 이진 탐색 알고리즘은 원시 데이터가 정렬되어 있다는 가정 하에 사용하는 알고리즘이다.

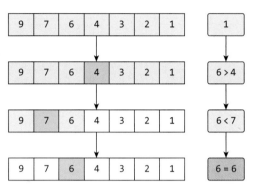

| 그림 6-29 이진 탐색 알고리즘의 개념

### 6.3.3 알고리즘의 문제 해결 방식

알고리즘의 종류는 매우 다양하다. 어떤 알고리즘은 다항식 시간복잡도를 가지고 있으며 이러한 알고리즘의 집합을 P(Polynomial) 문제라고 한다. P 문제는 알고리즘의 시간복잡도가 O(log N), O(N), O(N log N), O(N^2), O(N^3), O(N^k), 단, k는 양의 정수 등으로 표시된다. 이에 비하여 P 문제보다 큰 시간복잡도를 가진 알고리즘들로 주어진 문제를 해결하는 방법이 존재하는 경우를 NP-완전(NP-Complete) 문제라고 한다. 대표적인 것이 시간복잡도가 지수시간으로 예를 들면 O(2^N)이 이에 해당된다. NP-완전 문제의 특성은 어느 하나의 NP-완전 문제에 대하여 다항식 시간복잡도의 알고리즘을 찾아내면, 즉 다항식 시간에 해를 구할 수 있으면 모든 다른 NP-완전 문제도 다항식 시간에 해를 구할 수 있다는 것이다. 그러나 대부분의 학자들은 NP-완전 문제를 해결할 다항식 시간복잡도 알고리즘이 존재하지 않을 것이라고 생각하고 있다.

이제 다양한 알고리즘을 문제의 해결 방식에 따라 몇 가지로 분류해보자. 앞에서 설명한 정렬 알고리즘과 탐색 알고리즘은 특정한 문제에 적용하는 알고리즘이다. 여기서는 일반적인 문제를 해결하는 방법에 따라 분류해보기로 하자. 이러한 분류법이 절대적이 아님을 밝혀둔다. 이외에도 많은 문제 해결 방법이 존재한다.

## (1) 분할 정복(Divide-and-Conquer) 알고리즘

분할 정복 알고리즘이란 주어진 문제의 입력을 분할하여 문제를 해결(정복)하는 방식의 알고리즘이다. 분할된 입력에 대하여 동일한 알고리즘을 적용하여 해를 계산하며, 이들의 해를 취합하여 원래의 문제의 해를 얻는다. 여기서 분할된 입력에 대한 문제를 부분문제(Subproblem)라고 하고 부분문제의 해를 부분해라고 한다. 부분문제는 더 이상 분할할 수 없을 때까지 계속 분할한다. 앞에서 설명한 합병 정렬과 퀵 정렬은 문제를 해결하기 위하여 모두 분할 정복방식을 따르고 있다.

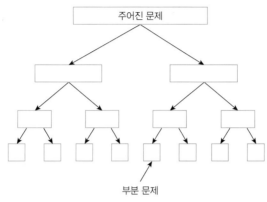

| 그림 6-30  분할 정복 알고리즘의 개념

## (2) 그리디(Greedy) 알고리즘

그리디 알고리즘은 최적화 문제를 해결하는 알고리즘이다. 최적화(Optimization) 문제는 가능한 해들 중에서 가장 좋은(최대 또는 최소) 해를 찾는 문제이다. 그리디 알고리즘은 욕심쟁이 방법, 탐욕적 방법, 탐욕 알고리즘 등으로 불리기도 한다. 그리디 알고리즘은 (입력) 데이터 간의 관계를 고려하지 않고 수행 과정에서 '욕심내어' 최소값 또는 최대값을 가진 데이터를 선택한다. 이러한 선택을 '근시안적'인 선택이라고 말하기도 한다. 그리디 알고리즘은 근시안적인 선택으로 부분적인 최적해를 찾고 이들을 모아서 문제의 최적해를 얻는다. 그래프에서 모든 노드들을 최단거리로 연결하는 최소 스패닝 트리(Minimum Spanning Tree)가 대표적인 그리디 알고리즘에 속한다(그림 6-31 참조). 그림 6-31의 경우 그리디 알고리즘을 적용하면 최단거리는 46이 된다.

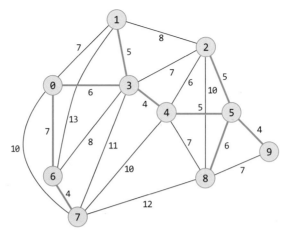

| 그림 6-31  최소 스패닝 트리의 예

### (3) 동적 계획(Dynamic Programming) 알고리즘

동적계획 알고리즘은 그리디 알고리즘과 같이 최적화 문제를 해결하는 알고리즘이다.
동적계획 알고리즘은 입력 크기가 작은 부분문제들을 모두 해결한 후에 그 해들을 이
용하여 보다 큰 크기의 부분문제들을 해결하여, 최종적으로 원래 주어진 입력의 문제
를 해결하는 알고리즘이다.

### (4) 근사 알고리즘(Approximation Algorithm)

앞에서 설명한 NP-완전 문제를 해결하기 위하여 최적해를 찾으려는 노력을 포기하고
대신 최적해에 매우 가까운 근사해를 찾아주는 방식이다. 근사 알고리즘은 근사해를
찾는 대신에 다항식 시간의 복잡도를 가진다.

### (5) 백트래킹(Backtracking) 기법

백트래킹 기법은 해를 찾는 도중에 '막히면'(즉, 해가 아니면) 되돌아가서 다시 해를 찾
아가는 기법이다. 백트래킹 기법은 최적화 문제와 결정(Decision) 문제를 해결할 수 있
다. 결정 문제는 문제의 조건을 만족하는 해가 존재하는지의 여부를 'Yes' 또는 'No'로
답하는 문제로, 미로 찾기, 서양장기 여왕 말 문제 등이 있다.

## (6) 분기 한정(Branch-and-Bound) 기법

백트래킹 기법은 문제의 조건에 따라 해를 깊이 우선 탐색으로 찾는다. 따라서 최적화 문제에서는 트리의 대부분의 노드를 탐색해야 한다. 이러한 단점을 보완하는 탐색 기법이 분기 한정 기법이다. 이 기법은 상태공간트리의 각 노드(상태)에 특정한 값(한정값)을 부여하고, 노드의 한정값을 활용하여 가지치기를 함으로써 백트래킹 기법보다 빠르게 해를 찾는다. 분기 한정 기법에서는 가장 우수한 한정값을 가진 노드를 먼저 탐색하는 최선 우선 탐색(Best First Search)으로 해를 찾는다.

# 연습문제

객관식

**6-1** 알고리즘의 처리를 위해 프로세서가 처리하는 데 소요되는 시간의 효율성을 비교하기 위하여 빅-O 표기법으로 나타낸다. 다음 중 N개의 데이터를 처리하는 평균시간으로 가장 효율적인 것은?

(a) $N^2$  (b) $3N^2$  (c) $100N \log N$
(d) $0.5N^{2/3}$  (e) $0.1N^2$

**6-2** 다음에서 알고리즘의 조건을 설명한 것 중 가장 적절하지 않는 것은?

(a) 모호하지 않은 일련의 절차
(b) 알고리즘의 모든 절차는 수행 가능해야 한다.
(c) 알고리즘은 반드시 종결되어야 한다.
(d) 알고리즘은 효율적이어야 한다.
(e) 모든 문제 해결의 알고리즘은 항상 한 가지만 존재한다.

**6-3** 다음 중 Polya의 문제해결 과정에 속하지 않는 것은?

(a) 주어진 문제를 이해한다.
(b) 기존의 문제해결 방법을 모두 찾아 비교한다.
(c) 문제를 풀기 위한 구체적 방법을 찾는다.
(d) 찾은 방법에 따라 실현한다.
(e) 문제 해결 방법의 신뢰성을 검증한다.

**6-4** 다음 중 NP-완전 문제에 속하는 것은?

(a) $O(\log N)$  (b) $O(N \log N)$  (c) $O(N^2)$
(d) $O(N^{3/2})$  (e) $O(2^N)$

**6-5** 다음 중 LIFO(Last-In-First-Out) 법칙을 따르는 데이터 구조는?

(a) 스택  (b) 큐  (c) 리스트
(d) 트리  (e) 그래프

6-6 다음 중 스택(Stack)의 개념이나 작업과 가장 관련성이 적은 것은?

    (a) LIFO            (b) Push           (c) IsEmpty

    (d) Wait            (e) Pop

6-7 연결 리스트(Linked List)에서 필요하지 않은 정보는?

    (a) 데이터 필드         (b) 포인터 필드        (c) 연결 리스트의 길이

    (d) 헤드 포인터         (e) NIL 포인터

6-8 연결 리스트를 사용하는 이유와 가장 관련성이 적은 것은?

    (a) 노드의 삽입이 용이    (b) 정보의 검색이 용이    (c) 노드의 관리가 유연함

    (d) 노드의 제거가 용이    (e) 동적인 데이터 구조

6-9 버블 정렬(Bubble Sorting) 알고리즘의 시간 복잡도는?

    (a) 평균 $O(N^2)$, 최악 $O(N^2)$       (b) 평균 $O(N \log N)$, 최악 $O(N^2)$

    (c) 평균 $O(N \log N)$, 최악 $O(N \log N)$    (d) 평균 $O(N)$, 최악 $O(N \log N)$

    (e) 평균 $O(\log N)$, 최악 $O(N^2)$

6-10 순차탐색 알고리즘과 이진탐색 알고리즘의 시간 복잡도는?

    (a) $O(N)$, $O(\log N)$      (b) $O(\log N)$, $O(N)$      (c) $O(N \log N)$, $O(N)$

    (d) $O(N)$, $O(N \log N)$    (e) $O(N^2)$, $O(N)$

### 괄호 채우기

6-1 최근에 메모리 공간은 거의 무제한으로 사용할 수 있으므로 알고리즘의 성능은 대체로 ( )를 이야기 한다.

6-2 문제를 해결하는 방법으로 가장 잘 알려진 ( )에서 제시하는 4단계가 있다.

6-3 ( )은 알고리즘의 상호 성능을 가장 일반적으로 평가하고 비교할 수 있는 일반적인 방법이다.

6-4 데이터구조는 ( )으로 존재하여 외부에서 데이터구조와 데이터구조에 적용되는 연산에 대해 세부적인 작용과 절차를 알지 못해도 호출하여 사용할 수 있다.

**6-5** ( )는 순서로 나열된 데이터의 모임이다. 리스트의 맨 앞을 헤드(Head)라 부르고 맨 뒤를 테일(Tail)이라 부른다.

**6-6** ( )은 일종의 리스트에 해당되나 데이터 접근방법이 특이하다. ( )은 Top과 Bottom이 존재하고 새로운 항목을 삽입할 경우 맨 위(즉 Top)에다 쌓는다. 또한 ( )에서 한 항목을 가져갈 때도 맨 위에 있는 항목을 가져가게 된다.

**6-7** ( )는 리스트와 개념적으로 유사하나 항목의 연결 방식이 상이하다. 리스트나 스택, 큐의 경우는 각 항목들이 연속적인 저장되어 있다고 생각한다. 따라서 행렬과 같은 데이터구조를 이용하여 리스트를 구할 수 있다. 그러나 연결 리스트의 경우는 ( ) 개념을 이용하여 각 항목을 연결한다.

**6-8** 트리에는 여러 가지 형태의 트리가 존재한다. 그 중 ( )는 트리의 각 노드가 2개 이하의 자식을 갖는다. 즉 ( )는 노드의 데이터 필드 외에 왼쪽 포인터(Left Pointer)와 오른쪽 포인터(Right Pointer)를 가지고 있다.

**6-9** ( ) 알고리즘의 성능을 빅-O 표기법으로 나타내면 평균 경우 시간복잡도가 O(N log N)이고 최악 경우는 O(N²)이다. 일반적으로 지금까지 알려진 정렬 알고리즘들 중 ( ) 알고리즘이 평균적으로 가장 속도가 빠른 알고리즘으로 알려져 있다.

**6-10** ( ) 알고리즘의 성능을 빅-O 표기법으로 나타내면 평균 경우 시간복잡도가 O(log N)이고 최악 경우도 O(log N)이다. ( ) 알고리즘은 원시 데이터가 정렬되어 있다는 가정 하에 사용하는 알고리즘이다.

**주관식**

**6-1** 알고리즘과 데이터 구조의 관계에 대하여 설명하라. 어떤 알고리즘을 실현하기 위하여 가장 바람직한 데이터 구조가 존재하는가?

**6-2** Polya의 4가지 문제해결 과정에 대하여 설명하라.

**6-3** 알고리즘의 효율성을 빅-O로 나타낼 수 있는 이유와 배경은 무엇인가?

**6-4** 데이터의 사이즈 N=10,000일 때 다음의 빅-O 함수가 어떻게 변화하는지 그래프를 그려 비교하라. $O(\log N)$, $O(N)$, $O(N \log N)$, $O(N^2)$, $O(2^N)$

**6-5** 스택 데이터 구조와 큐 데이터 구조의 활용 분야에 대하여 조사하라.

**6-6** 행렬에 비교하여 연결 리스트의 특성과 장점에 대하여 설명하라.

**6-7** 트리와 그래프의 활용 분야에는 어떤 것들이 있는가?

# 정보통신과
# 컴퓨터 네트워크

CHAPTER

07

# 정보통신과 컴퓨터 네트워크

정보화사회에서 우리는 매일 수많은 정보를 접한다. 이러한 정보는 정보통신망을 통하여 교환, 확산, 공유 및 재생산되고, 이로 인하여 지식산업은 날로 번창하고 있다. 인터넷을 통하여 정보를 검색하고 상품을 구입하며 멀티미디어 자료를 활용하고 메시지를 주고받는다. 이러한 서비스가 가능하게 된 것은 정보통신 기술이 뒷받침하고 있기 때문이다. 이 장에서는 정보통신의 요소기술을 이해하고 정보통신망에서 가장 핵심적인 역할을 하는 컴퓨터 네트워크와 인터넷망의 구성에 대하여 공부한다.

## 7.1 정보통신의 개념

정보통신이란 서로 떨어져 있는 곳에 통신기술을 이용하여 정보를 전송하거나 검색하고 공유하여 정보를 활용하고 새로운 정보를 창출하는 일련의 과정이라 정의할 수 있다. 이러한 정보통신 기술은 정보화사회에서 매우 중요한 역할을 담당하고 있다. 정보통신의 개념을 이해하고 서비스 종류를 살펴본다. 또한 디지털 통신에 관해서 공부하자.

### ■ 정보통신이란?

통신이란 멀리 떨어진 두 개 이상의 개체 사이에 정보를 주고받는 행위라고 정의할 수 있다. 인류는 정보 전달을 위해서 선사시대 이후로 불, 연기, 소리, 문자와 그림 등 다양한 수단을 활용하여 왔고, 최근에는 전화 등의 유선통신, 위성과 같은 무선 통신 등의 발전된 수단을 이용하고 있다. 이러한 통신이라는 개념을 자세히 살펴보면 전달되는 '정보'와 그것을 전달하는 데 필요한 '수단'이라는 두 가지 개념이 공존함을 알 수 있다.

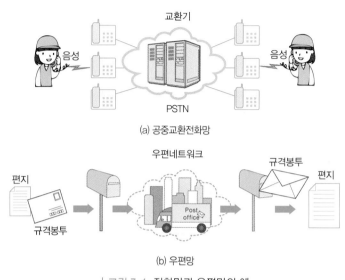

(a) 공중교환전화망

(b) 우편망

| 그림 7-1  전화망과 우편망의 예

예를 들어, 전화의 경우를 생각해보면 전화는 '음성'이라는 형태의 정보를 '전화기와 전화망을 통해 전달하는 형태'라고 할 수 있다. 정보인 음성은 전화기에 의해 전기적인 신호로 바뀌고, 이 신호는 전화선을 통해서 전화국의 교환기에 전달된다. 이후에 교환기에서 수신자에게 연결된 전화선을 거쳐 상대방의 전화기에 도달하며, 이 전기적 신호는 전화기에서 음성으로 변환되어 상대방에게 전달된다. 이렇듯 전화를 이용해서 통신할 때에는 전화기와 전화선을 비롯하여 각종 장치들을 이용하여야 하는데, 이러한 것들을 통틀어 공중교환전화망(PSTN: Public Switched Telephone Network), 흔히 전화망이라고 한다(그림 7-1(a) 참조).

■ 디지털 통신이란?

정보통신의 개념은 오래 전부터 존재하여 왔다. 전신이나 전화를 이용하여 문자나 목소리를 원거리에 있는 사람에게 전달할 수 있었다. 이때 정보는 문자, 숫자나 목소리와 같은 아날로그 데이터이고 통신수단은 전신기와 전파이거나 전화기와 전화망과 같은 아날로그 기기와 통신망이 된다. 초기의 전화망의 경우에는 4KHz 이하의 사람의 목소리를 전달하였다. 그러나 디지털 통신에서는 송신하려는 모든 정보를 디지털화하여 보내고 통신 수단도 디지털 기기와 디지털망을 이용한다. 따라서 2장에서 설명하였듯이 모든 정보를 "0"과 "1"의 바이너리 데이터를 표현하여 전송한다.

디지털 통신에서는 송신측에서 아날로그 데이터를 디지털 데이터로 변환하고 디지털 통신망을 통해 수신측에 보내면 수신측에서는 디지털 데이터를 원래의 아날로그 데이터로 복원한다. 디지털 통신은 아날로그 통신에 비해 여러 가지 장점을 가지고 있다. 첫째, 디지털 데이터로 변환하여 송신함으로써 도중에 잡음이나 왜곡현상이 발생해도 원래의 정보로 복원할 수 있다. 둘째, 다양한 아날로그 정보를 모두 바이너리 데이터로 변환하므로 통신망의 공유가 가능하다. 셋째, 디지털 데이터 처리기술을 활용하여 다양한 서비스가 가능하고 데이터의 압축이 가능하다. 마지막으로, 디지털 통신은 반도체 기술을 이용하므로 장치를 소형화하고 전력소모량이 적으며 높은 신뢰도를 확보할 수 있다.

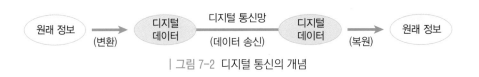

| 그림 7-2 디지털 통신의 개념

■ 컴퓨터 네트워크(컴퓨터 통신망)

컴퓨터 통신이란 서로 다른 컴퓨터 사이에서 정보를 주고받는 행위라고 정의된다. 따라서 컴퓨터 통신을 위해서도 컴퓨터와 컴퓨터들을 연결해주는 선로(Cable), 통신제어에 필요한 장치 등이 필요하다. 일반적으로 이와 같이 컴퓨터 통신을 위해 연결된 컴퓨터들의 집합을 컴퓨터 통신망 혹은 컴퓨터 네트워크(Computer Network)라고 부른다.

그렇다면 이와 같이 컴퓨터 네트워크를 구성하는 데 필요한 요소들에는 무엇이 있는지 알아보도록 하자. 우선 A라는 컴퓨터에서 B라는 컴퓨터에게 정보를 전달하기 위해서는 우편배달과 똑같은 과정이 필요하다. 즉 원하는 곳에 정보를 보내고 싶다면, A, B는 각자 우편주소가 있어야 한다. 이는 전달될 위치를 정확히 알 수 있고, 반송될 경우에 A가 확인할 수 있기 때문이다. 또한 편지를 '규격봉투에 넣고 우표를 붙여서' 우체통에 넣는 과정이 필요하다. 이러한 규격봉투와 우표는 우편배달을 위한 약속이다. 이러한 약속을 이행한다면 우편물은 우편망을 통해 원하는 곳까지 배달된다(그림 7-1(b)

참조).

컴퓨터 네트워크도 같은 요소들이 필요하다. 각 컴퓨터들은 주소(Address)를 가지고 있으며 서로 전송 케이블을 통해 연결되어 있다. 이러한 연결은 직접 전용 케이블을 이용하거나 패킷교환데이터통신망(PSDN: Packet Switched Data Network)과 같은 공중망을 이용한다. 또한 정보의 전송은 네트워크 프로토콜(Network Protocol)이라는 통신규약에 따라 이루어진다. 다만 이런 프로토콜은 하나로 통일되어 있지 않고 여러 가지 종류가 있어서 이에 대한 국제적 표준들이 정해져 있는데, 주로 ISO(International Standard Organization)와 CCITT(Consultative Committee International Telegraph and Telephone)에서 제정된 것들이 이용된다. 인터넷망은 이러한 프로토콜 중에서 TCP/IP 라는 규약을 이용하여서 정보를 교환하는 컴퓨터 네트워크라고 이해할 수 있다.

■ 정보통신망을 이용한 서비스 종류

정보통신망의 발달로 과거 사용자들이 누리지 못했던 새로운 서비스들이 탄생하였다. 그림 7-3은 다양한 정보통신 서비스의 형태를 보여주고 있다.

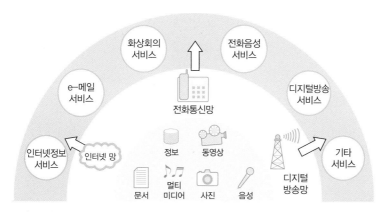

| 그림 7-3 각종 정보 통신망을 이용하여 여러 정보 매체를 전송하는 서비스

### (1) 인터넷정보 서비스

인터넷을 사용하여 정보를 공유하고 정보를 검색하는 정보 서비스들이 창출되었다. 인터넷의 등장으로 국경과 시간을 초월하여 자신이 원하는 정보를 습득할 수 있으며, 참여와 공유를 통해서 정보 서비스는 급격하게 발전되고 있다.

### (2) e-메일 서비스

e-메일을 통해 멀티미디어, 텍스트, 음성 정보 등을 전달할 수 있다. 과거의 우편 시스템을 대체할 정도로 빠르게 발전하고 있으며 정보 시스템에서 중요한 역할을 담당하고 있다.

### (3) 화상회의/VOD 서비스

화상회의 서비스는 원격지에서도 얼굴 및 영상을 보면서 회의를 하는 서비스이다. 정보통신기술의 발전으로 고화질의 서비스가 제공되고 있으며, 두 곳 이상의 장소에서 동시에 회의를 진행할 수 있다. VOD(Video On Demand) 서비스는 디지털 TV나 모바일기기를 통해 자신이 보고 싶은 영화나 동영상을 즐길 수 있는 서비스이다.

### (4) 전화음성 서비스

전화음성 서비스는 원격의 사용자와 음성 대화를 나눌 수 있도록 하는 서비스이다. 최근에는 인터넷망을 이용한 VoIP(Voice on IP) 등의 서비스를 통하여 저렴하면서도 고음질의 전화 서비스를 이용하고 있고, 화상전화 등의 서비스를 인터넷을 통하여 사용하고 있다.

### (5) 디지털방송 서비스

디지털방송 서비스는 고화질의 영상을 제공하며 방송 이외의 다양한 정보를 함께 제공하는 장점이 있다. 이를 통하여 양방향 방송 서비스의 제공이 가능하게 되었다.


## 7.2 컴퓨터 네트워크

컴퓨터 네트워크는 컴퓨터 및 각종 정보장치(스캐너, 모바일기기 등) 간에 데이터통신을 위한 연결망을 말한다. 이 절에서는 컴퓨터 네트워크의 기본개념에 대하여 살펴보고 데이터전송이 어떻게 동작되는지 이해하도록 하자.

## 7.2.1 컴퓨터 네트워크

■ 컴퓨터 네트워크의 구성요소

서로 다른 정보기기들 사이에서 데이터를 주고받기 위해서는 다음과 같은 네트워크의 구성요소가 필요하다. 그림 7-4는 이러한 구성요소를 그림으로 표현하고 있다.

| 그림 7-4  네트워크 구성요소

### (1) 송수신 정보기기

컴퓨터 네트워크의 단말기로 전송매체를 통하여 전송을 시작하거나 수신하는 역할을 담당하며 사용자와의 상호작용이 이루어지는 기기들이다. 대표적으로 컴퓨터, 프린터, 스캐너, 팩시밀리, 모바일 기기들이 있다.

### (2) 전송매체

메시지의 전송이 이루어지는 매체를 의미하며 네트워크의 전송 방식과 구성에 따라 종류가 다양하다. 유선 네트워크에서는 동축 케이블이나 광섬유 케이블 등을 사용하며, 무선 네트워크에서는 전파를 사용하여 정보를 전송한다. 자세한 내용은 7.2.3절에서 다루기로 한다.

### (3) 데이터

전송매체를 통하여 송수신 정보기기 사이에 전달되는 각종 정보를 의미한다. 문서정보, 사진 및 영상데이터, 동영상데이터, 음성데이터 등이 이에 해당된다.

## (4) 통신 프로토콜

통신 프로토콜이란 송수신기 사이의 전송 규칙을 의미한다. 데이터는 이러한 프로토콜에 의해서 전송매체를 통하여 이동되며 다양한 통신 프로토콜이 있다.

### ■ 컴퓨터망에서 데이터 교환방식

아날로그 통신망에서는 정보를 아날로그 신호로 전송하지만 디지털 통신망에서는 정보를 디지털 신호로 전송한다. 컴퓨터 네트워크는 디지털 통신망이다. 따라서 모든 정보를 디지털 신호로 변환하여 전송한다. 아날로그 신호와 디지털 신호의 큰 차이점은 정보의 표현 방식이다. 아날로그 신호는 정보의 연속성을 기반으로 표시되는 데 비해 디지털 정보는 0과 1의 값으로 표현이 되며, 0과 1 사이에는 다른 값이 존재하지 않는다. 즉 불연속성의 정보로 표현이 되고 있다. 시계를 예로 들어 설명하면, 아날로그시계는 초침이 연속성을 갖고 이동하는 형태를 보여주며, 디지털시계는 매 초마다 해당되는 시간의 숫자를 불연속적으로 보여준다. 즉 아날로그는 연속된 곡선의 형태로 신호가 생성되며, 디지털은 신호가 존재하느냐 존재하지 않느냐에 따라 'On'과 'Off' 방식의 정보로 표현된다. 정보 통신방식은 전송되는 신호의 형태에 따라 아날로그 통신방식과 디지털 통신방식으로 나눌 수 있다. 그림 7-5는 아날로그 통신방식과 디지털 통신방식의 전송 개념을 보여 주고 있다.

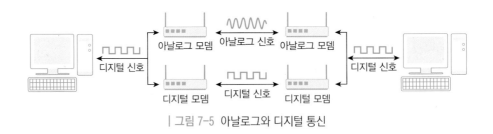

| 그림 7-5 아날로그와 디지털 통신

### ■ 직렬전송과 병렬전송

그림 7-6과 같이 직렬 전송방식은 메시지 전송 시 비트(bit)를 순서에 따라 단일 선로로 한 비트(bit)씩 차례로 보내는 방식으로, 설치가 간단하고 비용이 저렴한 반면 전송

속도가 느리다는 단점이 있다. 병렬 전송은 메시지를 구성하는 여러 비트를 서로 다른 선로에 의해 동시에 보내는 방식으로, 비용이 비싸고 짧은 거리를 보낼 때 사용하는 방식이다. 대표적인 병렬 전송의 사례로 컴퓨터와 프린터 사이에 데이터를 보내는 것을 들 수 있다.

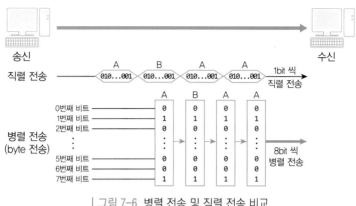

| 그림 7-6 병렬 전송 및 직렬 전송 비교

■ 대역폭과 전송속도

컴퓨터망에서 데이터를 전송할 때 단위 시간에 보내는 데이터의 양을 대역폭(Band width)이라 한다. 대역폭을 사용하여 네트워크의 전송 속도를 나타낸다. 전송 속도는 1초에 몇 비트(bit)를 보낼 수 있는지 표시하는데 전송 속도의 단위는 다음과 같다.

bps - bit per second
Mbps - Mega bit per second
Gbps - Giga bit per second

## 7.2.2 컴퓨터 네트워크의 분류

컴퓨터 네트워크는 목적과 개념에 따라 몇 가지로 분류할 수 있다. 이제 구조에 의한 분류, 운영형태에 의한 분류, 데이터 전송방식에 따른 분류로 나누어 알아보자.

■ 네트워크 구조(Topology)에 의한 분류

컴퓨터 네트워크에 컴퓨터나 디바이스들을 연결하는 형태에 따라 다음 세 가지로 구분된다. 컴퓨터와 프린터와 같은 디바이스를 노드(Node)라고 부른다. 네트워크 구조란 노드들을 어떤 형태로 연결하는가를 의미한다.

## (1) 버스 네트워크(Bus Network)

버스라고 불리는 하나의 공통된 케이블에 모든 컴퓨터와 디바이스들을 직렬로 연결하여 네트워크를 공유할 수 있도록 연결된 구조를 말한다. 버스 네트워크는 구현과 확장이 쉽고, 다른 네트워크에 비하여 구성이 저렴하다는 장점이 있다. 단점으로는 케이블의 길이와 노드의 개수가 한정되며, 추가적인 노드가 더 생기거나 트래픽이 증가하면 성능이 크게 감소하고, 다른 네트워크에 비하여 느린 단점을 갖고 있다. 대표적인 버스 네트워크는 Ethernet망으로 IEEE 802.3 표준으로 정의된다.

## (2) 스타 구조 네트워크(Star Network)

컴퓨터와 디바이스들이 센터에 있는 중앙장치에 연결되는 네트워크이다. 스타 구조 네트워크는 설치하기 쉽다는 장점이 있다. 단점으로는 개별 노드의 문제는 전체 시스템에 아무 영향을 미치지 못하지만, 중앙 노드의 문제는 전체 시스템을 정지시킬 수 있다. 네트워크의 성능과 확장성도 중앙 노드의 성능에 의존적이라는 단점이 있다. 무선 인터넷 서비스인 Wi-Fi는 스타 네트워크 구조를 가지며 AP(Access Point)를 중심으로 일정 거리 내에 위치한 노드와 데이터를 주고받는다.

## (3) 링 구조 네트워크(Ring Network)

네트워크의 연결 형태가 링 모양으로 구성되며, 컴퓨터나 정보기기들이 링을 따라 연결되어서 한 방향으로 데이터가 이동되는 네트워크 구조이다. 링 구조는 버스 네트워크에 비해서 더 먼 거리를 연결할 수 있다는 장점이 있다. 단점으로는 하나의 노드만 죽어도 네트워크가 정지되며, 버스 방식에 비하여 네트워크 구성 장비가 비싸다는 단점이 있다.

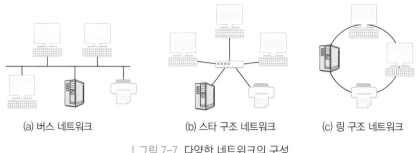

(a) 버스 네트워크　　　　(b) 스타 구조 네트워크　　　　(c) 링 구조 네트워크

| 그림 7-7  다양한 네트워크의 구성

■ 운영형태에 의한 네트워크 (Methods of Process Communication)

## (1) 클라이언트-서버 모델

클라이언트 노드에서 서비스의 요청을 서버로 보내고, 서버는 요청에 따라 서비스를 클라이언트에게 보내는 역할을 한다. 가장 대표적인 클라이언트-서버 모델로 인터넷을 들 수 있다. 인터넷상에서 연결된 모든 컴퓨터는 서버나 클라이언트 노드 중의 하나이다. 서비스를 제공하는(즉 정보를 제공하는) 컴퓨터를 서버라 부르고, 서버에 연결되어 서비스를 요구하는 컴퓨터를 클라이언트라고 부른다. 서버의 종류에는 웹서버, e-메일 서버, FTP 서버 등이 있다. 예를 들어, 사용자의 컴퓨터가 www.google.com에 연결하면 Google 웹서버에서 초기 웹 페이지를 클라이언트인 사용자 컴퓨터에게 보내게 된다.

## (2) P2P(Peer-to-Peer) 모델

P2P 망은 클라이언트 서버망과는 달리 컴퓨터 사이에 서버 기능을 하는 컴퓨터 없이 망을 구성하는 형태의 네트워크를 의미한다. 즉 Peer의 개념은 네트워크상에서 컴퓨터와 컴퓨터가 종속적 관계가 아니라 동등한 위치로 연결되어 있다는 의미이다. 클라이언트 서버 모델은 서버의 수가 클라이언트에 비해서 상대적으로 적을 경우에 적용하는 모델이다. 그러나 인터넷에서 오디오나 비디오 등 멀티미디어 콘텐츠들이 Peer 컴퓨터에 저장되어 있는 경우에 Peer 컴퓨터 사이에 콘텐츠를 공유하기 위해서는 클라이언트-서버 모델보다는 P2P 모델이 더 적합하다. 예를 들어, Napster나 소리바다 서비스는 MP3 음악파일을 공유하기 위하여 P2P 모델을 따랐다.

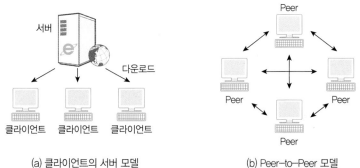

(a) 클라이언트의 서버 모델          (b) Peer-to-Peer 모델

| 그림 7-8  다양한 네트워크 아키텍처: 클라이언트-서버 모델과 Peer-to-Peer 통신망

### (3) 애드혹(Ad-Hoc) 네트워크 모델

애드혹(Ad-Hoc) 네트워크는 최근 유비쿼터스 센서 네트워크에서 이용되는 방식으로 수많은 센서를 서로 연결하여 사용하는 네트워크이다. 센서와 주변의 센서들이 서로 통신하면서 자신이 수집한 정보를 주변의 다른 센서들에게 전파한다. 환경 변화나 응급상황을 센서가 감지하면 주변의 센서노드를 통해 응급상황에 대한 정보를 보내고 이를 통하여 상황을 인지하게 된다.

■ 데이터 전송방식에 따른 분류

### (1) 패킷(Packet) 스위칭

패킷 스위칭은 그림 7-9(a)에서 보는 바와 같이 메시지를 패킷 단위로 분리하여 보내는 전송방식이다. 패킷을 보낼 때 트래픽이 덜 붐비는 경로로 데이터를 전송하며, 가장 빠르게 도달하는 경로를 탐색하여 보내기 때문에 전송 효율이 높다는 장점을 가지고 있다. 따라서 매번 전송되는 패킷의 경로가 바뀔 수 있다. 인터넷과 같은 컴퓨터 네트워크는 패킷 스위칭 방식을 채택하고 있다.

### (2) 서킷(Circuit) 스위칭

서킷 스위칭은 그림 7-9(b)에서 보는 바와 같이 데이터를 전송하기 전에 시작점과 도착점 사이에 회선을 구성한 뒤 데이터를 보내는 방식이다. 일단 회선이 구성되면 데이터를 전송하지 않는 기간에도 회선을 유지해야 하기 때문에 효율이 떨어질 수 있다. 반면에 일단 설정된 회선은 외부의 간섭 없이 안정적으로 통신을 할 수 있다는 장점이 있다.

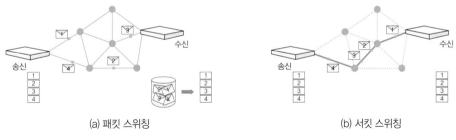

(a) 패킷 스위칭        (b) 서킷 스위칭

| 그림 7-9  패킷 스위칭과 서킷 스위칭 비교

### 7.2.3 네트워크의 종류

컴퓨터 네트워크를 서비스 범위에 따른 유형, 소유에 따른 유형, 연결방식에 따른 유형으로 나누어 알아보자.

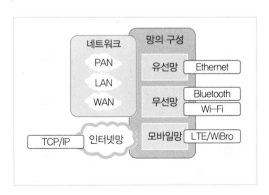

| 그림 7-10  컴퓨터 네트워크의 구분과 이를 지원하는 프로토콜

■ 서비스 범위에 따른 정보통신망

### (1) 개인영역 통신망(PAN: Personal Area Network)

개인 정보기기 간의 통신을 지원하기 위한 컴퓨터 네트워크이다. 수 미터(m) 이내에서 동작하는 네트워크이며, 주로 휴대용 기기를 지원한다. 표 7-1과 같이 유선 PAN으로는 디지털 카메라와 컴퓨터 사이의 통신이나 MP3와 컴퓨터 사이의 통신을 지원하기 위한 망이 있으며, USB 또는 Firewire를 이용한다. 무선 PAN은 적외선 통신(Infra Red), 블루투스(Bluetooth), ZigBee, UWB(Ultra-WideBand) 등을 이용하여 데이터를 전송한다. 무선 PAN의 예로는 핸드프리 이어폰과 모바일폰, 컴퓨터 본체와 무선 키보드, 무선 마우스의 연결을 들 수 있다.

| 표 7-1 개인영역 통신망의 종류

| 종류 | 연결 | 예 |
|---|---|---|
| 유선 PAN | USB, Firewire 등 | • 디지털 카메라와 노트북 사이의 통신<br>• MP3 플레이어와 컴퓨터 사이의 통신 등 |
| 무선 PAN | IrDA, 블루투스, ZigBee 등 | • PDA 사이의 데이터 통신<br>• MP3 플레이어와 무선 헤드폰 사이의 통신 |

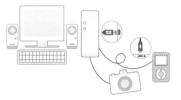  

(a) 유선 PAN의 예
MP3 플레이어/카메라

(b) 무선 PAN의 예
IrDA를 이용한 키보드/마우스

(c) 무선 PAN의 예
블루투스 헤드셋

출처: 마이크로소프트사

| 그림 7-11 다양한 PAN 기반 통신 기기

## (2) 근거리 통신망(LAN: Local Area Network)

LAN으로 불리는 근거리 통신망은 집이나 건물과 같이 소규모의 지역을 지원하는 컴퓨터 네트워크이다. 일반적으로 데이터의 속도가 10Mbps~10Gbps 정도로 매우 빠르며 디지털 신호를 주고받는다. LAN은 1964년에 Lawrence 연구소에서 핵무기 개발을 지원하기 위한 목적으로 탄생되었다. LAN은 1970년대 후반부터 일반분야에 빠르게 적용되기 시작하였다. 유선 LAN과 무선 LAN이 사용되는데, 유선 LAN으로는 Ethernet이 사용되고 있고, 무선 LAN으로는 Wi-Fi가 사용되고 있다.

## (3) 원거리 통신망(WAN: Wide Area Network)

원거리 통신망은 근거리 통신망에 비해 비교적 넓은 지역을 지원하는 컴퓨터 통신망이다. 시나 도 범위의 지역, 국가 간의 지역을 연결한다. 원거리 통신망은 근거리 통신망

또는 다른 형태의 네트워크를 서로 연결한다. 예를 들면, 원거리 통신망을 통하여 한국과 일본 사이의 사용자 간의 정보를 교환할 수 있다. 가장 크고 잘 알려진 원거리 통신망은 인터넷이다.

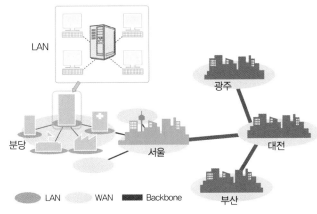

| 그림 7-12  영역에 따른 네트워크 종류

## (4) 백본 통신망(Backbone Network)

백본 통신망은 기간망이라고도 하며 네트워크의 최상위 레벨로, 네트워크의 중심을 이루는 주요 통신망이다. 이 백본 통신망을 통하여 멀리 떨어진 근거리 통신망이나 원거리 통신망을 연결하여서 정보를 교환한다. 따라서 백본 통신망의 속도에 의해 근거리 통신망과 원거리 통신망의 전송 속도가 좌우되는데, 보통 128Mbps~10Gbps 이상의 속도를 가진다. 국가 단위에서 시행하는 초고속 정보통신망은 백본 통신망을 사용하여 기간망을 구성한다.

■ 소유에 따른 유형

## (1) 폐쇄형 네트워크

폐쇄형 네트워크(Closed network)는 기업이나 기관 내의 네트워크처럼 일정한 자격을 갖춘 이용자만 사용할 수 있는 네트워크이다. 폐쇄형 네트워크는 네트워크 소유자에 의해 제공되고 관리된다. 최근 확산되고 있는 인터넷 TV(IPTV)의 경우에 인터넷 TV의 가입자로 매달 일정한 액수의 사용료를 지불한 사람만 시청할 수 있다. 인터넷 TV는 이동통신사와 같은 기구에 의해 서비스되고 있다.

## (2) 개방형 네트워크

개방형 네트워크(Open network)는 모든 이용자들에게 공개되어 있는 네트워크이다. 인터넷은 기본적으로 인터넷망에 연결된 모든 이용자들에게 공개되어 있다. 인터넷 이용자가 특정한 서비스를 이용하려면 요금을 지불하지 않아도 된다. 대부분의 네트워크는 개방형으로 모든 이용자들에게 열려있는 상태로 존재하는 추세이다.

■ 연결방식에 따른 정보통신망

## (1) 유선망

컴퓨터 네트워크 중에서 유선 LAN은 Ethernet을 들 수 있다. Ethernet은 IEEE 802.3 표준으로 제정되어 있다. 선이 없는 무선망에 비하여 속도가 빠르고 보안 측면에서 안전하다는 장점이 있는 반면, 선을 연결하기 위해서 벽을 뚫는 등 설치비용이 비싸다는 단점이 있다. 연결선으로는 트위스트 페어(Twisted Pair) 케이블이나, 동축 케이블(Coaxial Cable), 광섬유 케이블(Fiber Optics Cable) 등이 사용된다. 트위스트 페어 케이블은 여러 가닥의 구리선을 꼬아서 만든 선으로 주로 전화선 등에서 사용된다. 선을 꼬는 이유는 간섭현상(Noise)을 줄이기 위한 목적이다. 동축 케이블은 하나의 굵은 중심선을 이용하며 케이블 TV 연결에 주로 사용되고, 트위스트 페어 케이블보다 먼 거리를 전송할 수 있다. 광섬유 케이블은 수십 개 또는 수백 개의 광섬유 선으로 연결된 케이블로, 데이터를 보낼 수 있는 대역폭이 동축 케이블이나 트위스트 페어 케이블에 비해서 수십에서 수백 배로 높을 뿐만 아니라 잡음이 적고 전송 속도가 빠르며 선의 무게가 가볍다는 특징이 있다.

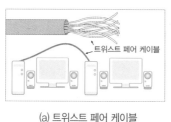  

(a) 트위스트 페어 케이블    (b) 동축 케이블    (c) 광섬유 케이블

출처: fotoya, net, bytefly.net

| 그림 7-13 유선망 케이블의 예

## (2) 무선망

무선망이란 선이 없이 구성된 형태의 컴퓨터망이다. 무선 인터넷망을 일명 Wi-Fi망으로 부르기도 한다. 케이블의 연결이 불필요하므로 설치가 쉽고 설치비용이 저렴하다는 장점이 있다. 핫스팟(Hotspot)은 AP(Access Point)라는 무선안테나를 중심으로 반경 수십 미터 내에서 컴퓨터가 신호를 받을 수 있는 지역을 말한다. 컴퓨터는 핫스팟 내에서 무선 연결을 통하여 인터넷망에 접속한다.

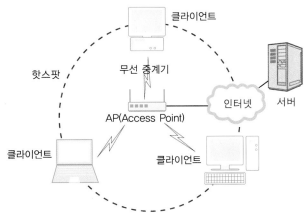

| 그림 7-14 AP를 사용한 무선 통신망 구조

## (3) 모바일망

무선망은 수십 미터 반경의 핫스팟 지역에서만 인터넷을 사용할 수 있다. 따라서 이동 중에는 이용할 수 없으며 광범위한 지역을 지원하는 데 어려움이 있다. 이런 단점을 해결하기 위해 수 킬로미터 지역을 지원하는 셀(Cell) 형태의 모바일망이 개발되고 있다. 이러한 모바일망에는 WIMAX(Worldwide Interoperability for Microwave Access)와 LTE(Long Term Revolution) 기술이 존재하는데, 최근에 거의 대부분의 모바일망은 LTE 기술에 기반하고 있다. WIMAX나 LTE 기술은 자동차나 기차와 같이 고속주행(120km) 중에도 인터넷을 사용할 수 있다. 그림 7-15에서 설명하듯이, 컴퓨터가 수 킬로미터 반경의 셀(Cell)이라는 수신가능지역 안에 들어오면 인터넷에 연결된다. 셀 밖에서는 모바일망에 연결되지 않는다.

| 표 7-2 연결 형태에 따른 다양한 네트워크의 종류

| | 유선망 | 무선망 | 모바일망 |
|---|---|---|---|
| 매개체 | 트위스트 페어케이블, 동축 케이블, 광섬유 케이블 | 전파 | 전파 |
| 표준 | Ethernet | Wi-Fi, Bluetooth 등 | WiBro, LTE |
| 최고 전송 속도 | 40Gbps(광섬유 케이블) | 300Mbps(Wi-Fi) | 500Mbps |

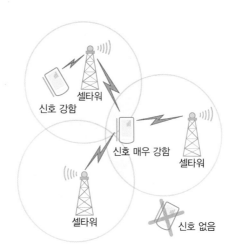

| 그림 7-15 모바일망의 간략한 연결 구성

### 7.2.4 프로토콜의 개념

프로토콜은 디지털 통신에서 매우 중요하다. 프로토콜을 정의하고 몇 가지 표준 프로토콜에 대하여 알아보자. 유선 LAN 및 무선 LAN의 대표적인 프로토콜을 사례를 통하여 프로트콜의 의미를 공부하자.

■ 프로토콜(Protocol)이란?

프로토콜이란 디지털 통신에서 데이터의 송신자와 수신자 간에 정보를 원활히 주고받기 위하여 따르는 규약 또는 약속을 의미한다. 프로토콜은 하드웨어 레벨에서의 규약도 존재하고 데이터를 패킷으로 포맷하는 규약도 있다. 또한 패킷 또는 데이터를 네트워크상에서 효율적으로 전달하기 위하여 정해놓은 프로토콜도 존재한다. 만일 데이터 전송 시 여러 가지 이유로 데이터에 오류가 발생할 때 이러한 상황을 수정하는 규약도 프로토콜에 명시되어 있다. 프로토콜은 그림 7-16에서 보듯이 마치 교통 표지판과 같아 교통의 흐름이 원활하고 안전하게 진행될 수 있도록 해주는 역할을 담당한다.

| 그림 7-16 인터넷에서 프로토콜과 패킷의 개념

만일 프로토콜이 없다면 모든 컴퓨터가 동시에 데이터를 보내려 할 수 있고 이 때 충돌이 발생해도 해결할 수 있는 방법이 없다. 컴퓨터 네트워크는 목적과 상황에 따라 적절한 프로토콜을 따르고 이에 맞는 장치와 소프트웨어를 사용하고 있다. 프로토콜의 표준화는 컴퓨터 네트워크 기술의 발전에 없어서는 안 될 수단이다.

■ 프로토콜 표준

컴퓨터 네트워크에서 프로토콜은 목적과 레벨과 상황에 따라 수많은 표준이 존재한다. 네트워크 구조에 따라 달라지고 운영형태에 따라 다르며 데이터 전송방식에 따라서 상이하다. 또한 서비스 범위에 따라 다르게 규정되고 망의 연결방식에 따라서 정해진다. 뿐만 아니라 7.3절에서 설명하는 네트워크의 계층에 따라 다양한 프로토콜이 존재한다. 네트워크는 7개의 레이어들로 구성되는데 가장 낮은 레이어인 물리적 레이어에서 다양한 프로토콜이 존재할 수 있고 가장 높은 레이어인 응용 레이어에서도 여러 가지 프로토콜이 사용된다.

여기서는 가장 많이 이용되거나 중요한 몇 가지 표준 프로토콜의 예를 들어보자. 인터넷은 패킷을 생성하고 전송하기 위한 TCP와 IP 프로토콜에 기반하고 있다. 정보를 전송하기 위한 호스트의 TCP 프로토콜은 1,500 바이트 단위로 정보를 묶어서 패킷을 만들고 IP층에 전달하는 역할을 한다. IP 프로토콜은 패킷을 받아서 주소를 해석하고 다음 경로를 결정하여 전송하는 역할을 한다. 한편 디지털 통신에서 물리적 연결에 관한 프로토콜의 예로 직렬 포트인 RS-232, USB 포트, 블루투스 등이 있다. 응용 레이어에 관한 프로토콜의 예는 웹문서를 전송할 때 사용하는 HTTP 프로토콜, 대용량 파일을 전송할 때 사용하는 FTP 프로토콜이 있다.

근거리 통신(LAN)을 위한 프로토콜로 유선 프로토콜 Ethernet과 무선 프로토콜 Wi-Fi가 있다. 이 두 가지 프로토콜의 작동원리에 대하여 알아보자.

■ CSMA/CD와 CSMA/CA

### (1) CSMA/CD

CSMA/CD(Carrier Sense, Multiple Access with Collision Dection) 프로토콜은 유선 LAN인 이더넷(Ethernet)에서 사용되는 표준 프로토콜이다. 이 프로토콜은 1983년 IEEE 802.3 표준으로 지정되었다. CSMA/CD는 그림 7-17과 같은 버스 네트워크를 기반으로 작동한다.

버스에 연결되어 있는 하나의 노드(컴퓨터)가 다른 노드들에게 브로드캐스트하고 각 노드는 자신의 주소로 보내진 데이터만 받아들인다. 송신을 원하는 노드는 버스가 조용할 때("Silent") 데이터를 전송을 시작한다. 만일 이 노드가 데이터 송신 중에 다른 노드가 데이터를 송신하면 충돌이 발생한다. 충돌이 발생하면 두 노드 모두 잠시 쉬고 임의의 시간(Random time) 후에 다시 데이터 송신을 시작한다. 이 프로토콜은 마치 몇 명의 사람이 대화할 때 일어나는 상황과 유사하다. 두 사람이 동시에 대화를 하게 되면 두 사람 모두 잠시 쉬고 나서 다시 대화를 시작한다.

컴퓨터 1    컴퓨터 2    컴퓨터 3

컴퓨터 4    컴퓨터 5

| 그림 7-17  버스 네트워크를 통한 데이터의 전송

### (2) CSMA/CA

CSMA/CA(Carrier Sense, Multiple Access with Collision Avoidance) 프로토

콜은 무선 LAN인 Wi-Fi에서 사용되는 표준 프로토콜이다. 이 프로토콜은 1997년 IEEE 802.11 표준으로 지정되었다. IEEE 802.11은 데이터 전송속도와 커버하는 범위에 따라 IEEE 802.11/a/b/g/n 등 많은 버전이 존재한다. CSMA/CA는 그림 7-18과 같은 스타 네트워크를 기반으로 작동한다.

이 프로토콜에서는 모든 노드들이 AP(Access Point)를 중심으로 데이터를 전송하므로 다른 노드와의 충돌이 발생했는지 알 수 없다. 예를 들어, 그림 7-18과 같이 노드 A, B, C가 위치할 때 서로 자신의 범위 밖에 다른 노드들이 위치하거나 장애물에 의하여 서로 가려져있어 CSMA/CD 경우와 같이 충돌이 발생해도 탐지하지 못한다. 따라서 네트워크의 중심에 있는 AP가 사전에 충돌이 발생하지 않도록 제어한다.

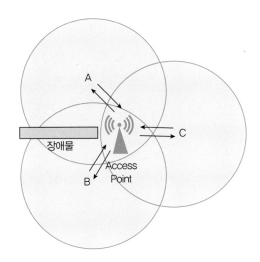

참조: Computer Science: An Overview, J. Glenn Brookshear

| 그림 7-18 스타 네트워크에서 장애물의 문제점

## 7.2.5 네트워크의 연결

네트워크를 구성할 때 기존의 네트워크를 확장할 필요가 생긴다. 또한 서로 다른 유형의 네트워크를 연결하는 장치도 필요하다. 다음에 네트워크를 연결하는 몇 가지 장치들에 대하여 알아보자.

### (1) 중계기(Repeater)와 브리지(Bridge)

버스 네트워크에서 버스의 길이가 너무 길어지면 수신된 전기신호를 다시 증폭해서 보내야 하며 이 역할을 중계기(Repeater)가 담당한다. Wi-Fi와 같은 무선 환경에서도 일정한 반경 이상의 지역을 커버하기 위해서 중계기를 사용한다. 브리지도 중계기와 유사하게 두 개의 버스를 연장하는 기능을 수행하지만 브리지는 중계기에 비해 보다 복잡한 시스템이다. 중계기가 단지 전기신호를 증폭하여 다시 보내주는 데 비하여 브리지는 연결하는 두 개의 버스 사이에서 각 버스 네트워크가 독립적으로 작동하고 다른 버스로 신호가 향할 때만 그 버스로 신호를 전달해준다. 따라서 브리지는 다른 버스를 상호 간섭하지 않는다.

### (2) 스위치(Switch)

스위치도 브리지와 같은 기능을 담당하지만 세 개 이상의 네트워크를 연결하여 확장할 때 사용하는 장치이다(그림 7-19(b) 참조). 스위치가 세 개 이상의 버스 네트워크를 연결하되 브리지와 마찬가지로 메시지를 보내기 원하는 버스에게만 전기신호를 전달한다.

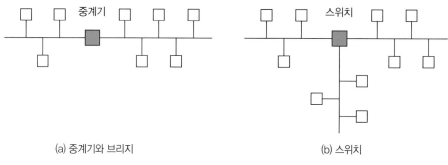

(a) 중계기와 브리지　　　　　　　　　　　(b) 스위치

| 그림 7-19　네트워크의 확장

### (3) 허브(Hub)

허브는 하나의 네트워크 선을 또 다시 다수의 단말기가 공유하기 위한 장치이다. 허브는 네트워크 구성에서 가장 낮은 레벨에 존재하는 장치이다.

## (4) 라우터(Router)

라우터는 서로 다른 특성을 가진 네트워크 간에 정보를 주고받기 위해 사용하는 장치이다. 그림 7-20의 예와 같이 AP를 중심으로 한 Wi-Fi 네트워크와 이더넷으로 구성된 유선 LAN 망을 상호 연결하기 위해서 라우터를 이용하고 있다. 라우터는 하나의 네트워크로부터 정보를 받아 다른 곳에 위치한 네트워크로 정보를 보내주는 역할을 담당한다.

홈네트워크에서 사용하는 라우터는 인터넷 회선에 한 개 이상의 컴퓨터와 프린터들이 공유하도록 하는 장치이며 일명 공유기라 부르기도 한다. 컴퓨터와 프린터는 유선 또는 무선으로 공유기에 연결시킬 수 있다. 무선으로 연결시킬 때에는 Wi-Fi 공유기를 사용하고 유선으로 연결할 때에는 이더넷 공유기를 사용한다. 최근 출시되는 공유기는 유선과 무선을 함께 지원하고 있다.

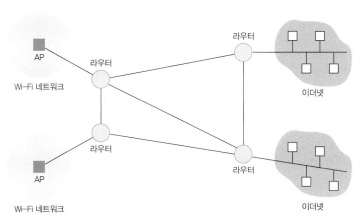

| 그림 7-20  라우터를 이용한 네트워크의 구성

## (5) 게이트웨이(Gateway)

게이트웨이는 한 기관의 네트워크가 외부의 글로벌 네트워크에 연결될 때 사용되는 장치이다. 글로벌 네트워크는 일반적으로 인터넷망을 의미한다. 따라서 자체 특성을 가진 네트워크를 인터넷에 연결시킬 때 게이트웨이를 통해 정보를 주고받는다. 게이터웨이는 서로 다른 프로토콜을 가지는 네트워크 간에 프로토콜을 변환해주는 컴퓨터로 라우터보다 복잡한 구조를 가지고 있다.

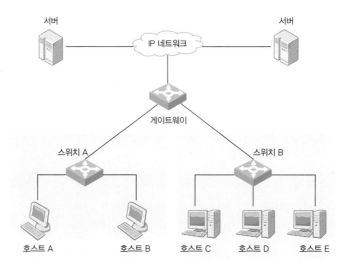

참조: http://indunilg.blogspot.kr

| 그림 7-21  게이트웨이와 스위치

## 7.3 인터넷망의 구성

이 절에서는 인터넷망의 구성과 인터넷 망에서 데이터 전송방식에 사용되는 TCP/IP 프로토콜에 대해 알아보다. 또한 ISO에서 제시한 컴퓨터 네트워크를 구성하는 7계층 (Seven Layer Model)에 대하여 간략하게 설명한다.

### 7.3.1 인터넷 구조

■ 인터넷이란?

인터넷(Internet)이란 'Inter'와 'Network'이 합성된 단어로 여러 네트워크들이 연결되어 형성된 네트워크(Network of Network)이다. 인터넷은 1969년 미국방성의 주도로 4개 대학을 연결하는 ARPANET를 모태로 시작되어 1996년 미국에서 정보 수퍼하이웨이를 제창하고 고속 백본 인터넷망을 구축하면서 급속도로 발전하였다. 이후 정부, 대학 및 교육기관, 개인이 인터넷을 통하여 서로 연결하여 정보를 공유 및 이용할 수 있게 되었고, 이로 인하여 정보산업의 발전이 가속화되었다. 과거 학구적 및 연구적 차원에서 오늘날 상업적 활용으로 변모하면서 인터넷의 활용이 급속도로 확산되었다. 오늘날 인터넷은 실질적으로 전 세계를 연결하는 글로벌 네트워크로 발전하였다.

## ■ 인터넷의 계층적 구조

인터넷이란 크고 작은 네트워크를 결합하여 사용하는 네트워크이다. 개인 또는 LAN에 연결된 사무실 등에서 인터넷을 사용하려면 먼저 인터넷 서비스를 제공하는 ISP(Internet Service Provider: 인터넷 서비스 공급자)에 가입해야 한다. ISP란 고속 인터넷 회선에 직접 연결되어 인터넷 서비스를 제공하는 기관을 의미하며 학술기관과 관공서, 상업적인 인터넷 서비스 업체(예: SK 텔레콤, KT, LG 유플러스 등)로 구분할 수 있다. 인터넷의 수요가 많은 학술기관, 기업, 관공서 등은 T1, T3 등의 고속전용선을 통해 ISP에 연결되어 있다. 한편, 일반 사용자는 유무선 LAN망을 통하여 상업적 ISP의 호스트 컴퓨터에 연결함으로써 인터넷 서비스를 이용할 수 있다. 우리나라의 경우 인터넷 서비스 초기인 1996년에 ISDN(종합정보통신망) 서비스를 시작하여 1998년에 케이블 TV망 서비스를 제공하였으며, 1999년 ADSL 서비스를, 2003년에 VDSL 서비스를 시작하였고, 2006년에는 댁내 광케이블 서비스인 FTTH(Fiber to the Home)를 개시하기에 이르렀다. 인터넷을 이용하기 위하여 초기에는 복잡한 네트워크 환경 설정이 필요했지만, 근래에는 거의 모든 ISP가 사용자에게 자동으로 인터넷에 접속해주는 프로그램을 제공하고 있다. 따라서 쉽게 ISP의 호스트에 접속할 수 있고, 연결된 이후에는 ISP가 제공하는 서비스를 이용할 수 있다.

인터넷에 접속된 모든 컴퓨터는 LAN의 일부로 이해될 수 있다. 예를 들어, 대학 캠퍼스 내에서 내 노트북 컴퓨터는 대학교 LAN의 일부가 된다. 대학교는 게이트웨이를 통해 ISP에 연결되고 ISP는 다시 상위계층의 큰 네트워크의 일부로 연결된다. 이러한 연결을 통하여 서로 다른 네트워크와 연결되어 인터넷을 형성하게 된다. 그림 7-22는 가정이나 회사에서 인터넷에 연결되는 과정을 보여주고 있다. 일반 가정이나 회사는 전화선, 케이블 TV선, 광케이블선 등을 통해서 ISP에 연결된다.

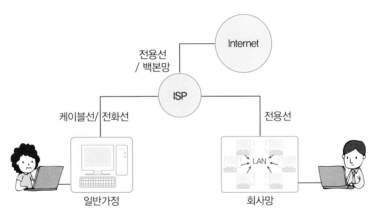

| 그림 7-22 가정 및 회사에서 인터넷에 접속하는 과정

ISP는 전용선(백본 네트워크)을 통하여 인터넷에 연결되며 최상위에서는 백본 네트워크를 통하여 지역 간을 연결하게 된다. 우리나라의 경우 ISP의 수는 2010년 현재 127개이며 이들 간에 정보를 주고받기 위해서 직, 간접적으로 연결되어야 한다. ISP의 수가 적다면 이들 간에 직접적인 상호접속이 가장 효율적이지만 ISP 수가 많아지면 과다한 회선비용 지출과 투자가 발생한다. 특히, 해외 인터넷 망에 모든 ISP가 직접 연결하기 위해서는 막대한 비용이 발생한다. 이러한 문제점을 해결하기 위하여 IX(Internet eXchange, 인터넷 교환노드)가 등장하였다. 우리나라에는 5개의 IX가 존재하고 각 IX가 수십 개의 ISP를 지원하여 IX 간에 직접 연결되어 있는 구조를 가지고 있다. IX는 국내 ISP들과 효율적으로 인터넷 트래픽을 교환하고 서로 다른 ISP간의 트래픽을 원활하게 소통시킬 수 있다.

■ 백본 네트워크(Backbone Network)

백본 네트워크는 기간망이라고도 하며 네트워크의 최상위 레벨로, 도시와 도시 또는 넓은 지역과 지역을 연결시켜 주는 주요 통신망이다. 이 백본 통신망을 통하여 멀리 떨어진 LAN망이나 WAN망을 연결하여서 정보를 교환한다. 따라서 백본 통신망의 속도에 의해 LAN망과 WAN망의 전송속도를 좌우하게 되는데 보통 수십 Gbps~수백 Gbps 정도의 속도를 가진 광케이블로 연결된다. 국가 단위에서 시행하는 초고속 정보통신망은 백본 통신망을 사용하여 기간망을 구성한다.

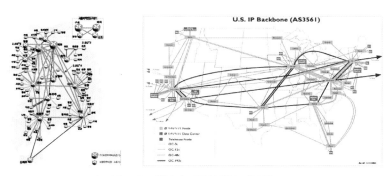

| 그림 7-23 한국과 미국의 백본 네트워크

전 세계의 인터넷 망은 다시 해저 광케이블과 위성통신을 이용하여 국가와 국가 간을 연결한다. 해저 광케이블은 대륙과 대륙, 육지와 섬 사이의 통신을 위해 해저에 설치되는 광케이블이다. 전송로가 유선이기 때문에 기후 등 자연현상의 영향을 거의 받지 않으나 케이블 설치비용이 많이 드는 단점이 있다. 이에 비해, 위성통신은 우주 공간을 이용하여 지구상의 어디에나 통신로를 개설하며 정보를 송수신할 수 있는 구역이 매우 넓다. 그러나 무선통신 방식이기 때문에 자연현상에 영향을 받으며 이로 인해 전송 시간이 지연될 수 있다.

출처: http://visual.ly/internets-undersea-world

| 그림 7-24 해저 광케이블과 위성통신을 이용한 인터넷 망

인터넷망을 구성하기 위하여 다양한 물리적 통신선로가 사용되며 통신선로의 종류에 따라 데이터 전송속도와 품질이 달라진다. 통신선로는 인터넷 서버들을 서로 연결하며 유선 인터넷망으로는 광케이블, 케이블 인터넷, ADSL/VDSL 등이 가장 대표적이다.

## 7.3.2 OSI의 7계층

한 컴퓨터에서 다른 컴퓨터로 컴퓨터 네트워크를 통해 정보를 전송하는 과정을 생각해보자. 데이터 전송은 매우 복잡한 과정을 거쳐 이루어진다. 가장 낮은 층에서 케이블과 같은 하드웨어로 연결되고 그 위에 다양한 계층의 소프트웨어 층이 존재한다. ISO(International Standard Organization)에서는 컴퓨터 네트워크를 구성하는 계층을 구성하기 위해 OSI(Open System Interconnection) 모델을 제시하였다. 이것을 OSI의 7계층(Seven Layer Model)이라 부른다. 7계층은 가장 하위층으로부터 가장 상위층까지 물리층, 데이터 링크층, 네트워크층, 전송층, 세션층, 표현층, 응용층의 7가지 층(Layer)으로 구성되어 있다.

여기서는 물리층, 데이터 링크층, 네트워크층, 전송층, 응용층의 5개 층에 대하여 간략하게 설명한다. 물리층(Physical Layer)은 가장 하위층으로 RS-232, DSL, USB와 같은 유선 채널이나 Wi-Fi, 블루투스와 같은 무선 채널을 의미한다. 그 위에 존재하는 데이터 링크층(Data Link Layer)은 LAN이나 WAN에서 이웃 노드들 간에 실제 데이터를 주고받는 방식을 의미한다. 예를 들면 IEEE 802.3 표준인 이더넷(Ethernet)은 데이터 링크층의 프로토콜이다. 다음 네트워크층(Network Layer)은 패킷을 가장 바람직한 이웃 노드를 찾아서 전송하는 층으로, 예를 들어 인터넷의 IP 프로토콜이 이에 해당된다. 전송층(Transport Layer)은 송신자의 포트에서 수신자의 포트로 데이터를 패킷(Packet)이라 불리는 적당한 크기로 잘라 전송하기 위한 프로토콜로 인터넷에서는 전체 데이터를 패킷 단위로 잘라 송신자의 주소와 수신자의 주소를 할당한다. 인터넷의 TCP 프로토콜과 UDP 프로토콜이 전송층에 해당한다. 응용층(Application)은 응용에 관한 층으로, 예를 들어 FTP, HTTP, e-mail, VoIP 등이 이에 속한다.

OSI의 7계층을 이해하기 위하여 서울에 사는 사람이 소포를 뉴욕에 사는 친구에게 보내는 과정을 생각해보자. 그림 7-25와 같이 소포는 일단 운송회사로 보내진다. 운송회사는 소포를 항공사에 보내기 전에 일정한 크기의 컨테이너에 소포를 싣는다. 이 컨테이너를 실은 화물비행기는 몇 곳의 중간 기착지를 거쳐 마침내 뉴욕에 도착한다. 도착한 화물비행기에서 컨테이너를 하역한 후 다시 뉴욕의 운송회사는 소포별로 나누어 친구에게 전달한다. 이 과정을 살펴볼 때 보내는 사람, 운송회사, 항공사의 3개 층이 있으며 각 층마다 수행하는 작업이 다르다. 또한 보내는 사람은 소포를 운송회사에게 적절한 규격과 방식으로 전달해야하고 운송회사는 다시 정해진 규격과 방식에 따라 항공사에 컨테이너를 전달해야 한다. 화물비행기가 몇 곳의 중간 기착지를 거칠 때 컨테이너를 정해진 규정에 따라 다른 항공사의 비행기로 이전할 수도 있다. 만일 보내는 사람, 운송회사, 항공사가 정해진 규칙과 방식을 따르지 않는다면 소포가 친구에게 올바르게 전달될 수 없게 된다.

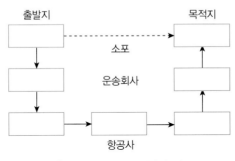

| 그림 7-25 소포 전달의 예

컴퓨터 네트워크를 통해 정보를 보낼 때도 각 층마다 수행하는 일이 다르다. 또한 상위층이 바로 밑의 하위층에 데이터 전송을 요청할 때 미리 정해진 규칙과 방식, 즉 프로토콜에 따라 이루어져야 한다. 그림 7-26은 송신자의 응용층에서 전송층, 네트워크층, 데이터 링크층을 거쳐 최하위 층인 물리층까지 정해진 프로토콜을 따라 정보의 전달 요청이 이루어지고 중간 라우터들을 거쳐 수신자에게 전달되는 과정을 보여주고 있다. 전 과정을 통해서 각 층에서 정해진 프로토콜에 따라 자신이 할 일을 적절히 수행할 때 정보가 올바르게 전달됨을 알 수 있다.

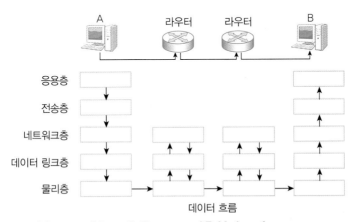

참조: Foundations of Computer Science, B. Forouzan and F. Mosharraf

| 그림 7-26 각 계층 간에 프로토콜을 따라 이루어지는 데이터 전송(TCP/IP의 경우)

### 7.3.3 인터넷의 TCP/IP 프로토콜

인터넷의 특징은 패킷(Packet)을 사용한다는 점이다. 패킷이란 인터넷에서 주고받는 정보의 단위라고 할 수 있다. 패킷의 구성은 주소와 정보인데, 각각의 패킷은 주소를 이용하여 상대방의 컴퓨터에 전달된다. 따라서 정보가 큰 경우에는 작은 단위로 나누어 전송하기 때문에 회선을 독점하지 않고 공유할 수 있으며 다양한 경로를 사용할 수 있다.

인터넷의 특징은 이러한 패킷을 생성하고 전송하기 위한 TCP와 IP 프로토콜에 있다. 정보를 전송하기 위한 호스트의 TCP 프로토콜은 1,500 바이트 단위로 정보를 묶어서 패킷을 만들고 IP층에 전달하는 역할을 한다. IP 프로토콜은 패킷을 받아서 주소를 해석하고 다음 경로를 결정하여 전송하는 역할을 한다. 그림 7-27은 TCP/IP 프로토콜의 역할에 대하여 설명하고 있다.

| 그림 7-27  TCP와 IP의 역할

## 7.4 정보보안과 정보보호

현대사회에서 컴퓨터 바이러스나 해킹으로부터 정보를 보호하는 것은 매우 중요한 과제이다. 우선 정보보안 환경과 정보보안 서비스의 유형을 알아보자. 또한 컴퓨터 악성 프로그램 및 해킹의 유형에 대하여 공부한다. 마지막으로 정보보호를 위한 암호화 및 인증 방법에 대하여 공부한다.

## 7.4.1 정보보안의 개념

인터넷의 급속한 확산으로 인하여, 우리는 과거에 비해 훨씬 많은 정보들을 접하고 있다. 인터넷쇼핑, 정보검색, 실시간 뉴스정보, 친구와의 메신저 등 인터넷은 우리 생활의 일부가 되었다. 이러한 환경은 우리 생활을 편리하고 풍요롭게 만들어주고 있으나, 동시에 정보의 불법적인 접근 및 사용으로 인한 피해가 발생하고 있다. 컴퓨터 바이러스나 해커의 공격을 받아서 개인의 소중한 정보가 파괴되거나 외부로 유출되는 사례 등 사회적인 문제가 되고 있다. 이를 방지하기 위해서 평소에 정보보안에 대하여 숙지하고 있어야 하며, 개인 컴퓨터 및 자신이 관리하는 정보시스템을 외부의 침입자로부터 보호하여야 한다.

### ■ 정보보안이란?

정보화사회에서 정보는 중요한 역할을 하고 있다. 인터넷상의 정보를 기반으로 더욱 유익하고 새로운 정보를 생성하며, 이는 우리 삶의 질을 높이는 결과를 가져왔다. 반면에 잘못된 정보의 관리로 인해 많은 피해를 입고, 이로 인한 사회적 문제가 발생하고 있다. 주민등록번호, 은행예금계좌, 신용카드정보 등은 매우 중요한 정보이고 남에게 유출되어서는 안 된다. 그러나 이러한 정보를 전자상거래, 비행기 예약 등을 위해 인터넷이나 전화 등을 통해서 보내야 할 때가 있다. 이때 해커에게 개인의 정보가 유출되어 피해를 당하는 경우가 종종 발생한다.

정보보안을 복잡하고 어려운 기술로 생각할 수 있으나 간단한 규칙을 지키고 보안 관련 프로그램을 사용한다면 정보를 안전하게 사용할 수 있다. 마치 우리가 감기를 예방하기 위해 독감예방주사(백신)를 맞거나, 감기가 유행할 때 사람이 많이 모이는 곳의 출입을 자제하듯이, 바이러스 백신을 사용하고 정보 보호 수칙을 지킨다면 정보를 안전하게 사용할 수 있다.

### ■ 정보보안 환경

그림 7-28은 정보보안의 환경 구축의 개념도이다. 네트워크를 통해 데이터를 전송 시 해킹에 의해서 데이터가 유출될 수 있는데 이러한 피해를 줄이기 위해서 암호화 기술과 전자서명 등이 사용된다(7.4.3절 참조). 또한 외부에서 컴퓨터 시스템을 공격하는 해

킹과 같은 행위를 차단하기 위한 방화벽의 설치와 악성/유해 프로그램으로부터 시스템을 보호하기 위한 백신 프로그램, 스파이웨어 제거프로그램 등을 설치하여 정보보안 환경을 구축하게 된다.

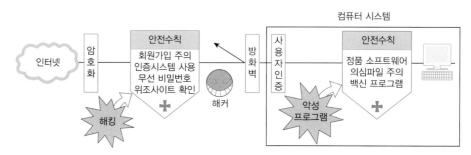

| 그림 7-28  정보보안의 환경 구축

■ 정보보안 서비스의 유형

정보보안 서비스는 외부의 공격이나 침입으로부터 시스템을 보호하게 된다. 그림 7-29에서 보듯이 크게 4가지 유형으로 나누게 되는데, 컴퓨터 시스템 내부의 정보를 보호하기 위한 컴퓨터 시스템 보안, 네트워크 보안, 사용자 관리적 보안, 컴퓨터에 대한 물리적 접근을 통제하는 물리적 보안으로 나눌 수 있다.

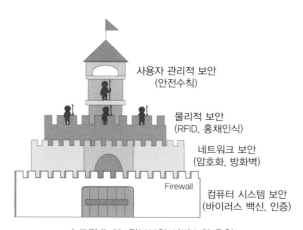

| 그림 7-29  정보보안 서비스의 유형

## (1) 컴퓨터 시스템 보안

컴퓨터 시스템 보안이란 바이러스나 외부의 해킹 공격으로부터 컴퓨터 시스템을 보호하기 위한 방어 정책이다. 컴퓨터 시스템 보안은 그림 7-30에서 설명하는 것처럼 다음의 세 가지로 분류할 수 있다.

### ① 악성/유해 프로그램으로부터의 정보 보호

악성/유해 프로그램으로부터 시스템을 보호하기 위해서는 주기적으로 시스템 내부를 체크하여 시스템 내부에 침투한 불법 소프트웨어를 적발하여야 한다. 이러한 악성/유해 프로그램은 바이러스 백신 프로그램으로 제거할 수 있다. 컴퓨터 시스템이 바이러스에 감염되지 않기 위해서는 지속적으로 바이러스 백신 프로그램을 사용하여 악성/유해 프로그램을 발견하고 이를 제거하여여 한다.

### ② 인증에 의한 정보보안 서비스

인증이란 허가된 사용자만 정보를 사용할 수 있도록 하는 패스워드 등의 인증 서비스를 사용하게 된다. 자세한 내용은 7.4.3절에서 다루도록 한다.

### ③ 불법적 해킹에 의한 내부 시스템에 대한 정보보호 서비스

해커의 불법적인 행위를 방지하기 위해서 안전수칙을 세우고 사용자는 안전수칙을 지켜서 해커가 침투하기 힘들게 만들어야 한다.

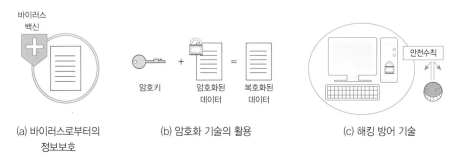

|              (a) 바이러스로부터의              (b) 암호화 기술의 활용              (c) 해킹 방어 기술
정보보호

| 그림 7-30 컴퓨터 시스템 보안을 위한 방법

## (2) 네트워크 보안

네트워크는 정보가 이동하는 경로이다. 해커는 네트워크를 지속적으로 공격하는데 네트워크상의 정보는 해커에 의해 불법적으로 사용될 수 있다. 정보의 유출을 막기 위해서 다양한 기법이 사용되고 있다. 또한 정보가 유출되더라도 이 정보를 변형시키거나 해독하지 못하게 하기 위한 암호화 기법이 사용되고 있다. 암호화란 정보가 외부로 유출되더라도 해독할 수 없도록 원래의 문자를 변형시키는 보안 방식이다.

네트워크 보안의 또 다른 방법으로 방화벽을 사용한다. 방화벽은 인터넷에 접속하여 전송되는 정보를 확인하여, 위험성이 내포된 정보를 통과시키지 않는 역할을 한다. 즉 방화벽은 해커나 악성 소프트웨어가 인터넷이나 네트워크를 통해 사용자 컴퓨터에 접근하는 것을 방지하거나, 컴퓨터 내부의 주요 정보를 외부로 보내지 못하도록 방지하는 역할을 한다. 그림 7-31은 방화벽이 작동하는 방식을 보여주고 있다.

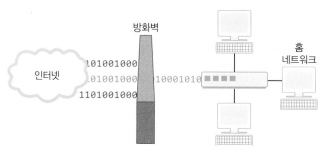

| 그림 7-31  네트워크를 안전하게 보호해주는 방화벽

방화벽은 소프트웨어 방식과 하드웨어 방식으로 나눌 수 있다. 소프트웨어 방식의 방화벽은 개인용 컴퓨터처럼 작은 규모에서 사용하는 방식이다. 예를 들어, 마이크로소프트사의 윈도우 방화벽은 소프트웨어 방식으로 되어 있다. 설치 후에는 컴퓨터 네트워크를 통하여 사용하는 대부분의 프로그램을 차단한다. 프로그램 차단을 해제하려면 사용하고자 하는 프로그램을 해제 목록에 추가하면 된다. 예를 들어, 인스턴트 메시지 프로그램을 사용하려면 이 프로그램을 방화벽 해제 목록에 포함시키면 된다.

하드웨어 방화벽은 회사 네트워크와 같이 규모가 큰 네트워크에서 사용하는 방식이다. 방화벽이 설치되어 있지 않다면, 외부에서 회사 내의 컴퓨터에 아무런 제약 없이 접속할 수 있고, 해커로부터 쉽게 공격받을 수 있다. 이러한 대규모 컴퓨터 네트워크에서는 프록시 서버(Proxy Server)를 설치하여 네트워크를 감시한다. 회사 내의 특정한 컴퓨터에 접속하려면 프록시 서버에 설치된 방화벽에서 보안검사를 한 뒤 접속이 가능하다.

### (3) 물리적 보안

물리적인 보안은 물리적 장소에 있는 컴퓨터 시스템의 접근을 막는 방법으로, 중요한 정보가 있는 장소에 허가받지 않은 사람의 출입을 통제하여 보호하는 방식을 의미한다. 은행의 전산실, 회사 내부 자료를 관리하는 전산실, 병원 전산실 등에 대한 출입통제가 물리적 보안에 속한다. 출입을 통제할 때에는 RFID 출입증, 정맥인식, 지문인식, 눈동자 인식(홍채 인식), 얼굴인식 등을 사용하여 출입자의 신원을 확인하는 물리적인 보안 시스템이 사용된다. 그림 7-32에서는 물리적인 보안 시스템의 예를 보여 주고 있다.

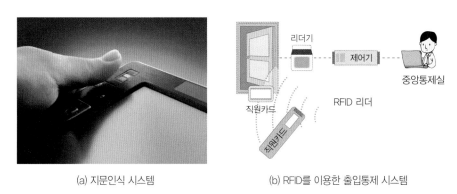

(a) 지문인식 시스템        (b) RFID를 이용한 출입통제 시스템

| 그림 7-32 물리적 보안 시스템

### (4) 사용자 관리적 정보보안

컴퓨터 시스템을 안전하게 관리하기 위해서 정보보호 관리 수칙이 필요하다. 정보보호 관리 수칙이란 개인이 지켜야 할 안전수칙을 의미한다. 예를 들면, 사용자 패스워드를 주기적으로 교체하거나 컴퓨터 시스템 내의 정보를 주기적으로 백업하여 손상될 경우 복구할 수 있도록 해야 한다. 이러한 정보 관리 수칙으로 불의의 정보사고에 대한 예방과 피해를 최소화시킬 수 있다.

### 7.4.2 컴퓨터 악성 프로그램 및 해킹

우리에게 잘 알려진 컴퓨터 바이러스는 대표적인 컴퓨터 악성/유해 프로그램이다. 컴퓨터 바이러스 이외에도 컴퓨터 웜, 트로이목마, 스파이웨어 등 악성/유해 프로그램이 매일 등장하고 있다. 이러한 악성/유해 프로그램과 이에 대한 대처 방안을 잘 숙지하여 자신의 컴퓨터 시스템을 보호하여야 한다. 또한 악성/유해 프로그램 이외에 시스템의 보안을 위협하는 행위로 해킹을 들 수가 있다. 해킹은 컴퓨터 시스템에 침입하여 내부의 정보를 불법적으로 취득하여 경제적 또는 정신적인 피해를 끼치는 행위이다. 이 절에서는 컴퓨터 시스템을 위협하고 있는 악성/유해 프로그램과 해킹에 대하여 알아보도록 하자.

■ 컴퓨터 악성/유해 프로그램

악성 프로그램과 유해 프로그램은 프로그램의 작성 의도에 따라 분류된다. 악성 프로그램은 악성 코드라고 불리기도 한다. 프로그램의 작성 시 컴퓨터 시스템 파괴 등 나쁜 의도를 가지고 만들어졌을 경우를 악성 프로그램이라고 한다.

반면에, 유해 프로그램은 악의를 가지고 만들어지지는 않았으나 수시로 팝업 창을 띄우거나 개인자료를 수집하려는 특정 목적을 위해서 만들어져 사용자를 성가시게 만드는 프로그램을 의미한다. 이러한 유해 프로그램은 시스템을 파괴하지는 않는다. 그러나 사용자에게 정신적 피해를 주기 때문에 나쁜 의도로 볼 수 있다.

## (1) 컴퓨터 바이러스(Computer Virus)

컴퓨터 바이러스는 e-메일이나 불법 소프트웨어 등을 통해서 컴퓨터 시스템에 침투하는 악성/유해 프로그램의 일종이다. 일단 바이러스에 감염되면(컴퓨터 용어로 컴퓨터 바이러스 프로그램이 실행되면) 복제, 전파 또는 데이터 파괴가 발생할 수 있다. 컴퓨터 바이러스라고 이름을 붙인 이유는 생물학적인 바이러스의 기능을 갖고 있기 때문이다. 생물학적 바이러스는 세포에 침투하여 감염시키고 바이러스를 복제하여 다른 세포에 확산시키는 특징이 있는데, 컴퓨터 바이러스도 이와 동일한 특성을 가지고 있다. 다만, 감염 대상이 생물학적인 세포가 아니라 컴퓨터의 프로그램이나 데이터라는 점이 다르다.

컴퓨터 바이러스는 양성 바이러스(Benign Virus)와 악성 바이러스(Malignant Virus)로 구분되는데, 양성 바이러스는 복제 후에 전파하는 기능의 전파코드만 가지고 있으며 데이터 파괴는 하지 않는 코드로 발견되지 않는 경우가 대부분이다. 악성 바이러스는 컴퓨터 시스템에 직접적인 피해를 주는 행위, 예를 들어 파일의 삭제, 파일

이름의 변경, 데이터 파괴 등을 통하여 하드디스크 내의 데이터를 파괴하는 바이러스를 말한다. 대부분의 파괴형 바이러스, 즉 악성바이러스들은 감염 즉시 활동하기보다는 공격하기 전에 충분히 전파시킬 수 있도록 특정한 날짜 또는 상황이 발생할 때까지 잠복하고 있다가 활동한다. 이로 인하여 피해를 최대화시키게 된다. 그림 7-33은 바이러스의 작동에 대하여 설명하고 있다. 먼저 바이러스는 e-메일이나 CD를 통하여 컴퓨터에 잠입(①)하여서 바이러스를 감염, 복제(②)한 후, 다른 컴퓨터로 전파(③)시킨다. 또한 일정 시간이 지나거나 조건이 충족되면 시스템을 파괴(④)시킨다.

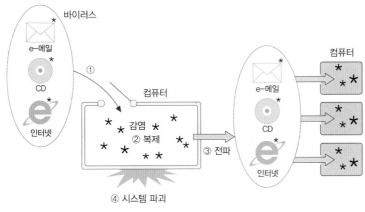

| 그림 7-33 바이러스의 작용의 예

## (2) 트로이목마(Trojan)

트로이목마는 컴퓨터 시스템에 몰래 숨어 들어와서(①) 백도어(뒷문)를 만드는(②) 악성/유해 프로그램이다(그림 7-34 참조). 트로이목마는 일반적으로 해킹의 도구로 사용되고 있다. 해커는 백도어로 시스템에 침투하여서 불법 접근(③)한 뒤 자료삭제, 정보탈취(④) 등의 행위를 하게 된다. 원래의 트로이목마의 개념은 시스템을 관리하거나 소프트웨어를 개발할 때 사용했었다. 이런 목적으로 트로이목마가 사용되면 유용한 프로그램으로써 개발자들이 사용하는 프로그램으로 분류되기도 한다. 트로이목마는 보통 이메일의 첨부 파일, 애니메이션 파일이나 이미지 파일을 내려 받을 때 감염된다. 또한 채팅, 인스턴트 메시지 사용 시 FTP 사이트, CD 등을 통해서 감염될 수 있다.

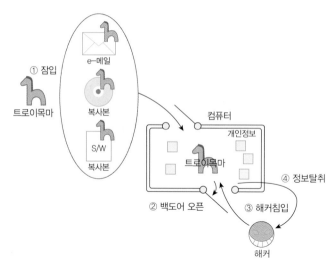

| 그림 7-34 트로이목마 작동의 예

## (3) 스파이웨어 및 애드웨어(Spyware and Adware)

스파이웨어(Spyware)란 '스파이'와 '소프트웨어'의 합성어로 사용자의 컴퓨터에 몰래 숨어 있다가 정보를 빼가는 악성/유해 프로그램이다. 주로 개인 및 시스템정보, 인터넷의 사용 습관 등을 수집하는 스파이 행위를 한다. 현재 대다수의 기업들은 스파이웨어를 회사 컴퓨터에서 제거하는데 많은 비용을 소요하고 있으며, 이들 스파이웨어가 가장 위협적인 악성/유해 프로그램 유형중의 하나로 분류되고 있다. 스파이웨어가 주는 피해는 웹 브라우저의 시작페이지를 특정 주소로 변경시키거나 고정하며 사용자의 키 입력 내용을 저장하고 외부로 전송한다. 또한 원하지 않는 광고를 팝업 형태로 노출시키고 특정 사이트 방문을 유도하기 위해 바로가기 아이콘을 생성하기도 한다. 또는 안티바이러스 프로그램이나 안티스파이웨어와 같은 보안 프로그램 및 다른 정상 프로그램의 설치 및 운영을 방해하는 등 시스템의 보안 체계를 취약하게 한다.

애드웨어(Adware)란 애드버타이즈(광고: Advertise)와 소프트웨어의 합성어로 프리웨어나 일정 금액으로 제품을 구매해야 하는 쉐어웨어(Shareware)를 광고 보는 것을 전제로 무료로 사용이 허용되는 프로그램이다. 애드웨어는 미국의 인터넷 광고전문회사인 Radiate에서 개인 사용자의 기호를 파악하기 위해 개발되었다. 처음에는 몇 명의 사용자가 광고를 보았는지를 알기 위한 단순한 의도로 시작되었다. 애드웨어는 마케팅 목적을 위해 데이터를 수집하는 정당한 사용 목적이 있는 반면 스파이웨어는 애드웨어와는 달리 개인의 정보를 불법적으로 도용하는 악의적인 목적을 가진 프로그램이다.

그림 7-35는 스파이웨어 및 애드웨어의 작동을 설명하고 있다. 쿠키는 사용자가 어떤 홈페이지에 접속할 때 생성되는 임시파일로 인터넷 접속을 원활히 하기 위한 간단한 정보를 담은 4KB 이하의 파일이다. 프리웨어 등의 소프트웨어를 다운하면 악성/유해 프로그램이 쿠키 형태로 컴퓨터 내부에 들어온다(①). 그리고 쿠키를 이용하여 컴퓨터 내부에 있는 각종 데이터를 수집(②)하여 외부로 보내주게 된다(③).

스파이웨어나 애드웨어를 방지하기 위해서는 무엇보다 출처가 분명하지 않은 쉐어웨어나 프리웨어는 가급적 사용하지 않고 악성/유해코드를 전파할 수 있는 불건전한 사이트를 방문하지 않음으로써 스파이웨어가 사용자의 컴퓨터에 침입하지 않도록 하는 것이 중요하다. 또한 스파이웨어 제거 프로그램을 설치하여 주기적으로 스파이웨어를 제거해야 한다.

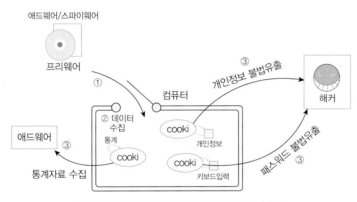

| 그림 7-35 스파이웨어 및 애드웨어 작동의 예

■ 해킹과 크래킹(Hacking and Cracking)

정보통신의 발달로 인하여 네트워크를 이용한 범죄가 나날이 늘어나고 있다. 해킹이란 네트워크의 취약한 부분을 이용하여 컴퓨터 시스템에 불법 침입하여 특정 사이트를 공격하는 행위를 말한다. 해킹의 예로 시스템을 다운시키거나 위조 사이트를 개설하여 개인정보를 불법 탈취하여 불법적으로 사용하는 행위를 들 수 있다.

해킹은 크래킹이라는 용어와는 다른 의미를 가지고 있다. 범죄 행위에 사용될 경우 크래킹으로 부르게 되고 시스템의 취약 부분을 점검하기 위한 목적으로 사용될 경우 해킹이라고 부른다. 그러나 통상적으로 해킹과 크래킹은 같은 의미로 사용되고 있으며 해킹으로 통합하여 사용되고 있다.

## (1) 네트워크 취약점을 이용한 불법 침입

네트워크와 시스템의 취약한 부분을 이용하여 시스템에 불법으로 침입하는 방법이다. 먼저 해커는 정보 수집단계로 네트워크 정보, 시스템 OS 정보, 방화벽 정보 등을 수집하여 취약점을 분석한다. 수집된 정보를 통하여 취약한 부분을 공격한다. 예를 들어, 비밀번호를 알아내어 침투를 한다든지, 보안이 취약한 네트워크 서버를 찾아내서 정보시스템을 해킹한다.

## (2) 서비스 거부공격(DoS: Denial of Service)

최근 들어 사회적으로 문제가 되고 있는 해킹 기법 중의 하나로 서비스 거부공격을 들수 있다. 서비스 거부공격이란 인터넷을 통한 서비스를 일시적으로 중지시키는 기법이다. 바이러스와 같이 시스템을 파괴하지는 않으나 정보 시스템의 정상적인 수행을 정지시킴으로써 사용자에게 불편을 주게 된다. 예를 들어, 해커는 네트워크에 연결된 다수의 컴퓨터를 불법으로 이용하여 공격목표가 되는 서비스 서버에 접속을 동시 다발적으로 시도하게 된다. 이때 한꺼번에 많은 컴퓨터로부터 접속이 시도되면 순간적으로 서비스 서버는 부하가 걸리게 되며 이로 인하여 특정 사이트가 마비되는 사태가 발생한다. 해커는 DoS 공격에 보안이 취약한 컴퓨터를 불법적으로 사용하는데 이때 사용된 컴퓨터를 좀비(Zombie)라고 부른다(그림 7-36 참조). 최근 몇 년 사이에 특정 유명 회사의 사이트들인 마이크로소프트, 야후, 이베이, 아마존 등이 좀비의 공격을 받아서 서비스가 일시적으로 정지되는 사태가 발생하고 있다.

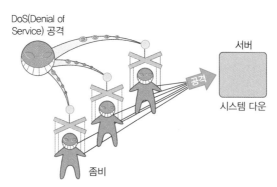

| 그림 7-36 DoS의 작동의 예

## (3) 피싱(Phishing) 및 파밍(Pharming)

피싱이란 개인의 정보(사용자 계정, 패스워드, 신용카드 번호)를 불법으로 취득하여 범죄에 사용하는 해킹기술이다. 피싱의 대표적인 유형으로 ID 도용을 들 수 있다. eBay, 온라인 쇼핑, 온라인 뱅킹 등의 위조 사이트를 개설한 뒤, 개인의 주민등록번호, 신용카드번호, 패스워드의 정보를 불법으로 수집한다. 이를 통하여 수집된 정보로 가짜 ID를 발급받아서 물건을 구매하거나 신용카드를 발급받기도 한다. 개인정보 인증을 필요로 하는 전자상거래나 금융거래 등의 사용이 증가하는 추세이므로 피싱의 피해는 빠르게 증가할 것으로 예측되고 있다.

파밍은 피싱과 비슷한 해킹 유형으로, 인터넷 주소창에 방문하고자 하는 사이트의 URL을 가짜 사이트로 이동시키는 해킹 방법이다. 파밍은 피싱과는 달리 도메인 자체를 중간에서 바꾸는 방식으로 다수의 사용자를 속이기 때문에 대규모 피해를 줄 수 있다. 그림 7-37은 가짜 서비스 접속 페이지를 통하여 정보를 불법적으로 피싱 혹은 파밍을 하는 예를 보여주고 있다.

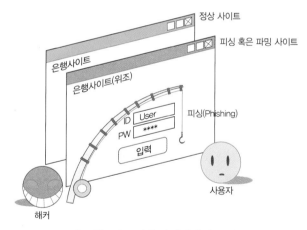

| 그림 7-37 피싱 및 파밍의 작동 예

■ 스팸 메일

스팸 메일은 불특정 다수에게 동일한 내용을 대량으로 보내는 e-메일을 말한다. 일명 정크메일로도 불린다. 스팸(SPAM)이란 단어는 한 햄 제조회사가 상품 광고를 위해 엄청난 양의 광고를 사용한 것에서 유래되었다. 그러나 스팸 메일은 개인에게 불편을 줄뿐 아니라, 네트워크의 통신 양을 급격하게 증가시키고 있으며, 경제적인 손실 또한 많이 늘어나고 있다. 뿐만 아니라 스팸 메일을 통한 악성/유해 프로그램의 확산이 사회적 문제가 되고 있다.

스팸 메일 발신자들은 채팅사이트, 해킹, 바이러스 등에 의해 불법적으로 수집한 주소록 리스트를 사용하여 스팸 메일을 보낸다. 스팸 메일을 방지하기 위해서는 e-메일 필터링 유틸리티 프로그램을 사용하여 스팸 메일을 걸러내야 하고, 유해 사이트 방문과 멤버십의 가입을 자제하여 자신의 e-메일 주소가 불법적으로 악용되지 않도록 주의해야 한다.

| 그림 7-38 매일같이 쏟아지는 스팸 메일

### 7.4.3 정보보호를 위한 암호화 및 인증

인터넷의 발전으로 인하여 전자상거래 및 개인의 정보를 활용한 비즈니스가 증가하고 있다. 정보화 사회에서 가장 중요한 문제는 인터넷환경에서 어떻게 정보를 안전하게 사용하고 개인의 정보를 보호할 수 있는가이다. 인터넷상에서 정보를 보호하기 위해서는 정보를 암호화(Encryption)시켜 보관하며 사용자 인증(Authentication)을 통하여 접근을 제한적으로 허락하는 방안이 필요하다. 이 절에서는 인터넷상에서 정보를 안전하게 보호하고 전달하기 위한 방법에 대하여 살펴보도록 하자.

■ 암호화 기술

컴퓨터 암호화(Cryptography)란 글자의 배열 순서를 바꾸거나 특정한 키 값(Key)

을 설정하여 문자의 조합을 혼합시켜서 암호화하는 기법을 의미한다. 암호화된 정보를 키 값을 이용하여 원래의 정보로 바꾸는 과정을 복호화라고 부른다. 이러한 방식을 쓰는 이유는 메시지 정보를 암호화시켜서 메시지가 타인에게 유출되더라도 해독하지 못하게 하고 오직 암호화 키 값을 소지한 사용자만 복호화를 하도록 하는 데 있다. 암호화 기술은 주로 국가기관이나 군대 등 보안 유지가 필요한 조직에서 사용하였으나 인터넷의 확산으로 컴퓨터 시스템에서 암호화 기술이 필요하게 되었다. 대표적으로 대칭키(Symmetric Key) 암호 방식과 공개키(Public Key)암호 방식이 존재한다.

## (1) 대칭키 암호화 방식

대칭키 암호화 방식에서는 송신 측과 수신 측 컴퓨터에서 동일한 암호키를 이용하여 암호화하게 된다. 가령, 보내려는 메시지의 각 글자를 2자씩 뒤의 글자로 변환하여 암호화하는 경우 이러한 사실을 수신 측 컴퓨터에서도 사전에 알고 있다면 이를 복호화할 수 있다. 중간의 해커는 이러한 암호화 내용을 알 수 없으므로 정확한 메시지를 복호화해낼 수 없다. 그러나 대칭키 암호화 방식에서는 어떻게 송신 측과 수신 측이 동일한 암호키를 가질 것인가가 중요하다. 송신 측에서 암호화한 키를 그냥 수신 측에 전송한다면 이 키 또한 해커에 의해 유출될 수 있기 때문에 키의 전송이나 생성에 어려운 점이 있다.

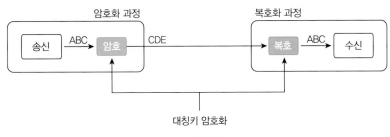

| 그림 7-39  대칭키 암호화 방식

## (2) 공개키 암호화 방식

공개키(Public Key) 암호화 방식은 공개키와 개인키(Private Key)라는 두 비대칭적인 키를 이용하여 메시지를 암호화하는 방식이다. 이 중 공개키는 모두에게 알려져 있으며 메시지를 암호화하는 데 쓰인다. 이렇게 암호화된 메시지는 개인키를 가진 사람만이 복호화하여 열어볼 수 있다. 이러한 특징을 이용하여 그림 7-40에서 보듯이 송신자(갑)

는 수신자(을)의 공개키로 메시지를 암호화하여 전송하면 수신자(을)는 자신의 개인키로 암호화된 내용을 복호화할 수 있다. 이때 중간에서 메시지가 유출되더라도 수신자(을)의 개인키를 알 수 없기 때문에 메시지를 열어볼 수 없게 된다. 가장 보편적인 공개키 방식으로는 RSA 알고리즘이 사용된다. 공개되지 않은 개인키를 갖지 않은 사람은 복호화할 수 없기 때문에 매우 안정적이다.

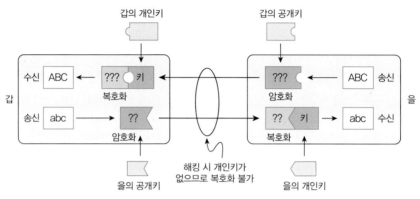

| 그림 7-40  공개키 암호화 방식

■ 인증(Authentification)

인증(Authentication)이란 컴퓨터 간에 교환되는 정보 위변조 및 사용자의 진위 여부를 확인하는 과정을 의미한다. 인증에는 사용자 인증과 메시지 인증이 있다. 사용자 인증 방법에는 비밀번호 설정, RFID나 스마트카드 등을 활용한 카드 인증, 생체의 특수 부분(예: 지문, 눈동자, 음성)을 인식하여 사용자 진위를 확인하는 생체인식 방법이 있다. 메시지 인증에는 전자 서명이 사용되고 있는데 전자 문서에 서명한 사람이 누구인지 그리고 서명한 전자 문서가 변조되지 않았는지 여부를 알 수 있다. 그림 7-41은 인증의 방법에 대한 예를 보여주고 있다.

(a) 패스워드　　　　　(b) 지문인식 마우스　　　　　(c) 전자서명

| 그림 7-41  인증(Authentication) 기술

# 연습문제

객관식

**7-1** 인터넷의 기본 통신방식과 가장 관련성이 높은 것은?

(a) 스타 구조 네트워크(Star Network)

(b) 공중교환전화망(PSTN: Public Switched Telephone Network)

(c) 패킷교환데이터통신망(PSDN: Packet Switched Data Network)

(d) 애드혹(Adhoc) 네트워크

(e) Ethernet

**7-2** Ethernet 망은 어떤 네트워크 구조(Network Topology)를 가지는가?

(a) 링 구조 네트워크　　(b) 버스 네트워크　　(c) 스타 구조 네트워크

(d) 계층적 네트워크　　(e) 애드혹 네트워크

**7-3** 인터넷 회선에 한 개 이상의 컴퓨터와 프린터들이 공유하도록 하는 장치를 무엇이라 하는가?

(a) 모뎀(Modem)　　(b) 중계기(Repeater)　　(c) ISP

(d) 라우터(Router)　　(e) 핫스팟(Hotspot)

**7-4** Wi-Fi와 가장 관련성이 적은 것은?

(a) CSMA/CD　　(b) CSMA/CA　　(c) 스타구조 네트워크

(d) 핫 스팟(Hot Spot)　　(e) AC

**7-5** 서로 다른 프로토콜을 가지는 네트워크 간에 프로토콜을 변환해주는 컴퓨터 장치는?

(a) 허브　　(b) 스위치　　(c) 게이트웨이

(d) 브리지　　(e) 모뎀

**7-6** 다음 중 가장 데이터 전송속도가 느린 네트워크는?

(a) Ethernet      (b) 백본 네트워크      (c) Wi-Fi

(d) LTE      (e) LAN 망

**7-7** TCP/IP 프로토콜의 특성과 가장 관련이 적은 것은?

(a) 패킷교환      (b) 빠른 전송속도      (c) 주소와 정보

(d) 경로의 결정      (e) 회선의 공유

**7-8** 다음 중 Wi-Fi와 가장 관련이 적은 것은?

(a) 무선 LAN      (b) AP(Access Point)      (c) Ethernet

(d) IEEE 802.11      (e) 핫스팟(Hotspot)

**7-9** 다음 중 통신 프로토콜(Protocol)에 해당하지 않는 것은?

(a) PAN      (b) TCP/IP      (c) WiBro

(d) Ethernet      (e) Wi-Fi

**7-10** 다음 중 무선 PAN(Personal Area Network)이 아닌 것은?

(a) IrDA      (b) Firewire      (c) 블루투스

(d) UWB      (e) ZigBee

**7-11** 다음 중 컴퓨터 악성(유해) 프로그램에 속하지 않는 것은?

(a) 인터넷 웜      (b) 스팸 메일      (c) 트로이 목마

(d) 스파이웨어      (e) 애드웨어

**7-12** 개인의 정보를 불법으로 취득하여 범죄에 사용하는 해킹기술로 대표적인 유형으로 ID 도용을 들 수 있다. 온라인 쇼핑, 온라인 뱅킹 등의 위조 사이트를 수집된 정보로 개설한 뒤, 개인의 주민등록 번호, 크레딧 카드 번호, 패스워드 정보를 불법으로 수집하는 해킹을 무엇이라 부르는가?

(a) DoS(서비스 거부공격)      (b) 크래킹      (c) 피싱

(d) 스파이웨어      (e) 인터넷 웜

**7-1** 무선 인터넷 서비스인 Wi-Fi는 (              ) 방식으로 구성되어 있으며 AP(Access Point)를 중심으로 일정 거리 내에 위치한 노드와 데이터를 주고받는다.

**7-2** 클라이언트 노드에서 서비스의 요청을 서버로 보내고, 서버는 요청에 따라 서비스를 클라이언트에게 보내는 역할을 한다. 가장 대표적인 (              )로 인터넷을 들 수 있다.

**7-3** (              )은 클라이언트 서버망과는 달리 컴퓨터 사이에 서버 기능을 하는 컴퓨터 없이 망을 구성하는 형태의 네트워크를 의미한다. 즉, Peer의 개념은 네트워크상에서 컴퓨터와 컴퓨터가 종속적 관계가 아니라 동등한 위치로 연결되어 있다는 의미이다.

**7-4** (              )은 메시지를 패킷 단위로 분리하여 보내는 전송방식이다. 패킷을 보낼 때 트래픽이 덜 붐비는 경로로 데이터를 전송하며, 가장 빠르게 도달하는 경로를 탐색하여 보내기 때문에 전송 효율이 높다는 장점을 가지고 있다.

**7-5** LAN으로 불리는 근거리 통신망은 집이나 건물과 같이 소규모의 지역을 지원하는 컴퓨터 네트워크이다. 유선 LAN과 무선 LAN이 사용되는데, 유선 LAN으로는 (              ) 이 사용되고 있고, 무선 LAN으로는 Wi-Fi가 사용되고 있다.

**7-6** (              )이란 디지털 통신에서 데이터의 송신자와 수신자 간에 정보를 원활히 주고 받기 위하여 따르는 규약 또는 약속을 의미한다.

**7-7** 인터넷은 패킷을 생성하고 전송하기 위한 TCP와 IP 프로토콜에 기반하고 있다. 정보를 전송하기 위한 호스트의 (              )은 1,500 바이트 단위로 정보를 묶어서 패킷을 만들고 IP층에 전달하는 역할을 한다. (              )은 패킷을 받아서 주소를 해석하고 다음 경로를 결정하여 전송하는 역할을 한다.

**7-8** (              )는 기간망이라고도 하며 네트워크의 최상위 레벨로, 도시와 도시 또는 넓은 지역과 지역을 연결시켜 주는 주요 통신망이다.

**7-9** 네트워크 보안의 한 가지 방법으로 (              )을 사용한다. (              )은 인터넷에 접속하여 전송되는 정보를 확인하여, 위험성이 내포된 정보를 통과시키지 않는 역할을 한다.

7-10 (           )는 컴퓨터 시스템에 몰래 숨어 들어와서 백도어(뒷문)를 만드는 악성/유해 프로그램으로 일반적으로 해킹의 도구로 사용되고 있다.

7-11 (           )이란 인터넷을 통한 서비스를 일시적으로 중지시키는 기법이다. 바이러스와 같이 시스템을 파괴하지는 않으나 정보 시스템의 정상적인 수행을 정지시킴으로써 사용자에게 불편을 주게 된다. 예를 들어, 해커는 네트워크에 연결된 다수의 컴퓨터를 불법으로 이용하여 공격목표가 되는 서비스 서버에 접속을 동시 다발적으로 시도하게 된다.

7-12 (           ) 방식은 공개키와 개인키(Private Key)라는 두 비대칭적인 키를 이용하여 메시지를 암호화하는 방식이다. 이 중 공개키는 모두에게 알려져 있으며 메시지를 암호화하는 데 쓰인다. 이렇게 암호화된 메시지는 개인키를 가진 사람만이 복호화 하여 열어볼 수 있다.

### 주관식

7-1 인터넷 프로토콜인 TCP 프로토콜과 IP 프로토콜의 기능에 대하여 설명하라.

7-2 비콘(Beacon)과 블루투스(Bluetooth)의 기능에 대하여 설명하고 각각 활용 분야에 대하여 사례를 들어 설명하라.

7-3 인터넷의 계층적 구조에 대하여 설명하라. 또한 인터넷의 응용층에는 어떠한 것들이 있는가?

7-4 유선망, 무선망 및 모바일망의 데이터 전송속도가 어떤 차이가 있는지 비교하라.

7-5 국가와 국가를 연결하는 백본 네트워크의 실현 기술로 해저케이블과 위성통신이 있다. 각 기술의 특성을 설명하고 어떤 상황에 가장 적합한지 기술하라.

7-6 아날로그 통신의 서킷 스위칭 방식에 비해 디지털 통신의 패킷 스위칭 방식의 장점에 대하여 설명하라.

7-7 네트워크 보안을 위한 방화벽의 기능과 역할에 대하여 설명하라.

Chapter

# 08

# 인터넷과 웹

# 인터넷과 웹

앞 장에서 컴퓨터를 서로 연결하여 운영하는 컴퓨터망의 구성방식이나 데이터 교환 등 컴퓨터 네트워크의 기본 원리를 살펴보았다. 인터넷은 컴퓨터 네트워크의 한 부분이지만 현재 우리의 일상생활에서 없어서는 안 될 정도로 널리 보급되어 있다. 정보의 바다라고 불리는 인터넷은 방대한 정보를 포함하고 있으므로 이것들을 잘 찾아가는 검색 및 항해 기법이 인터넷을 사용하는 데 매우 중요하다.

이 장에서는 인터넷의 발전과정과 인터넷 서비스를 살펴보고, 우리가 일상적인 생활에서 접하는 웹(WWW)의 기본개념을 설명한다. 그리고 웹에서 실행이 가능한 다양한 서비스 방식과 활용 분야를 살펴본 후 최근 많은 사람들의 주목을 받고 있는 웹2.0의 기본 개념을 소개한다.

## 8.1 인터넷 역사와 사용 환경

인터넷이란 단어는 우리의 일상생활에서 매우 낯익은 단어가 되었다. ITU의 보고서에 따르면 전 세계 모든 국가들이 연결된 인터넷의 사용 인구가 2020년 46억 명을 넘어섰다고 한다. WWW(World Wide Web)이 보급된 지 30년만에 이렇듯 널리 사용되고 있는 인터넷의 기본 개념과 역사를 알아보기로 하자.

## 8.1.1 인터넷의 개념과 발전 과정

인터넷을 좁은 의미로 정의해 보면 IP(Internet Protocol)를 전송규약으로 사용하여 연결된 모든 네트워크라고 할 수 있다. 현재 전 세계의 네트워크에서 데이터를 주고받는 프로토콜로 IP 규약을 가장 널리 사용하고 있다. 따라서 인터넷은 전 세계의 네트워크들을 연결하는 하나의 거대한 네트워크라고 말할 수 있으며, 이러한 네트워크 연결 위에서 웹(WWW), FTP, e-메일, 채팅 등 다양한 인터넷 서비스가 제공되고 있다.

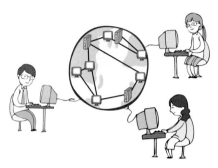

| 그림 8-1  전 세계 네트워크의 연결

■ 인터넷의 역사

인터넷은 1957~1958년 구 소련의 스푸트니크(Sputnik) 인공위성 발사를 계기로, 미국방성이 유사시 군사 정보를 공유할 목적으로 개발한 ARPANET에 기원을 두고 있다. 1969년 미국 내 4개 대학에 있는 컴퓨터 간에 데이터를 전송하기 위하여 IP 전송규약을 사용한 ARPANET을 구성하였다.

이후 컴퓨터 기술의 발전과 함께 이더넷(Ethernet) LAN 기술과 TCP/IP 규약의 통신 기술이 발전하여 LAN의 구축이 활발해졌다. 1980년대 중반 미국립과학재단인 NSF(National Science Foundation)에서는 연구정보를 공유하기 위하여 재단 소유로 5군데에 있는 슈퍼컴퓨터를 연결하여 NSFNET을 구축하였다. 네트워크의 전송규약으로는 TCP/IP를 채택하고 각 슈퍼컴퓨터를 그 지역 컴퓨터들과 LAN으로 연결하여 구축했던 NSFNET은 활용범위와 접속범위가 점점 늘어나 1990년대까지 미국 내 인터넷의 근간으로 활용되었다.

1990년대 초까지는 인터넷이 정부기관이나 연구기관에서 사용하는 정보교환 도구로 인식되었으나 웹(Web)이라 불리는 WWW(World Wide Web)의 탄생이 오늘날 같은 인터넷의 대중화를 이루게 한 원동력이 되었다. 이전까지는 명령어 방식의 인터페이스에서 인터넷을 조작하는 텍스트 명령을 직접 입력하여야 했다. 그러나 웹 브라우저에서는 일반 사용자들이 쓰기 쉬운 GUI 방식의 인터페이스를 제공하여 인터넷의 보급에 큰 기여를 하였다. 그림 8-2(a)는 텍스트 방식의 인터넷 브라우저를 보여주며 그림 8-2(b)는 1994년 발표되어 인터넷 보급에 큰 기여를 한 GUI 방식의 웹 브라우저 넷스케이프 내비게이터(Netscape Navigator)의 실행화면이다.

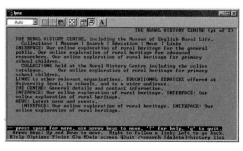

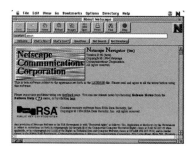

(a) 텍스트 기반 인터넷 브라우저 Lynx    (b) 넷스케이프 내비게이터 웹 브라우저

| 그림 8-2  인터넷 브라우저의 실행화면

■ 인터넷의 확산

인터넷은 빠르게 증식하고 있는 생명체처럼 전 세계에서 대다수의 컴퓨터가 인터넷에 연결되어 있으며 인터넷을 사용하는 사람이 꾸준히 늘어가고 있다. 인터넷에 연결되어 있는 호스트 컴퓨터의 수는 1969년 ARPANET의 4대에서 시작하여 1987년 10,000대, 1997년 2,000만 대, 2001년 1억 대, 2008년 5억 대, 2019년 10억 대를 돌파하는 성장세를 보이고 있다. ITU 자료에 의하면 2005년 10억 명, 2010년 20억 명, 2015년 30억 명, 2020년 46억 명으로 증가하여 2021년 현재 49억 명으로 전 세계 인구의 63%가 인터넷을 이용하고 있는 것으로 조사되고 있다.

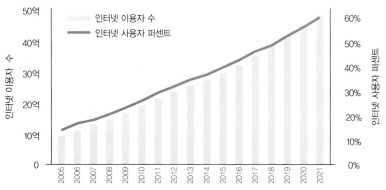

| 그림 8-3 전 세계 인터넷 이용자 수의 변화

국내의 경우 한국인터넷진흥원의 자료에 따르면 인터넷 사용 인구가 1999년에 1,000만 명을, 2004년 3,000만 명을 넘어서 2019년 4,640만 명이 이용하고 있다. 2004년부터 인터넷 이용률이 70%를 넘어서 2021년 93%로 집계되고 있어 전 세계에서 최고 수준의 인터넷 보급률을 보이고 있다.

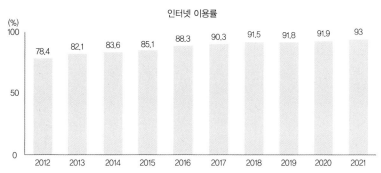

| 그림 8-4 국내 인터넷 이용률 트렌드(2012~2021년)

## 8.1.2 인터넷의 구성

■ 클라이언트-서버 모델

인터넷은 클라이언트-서버 모델(Client-Server Model)을 기반으로 한다. 서버란 제공하고자 하는 서비스에 적합한 정보들을 자신의 하드디스크에 보관하고 이를 외부에 제공해주는 컴퓨터를 지칭하며, 사용자가 서버에서 제공하는 정보를 얻기 위한 컴퓨터

를 클라이언트라고 한다. 일반적으로 인터넷에서는 여러 가지 정보들을 서버에서 관리하고, 일반 사용자들은 자신의 컴퓨터를 이용하여 서버에 접속하여 서버에서 제공하는 여러 가지 정보들을 이용하게 된다.

| 그림 8-5 클라이언트-서버 모델

통상적으로 하나의 호스트 컴퓨터는 여러 가지 서버의 역할을 겸하는데, 서버 역할을 하기 위해서는 서버 프로그램이라고 부르는 특정한 프로그램들이 필요하다. 또한 일반 사용자 입장에서도 서버에 접속하여 서비스를 이용하려면 클라이언트 프로그램이 요구된다. 예를 들어, 웹(WWW)을 이용하려면 서버에는 아파치(Apache) 또는 IIS라는 명칭의 웹 서버 프로그램이 있어야 하고, 클라이언트 프로그램으로는 Explorer와 같은 웹 브라우저 프로그램이 있어야 한다. 마찬가지로, FTP 서비스를 제공받으려면 서버에는 FTP 서버 프로그램을, 클라이언트에서는 FTP 클라이언트 프로그램을 운용해야 한다.

■ TCP/IP 프로토콜

전 세계 컴퓨터를 연결해 놓은 인터넷에서는 컴퓨터의 종류가 매우 많을 뿐 아니라 운영체제나 데이터의 형식이 서로 다른 경우도 많다. 우리가 흔히 사용하는 PC로부터 매킨토시는 물론 서버로 사용되는 다양한 워크스테이션이나 대형컴퓨터까지 다양한 구조의 컴퓨터가 연결되어 있으며 사용하고 있는 운영체제도 MS Windows, Mac OS, Unix, Linux 등 컴퓨터 기종마다 제각기 다르다. 이와 같이 다양한 종류의 컴퓨터들을 연결한 인터넷에서는 모든 컴퓨터에 IP 주소를 할당하며, 데이터를 주고받기 위하여 TCP/IP 통신 프로토콜을 적용하고 있다.

통신 프로토콜이란 컴퓨터 간의 통신 규약으로 컴퓨터 사이에 정보를 전달하기 위하여 필요한 규칙 및 약속의 집합을 말한다. TCP의 주된 기능은 데이터를 여러 개의 작은 조각으로 나누어 패킷(Packet)이란 정보단위를 생성하고 패킷이 제대로 전송되는지 확인하는 것이다. 패킷들이 원하는 주소에 도착하면 TCP에서 패킷들을 다시 원래의 순서대로 재복원시킨다. IP(Internet Protocol) 프로토콜은 주어진 각 패킷을 어떻게 목적지까지 어떤 루트를 통해 보낼 것인가에 대한 전송 프로토콜이다. 각 패킷에는 IP 주소가 붙어 있어 목적지가 어디 인지를 알 수 있다.

IP에서는 정보를 전송하기 위한 주소체계를 가지고 있는데 주소를 숫자로 표현한 것을 IP 주소(IP Address)라 하며, 이를 기억하기 좋도록 문자로 표현한 것을 도메인 이름(Domain Name)이라고 한다. 대표적인 포털 사이트인 네이버의 경우 호스트 컴퓨터에 부여된 IP 주소가 222.122.84.200이며 도메인 이름은 www.naver.com이다. 따라서 웹을 이용하여 네이버의 호스트 컴퓨터에 접속하려면 주소창에 http://www.naver.com 또는 http://222.122.84.200이라고 입력하면 된다.

■ IP 주소 체계

인터넷에 접속되어 있는 모든 호스트 컴퓨터들은 고유한 IP 주소를 가지고 있으므로 전 세계 어디에서나 원하는 컴퓨터에 접속할 수 있다. 이들 IP 주소의 등록 및 관리는 NIC(Network Information Center)라는 기구에서 관장하고 있으며, 각 대륙별로 산하기관이 있고 각 국가별로 관리기관을 두어 국가 내의 주소를 관리하고 있다. 우리나라의 경우 한국인터넷진흥원(KISA)에서 그 역할을 맡고 있다.

IP 주소는 4개의 바이트(Byte)로 구성되어 있으며, 각각의 바이트는 222.122.84.200와 같이 '.'으로 구분하여 표현한다. 각각의 바이트는 8 비트(Bit)이므로 $2^8=256$가지를 표현할 수 있으나, IP 주소에서는 0과 255를 제외하고 254가지를 표현한다. 호스트 컴퓨터를 구분하는 데는 보통 3개의 바이트를 사용하여 254×254×254개의 호스트까지 표현이 가능하다. 즉, 약 1,600만 개의 호스트와 약 43억 개의 단말기 컴퓨터를 연결할 수 있는 주소체계인 것이다. 최근에는 사물인터넷 시대가 도래 하면서 우리 주변의 모든 기기에 인터넷 IP 주소를 할당해야 하는 필요에 따라 기존의 4 바이트 체계(IPv4)가 아닌 16 바이트 체계로 발전하고 있다. IPv6라고 불리는 16 바이트 체계는 우리 주변의 컴퓨터를 포함한 사물인터넷(IoT) 환경에서 IP 주소를 할당하고도 남을 만한 개수이다.

## 8.2 인터넷 서비스

인터넷이 급격히 확산되면서 인터넷 경제 개념이 중요하게 떠오르게 되었다. 인터넷 경제는 인터넷 생태계에 의하여 발전하고 유지된다. 인터넷 생태계의 중요성을 이해하자. 기존의 인터넷 서비스인 전자우편, FTP 서비스, 포털 및 검색엔진, 채팅 및 메신저 서비스, 온라인 커뮤니티 서비스에 대하여 공부해보자.

### 8.2.1 인터넷 경제와 인터넷 생태계

#### ■ 인터넷 경제

인터넷이 단지 정보검색 수단에 머무르지 않고 웹을 통한 전자상거래가 확산되면서 인터넷의 활용이 크게 증가하였다. emarketer.com에 의하면 전 세계 e-커머스 시장은 2017년 2.38조 달러, 2018년 2.92조 달러, 2019년 3.53조 달러로 증가하였고 2020년은 코로나 19로 인하여 더욱 급격히 증가하였다. 원래 2020~2027년 동안 연평균 14.7% 성장할 것으로 예상되었으나 실제는 이를 훨씬 상회할 것으로 예상되고 있다. e-뱅킹과 모바일 뱅킹의 급성장, 인터넷 광고 시장의 확대, 인터넷을 이용한 마케팅의 기법의 발전, 인터넷상의 마켓플레이스(Market Place) 확산 등은 '인터넷 경제(Internet Economy)' 시대의 도래를 보여주고 있다.

e-커머스의 성공은 상대적으로 낮은 가격, 선택의 다양성, 구매편의성 및 개인화 서비스의 강화 등에 기인하고 있다. 거의 모든 경제활동 인구가 스마트폰을 보유하고 있는 현실에서 구매편의성은 물론 가격 경쟁력, 개인화 서비스 및 위치기반 서비스 등은 구매자에게 큰 장점으로 인식되고 있다. 또한, 인터넷 경제 시대에는 인터넷 연관 산업도 변화하고 확대된다. 예를 들어, 인터넷 경제 시대에 신문, 방송과 같은 기존 미디어 산업이 크게 변신하여 콘텐츠를 제공하는 디지털 미디어 기업으로 변신하고 있고 통신회사들도 콘텐츠 서비스 업체로 변화하고 있다. 인터넷으로 인하여 유통 산업도 크게 변화하고 있고 광고 산업도 이제는 온라인 광고 시장이 가장 주요한 광고 시장으로 변모하고 있다.

| 조 달러(2016년) GDP | GDP % | CAGR 2010-16 % |
|---|---|---|
| U.K. 2.8 | 12.4 | 10.9 |
| South Korea 1.4 | 8.0 | 7.4 |
| China 12.4 | 6.9 | 17.4 |
| EU27 20.0 | 5.7 | 10.6 |
| India 4.3 | 5.6 | 23.0 |
| Japan 6.6 | 5.6 | 6.3 |
| U.S. 18.6 | 5.4 | 6.5 |
| G20 79.9 | 5.3 | 10.8 |
| Mexico 1.5 | 4.2 | 15.6 |
| Germany 3.9 | 4.0 | 7.8 |
| Saudi Arabia 0.8 | 3.8 | 19.5 |
| Australia 1.7 | 3.7 | 7.1 |
| Canada 2.1 | 3.6 | 7.4 |
| Italy 2.4 | 3.5 | 11.5 |
| France 3.1 | 3.4 | 6.1 |
| Argentina 0.8 | 3.3 | 24.3 |
| Russia 2.7 | 2.8 | 18.3 |
| South Africa 0.6 | 2.5 | 12.6 |
| Brazil 3.7 | 2.4 | 11.8 |
| Turkey 1.3 | 2.3 | 16.5 |
| Indonesia 1.5 | 1.5 | 16.6 |

출처: Boston Consulting Group

| 그림 8-6 세계 주요국의 경제에서 GDP 대비 인터넷이 차지하는 비율(2016년)

■ 전자상거래(e-커머스)의 유형

최근 고객들은 인터넷 쇼핑몰에서 전자제품을 사거나 옷이나 신발을 사는 경우가 자주 있으며, 심지어 온라인으로 피자를 주문하거나 동네 슈퍼에서 생활필수품을 주문하는 경우도 있다. 최근, 인터넷에서 가상 상점을 구축하여 물품을 판매하거나 거래하는 서비스를 제공하는 사이버 쇼핑몰이 관심을 많이 끌고 있다. 이와 같이 인터넷이나 통신망 등 IT기술의 환경을 통해 진행되는 모든 상거래를 전자상거래(e-Commerce 또는 e-Business)라고 한다. 더 나아가 인터넷뿐 아니라 휴대폰은 물론 TV를 통해서 물품을 구매하고 대금을 결제하기도 한다. 모바일 환경의 상거래인 경우 m-커머스, TV의 경우 t-커머스, 유비쿼터스 환경의 경우에는 u-커머스라 부르기도 한다.

전자상거래는 일반 사용자가 인터넷 쇼핑몰에서 상품을 구매하는 것에 국한되지 않고 다양한 유형의 서비스를 지원한다. 기업과 개인 간의 상거래인 B2C(Business to Customer) 유형은 인터넷 쇼핑몰에서 기업이 제공하는 상품이나 서비스를 일반소비자가 구매하는 형태이며, 기업 간 전자상거래인 B2B(Business to Business) 유형은 기업과 기업 간에 이루어지는 제품이나 서비스에 대한 상거래이다. 초기의 전자상거래에서 관심은 인터넷상의 소매거래인 B2C에 초점이 맞추어졌지만, 지금은 B2B 유형의 거래가 B2C의 규모를 훨씬 초과하여 전자상거래에서 B2B의 역할이 한층 증가하였다. 기업과 정부 간 전자상거래인 B2G(Business to Government) 유형은 B2B에서 발전된 형태로 기업과 정부기관이 인터넷을 이용하여 보다 효과적으로 정보를 교환하거나 상거래를 하자는 취지이다. 한편 C2C(Customer to Customer) 유형은 일반 소비자 간의 상거래이며, 옥션, 장터 등이 대표적인 사례이다. 이들 전자상거래의 유형 간의 관계를 그림 8-7에 정리하였다.

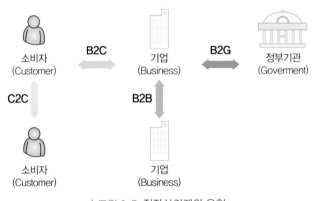

| 그림 8-7 전자상거래의 유형

■ 인터넷 산업의 특성

인터넷 서비스를 이용하는 가입자 수가 인터넷 기업의 가치(Company Value)를 결정짓는다. 인터넷 서비스 산업에서는 '규모의 경제(Economy of Scale) 법칙'이 절대적으로 적용된다. 인터넷 서비스를 개발하는 비용과 투자비용은 이용자 수에 따라 큰 차이가 나지 않으므로 인터넷 서비스 기업에는 이용자(또는 가입자)의 수가 매우 중요한 요소로 작용한다.

네트워크의 가치는 사용자 수가 증가함에 따라 같이 증가한다는 것을 '네트워크 효과(Network effects)'라고 부른다. 예를 들어, 전화 가입자 수가 증가할수록 각 개인에게 전화기의 가치가 상승하는 것도 대표적인 네트워크 효과이다. 네트워크 효과는 소셜 네트워크 서비스인 Facebook, Twitter, Google+에도 그대로 적용되어 인터넷의 가치는 네트워크 효과를 가진다. Ethernet의 창시자인 메칼프에 의하면 네트워크의 가치는 가입자 수인 N의 제곱에 비례한다(Metcalfe's Law)고 이야기 하고 브리스코(Briscoe)는

N log(N)에 비례한다고 설명한다.

대부분의 인터넷 서비스는 무료로 제공되거나 최소의 비용을 이용자가 부담하므로 인터넷 기업은 노출형광고(배너광고, 스폰서십 광고 등)와 검색광고 같은 광고를 수익모델로 가지고 있다. 광고 수입은 당연히 가입자 수에 따라 결정되므로 인터넷 기업은 더 많은 가입자를 확보하기 위하여 노력하고 있다.

인터넷 기업에서는 더 많은 가입자를 확보하는 것이 기업의 사활이 걸린 문제이다. 인터넷 기업은 자체적인 개발 대신에 인터넷 기업의 인수·합병을 통해서 이를 달성하는 것이 더 바람직한 경우가 많다. 경쟁 기업의 인수를 통해 더 많은 이용자를 확보하고 시장에서 절대적인 우위를 점할 수 있다. 인터넷 서비스 산업에서 1위를 차지한다는 것은 매우 중요하다. 흔히, 승자 독식의 원리가 인터넷 산업에서 자주 적용된다. 전략적으로 인터넷 기업이 새로운 비즈니스 영역으로 진출하고자 할 때도 그 분야의 경쟁력 있는 인터넷 기업을 인수·합병함으로써 시너지 효과를 극대화할 수 있다. 다른 어떤 산업보다 시장환경 변화와 서비스 진화가 빠른 인터넷 분야에서 기업이 새로운 영역에서 시작하기에는 위험부담이 크고 투자 효율성이 떨어지기 때문에 기존 기업의 인수를 통해 비즈니스의 영역을 확장하는 것이 유리한 경우가 많다.

■ 인터넷 생태계

인터넷 서비스 산업에서는 더 많은 가입자를 확보하는 것이 매우 중요하다. 왜 이러한 사실이 중요한지 인터넷 생태계 관점에서 이해해보자. 인터넷 서비스는 그림 8-8과 같이 서비스 플랫폼, API(Application Program Interface) 및 광고 플랫폼으로 구성된 플랫폼 개념으로 이해될 수 있다. 이러한 플랫폼을 통해 많은 가입자를 확보하는 것은 아래와 같은 긍정적 결과를 초래한다.

① 인터넷 가입자는 정보의 소비자이며 동시에 정보의 생산자(이를 프로슈머라고 한다) 역할을 한다. 따라서 가입자 수가 많을수록 더 많은 정보를 생성하고 이용할 수 있다.
② 애플리케이션 개발사(예, 앱 개발사)는 가입자 수가 많은 환경을 선호한다.
③ 가입자 수가 많을수록 광고효과가 증가하므로 광고단가가 급속히 올라간다.
④ 따라서 가입자 수가 많을수록 인터넷 서비스사의 투자여력이 크게 증가한다.

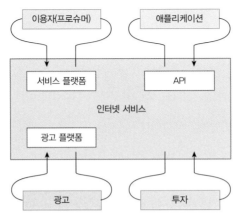

| 그림 8-8 인터넷 생태계의 개념

가입자 수에서 경쟁사에 비해 우위에 있는 기업이 ①, ②, ③, ④항의 상호작용을 일으켜 더욱 시장을 장악할 가능성이 높아진다. 사용자 수를 확장하고 새로운 사업 영역을 확보하기 위하여 인터넷 기업들은 소위 말하는 '플랫폼 생태계(Platform Ecosystem)' 개념을 따른다. 플랫폼 생태계는 한 가지 서비스 또는 한 가지 제품에 그치는 것이 아니고 공통 인터넷 소프트웨어 플랫폼을 통하여 다양한 기기 및 서비스를 사용자에게 제공함으로써 더 많은 이용자와 구매자를 확보하고 사용자들로 하여금 특정 인터넷 기업이 제공하는 환경을 떠나지 않도록 해주는 역할을 한다.

## 8.2.2 기존의 인터넷 서비스

인터넷을 이용하여 어떤 정보를 얻는다고 하면 대부분의 사람들은 웹(WWW)을 연상한다. 실제로 인터넷에서 오고가는 교통량 중 대부분은 웹브라우저를 위한 HTTP 방식의 데이터 송수신이지만, 전자우편을 위한 e-메일이나 파일전송을 위한 FTP 서비스 프로토콜을 사용하는 경우가 상당히 있다. 이외에도 원격접속을 위한 Telnet, 접속확인을 위한 Ping, 채팅을 위한 IRC(Internet Relay Chat) 등의 서비스가 웹 사이트가 탄생하기 이전부터 사용되어 왔다.

■ 전자우편(e-mail)

전자우편은 흔히 e-메일이라고도 부르는데 다른 인터넷 사용자들과 편지를 주고받을
수 있는 서비스이다. 특정기관이나 단체 또는 e-메일 서비스 업체에 가입하면 자신만
이 쓸 수 있는 메일 주소와 아이디를 받아서 원하는 상대방과 전자 편지를 주고받을
수 있다. 전자우편 기능을 이용하려면 반드시 자신의 아이디가 메일 서버에 등록되어
있어야 하며, 전자우편의 주소는 '사용자 아이디@메일서버_주소'의 형식을 가지고 있
다. 예를 들어, 다음과 같이 전자우편주소를 사용할 수 있다.


sblim1@gmail.com

ycchoy@yonsei.ac.kr


전자우편 서비스 프로그램으로는 마이크로소프트사의 아웃룩 익스프레스(Outlook
Express)가 많이 사용되고 있다. 그림 8-9(a)에서 보듯이 MS 윈도우즈 운영체제에서
실행되며 메일의 수신, 발신, 저장 등 다양한 기능을 제공하고 있다. 한편, 웹 브라우저
상에서 실행되는 소위 웹메일 시스템도 많이 사용되고 있다. 그림 8-9(b)는 웹 메일 시
스템 중에서 많이 사용되고 있는 Gmail 시스템의 실행화면이다.

(a) 아웃룩 익스프레스                    (b) Gmail 시스템

| 그림 8-9  아웃룩 익스프레스 및 웹메일 시스템의 실행화면

■ FTP(File Transfer Protocol)

다른 곳에 있는 컴퓨터로부터 데이터 파일이나 프로그램 등을 받아 볼 수 있게 해주는
서비스이다. 웹이 탄생하기 이전에 전자우편과 함께 가장 인기 있는 서비스였으며 여전

히 많은 사람들이 사용하고 있다. 주로 프로그램이나 데이터를 파일형태로 다운로드받거나 웹 페이지를 만들기 위해 파일을 웹 서버에 전송하는 경우에 이용한다. FTP를 이용하면 전자우편으로 전송하기 어려운 대용량의 파일들을 쉽게 주고받을 수 있기 때문에 여러 가지로 유용하다.

FTP는 "File Transfer Protocol"의 약자로 인터넷 환경에서 파일을 송수신하기 위한 인터넷 표준 프로토콜이다. FTP는 인터넷 서비스의 이름이지만 이를 이용하기 위한 클라이언트 프로그램의 이름도 FTP라고 부른다. 윈도우즈 환경이 널리 사용되기 이전에 Unix나 DOS 환경에서는 직접 명령어를 입력하여 FTP 서비스를 사용하였다. 그러나 근래에는 그림 8-10(b)와 같은 메뉴 방식의 FTP 클라이언트 프로그램들이 제공되고 있어서 사용하기가 매우 편리하다. MS 윈도우용 FTP 프로그램으로는 WS_FTP나 국내의 경우 알_FTP가 많이 사용되고 있다.

(a) 기존 방식의 FTP        (b) 메뉴방식의 알FTP

| 그림 8-10 FTP 및 알FTP의 실행화면

## 8.2.3 포털 및 검색엔진

■ 포털 사이트(Portal Site)

1990년대 중반 야후(Yahoo)에서 웹사이트에 대한 검색서비스를 제공한 이래 검색기능의 발전과 함께 e-메일, 뉴스, 커뮤니티 제공 등 종합적인 서비스를 제공하는 포털사이트의 형태로 발전하였다. 포털(Portal)의 사전적인 의미가 '현관' 또는 '관문'을 뜻하듯이 포털사이트란 사용자가 인터넷에 접속할 때 현관처럼 반드시 거쳐야 하는 사이트를 말한다. 일반적으로 인터넷에 접속하면 웹 브라우저에 포털사이트가 처음 나타나도록 설정하므로 사용자가 필요로 하는 다양한 서비스를 모아 놓는다. 정보검색이나, 뉴스, 카페, 블로그와 같이 정기적으로 이용하는 서비스를 제공하여 많은 수의 고정 방문객을 확보하게 되면 포털사이트 입장에서는 광고수익이나 사용자 정보를 이용한 마케팅 수입이 증가하게 된다.

1990년대 초반 야후, 심마니, 까치네 등의 검색엔진으로 시작하여 2000년대 초 라이코스, 알타비스타가 나오면서 검색엔진 사이트가 포털의 형태로 발전하기 시작하였다. 국내에서 많은 방문자를 확보하고 있는 포털사이트는 네이버, 다음, 야후, 구글 등이 있으며, 해외에서는 미국의 구글, 야후, MSN과 중국의 바이두(Baidu) 등이 강세를 보이고 있다.

■ 검색엔진(Search Engine)

포털사이트에서 핵심적인 역할을 차지하고 있는 검색엔진은 인터넷상에서 자료를 쉽게 찾을 수 있도록 도와주는 프로그램이다. 웹 검색엔진의 도움 없이 인터넷에서 정보를 검색하는 것은 모래밭에서 바늘을 찾는 격이나 마찬가지일 것이다. 검색엔진에서는 정보수집 프로그램을 이용해 웹페이지를 수집하여 데이터베이스에 저장하고, 자동 색인 프로그램에서 사용자가 정보를 찾아갈 수 있는 형태로 만들어준다. 검색하는 방법에 따라 웹 검색엔진은 몇 가지로 구분할 수 있는데, 인덱스(Index) 방식과 디렉토리(Directory) 방식 등이 있다. 인덱스 방식은 웹 로봇 프로그램이 웹문서를 자동으로 수집하여 검색이 가능하도록 하며, 디렉토리 방식은 정보들을 각종 영역별로 분류하고 대항목부터 소항목까지 계층적인 접근구조를 제공하여 사용자가 쉽게 정보를 얻을 수 있게 해준다.

최근에는 멀티미디어 환경이 활성화됨에 따라 텍스트 검색뿐만 아니라 이미지나 동영상 검색까지도 지원해주고 있다. 이미지나 동영상 검색의 경우 주로 관리정보를 별도로 기록해 놓은 메타데이터에 의한 검색에 많이 의존하지만 경우에 따라서는 내용을 분석하여 검색하는 내용기반 검색기법이 적용되기도 한다.

## 8.2.4 채팅 및 메신저 서비스

### ■ 채팅(Chatting)

채팅은 다수의 사용자가 네트워크상에서 개설된 대화방 내에서 실시간으로 메시지를 주고받으며 대화하는 것을 말한다. 과거 PC 통신 시절부터 많은 사람들이 즐기던 인터넷 서비스로, 채팅 사이트에서 원하는 대화방을 선택한 후 그 방에 들어온 사람들과 동시에 이야기를 하는 방식이다. 웹이 등장하기 이전에는 IRC(Internet Relay Chat) 방식이 많이 사용되었는데, 이는 인터넷의 TCP/IP 프로토콜 위에서 실시간 채팅이 가능하도록 해주는 서비스 프로토콜이다. IRC 서버에 개설된 채팅방에 여러 사용자가 모여 실시간으로 문자 대화를 나누는 데 이용되며, 경우에 따라서는 파일을 주고받을 수도 있어서 파일 공유에 이용되기도 한다.

웹 환경의 발전으로 채팅 전용 프로그램이 없이도 브라우저 자체에서 실행되는 웹 채팅이 등장하고 그래픽 기술의 발전으로 인하여 3차원 아바타가 등장하는 채팅 서비스도 실시되고 있다. 특히, 온라인 게임에서 대화기능을 위하여 채팅이 사용됨에 따라 채팅 기술이 더욱 빠른 속도로 발전하고 있다. IRC 서버에서는 텍스트 채팅을 위주로 했지만, 최근에는 컴퓨터 하드웨어의 발달로 음성채팅 및 화상채팅 같은 멀티미디어 채팅이 가능해졌다. 한편, 대화방을 사용하지 않는 간편한 방식의 인스턴트 메신저가 나옴에 따라 채팅사이트가 아닌 메신저에서 바로 채팅기능을 수행하는 경우가 많이 발생하고 있다.

### ■ 메신저(Messenger) 프로그램

웹이 등장하기 이전 Unix의 'talk' 명령이 인스턴트 메신저 프로그램의 전신이며, 본격적인 메신저 프로그램은 채팅 프로그램으로부터 발전하였다. 1996년 미국의 AOL (America OnLine)사에서 회원의 접속 상태를 보여주고 실시간 대화를 기능하게 한 것이 시초이다. 인스턴트 메신저란 다수의 사용자가 인터넷에서 별도의 대화방을 개설하지 않고 실시간으로 메시지와 데이터를 주고받을 수 있는 클라이언트 프로그램을 말한다. 사용자는 서로 인터넷에 접속해 있는지 확인할 수 있으므로 즉각적인 대화가 이루어진다는 점에서 전자우편과는 차이가 있다. '인스턴트 메신저'라는 단어는 AOL의 등록된 서비스 명칭이므로 인터넷 메신저 또는 메신저 프로그램이 더 적합한 용어이다.

국내에서 많이 사용되는 메신저는 네이트온 메신저와 MSN 메신저가 있으며 해외에서는 MSN 메신저, 야후 메신저, AOL의 AIM, 구글 토크 등이 많이 사용되고 있다. 요즈음 대부분의 메신저 프로그램들이 일대일 대화와 다자간 그룹 채팅은 물론이고 음성채팅 및 화상회의 기능도 지원하고 있다. 최근 스마트폰의 보급 이후 인스턴트 메신저의 특성상 모바일 환경 혹은 유무선 연동 환경에서 더 널리 사용되고 있다.

## 8.2.5 온라인 커뮤니티 서비스

예전 PC 통신 시절에는 동호회 모임이나 게시판(BBS) 기능을 중심으로 온라인 커뮤니티를 형성하여 구성원들 간에 매우 활발한 커뮤니케이션 활동을 하였다. 온라인 커뮤니티 서비스란 인터넷과 같은 가상공간에서 구성원인 네티즌 간에 자발적인 상호작용이 이루어질 수 있도록 환경 및 도구를 제공하는 서비스를 말한다. 요즘은 동호회라는 단어보다는 카페 또는 클럽이 더 자연스러운 단어가 되었다. 게시판이나 카페 이외의 커뮤니티 서비스로는 블로그와 미니홈피가 있으며, 경우에 따라서는 앞 절에서 소개한 채팅이나 메신저 프로그램을 온라인 커뮤니티 서비스의 도구로 보기도 한다.

### ■ 클럽 서비스

클럽 또는 카페는 가장 일반화된 커뮤니티 서비스 도구로 게시판을 통하여 그룹 커뮤니케이션이 가능하다. 동호회 회원들이 클럽을 개설하여 공지사항 게시판이나 자료실을 운영하며 채팅이나 의견교환을 통한 토론까지도 가능하다. 다음카페, 네이버카페, 싸이월드 등이 대표적인 클럽 서비스이다.

### ■ 블로그 서비스

웹(Web)과 로그(Log)의 합성어인 블로그는 네티즌 자신의 관심사에 따라 일지를 작성하듯이 정보를 기록하고 저장하는 서비스이다. 블로그는 개인출판의 성격일 뿐 아니라 대표적인 개인 중심적인 커뮤니티 서비스 도구이다. 자신이 게시한 콘텐츠에 대해 갱신된 내용의 알림 기능이나 댓글달기 기능 등으로 또 다른 커뮤니티 서비스 기능을 제공하고 있다. 실제 국내에서 실시되고 있는 블로그 서비스로는 네이버 블로그가 널리 사용되며 다음, 네이트, 야후, 엠파스 등에서 서비스를 제공하고 있다.

(a) 네이버 블로그            (b) 다음 블로그

| 그림 8-11 블로그 서비스의 실행화면

## 8.3 웹의 개념

웹의 기본개념은 하이퍼텍스트로부터 시작되었다. 이 절에서는 하이퍼텍스트의 기본개념과 웹의 탄생과정을 소개하고, 웹 브라우저의 발전상황과 주요 기능을 설명한다. 한편, 많은 사람들이 애용하고 있는 홈페이지와 웹사이트를 작성하는 언어인 HTML과 XML을 소개한다.

### 8.3.1 하이퍼텍스트

■ 하이퍼텍스트의 개념

하이퍼텍스트(Hypertext)는 텍스트 위주의 문서가 링크로 연결되어 있는 것을 말하며, 하이퍼미디어(Hypermedia)는 텍스트뿐만 아니라 이미지, 그래픽, 사운드, 동영상 등을 포함한 멀티미디어 정보가 링크로 서로 연결되어 있는 것을 말한다. 하이퍼텍스트는 상호연관이 있는 텍스트 조각들을 비순차적으로 연결하여 구성한 정보이다. 그림 8-12(a)에서 보듯이 전통적인 책(Text)은 텍스트나 이미지가 순차적으로 구성되어 있으나, 하이퍼텍스트는 정보 조각들이 비순차적으로 연결되어 있다. 이때 텍스트 정보의 단위를 노드(Node)라고 하며 노드들을 연결하는 포인터를 링크(Link)라고 한다.

하이퍼텍스트의 노드는 원칙적으로 텍스트와 이미지로만 구성되어 있다. 이를 확장하여 노드가 그래픽, 사운드, 애니메이션, 비디오 등의 멀티미디어 정보를 가지고 있을 때 이를 하이퍼미디어라고 한다. 그러나 요즈음 멀티미디어가 보편화됨에 따라 두 단어가 혼용되어 사용되기도 한다. 각 정보단위는 링크에 의해 연결되어 있어서 원하는 정보의 열람은 반드시 연결 링크를 선택하여 탐색항해(Navigation)를 함으로써 이루어진다. 그림 8-12(b)는 링크를 따라 멀티미디어 정보단위들이 서로 연결된 모습을 보여주고 있다.

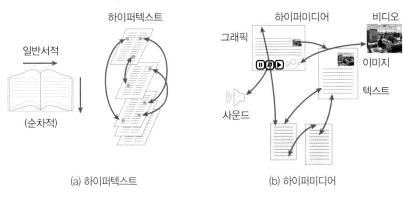

(a) 하이퍼텍스트              (b) 하이퍼미디어

| 그림 8-12 하이퍼텍스트와 하이퍼미디어의 개념

■ 하이퍼텍스트의 발전

1945년 부시(Vannevar Bush)에 의해 제시된 메멕스(Memex)는 최초로 하이퍼텍스트 개념을 적용한 시스템이었으나 실제 구현되지는 못했다. 하이퍼텍스트라는 용어는 1965년 넬슨(Ted Nelson)이 제안한 제너두(Xanadu) 시스템에서 처음으로 사용하였다. 세계의 모든 문헌을 하나의 하이퍼텍스트로 묶겠다는 계획을 세웠으나 제너두 역시 완전히 구현하지는 못하였다.

그림 8-13(a)에서 보여주는 아스펜 무비맵(Aspen Movie Map)은 미국 콜로라도주 아스펜(Aspen) 시를 가상적으로 여행할 수 있도록 구현한 최초의 하이퍼미디어 시스템으로 MIT에서 개발하였다. 도시 전체를 보여주는 지도와 여러 위치에서의 화면으로 구성하여, 사용자가 방향을 선택하면 그 방향의 사진을 보여주도록 되어 있다. 한편, 하이퍼카드(HyperCard)는 1987년 애플사에서 개발한 가장 대중적인 하이퍼미디어 저작도구로 카드개념에 기반하여 하이퍼미디어 시스템을 개발할 수 있다.

(a) 아스펜 무비맵        (b) 하이퍼카드

출처: wikipedia

| 그림 8-13  아스펜 무비맵과 하이퍼카드의 실행화면

■ 웹(WWW)의 탄생

WWW 또는 W3라고도 불리는 웹(World Wide Web)은 1989년 스위스의 CERN 연구소에서 팀 버너스 리(Tim Berners Lee)가 주도하여 개발한 인터넷상의 정보교환을 위한 최초의 하이퍼미디어 시스템이다. 웹의 보급은 1993년 GUI 방식의 웹 브라우저인 모자익(Mosaic)이 개발되면서 급격히 확산되었다. 이후 넷스케이프 내비게이터(Netscape Navigator)와 인터넷 익스플로러(Internet Explorer) 등 상업용 브라우저가 개발되어 많은 사람들이 편리하게 이용할 수 있게 되었다. 한편, 1994년 결성된 웹 컨소시엄(WWW Consortium)에서는 웹에 관련된 표준과 기술을 개발하여 웹의 보급에 중심적인 역할을 하고 있다. 웹을 처음 개발한 팀 버나드 리는 요즘도 활발히 활동하며 웹 컨소시엄에서 중요한 기술들의 개발을 주도하고 있다.

웹의 특징은 서비스 프로토콜로 HTTP(HyperText Transfer Protocol) 규약을 사용하고, HTML(HyperText Markup Language) 표준으로 문서를 작성한다는 점이다. 서비스 프로토콜이라는 것은 TCP/IP 통신 프로토콜 위에서 인터넷 어플리케이션이 서비스되기 위한 규약이다. 웹이 등장하기 이전부터 지금까지도 인터넷에서 사용하고 있는 e-mail, FTP, Telnet, Gopher 등이 여기에 해당한다.

또 하나의 특징으로, 인터넷의 다양한 서비스에 접근할 수 있도록 URL(Uniform Resource Locator)이라는 표준 주소표기 방식을 이용하였다는 점이다. URL은 '프로토콜://컴퓨터주소/파일경로' 형태를 가지므로 웹의 기본 서비스인 HTTP뿐만 아니라 기존의 다른 서비스 프로토콜도 웹 브라우저 내에서 이용할 수 있다. 예를 들어, URL은 'http://www.sookmyung.ac.kr/index.html'와 같이 일반적으로 http 프로토콜을 사용하여 접속하며, 필요에 따라서 'ftp://www.sookmyung.ac.kr/download' 또는 'telnet://mm.sookmyung.ac.kr'과 같이 표기하여 사용할 수 있다.

## 8.3.2 웹페이지와 웹브라우저

■ 웹 브라우저

웹 브라우저란 사용자가 웹 서버로부터 받은 하이퍼텍스트 문서를 볼 수 있게 해주는 클라이언트 프로그램이다. 1993년 미국 일리노이 대학의 NCSA 연구센터에서 당시 학생이었던 마크 안드레센(Marc Andreessen)과 에릭 비나(Eric Bina)가 개발한 모자익(Mosaic) 프로그램이 멀티미디어 환경을 지원하는 최초의 웹브라우저이다. 모자익(Mosaic) 브라우저는 MS 윈도우, 유닉스, 매킨토시 등 여러 가지 플랫폼 버전으로 개발되었고, 멀티미디어를 지원하며 GUI 방식으로 사용이 편리하여 일반인에게 무료로 공개되었다. 이후 여러 가지 브라우저가 개발되고 성능이 향상되면서 웹을 대중화시키는 데 커다란 기여를 하였다.

출처: wikipedia

| 그림 8-14 모자익 웹 브라우저와 모자익 기념비

모자익을 개발하였던 안드레센(Marc Andreessen)이 짐 클락(Jim Clark)과 함께 넷스케이프(Netscape)사를 설립하여 1994년 모자익을 개량한 웹 브라우저인 내비게이터를 상품화하여 웹의 대중화에 결정적인 기여를 하였다. 웹의 폭발적인 보급과 함께 넷스케이프사의 주가 상승은 인터넷 사업의 붐을 이루는 계기가 되었다.

마이크로소프트사의 인터넷 익스플로러는 후발주자였지만 MS 윈도우 환경을 최대로 활용할 수 있다는 장점으로 널리 보급되었다. 특히, 윈도우 운영체제의 독점력을 이용해 무료로 끼워주기를 한 결과 넷스케이프 내비게이터를 물리치고 시장을 독점하다시피 하였다. 그러나 끼워팔기가 문제가 되어 2000년 미국 법원에서 반독점금지법에 저촉된다는 판결을 받았다. 지금은 MS 윈도우 운영체제와 별도로 판매하고 있으며, 더욱이 미국 공공기관에서 사용하는 컴퓨터에는 익스플로러 이외에 다른 웹 브라우저도 같이 구비해 놓아야 한다. 이로 인하여 최근 다양한 브라우저가 다시 출현하게 된 계기가 되었다.

| 그림 8-15 넷스케이프 내비게이터, 인터넷 익스플로러, 모질라 파이어폭스의 정보 화면

시장경쟁에서 밀리던 넷스케이프사는 시장에서 완전히 사라지기 직전인 1998년 소스 코드를 공개하기로 결정하였다. 이때 공개된 소스를 기반으로 모질라(Mozilla) 협회가 결성되고 2002년 모질라(Mozilla) 1.0 브라우저가 발표되었다. 이후 브라우저 명칭이 피닉스(Phoenix)와 파이어버드(Firebird)를 거쳐 2004년부터 파이어폭스(Firefox)라는 명칭으로 배포되고 있다. 또한, 2008년 12월 구글사에 의하여 출시된 웹브라우저 크롬은 지속적으로 점유율이 증가하여 2012년 이후 전 세계 1위의 브라우저로 자리 잡았다. 한편, 맥용 브라우저로는 애플사에서 개발한 사파리(Safari)가 널리 사용되고 있다. 그림 8-16에서 보듯이 웹 브라우저는 크롬이 시장점유율 70%로 절대적 1위를 차지하고 있고, 파이어폭스, 사파리, 인터넷 익스플로러가 각각 2, 3, 4위를 차지하고 있다. 특히, 모바일 브라우저가 급격한 상승세를 유지하고 있음을 알 수 있다.

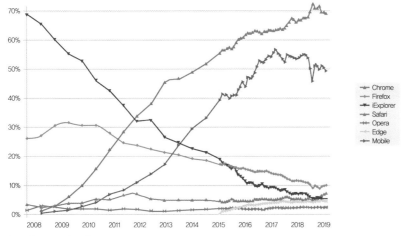

출처: wikipedia.org, StatCounter

| 그림 8-16 웹 브라우저 시장의 변화(2008~2019년)

■ 웹브라우저의 기본 기능

웹 브라우저는 웹 서버에서 제공하는 하이퍼텍스트 문서를 볼 수 있게 해주는 클라이언트 프로그램으로, 단순히 문서의 내용을 보여주는 것이 아니라 하이퍼텍스트의 내비게이션(Navigation)을 도와주는 도구라고 할 수 있다. 즉, 웹 브라우저에서 하이퍼링크를 클릭하면 연결되어 있는 다른 웹 페이지로 이동시켜 준다. 하이퍼링크의 형태는 여러 가지 형태의 모습으로 나타나는데, 텍스트의 경우 대개 밑줄과 다른 색상으로 구분해 주며, 이미지나 비디오 등 멀티미디어 정보에도 하이퍼링크를 사용할 수 있다. 마우스 커서가 링크 위로 가면 커서의 모양이 화살촉에서 손가락 모양으로 바뀌어 하이퍼링크가 설정되어 있음을 알 수 있다.

또한 웹 브라우저는 다양한 정보와 자원을 찾아갈 수 있도록 주소관리 기능이 매우 중요하며, 그 외에도 여러 가지 관리 기능이 필요하다. 일반적으로 웹 브라우저가 제공하는 기본적인 기능은 웹 페이지 열기 기능을 중심으로 최근 방문한 URL의 목록을 제공하며, 자주 방문하는 URL을 저장하거나 관리하는 것이다. 또한 웹 페이지를 인쇄하고 HTML 및 XML 형태의 소스 파일을 보는 기능도 제공하고 있다.

한편, 플러그인은 미디어 데이터를 처리하여 재생함으로써, 브라우저의 기능을 확장시켜 주는 프로그램이다. 웹 브라우저는 기본적으로 텍스트, 압축된 이미지(JPEG, GIF), 사운드(WAV 파일)를 재생할 수 있으나 비디오, 애니메이션과 같은 멀티미디어 파일을 재생하기 위해서는 해당 플러그인을 설치하여 기능을 확장하여야 한다. 플러그인을 설치하면 마치 웹 브라우저에서 직접 실행시켜 주는 것과 같은 효과를 제공하기 때문에 매우 편리하다.

비디오 또는 애니메이션 등 같은 미디어로 제작된 데이터라도 이를 재생하기 위해서는 저장된 파일 포맷에 따라 상이한 플러그인을 사용한다. 파일의 종류를 크게 나눈다면 애니메이션, 동화상, 사운드, 그래픽, 문서, 가상현실 등으로 구분이 가능하다. 표 8-1 에서는 미디어에 따라 지원되는 플러그인 중 자주 사용되는 몇 가지를 소개하고 있다.

| 표 8-1 자주 사용되는 플러그인

| 미디어 종류 | 대표적인 플러그인 |
| --- | --- |
| 2차원 애니메이션 | Adobe사의 Flash 애니메이션 |
| 비디오 | RealPlayer, Windows Media Player, QuickTime Movie |
| 사운드 | Winamp, RealAudio, Windows Media Player |
| 그래픽 | Adobe SVG viewer, QuickTime 3D |
| 문서 | Adobe사의 Acrobat PDF |

### 8.3.3 웹 표준기술

▪ HTML

인터넷을 이용하다 보면 어느 순간부터 자신의 존재를 사이버 공간에서 표현하고 싶은 욕구가 생기게 된다. 웹에 자신의 정보를 등록하려면 HTML 문서 또는 XML 문서로 표현된 웹페이지를 작성하여야 하며, 이들 웹 문서들은 서로 하이퍼링크로 연결되어 하나의 집합인 웹사이트를 이룬다. 일반적으로 홈페이지라 하면 이러한 웹사이트의 시작 페이지를 일컫는다.

HTML은 HyperText Markup Language의 약자로 웹 페이지를 만들기 위한 기본 언어라고 할 수 있다. HTML의 뿌리를 거슬러 올라가면 SGML(Standard Generalized Markup Language)이라는 전자문서 국제표준을 기반으로 만들어졌으며, HTML의 원래 뜻에서 알 수 있듯이 하이퍼텍스트이며 동시에 마크업 언어이다. 하이퍼텍스트란 앞 절에서 설명하였듯이 정보들을 하이퍼링크로 연결하는 것을 의미하며, 마크업 언어의 특징은 화면에 표시할 문자열의 앞뒤에 태그(Tag)를 붙여서 그 문자열의 특성을 나타낸다. HTML 문서는 문자로 구성된 텍스트 파일이며 확장자는 html

또는 htm을 사용한다.

태그는 문자열의 특성을 나타내는 기호로서 일종의 명령어라고 볼 수도 있다. HTML의 경우 문서의 본문 내용에 "이것은 제목이고, 이것은 문단, 이것은 표, …"라는 식으로 문서의 형식을 지정한다. 태그에는 문자열의 시작을 나타내는 시작태그와 끝을 나타내는 끝태그가 있으며, 그 사이에 문서 내용에 해당하는 문자열이 온다.

〈태그〉 내용에 해당하는 문자열 〈/태그〉

HTML 문서는 그림 8-17(a)와 같은 형태를 취한다. 자신이 HTML 문서임을 알려주는 시작태그 〈HTML〉로 시작하여 끝태그 〈/HTML〉로 끝난다. 이 안에 문서의 관리정보를 가지고 있는 〈head〉 부분과 브라우저 화면에 보여지는 〈body〉 부분으로 구성된다. 〈title〉 태그는 문서의 제목을 표현하는 것으로 브라우저의 제목줄에 문자열이 나타난다. 〈h2〉는 제목줄을 나타내고, 〈p〉는 문단을, 〈br〉은 줄바꿈을 의미한다. 웹 문서의 가장 큰 특징 중의 하나인 하이퍼링크는 예제에서와 같이 〈a〉태그를 이용하여 연결하고자 하는 곳의 주소를 지정한다.

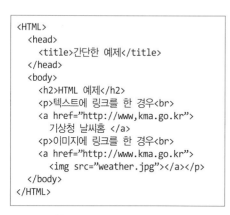

(a) HTML 문서의 소스 코드          (b) HTML 문서의 화면 출력

| 그림 8-17 HTML 문서의 예

HTML 문서를 작성할 때 태그를 일일이 입력하는 것은 일반 사용자에게 매우 불편한 일이다. 우리가 일반 문서를 작성할 때 WYSIWYG 방식의 문서편집기를 사용하는 것

과 마찬가지로 웹 문서도 홈페이지 저작도구를 이용하여 작성하면 매우 편리하다. 웹 페이지 저작도구로는 국내의 나모 웹에디터를 비롯하여 드림위버(Dreamweaver) 등이 있다.

한편, 기존의 HTML이 웹문서 작성이 주요한 목적인 반면, 2014년 사양이 확정된 HTML5는 웹 환경에서 다양한 어플리케이션을 구현하는 것을 목적으로 개발되었다. 이를 위해 다양한 사용자 인터페이스를 표현하는 기능을 강화하였으며, 어플리케이션 개발에 XML, CSS, 자바스크립트(Javascript)와 같은 웹표준 기술을 같이 사용할 수 있도록 하였다. 즉, HTML5의 사양은 마크업 태그에 보다 의미를 부여하고 출력 스타일은 가급적 분리하여 CSS3를 많이 활용하도록 하였다. 그리고 플러그인을 적게 사용하고 최대한 웹 표준을 적용하기 위하여 SVG와 MathML을 기본으로 지원하고, 사용자 인터랙션 개발을 위해 자바스크립트를 지원하도록 하였다. 또한 웹 어플리케이션을 편리하게 개발하기 위하여 다양한 API(Application Programming Interface)를 별도로 제공하여 HTML5에서 연동하여 사용할 수 있도록 하였다.

■ XML

HTML 문서는 문법이 간단하여 사용하기 쉽고 웹 정보를 표현하기에는 대체로 적절하지만, 웹 문서를 교환하고 효율적으로 검색하기 위해서는 보다 강력한 표현언어가 필요하다. 기존의 HTML 문서는 구조화(structured)되어 있지 않아서 문서 구조에 기반한 특정 정보를 검색하는 것이 불가능했다. 이러한 이유에서 XML(eXtensible Markup Language)이 출현하였는데, 웹 문서들이 XML 문서처럼 구조화되어 있다면 원하는 정보만을 찾아서 처리하기가 훨씬 쉽기 때문이다.

HTML은 SGML로 정의된 언어인 반면에 XML은 SGML로부터 유래되어 새로 개발된 언어이다. SGML이나 XML은 마크업 언어라기보다는 마크업 언어를 정의하기 위한 메타언어로써, 문서의 구조를 표현하기 위해 필요한 태그들을 정의하고 난 후 이 태그들을 이용하여 문서의 내용을 작성한다. HTML은 웹 문서를 작성하기 위하여 SGML로 정의한 언어로써 인터넷의 활성화에 큰 기여를 하였지만 고정된 태그를 사용함으로써 기능은 매우 제한적일 수밖에 없다. 한편, SGML은 매우 강력한 기능을 지원하나 사용하기 복잡하고 까다롭기 때문에 일반 사용자가 웹 환경에서 사용하기에는 부적합하다. 따라서 SGML보다는 훨씬 간단하면서도 SGML의 장점을 가진 XML이 출현하게 되었고, 1996년 웹 컨소시엄에서 웹문서 표준형식으로 XML을 제안하였다. 그림 8-18에서는 문서표준의 발전과정을 보여준다.

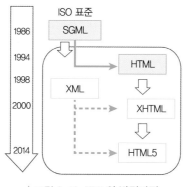

| 그림 8-18 XML의 발전과정

최근 XML이 활성화되면서 가장 많이 활용되는 분야는 전자도서관이나 전자출판과 같이 문서교환이 필요한 분야와 전자상거래나 내용기반 검색 등 데이터 교환이 주로 필요한 분야이다. 이와 같이 XML은 광범위한 응용분야에서 정보교환언어로 발전하고 있다. 특히, 웹2.0 시대에 정보의 공유, 개방, 사용자의 참여 등을 위한 핵심 기술과 차세대 웹환경으로 기대되는 시맨틱 웹 기술은 XML 문서를 근간으로 대부분의 서비스가 구현되고 있다.

XML은 그 자체로도 활용가치가 뛰어나지만, 활용 분야에 가장 적합한 문서구조를 정의함으로써 새로운 마크업 언어를 생성하여 사용한다. 그 예로, HTML의 최근 버전인 HTML5, 웹2.0의 유통 및 배포 데이터를 표현하는 RSS, 전자상거래의 표준 언어로 추진 중인 ebXML 및 UBL 등이 있다. 또한 웹 컨소시엄에서 2차원 그래픽의 표준으로 추진하는 SVG, 멀티미디어 구성요소를 배치하기 위한 SMIL, VRML 후속으로 웹에서의 가상공간을 표현하는 X3D 등이 있다.

## 8.4 웹2.0과 소셜미디어

이 절에서는 최근 많은 주목을 받고 있는 웹2.0을 소개한다. 참여, 공유, 개방으로 대표되는 웹2.0의 개념과 탄생배경을 설명하고, 웹2.0에 적용된 기본 기술을 소개한다. 그리고 웹2.0 환경에서 실행되는 대표적인 서비스와 향후 발전방향을 살펴본다.


### 8.4.1 웹2.0의 개념

#### ■ 웹2.0의 탄생 배경

그동안 고속으로 성장하던 인터넷 관련 업체들이 2000년대 초 닷컴(.com) 버블의 붕괴로 말미암아 많은 업체들이 사라졌다. 그러나 인터넷 벤처기업의 거품이 붕괴되는 가운데에서 구글이나 아마존 같은 회사들은 오히려 더 성장하였다. 2004년 10월 미국 오라일리(O'Reilly)사가 주최한 컨퍼런스에 모인 사람들이 인터넷에서 약 10년간 발생한 웹의 환경 변화와 발전 방향을 정의한 것을 웹2.0으로 부르기로 하였다. 일반 상품이나 서비스 등에서의 버전 2.0이라는 뜻 아니라 제2세대 웹이라는 의미가 더 가깝다.

웹2.0 시대의 인터넷 기업들의 독특한 특징 중의 하나는 '파레토 법칙' 또는 '20:80 법칙'이 적용되지 않는다는 것이다. 대부분의 오프라인 기업에서는 잘 팔리는 20%의 상품이 전체 매출의 80%를 차지한다는 법칙이 있다. 그러나 인터넷 쇼핑의 대표적인 기업인 아마존(Amazon)사의 경우 그와는 다르게 잘 팔리는 20%의 인기 상품의 매출보다 하위 80%의 평범한 상품의 매출 합계가 더 크다는 분석이 나왔다. 그림 8-19에서 보듯이 꼬리에 해당하는 매출이 중요해졌다는 의미로 '롱테일(Long Tail) 법칙'이라고 부른다.

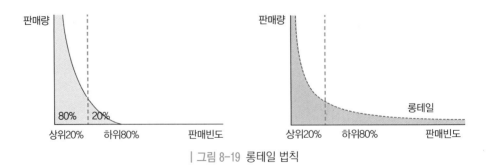

| 그림 8-19 롱테일 법칙

#### ■ 웹2.0의 기본 개념

웹2.0 시대에 인터넷 사용 방법의 가장 큰 변화는 '플랫폼으로서의 웹(Web as

Platform)' 환경에서 네티즌들은 '집단지성(Collective Intelligence)'을 활용하여 콘텐츠를 제공하고 공유한다는 것이다. 이러한 웹2.0의 특징은 그림 8-20과 같이 참여, 개방, 공유, 분산 등의 개념으로 정리될 수 있다.

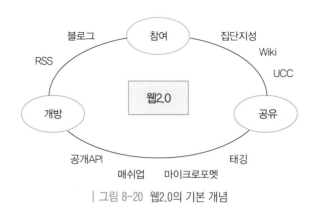

| 그림 8-20  웹2.0의 기본 개념

웹2.0 콘텐츠의 생성은 개인의 참여와 서로 간의 상호작용에 의해서 이루어질 뿐 아니라 사용자 집단의 능동적인 참여와 공유에 의해서 더욱 가치가 증가되고 있다. 이러한 사용자 생산 콘텐츠를 UCC(User Created Contents) 또는 UGC(User Generated Contents)라고 부르며 사용자들은 콘텐츠의 공급자인 동시에 소비자이므로 프로슈머(Prosumer)라는 용어로 부르기도 한다. 사용자 참여 콘텐츠의 대표적인 예로는 블로깅과 위키피디아가 있다. 위키피디아는 누구나 참여하여 콘텐츠를 수정할 수 있는 온라인 백과사전이며, 사진이나 동영상을 공유하는 플리커(Flickr) 및 유튜브(YouTube)라는 UCC 사이트도 있다. 한편, 브라우저에 저장하던 북마킹을 여러 사람이 공유하자는 소셜북마킹은 태깅(Tagging)이라는 개념으로 발전하여 집단지성에 의한 웹콘텐츠의 자동분류가 가능하게 되었다.

웹2.0은 개방적이다. 전통적인 기존의 웹사이트들은 자신의 데이터를 폐쇄적으로 운영하였지만 웹2.0에서는 어느 누구도 데이터를 독점하지 않고 모든 사람들이 공유하여 사용할 수 있는 플랫폼을 제공한다. 데이터 개방을 위한 기술로는 RSS 형식이 많이 사용되는데, 초기에는 블로그 뉴스를 주 대상으로 하였으나 요즘에는 RSS를 통해 수집되고 유통되는 콘텐츠의 형태가 다양해지고 있다. 반면 공개 API는 서비스를 공유하기 위한 개방형 포맷이다. 구글이나 야후, 네이버 등은 자신의 검색엔진이나 서비스의 API를 공개하여 다른 응용에서 이를 이용할 수 있다. 대표적인 예로 자동차 서비스 업체가 자신의 고객이 가까운 정비소를 검색하고 찾아가도록 도와주는 웹사이트를 구글 맵과 검색엔진을 사용하여 구현할 수 있다.

## 8.4.2 소셜미디어

### ■ 프로슈머와 UCC

2006년 12월호 타임매거진은 'Person of the Year'를 'You'로 선정하였다. 과거에 대부분의 평범한 'You'는 콘텐츠 생산에 큰 역할을 하지 못하고 전문가 그룹이나 특별한 일부 사람들이 콘텐츠를 기획하고 제작하는 역할을 담당하였다. 제한된 일부 사람들이 일방적으로 만든 콘텐츠를 대부분의 이용자는 원하는 콘텐츠를 찾아서 사용하는 것에 지나지 않았다. 이전에는 정보의 생산자와 소비자, 콘텐츠 제작자와 사용자 간의 구분이 확실했으나 웹 2.0 시대에는 이제 생산자(Producer)와 소비자(Consumer)를 구분한다는 것이 큰 의미가 없게 되었다. 프로슈머(Prosumer)란 '프로듀서(Producer)'와 '컨슈머(Consumer)'의 합성어이다. 웹 2.0 기업은 다양하고 많은 사용자들을 모으고 그들로 하여금 콘텐츠를 스스로 생산하도록 유도하는 환경을 제공하는 것을 목적으로 하고 있다. 아래 그림에서 보듯이 이제 소비자('You')는 한 사람의 시민, 고객, 생산자, 소비자, 참여자, 커뮤니티의 일원의 역할을 동시에 수행할 수 있게 되었다.

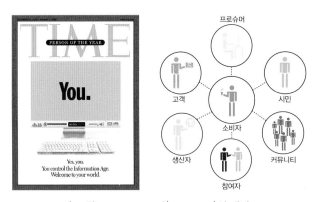

| 그림 8-21 **프로슈머(Prosumer)의 개념**

프로슈머의 개념은 오늘날 블로그, 위키, 소셜미디어, SNS 등의 영역에서 가장 중요한 개념으로 자리 잡고 있다. 1990년대 말부터 웹 환경에서 저작도구가 활성화되면서 일

반 사용자들도 손쉽게 웹 환경에서 자신의 글, 일기, 사진 등을 올려놓고 상호작용성을 지원하여 다른 사람이 코멘트를 달거나 글에 링크를 달수 있게 되었다. 저널리즘은 과거 일부 전문가들의 전용물이었으나 이제는 누구나 웹 환경에서 자신의 글을 쓸 수 있게 되었다. 때로는 기업이나 기관이 홍보를 목적으로 블로그에 콘텐츠를 올리는 경우도 있다. 위키는 콘텐츠를 누구나 생산하고 편집하며 공유할 수 있는 웹 사이트를 의미한다. 따라서 위키는 협업을 통한 작업과 편집이 가능한 환경을 지원하고 있다. 모든 사람이 콘텐츠를 생산하고 또한 소비할 수 있는 협업 환경을 의미한다. 소셜미디어와 SNS도 많은 이용자, 즉 콘텐츠의 프로슈머가 존재함으로써 가능한 인터넷 서비스이다.

UCC(User Created Content) 또는 UGC(User Generated Content)는 사용자가 저작한 콘텐츠로 동영상 공유사이트인 YouTube를 비롯하여 이미지 공유사이트인 Flickr, Google Picasa, Facebook의 사진 공유사이트 등을 의미한다. 웹 2.0 사이트에서 UCC는 프로슈머 개념에 기반하여 생성되고 공유된다. UCC는 2005년경부터 웹 퍼블리싱의 형태로 뉴 미디어의 한 유형으로 자리 잡았다. 넓은 의미의 UCC는 질의/응답 데이터베이스, 포럼, 블로그, 팟캐스팅, 리뷰 사이트, SNS, 동영상, 모바일 사진, 위키 등을 포함한다. 이외에도, UCC는 오픈 소스, 무료 소프트웨어, 그리고 공유 및 협업을 지원하는 라이센싱 등도 포함할 수 있다.

UCC의 출현은 웹 사이트로 하여금 전문가가 아닌 일반 사용자들이 자신의 콘텐츠를 저작할 수 있는 환경을 지원하는 방식으로 변화하는 것으로 시작한다. 또한, UCC는 일방적이 아닌 상호작용적(Interactive)인 미디어로 이해될 수 있다. 양방향 미디어는 웹 2.0의 주요 개념으로 사용자로 하여금 자신의 콘텐츠를 저작할 뿐 아니라 다른 사용자가 코멘트를 붙일 수 있도록 해준다. UCC라는 뉴 미디어 덕분에 과거 수동적 사용자가 이제는 상호작용성을 통해 인터넷 환경에서 적극적으로 참여할 수 있게 되었다. 오늘날 능동적으로 참여하는 창의적인 사용자는 인터넷이라는 미디어 환경에서 저작도구와 응용 소프트웨어를 이용하여 용이하게 콘텐츠를 저작하고 있다.

UCC는 일반적으로 다음의 세 가지 조건을 만족시킨다. 첫째, UCC 콘텐츠는 웹이나 SNS상에서 공개적으로 퍼블리싱되어 누구나 공유할 수 있는 형태로 존재한다. 따라서 이메일이나 메시지 같은 것은 UCC에 속하지 않는다. 둘째, UCC는 사용자가 만든 창의적 콘텐츠이거나 기존의 콘텐츠를 가져와 가치성을 추가하여 새로운 것으로 저작했을 때 의미를 가진다. 흔히, UCC는 협업을 전제로 한다. 협업을 통해 웹 사이트를 저작하고 편집하기도 한다. 동영상의 일부를 가져와 단순히 웹 사이트에 올리는 것을 UCC라고 하지는 않는다. 사용자가 자신이 생성한 사진을 블로그에 올린다면 이것은 당연히 UCC가 된다. 셋째, UCC는 전문가가 아닌 일반 사용자에 의해서 수익이나 금전적 보상을 바라지 않고 자신을 표현하고 싶은 욕망이나 다른 사람과 연결하고 싶은 의도로 만들어 진다. 사용자가 콘텐츠를 생성했을 때 콘텐츠 사이트에 돌아오는 이득은 분명하지만 사용자의 동기는 불분명하다. 웹 사이트는 사용자들로 하여금 콘텐츠 저작을 유도하기 위하여 다양한 동기를 부여하기도 한다. 이러한 동기부여가 명시적일 수도 있고 암시적이기도 하다. 암시적 보상은 사용자 자신이 커뮤니티의 적극적 참여자라는 느낌을 가질 수 있게 해주거나 Facebook의 친구나 Twitter의 팔로워처럼 이용자 간의 관계를 포함할 수도 있다. 때로는 콘텐츠를 생성하는 이용자의 등급이나 레벨을 상승시켜 주기도 한다. 이에 비해, 명시적 보상은 바우처, 쿠폰, 마일리지와 같은 재정적 지불을 포함한다. 이러한 방식의 단점은 웹 사이트에서 소셜 동기를 추구하기 어렵고 사용자의 지속적인 참여를 위해 비용이 많이 드는 점이다.

| 그림 8-22 대표적인 UCC 사이트 Flickr, YouTube, Google Picasa

■ 소셜미디어와 소셜 경제

미디어란 신문, 라디오, 텔레비전, 인터넷과 같은 정보전달 수단을 의미하며 소셜미디어란 이용자에게 일방적으로 정보를 제공하는 것이 아니고 상호작용성(Interaction)을 통해 쌍방향으로 이용자가 정보를 생성하고 정보를 제공받는 수단이다. 전통적 미디어인 신문, 라디오, TV 등은 일방적으로(One-way street) 정보를 제공하는 수단인데 비하여 소셜미디어는 이용자들의 참여, 즉 사회적 또는 사교적(Socialize) 행위를 통해 얻어진 정보를 기반으로 상호작용성을 통하여 양방통행(Two-way street) 방식으로 정보를 제공한다. Facebook, Twitter, YouTube, Flixster 등이 대표적인 소셜미디어의 예이다. Facebook에서는 이용자가 자신에 관한 정보(Profile 이라함)를 올려놓고 글이나 사진도 게시하여 친구, 지인 또는 같은 취미를 가진 사람들과 인간관계를 맺고 상호 정보를 교환한다. 또한, Flixster는 비디오 제공 사이트로 자신과 유사한 취향을 가진 다른 이용자들의 추천을 통하여 우선 순위에 따라 이용자가 선호할 가능성이 높은 비디오와 영화를 추천한다. 따라서 소셜미디어는 많은 사용자들의 적극적 참여와 정보 제공이 있어야만 그 유용성이 보장되는 미디어이다.

| 그림 8-23 Twitter, YouTube, Flixter

오늘날 인터넷상의 많은 웹 사이트들이 소셜 웹(Social web)으로 변화해 나가는 추세이다. 과거 웹 사이트들의 콘텐츠(또는 웹 페이지)가 링크를 통해서 웹 페이지 간의 연관성을 지원하는 데 비해 소셜 웹에서는 이용자들의 참여를 통해 구축된 콘텐츠를 기반으로 이용자들이 상호 연결되고 정보를 공유, 교환하는 형태를 따른다. 따라서 소셜 웹에서는 이용자들의 원활한 참여와 상호작용이 매우 중요한 요소가 된다. 소셜 웹은 수많은 이용자들의 자발적인 참여와 협업(Collaboration)을 통해서 축적된 정보와 축적된 정보로부터 창출된 집단적 지능(Collective intelligence) 또는 지식이 소셜 웹의 막강한 힘으로 작용하게 된다.

| 그림 8-24 소셜 웹의 개념

소셜미디어는 인터넷을 매개체로 하는 소셜 웹의 형태로 존재하게 된다. 따라서 소셜미디어가 성공적으로 작동하기 위해서는 소셜 웹의 이용자 수의 크기가 가장 중요한 성공 요인으로 작용한다. 이용자 수가 많아야 더 의미 있는 정보를 빠른 시간 내에 공유하고 제공할 수 있기 때문이다. 일반적으로 소셜미디어의 가치는 이용자 수의 제곱에 비례하

는 네트워크 효과(Network effect)를 따른다. 이러한 이유에서 소셜미디어 기업들은 더 많은 이용자들을 확보하기 위하여 많은 비용을 투자하고 다양한 이용자 유인 전략을 취하고 있다. 2012년 후반기 현재 Facebook은 전 세계적으로 약 10억 명의 이용자를 확보하고 있고 Twitter는 약 5억 명의 이용자를 가지고 있다.

### 8.4.3 웹2.0 구현기술

웹2.0 기술은 특정기술의 표준이 아니라 끊임없이 진화하고 있는 웹의 연장선상에 있는 기술들을 지칭한다. 이제 웹에서는 대부분의 콘텐츠가 XML 기술을 근간으로 하여 표현되며, 그중에서 많은 관심을 받고 있는 기술들을 살펴보면 RSS, 태깅, 공개 API, 매쉬업(Mashup), AJAX 등이 있다.

#### ▪ RSS

기존의 웹 콘텐츠는 생산자가 일방적으로 자신의 홈페이지에 게시를 해 놓거나 혹은 보다 적극적으로 이메일 전송을 해주면 일반 사용자는 이를 받아보고 나서 해석을 하는 단계를 거쳤다. 이러한 경우에 해당 홈페이지를 직접 방문하여 언제 어떤 콘텐츠가 새로 갱신되었는지 파악하는 것은 쉽지 않으며 또한 웹문서 내에 사용된 다양한 콘텐츠의 갱신 여부는 더더욱 파악하기에 많은 수고가 필요하였다. 이러한 콘텐츠 유통 과정에 혁신을 가져온 RSS 기술은 해당 사이트에서 업데이트 되는 정보를 RSS 피드라는 형식으로 배포하여 원하는 웹사이트의 갱신 여부를 쉽게 알 수 있도록 해주었다.

RSS는 형식의 종류에 따라 'RDF Site Summary', 'Really Simple Syndication', 또는 'Rich Site Summary'의 약자를 의미하며 웹 사이트 간의 콘텐츠를 교환하기 위한 XML 기반의 표현형식이다. RSS 서비스를 이용하려면 먼저 RSS를 지원하는 사이트의 URL 주소를 포함하는 사이트 정보를 RSS 리더에 등록한다. 그림 8-25(b)에서 보듯이 RSS 리더라는 프로그램에서 사용자는 해당 사이트에서 제공하는 RSS 피드를 통하여 사이트의 갱신 유무를 확인할 수 있다. RSS의 활용은 텍스트 및 이미지 위주의 웹사이트에 국한되지 않고 멀티미디어 자료의 유통에도 적용되고 있으며, 대표적인 예가 아이팟의 팟캐스팅(PodCasting)이다. 사용자 개인의 아이팟(iPod)에서 사용할 MP3 파일을 아이튠즈라는 프로그램에서 RSS 형식으로 배포해준다.

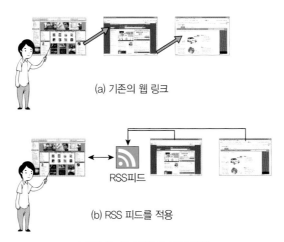

(a) 기존의 웹 링크

RSS피드

(b) RSS 피드를 적용

| 그림 8-25  RSS의 기본 개념

■ 소셜태깅과 폭소노미

예전에 웹 검색의 경우 미리 정해져 있는 카테고리에 따라 자료를 분류하여 검색하는 디렉토리 방식의 검색 서비스를 하였다. 소셜 태깅은 미리 정의된 카테고리에 따라 분류하는 것이 아니라 사용자가 키워드를 임의의 태그로 붙이고 이들을 검색하는 기법을 말한다. 사용자가 자유롭게 붙인 태그는 그대로 레이블링을 하여 정보를 분류하므로 이를 참여자들이 분류한다는 의미로 폭소노미(Folksonomy: Folk+Taxonomy)라고 부른다.

웹사이트나 이미지 등의 자료에 원하는 수만큼 붙일 수 있기 때문에 여러 분류에 속할 수 있으며, 이미지나 동영상의 경우 태그를 이용한 내용 검색이 가능하다. 태그를 적용한 대표적인 서비스로 소셜 북마킹 사이트인 딜리셔스(del.icio.us)와 이미지 블로그 사이트인 플리커(Flickr)가 있다. 그림 8-26은 사용자들이 달아놓은 태그들을 한눈에 보이도록 표시한 태그 구름(Tag Cloud)으로 많은 사람이 사용한 태그는 큰 글자로 표시되어 있다. 국내의 사례로 네이버나 다음 등의 검색 사이트 및 UCC 사이트에서 구름 형태의 태그목록을 사용하고 있다.

| 그림 8-26 폭소노미의 개념 및 태그 구름

■ 공개 API와 매쉬업

구글맵(Google Maps)은 자신의 API(Application Program Interface)를 공개함으로써 다른 웹사이트에서 구글맵의 지도를 활용하여 자신들의 서비스를 더 풍부하게 할 수 있었다. API라는 것은 다른 응용 프로그램을 개발할 때 해당 모듈을 쉽게 사용할 수 있도록 해주는 개발환경으로 보통 라이브러리 형태나 이를 활용할 규약의 형태로 제공된다. 자신의 사이트에서 제공되는 웹 서비스 기능을 다른 사이트에서 활용할 수 있도록 API를 제공해주는 것을 공개 API라고 한다.

공개된 API를 이용하여 두 가지 이상의 웹 서비스를 조합하여 새로운 웹 서비스를 제공하는 방법을 매쉬업(Mashup)이라고 한다. 최초의 매쉬업 서비스로 알려져 있는 하우징맵스(HousingMaps)는 지도를 제공하는 구글맵과 부동산정보를 제공하는 크레이그리스트(craigslist)의 공개 API를 이용하여 그림 8-27에서 보듯이 지도 위에서 가격이나 집안사진을 제공하는 서비스를 구현하였다. 매쉬업 서비스는 기존의 공개된 API를 이용하여 새로운 서비스를 구축하므로 추가의 개발비용이 매우 적다는 장점이 있다.

현재 구글맵 뿐만 아니라 구글 검색 등 다양한 API를 공개하고 있으며, 아마존의 다양한 상품검색 및 구매 기능, 야후의 경우에도 다양한 기능의 공개 API를 제공하고 있다. 해외의 적극적인 공개 API 추세에 발맞추어 국내에서도 네이버 및 다음 등 포털사이트를 중심으로 API를 공개하고 있다.

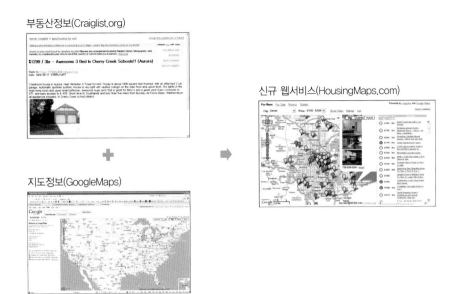

부동산정보(Craiglist.org)

지도정보(GoogleMaps)

신규 웹서비스(HousingMaps.com)

| 그림 8-27  매쉬업 사례 하우징맵스(HousingMaps)의 실행화면

## 8.5 클라우드 컴퓨팅

클라우드 컴퓨팅은 오늘날 언제, 어디서나 인터넷 서비스를 가능하게 해주는 인프라 역할을 담당한다. 클라우드 컴퓨팅 개념을 이해하고 그 구성에 대하여 알아보자.

### 8.5.1 클라우드 컴퓨팅의 개념

클라우드 컴퓨팅이란 IT 자원을 필요에 따라 클라우드 서비스를 제공하는 사이트로부터 빌려서 공유하는 개념이다. IT 자원은 컴퓨터 서버 및 기억장치와 같은 하드웨어 자원, 응용 프로그램 및 데이터베이스와 같은 소프트웨어 자원은 물론 기타 다양한 서비스를 포함한다. 이용자는 이러한 자원을 최근 인터넷 상의 데이터 전송속도가 급격히 향상되고 있는데 힘입은 바 크다. 클라우드 컴퓨팅을 통해서 이용자는 IT 자원의 경제성(Economy of Scale), 더 높은 신뢰성(Reliability), 위치와 장치에 상관없이(Device and Location Independence) 이용할 수 있는 IT 자원 및 필요의 증감에 따라 유연하게 제공되는(Elasticity) IT 자원의 혜택을 볼 수 있다. 이것은 마치 각 가정이 전기 및 가스, 수도와 같은 유틸리티 서비스를 이용하기 위하여 각자의 발전기나 상수도원을 가지고 있지 않아도 전기회사, 가스회사 및 수도국으로부터 기본 유틸리티를 제공받고 사용한 양 만큼 비용을 지불하는 경우와 유사하다.

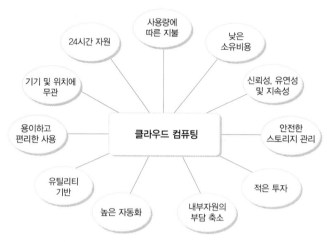

| 그림 8-28 클라우드 컴퓨팅의 개념과 유익성

각 개인이나 기업이 자체 IT 자원을 소유하고 운영하는 데는 많은 비용과 투자가 요구된다. 특히 기업은 CPU 파워 및 기억 용량을 미리 예측하기 어려운 경우가 있다. 예를 들어, 인터넷 서비스 기업은 이용자 수의 증가에 따른 피크 타임시 최대 처리 능력을 예측하고 충분한 용량의 컴퓨팅 파워를 갖추고 있다 하더라도 경우에 따라서 최대 용량을 넘어서는 경우가 발생한다. 또한 최대 수요에 대비하여 투입되는 IT 자원의 구입 비용이 매우 과다할 수 있다. 현실적으로 기업이 실제 사용하고 있는 IT 자원은 평균적으로 각 기업이 보유한 IT 자원의 10% 수준에 불과하다. 따라서 보유하고 있는 IT 자원이 과다하다고 생각할 수 있지만 수요의 피크시를 대비하기 위해서는 충분한 IT 자원을 보유하고 있어야 한다. 뿐만 아니라 IT 자원의 일부에 고장이 발생했을 경우 기업의 정상적 활동에 큰 부담을 주게 된다.

이러한 이유로 클라우드 컴퓨팅은 기업의 IT 요구를 매우 경제적으로 또 신뢰성 있게 충족시켜줄 수 있는 수단이 된다. 현실적으로 거의 무한대의 IT 자원을 보유하고 있는 클라우드 사이트로부터 IT 자원을 제공받는 것이 보다 경제적이다. 클라우드 컴퓨팅은 인터넷 망을 통해 원하는 기기나 서비스를 언제 어디서나 이용할 수 있기 때문에 이용자 측면에서 매우 편리한 방식이다.

클라우드 컴퓨팅의 개념은 1990년 중반부터 나타나기 시작하였으며 2006년 아마존 (Amazon)사의 'Elastic Compute Cloud'부터 관심을 끌기 시작하였다. 클라우드 컴 퓨팅은 2008년 마이크로소프트사의 'Azure', 2011년 IBM사의 'SmartCloud', 2012년 오라클(Oracle)사의 'Oracle Cloud'로 발전하였다. 오늘날 IT 분야의 주요 기업들이 클 라우드 컴퓨팅 서비스를 실행하고 있으며 매년 50% 수준의 성장을 기대하고 있다. 가 트너(Gartner) 그룹의 예상에 의하면 클라우드 컴퓨팅은 앞으로 몇 년간 가장 중요한 5가지 기술 중의 하나로 인식되고 있다.

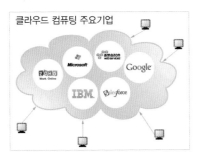

(a) 클라우드 컴퓨팅 서비스를 제공하는 주요 기업들　　(b) 구글의 클라우드 컴퓨팅 사이트

| 그림 8-29 클라우드 컴퓨팅과 IT 기업

현실적으로 이용자가 직접 인식하지 못하지만 대부분의 온라인 쇼핑, 온라인 뱅킹, SNS 서비스, 동영상 사이트와 같은 소셜미디어, 이메일 등은 모두 클라우드 컴퓨팅 서 비스를 통해서 지원되고 있다. 이외에도 사용자의 대용량 사진이나 동영상 등도 클라우 드 컴퓨팅의 메모리 장치를 이용하여 저장되고 서비스되고 있다.

## 8.5.2 클라우드 컴퓨팅의 구성

클라우드 컴퓨팅은 분산 기억장치, 빠르고 저렴한 프로세서, 고속 인터넷, 자원의 자 동관리 등 기존에 존재하는 여러 가지 기술과 개념으로부터 출현한 결과물이지만 특히 가상화(Virtualization) 개념에 기반하고 있다. 가상화란 클라우드 컴퓨팅 사이트가 보유하고 있는 하드웨어 자원을 이용자의 필요에 따라 소프트웨어적으로 하나 이상의 가상 기기(Virtual Device)로 분리하여 제공하는 개념이다. 예를 들어, 운영체제(OS) 레벨의 가상화를 이용하면 기억장치나 처리 장치를 여러 개의 독립적인 시스템으로 분리하여 운영할 수 있으며 이러한 자원은 사용자의 필요와 요구에 따라 유연하게 증가 또는 감소시킬 수 있다. 이러한 기능을 가상화 머신의 로드 밸런싱(Load Balancing)이라 부른다.

■ 클라우드 컴퓨팅 서비스 모델: IaaS, PaaS, SaaS

클라우드 컴퓨팅은 모든 것을 서비스로 생각하는 개념에 기반을 두고 있으며 이용자 관점에 따라 몇 가지 서비스 모델을 지원하고 있다. 이들을 각각 IaaS(Infrastructure as a Service), PaaS(Platform as a Service), SaaS(Software as a Service)라 부른다(그림 8-30 참조). IaaS는 가상 머신, 서버, 저장장치, 네트워크와 같이 이용자의 요구와 필요에 따라 증가 또는 감소시킬 수 있는 IT 자원을 의미한다. 이에 비해, PaaS는 운영체제(OS), 프로그래밍 실행환경, 데이터베이스 시스템, 웹 서버와 같은 플랫폼 서비스로 응용 프로그램 개발자에게 제공되는 서비스다. SaaS는 클라우드 컴퓨팅 서비스로부터 이용자가 빌려서 사용할 수 있는 응용 소프트웨어 및 데이터베이스를 의미한다. 이러한 SaaS 자원은 이용자의 사용 정도에 따라 비용을 지불하는 개념을 따른다. 이용자는 사용 시간에 따라 비용을 지불하거나 매달 일정한 비용을 지불하기도 한다.

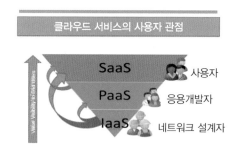

| 그림 8-30 클라우드 컴퓨팅의 서비스 모델

■ 클라우드 컴퓨팅 이용방식

클라우드 컴퓨팅을 이용하는 방식으로 사설 클라우드(Private Cloud), 공용 클라우드(Public Cloud) 및 하이브리드 클라우드(Hybrid Cloud)로 나눌 수 있다(그림 8-31 참조). 클라우드 컴퓨팅의 가장 큰 약점은 외부 침입자로부터 기업의 민감한 데이터나 정보가 노출되거나 변경될 수 있다는 점이다. 사설 클라우드는 기업이 자체 클라우드를 구성함으로써 이러한 외부의 침입을 원천적으로 방지하여 보안을 확보하는 방식이다. 이를 위하여 기업은 자체 데이터 센터를 구축하여 자체적으로 운영하거나 외부 업체에 위탁한다. 그러나 사설 클라우드는 많은 투자비용과 추가적인 컴퓨팅 자원을 정기적으로 보완해야하는 문제점이 있다.

공용 클라우드는 모든 기업이나 사용자에게 하드웨어 및 소프트웨어 자원을 인터넷을 통해 제공하는 방식이다. 따라서 보안이나 프라이버시 문제를 일으킬 수 있으나 일반적으로 중소기업이나 일반 사용자에게는 오히려 클라우드 서비스 제공자가 더 철저히 보안 문제를 해결해 줄 수 있는 방식이기도 하다. 아마존 AWS, 마이크로소프트, 구글과 같은 대기업은 자체 데이터 센터를 통해서 우수한 보안 정책과 관리를 통해서 중소기업이나 일반 사용자가 자체적으로 보안을 구축하는 곳보다 더 안전하게 보안 및 관리를 제공할 수 있게 된다.

이에 비하여 하이브리드 클라우드는 사설 클라우드 방식과 공공 클라우드 방식을 혼합한 방식이다. 기업의 민감하고 중요한 데이터는 사설 클라우드에 저장하고 응용 소프트웨어는 공공 클라우드를 통해서 처리함으로써 민감한 데이터가 유출되거나 오용되는 것을 방지할 수 있다. 하이브리드 클라우드 방식은 기업의 IT 자원의 요구가 일시적으로 급증할 때 공공 클라우드를 통해서 해결할 수 있는 방식이기도 하다.

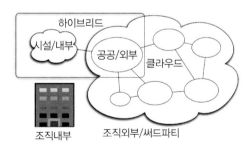

| 그림 8-31 클라우드 컴퓨팅 이용 방식

# 연습문제

**객관식**

**8-1** Web 서비스의 탄생 시기는?

    (a) 1980~1982        (b) 1989~1991        (c) 2000~2002

    (d) 1975~1977        (e) 2005~2007

**8-2** 인터넷의 서비스 모델은 일반적으로 어떤 개념에 기반하고 있는가?

    (a) P2P 모델        (b) 애드혹 네트워크 모델        (c) Ethernet 모델

    (d) 클라이언트–서버 모델        (e) B2C 모델

**8-3** 인터넷 통신 프로토콜로 데이터의 흐름을 제어하고 데이터가 정확한지 확인하는 프로토콜은?

    (a) IP        (b) FTP        (c) VoIP

    (d) WWW        (e) TCP

**8-4** IP 주소체계 IPv4는 몇 바이트이고 대략 몇 개의 단말기 컴퓨터를 지원할 수 있는 주소체계인가?

    (a) 4 바이트, 43억 개        (b) 4 바이트, 100억 개        (c) 8 바이트, 10억 개

    (d) 8 바이트, 100억 개        (e) 8 바이트, 1000억 개

**8-5** 다음 중 웹(Web)의 개념과 가장 관련성이 적은 것은?

    (a) 하이퍼텍스트        (b) 링크(Link)        (c) 탐색항해

    (d) 트리 개념        (e) 노드(Node)

**8-6** 인터넷상에서 웹(WWW: World Wide Web)을 제시한 사람은?

    (a) 바네바 부시        (b) 테드 넬슨        (c) 팀 버너스 리

    (d) 마크 안드레센        (e) 스티브 잡스

8-7 웹서버의 개념과 가장 관련성이 적은 것은?

    (a) HTTP             (b) Telnet            (c) HTML

    (d) URL              (e) 클라이언트−서버

8-8 다음 중 소셜미디어의 개념과 가장 관련성이 적은 것은?

    (a) 프로슈머         (b) 웹 2.0 개념        (c) UCC

    (d) 협업(Collaboration)     (e) 팟캐스팅(Podcasting)

8-9 세계 최초로 개발된 멀티미디어 환경을 지원하는 웹 브라우저는?

    (a) Netscape Navigator     (b) Mosaic 브라우저     (c) Firefox 브라우저

    (d) Internet Explorer      (e) Apple Safari

8-10 인터넷 이용의 대중화와 활성화에 가장 큰 역할을 한 개념은?

    (a) 웹(Web)         (b) e−mail 시스템      (c) 채팅

    (d) FTP 서비스        (e) Unix

8-11 두 가지 이상의 웹 서비스를 조합하여 새로운 웹 서비스를 제공하는 매쉬업(Mashup)을 실현하기 위하여 필요한 것은?

    (a) 폭소노미         (b) RSS           (c) 공개 API

    (d) UCC           (e) XML

8-12 클라우드 컴퓨팅을 통해 얻을 수 있는 이점과 가장 관련성이 적은 것은?

    (a) IT자원의 경제성     (b) 빠른 검색속도     (c) 높은 신뢰성

    (d) 위치와 장소에 상관없이 이용     (e) 필요의 증감에 따라 유연하게 제공

8-13 다음 중 웹2.0과 관련이 가장 적은 것은?

    (a) 메신저(Messenger) 프로그램     (b) 롱테일(Long Tail) 법칙

    (c) Foxonomy        (d) 블로그          (e) 집단지성

8-14 클라우드 컴퓨팅 서비스를 받는 이용자가 응용 소프트웨어와 데이터베이스를 빌려서 사용하는 개념은?

    (a) PaaS          (b) IaaS           (c) SaaS

    (d) 사설 클라우드     (e) 공용 클라우드

**8-1** 인터넷은 ( )을 기반으로 한다. 서버란 제공하고자 하는 서비스에 적합한 정보들을 자신의 하드디스크에 보관하고 이를 외부에 제공해주는 컴퓨터를 지칭하며, 사용자가 서버에서 제공하는 정보를 얻기 위한 컴퓨터를 클라이언트라고 한다.

**8-2** 최근에는 사물 인터넷 시대가 도래 하면서 우리 주변의 모든 기기에 인터넷 IP 주소를 할당해야 하는 필요에 따라 ( )라고 불리는 16 바이트 체계는 우리 주변의 컴퓨터를 포함한 사물 인터넷(IoT) 환경에서 IP 주소를 할당하고도 남을 만한 개수이다.

**8-3** 네트워크의 가치는 사용자 수가 증가함에 따라 같이 증가한다는 것을 ( )라고 부른다. Ethernet의 창시자인 메칼프에 의하면 네트워크의 가치는 가입자 수인 N의 제곱에 비례한다(Metcalfe's Law)고 이야기 하고 브리스코(Briscoe)는 N log(N)에 비례한다고 설명한다.

**8-4** ( )는 텍스트 위주의 문서가 링크로 연결되어 있는 것을 말하며, ( )는 텍스트뿐만 아니라 이미지, 그래픽, 사운드, 동영상 등을 포함한 멀티미디어 정보가 링크로 서로 연결되어 있는 것을 말한다.

**8-5** 웹의 특징은 서비스 프로토콜로 ( ) 규약을 사용하고, ( )으로 문서를 작성한다는 점이다. 또 하나의 특징으로, 인터넷의 다양한 서비스에 접근할 수 있도록 ( )이라는 표준 주소표기 방식을 이용하였다는 점이다.

**8-6** ( )는 웹 서버에서 제공하는 하이퍼텍스트 문서를 볼 수 있게 해주는 클라이언트 프로그램으로, 단순히 문서의 내용을 보여주는 것이 아니라 하이퍼텍스트의 내비게이션(Navigation)을 도와주는 도구라고 할 수 있다.

**8-7** HTML은 SGML로 정의된 언어인 반면에 ( )은 SGML로부터 유래되어 새로 개발된 언어이다. SGML이나 ( )은 마크업 언어라기보다는 마크업 언어를 정의하기 위한 메타언어로써, 문서의 구조를 표현하기 위해 필요한 태그들을 정의하고 난 후 이 태그들을 이용하여 문서의 내용을 작성한다.

**8-8** 인터넷 쇼핑의 대표적인 기업인 아마존(Amazon)사의 경우 그와는 다르게 잘 팔리는 20%의 인기 상품의 매출보다 하위 80%의 평범한 상품의 매출 합계가 더 크다는 분석이 나왔다. 즉 꼬리에 해당하는 매출이 중요해졌다는 의미로 ( )이라고 부른다.

8-9 웹2.0 시대에 인터넷 사용 방법의 가장 큰 변화는 '플랫폼으로서의 웹(Web as Platform)' 환경에서 네티즌들은 (          )을 활용하여 콘텐츠를 제공하고 공유한다는 것이다. 이러한 웹2.0의 특징은 참여, 개방, 공유, 분산 등의 개념으로 정리될 수 있다.

8-10 웹2.0 콘텐츠의 생성은 개인의 참여와 서로 간의 상호작용에 의해서 이루어질 뿐 아니라 사용자 집단의 능동적인 참여와 공유에 의해서 더욱 가치가 증가되고 있다. 이러한 사용자 생산 콘텐츠를 (          )라고 부르며 사용자들은 콘텐츠의 공급자인 동시에 소비자이므로 (          )라는 용어로 부르기도 한다.

8-11 미디어란 신문, 라디오, 텔레비전, 인터넷과 같은 정보전달 수단을 의미하며 (          )란 이용자에게 일방적으로 정보를 제공하는 것이 아니라 상호작용성(Interaction)을 통해 쌍방향으로 이용자가 정보를 생성하고 정보를 제공받는 수단이다.

8-12 (          )이란 IT 자원을 필요에 따라 클라우드 서비스를 제공하는 사이트로부터 빌려서 공유하는 개념이다. IT 자원은 컴퓨터 서버 및 기억장치와 같은 하드웨어 자원, 응용 프로그램 및 데이터베이스와 같은 소프트웨어 자원은 물론 기타 다양한 서비스를 포함한다.


주관식

8-1 인터넷에서는 전송 프로토콜로 TCP/IP 규약을 채택하고 있다. 이때 IP의 개념과 IP 주소체계를 설명하라. 또한 인터넷의 도메인 네임 서비스(Domain Name Service)의 필요성과 역할을 자세히 설명하라.

8-2 웹(WWW) 서비스의 기본 프로토콜로는 HTTP(HyperText Transfer Protocol)를 채택하고 있으며 웹 브라우저에서 기본문서 형식을 표현하는 언어로 HTML(HyperText Markup Language)을 채택하고 있다. 여기에서 언급하고 있는 하이퍼텍스트 및 하이퍼링크 개념을 자세히 설명하라.

8-3 웹2.0의 가장 특징적인 개념인 참여, 공유, 개방에 대해 설명하고, 이러한 개념이 적용된 대표적인 국내외 사례를 조사하라.

8-4 블로그 서비스는 개인의 콘텐츠를 배포하여 원하는 사람들이 공유할 수 있도록 해주는 서비스로 RSS 피드의 개념을 적용하고 있다. 블로그 서비스에서 정보를 배포하고 갱신된 정보를 획득하는 데 RSS 피드가 어떤 역할을 하는지 설명하라.

8-5 웹2.0에서 주목받는 서비스 중의 하나인 매쉬업 서비스란 무엇이며 이를 위해 공개 API가 왜 필요한지 설명하라. 그리고 국내에서 공개 API를 제공하고 있는 웹사이트를 조사하여 열거하라.

8-6 클라우드 컴퓨팅이 기존 방식인 자체 컴퓨팅 방식에 비하여 어떠한 장점이 있는지 기술하라. 두 가지 방식을 비교할 때 경제성 측면에서는 어떠한가? 현재 인터넷 쇼핑 기업들의 경우에 어떠한 방식을 채택하고 있는가?

8-7 클라우드 컴퓨팅의 서비스 모델 세 가지를 설명하라. 특히 IaaS의 사례들을 조사하고 IaaS를 지원하고 있는 기업들의 구체적인 서비스 사례들을 설명하라.

# Chapter 09

# 데이터베이스와
# 빅데이터

## 09 CHAPTER

# 데이터베이스와 빅데이터

본 장에서는 데이터베이스와 전통적인 파일 시스템의 차이점을 이해하고 데이터베이스 시스템이 필요한 배경을 설명한다. 데이터베이스 시스템(DBMS)의 유형을 살펴보고 특히 관계형 데이터베이스의 개념과 기능을 알아본다. 그리고 관계형 데이터베이스의 기본 개념인 관계형 대수와 SQL 질의어를 설명한다. 또한 객체지향 데이터베이스의 개념과 특성을 알아보자.

우리 주변에 인터넷의 확산으로 수많은 양의 데이터(빅데이터)가 생성된다. 이 장에서는 이러한 빅데이터의 특성을 알아보고 빅데이터를 분석하는 데 필요한 기술과 활용분야를 살펴본다.

## 9.1 데이터베이스의 개념

파일처리 시스템과 데이터베이스의 차이점을 이해하고 기존 파일처리 시스템의 문제점을 파악하자. 또한 데이터베이스의 개념과 특성을 이해하자. 그리고 DBMS의 구성과 기능을 살펴보고 데이터 독립성의 의미를 살펴보자.

### 9.1.1 파일처리 시스템

■ 파일처리의 개념(Flat File)

인간이 정보를 찾거나 의사결정 시 데이터나 자료를 수집하여 효과적인 형태로 조직하고 저장해 두었다가 필요시 처리하여 원하는 정보를 획득하는 수단을 정보시스템이라 한다. 기업, 조직, 기관은 물론 개인도 효과적인 정보시스템을 구축하기 위하여 체계적인 방법이 요구된다. 이 중 가장 핵심 되는 과정이 데이터를 효과적으로 조직하는 것이다. 데이터의 구축 방식은 정보처리의 목적에 따라 결정된다.

일반적으로 같은 유형의 데이터 모음을 파일(File)이라 부르는데, 파일의 조직은 특정한 정보처리의 목적을 달성하기 위하여 구축된다. 이와 같이 일반적으로 한 가지 정보처리 목적을 효과적으로 만족시키기 위한 데이터 조직을 파일처리 시스템이라 부른다. 파일처리 시스템은 1960년대부터 사용되어 왔다. 그림 9-1에서 보듯이 파일처리 시스템을 사용하는 경우 목적에 따른 각 응용 프로그램마다 별도의 파일을 조직하여 관리한다. 예를 들어, 파일처리 방식을 따르는 기업에서는 제품 생산, 각 부서 및 사원, 고객, 판매, 상품 재고 등에 관한 데이터 파일을 따로 조직하여 관리한다. 사원 파일의 경우 아래 그림에서 보듯이 사원 파일은 이름, 사원 ID, 소속 부서, 주소, 전화번호 등의 자료를 갖고 있는데 이를 각각을 필드라고 부르고 이렇게 상호 연관된 데이터를 레코드라 부른다.

(a) 파일처리 시스템

(b) 사원 파일의 예

| 그림 9-1 파일처리 시스템의 예

■ 파일처리의 문제점

파일처리 방식은 일반적으로 자료를 조직하고 응용 프로그램을 개발하기에 간편한 점은 있으나 동시에 단점과 문제점을 가지고 있다. 첫째, 데이터 파일들에 중복된 데이터가 존재하고 때로는 이러한 중복 데이터 간에 불일치 현상이 발생할 수 있다. 예를 들어, 사원에 관한 파일과 판매에 관한 파일이 모두 사원의 이름과 전화번호 필드를 가지고 있는데 경우에 따라서 이 두 파일의 전화번호 필드 간에 데이터 불일치가 발생할 수 있다. 둘째, 파일처리 시스템에서는 다양한 응용마다 모두 독립적인 파일이 존재하므로 데이터의 공유가 부족하고 새로운 응용 프로그램을 개발하는 경우 새롭게 파일을 구성해야 하는 어려움이 있다. 또한, 응용 프로그램과 데이터 간의 독립성이 없으므로 유지보수 비용이 증가한다. 셋째, 기업의 데이터를 전체적으로 구성하지 않았으므로 데이터의 활용이 떨어지고 응용 프로그램의 개발 시 생산성이 낮다. 이외에도, 데이터의 보안이 미흡하고 데이터 회복 기능이 어려운 단점이 존재한다. 이러한 이유에서 1970년대 이후에는 특별한 경우를 제외하고 기업이나 기관의 전체적인 정보처리 요구를 이해하고 분석하여 이에 필요한 데이터를 기업 전체적으로 구축하는 것이 바람직한 방향이다. 이와 같이 기업 전체적인 데이터 조직을 데이터베이스(Database)라 하고 데이터베이스를 가장 효과적으로 조직, 저장, 활용할 수 있게 해 주는 소프트웨어를 DBMS(Database Management System)라 부른다.

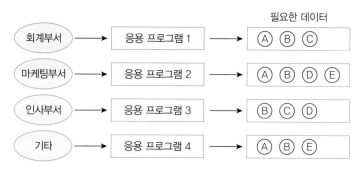

| 그림 9-2 파일처리 방식의 문제점

## 9.1.2 데이터베이스

앞에서 설명했듯이 데이터베이스 개념은 기업 전체의 정보 요구를 염두에 두고 가장 효과적인 통합적 데이터구조를 설계하고 구현하는 것을 의미한다. 따라서 미리 예측하지 못한 정보 요구가 발생해도 일반적으로 유연하게 응용 프로그램을 통하여 원하는 정보를 획득하게 된다. 또한, 데이터베이스 방식은 앞 절에서 언급한 파일처리 방식의 약점을 해결할 수 있다. 그림 9-3은 기업의 통합 데이터베이스 구축을 통해 다수의 응용 프로그램이 데이터를 공유하는 개념을 소개하고 있다.

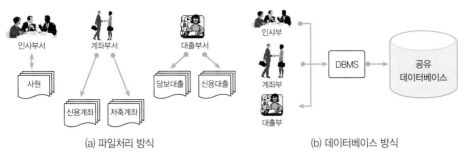

(a) 파일처리 방식

(b) 데이터베이스 방식

| 그림 9-3 파일처리 방식과 데이터베이스 방식의 비교

■ 데이터베이스 개념

데이터베이스의 개념은 한번 구축한 데이터가 다양한 목적을 가진 여러 응용에서 중복적으로 사용 될 수 있다는 데이터 공유의 개념에 기초하고 있다. 데이터베이스란 어떤 기업이나 기관의 여러 응용 프로그램들이 데이터를 공유할 수 있도록 데이터를 통합한 형태로 조직하여 저장, 관리되는 데이터의 집합이라 정의할 수 있다. 따라서 데이터베이스는 통합된 데이터(Integrated data)이며 공유되는 데이터(Shared data)이다. 또한, 원칙적으로 데이터의 중복을 가급적 배제하도록 데이터베이스를 설계한다. 데이터의 중복(Data redundancy)으로 인하여 데이터의 정확성을 상실하게 되고 변경이나 관리의 어려움이 따르기 때문이다.

■ 데이터베이스의 특성

데이터베이스는 몇 가지 특성을 가지고 있다. 첫째, 컴퓨터가 접근할 수 있는 하드디스크나 DRAM 메모리에 저장되어 있는 데이터베이스는 임의의 질의(Query)에 대하여 원하는 정보가 실시간으로 검색되어서 사용자나 응용 프로그램에 제공되어야 한다. 실시간 응답이란 일반적으로 몇 초 이내를 의미한다. 둘째, 데이터베이스란 한번 구축했다고 영구적으로 변화하지 않는 것이 아니고 상황이 변함에 따라 지속적으로 새로운 데이터가 삽입되고 기존의 데이터가 삭제 되거나 변하며 때로는 데이터베이스 구조가 변화한다. 이와 같이 동적으로 변하는 데이터의 정확성을 유지하기 위하여 데이터베이스 시스템은 데이터를 효과적으로 변경, 관리해 주는 기능을 가지고 있어야 한다. 셋째, 다수의 사용자나 응용 프로그램들이 데이터베이스를 동시에 접근하므로 동시에 공유될 수 있는 기능이 제공되어야 한다. 마지막으로, 데이터베이스로부터 원하는 데이터를 가져오기 위하여 사용자가 요구하는 데이터를 참조하는 값에 따라서 물리적 저장장치로부터 쉽게 가져와야 한다. 예를 들어, "어떤 특정 부서에서 일하는 30세 이하의 사원들을 모두 찾아오라"는 질의가 발생할 경우 특정 부서의 이름과 30세 이하라는 정보가 데이터베이스가 참조할 값이 된다.

■ 논리적(개념적) 데이터베이스: 개체와 관계

데이터베이스는 사용자나 응용 프로그램 관점에서 이해하는 논리적 구성요소와 데이터가 실제 물리적 메모리에 저장되는 물리적 구성요소로 나누어 생각 할 수 있다. 논리적 구성요소는 사용자 관점에서 데이터베이스를 개념적으로 개체(Entity)와 관계(Relationship)로 이해할 수 있다. 개체란 현실 세계에 존재하는 유무형의 객체로, 예를 들면 학생, 고객, 서적, 가구와 같은 유형의 객체와 학과, 판매 실적, 가격과 같은 무형의 객체를 의미한다. 개체는 레코드로 표현되고 개체는 몇 개의 속성(Attribute) 값을 가지며 각 속성을 필드라고 한다. 예를 들어, 고객 개체는 고객 이름, 고객 번호, 고객 주소, 고객 전화번호 등과 같은 속성을 가지며 이러한 속성들이 모여서 고객이라는 개체에 의미를 부여하게 된다. 개체와 개체 간에는 서로 연결 시켜주는 관계가 존재한다. 예를 들어, 사원 개체와 부서 개체가 존재하는 경우 사원과 부서 간에는 소속이라는 관계가 존재하게 된다. 이러한 관계를 통하여 특정 사원이 어떤 부서에서 일하는지 알 수 있고, 또 어떤 부서가 어떠한 사원들을 소유하고 있는지 알 수 있다.

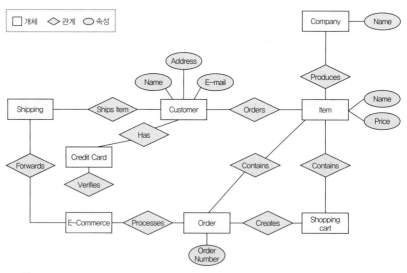

출처: http://unmasadalha.blogspot.kr

| 그림 9-4 개체-관계로 구성된 논리적 데이터베이스

따라서 개체와 관계 개념은 논리적 데이터베이스(Logical Database)의 구성에서 매우 중요한 개념이다. 논리적 데이터베이스를 설계한다는 것은 기업 전체의 데이터베이스를 이러한 개체 및 관계 측면에서 구성하는 것을 의미한다. 이에 비하여, 물리적 데이터베이스(Physical Database)란 데이터베이스에 속한 데이터가 실질적으로 어떻게 저장되어 있는지를 의미한다. 그림 9-5는 데이터베이스의 논리적 구조와 물리적 구조를 보여주고 있다.

| 그림 9-5  논리적 구조와 물리적 구조

## 9.1.3 데이터베이스 관리시스템(DBMS)

■ 데이터베이스 사용환경: DBMS

DBMS는 기업이나 기관이 요구하는 모든 데이터를 통합적으로 구성하여 저장, 관리해주는 소프트웨어 시스템이다. DBMS는 다양한 데이터를 물리적으로 저장하는 물리적 데이터베이스와 개념적으로 구성하는 논리적 데이터베이스를 관리해준다. 데이터베이스를 접근하는 방식은 응용 프로그램을 통하는 간접적 방식과 사용자가 질의를 통해 원하는 데이터를 검색하는 직접적 방식이 있다. 간단한 정보 획득을 위해서는 사용자가 직접 데이터베이스를 접근하지만 반복적이거나 보다 복잡한 데이터 접근을 하는 경우는 응용 프로그램을 통한 간접적 방식을 이용한다. 데이터베이스는 하나의 특정한 응용을 위해 존재하는 것이 아니고 여러 가지 다양한 응용을 위해 존재하므로 기업 전체를 염두에 두고 통합적으로 설계되고 관리되어야 한다. DBMS는 이러한 통합적 데이터베이스를 지원하는 기능을 제공하고 있다.

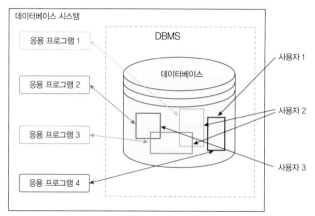

| 그림 9-6  DBMS, 데이터베이스, 일반 사용자, 응용 프로그램

■ 데이터 독립성(Data Independence)

DBMS를 이용하는 가장 중요한 목적은 데이터의 논리적 구조(또는 개념적 구조)나 물리적 구조가 변경되더라도 응용 프로그램이 영향을 받지 않는 것이다. 이것을 데이터 독립성(Data Independence)이라 부른다. 논리적 데이터 독립성이란 기업 전체 데이터베이스의 논리적 구조가 변경되어도 특정 응용 프로그램에 영향을 주지 않는 것을 의미한다. 각 응용 프로그램은 전체 데이터베이스의 일부만을 필요로 할 것이고 응용 프로그램마다 필요한 데이터베이스의 부분이 다를 것이다. 이러한 경우에 DBMS는 각 응용 프로그램이 요구하는 모든 논리적 구조를 지원해주어야 하고 만일 공유하는 전체 데이터베이스의 논리적 구조가 변경되더라도 각각의 응용 프로그램을 다시 작성할 필요가 없게 된다. 각 응용 프로그램이 필요로 하는 논리적 데이터베이스의 부분을 외부 데이터베이스(External Database)라 부른다. 이것은 전체 데이터베이스의 논리적 구조와 각 응용 프로그램들의 외부 데이터베이스와의 관계를 규정하는 논리적 사상(Mapping) 기능을 통해서 가능하게 된다. 한편, 논리적 구조로 구성된 데이터베이스는 궁극적으로 물리적 데이터베이스로 저장되는데 경우에 따라서 새로운 저장장치를 이용하거나 성능을 향상시키기 위하여 물리적 데이터베이스를 변경해야 할 경우가 있다. 이러한 경우에 물리적 데이터의 구조를 변경해도 기존의 응용 프로그램들에게 아무런 영향을 주지 않는다. 이것을 물리적 데이터 독립성이라 부른다.

그림 9-7은 데이터베이스의 구조와 응용 프로그램 간의 데이터 독립성을 보여주고 있다. 또 한 가지 유념할 사항은 데이터베이스의 물리적 구조의 변경이 데이터베이스의

논리적 구조에도 영향을 주지 않아야 한다. 이것은 데이터베이스의 논리적 구조와 이를 지원하는 물리적 구조 사이의 관계를 규정하는 물리적 사상(Mapping) 능력이 있어야 가능하다.

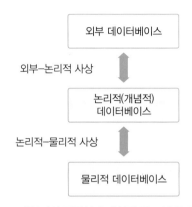

| 그림 9-7 데이터의 독립성과 데이터 구조 간의 사상 개념

■ DBMS의 기능

데이터베이스를 여러 응용 프로그램이 효과적으로 공유하기 위해 DBMS는 다음의 기능을 필수적으로 지원해 주어야 한다.

### (1) 데이터베이스의 정의

데이터베이스 정의란 다양한 응용 프로그램이 데이터베이스를 인터페이스 할 수 있도록 데이터 정의어(DDL: Data Definition Language)를 이용하여 전체 데이터베이스의 구조를 정의하는 기능을 뜻한다. 이를 위하여 첫째, 모든 다양한 응용 프로그램들이 데이터베이스를 효과적으로 접근할 수 있도록 데이터베이스의 논리적 구조를 DBMS가 지원하는 데이터 모델(Data Model)에 적합하게 정의할 수 있어야 한다. DBMS의 데이터 모델에 대해서는 9.2절에서 설명하기로 한다. 둘째, 데이터베이스를 저장장치에 저장하기 위한 물리적 구조 명세도 정의되어야 한다. 셋째, 데이터의 논리적 구조와 물리적 구조 간에 상호 변환이 가능하도록 사상을 규정할 수 있어야 한다.

### (2) 데이터베이스의 조작 기능

데이터베이스의 조작이란 각 응용 프로그램이나 데이터 사용자가 DBMS를 이용하여 데이터베이스를 인터페이스하는 수단을 의미한다. 이를 위하여 DBMS는 데이터의 검색, 갱신, 삽입, 삭제 등을 용이하고 효율적으로 수행할 수 있는 기능을 지원해야 한다. DBMS는 데이터베이스의 조작을 데이터 조작언어(DML: Data Manipulation Language)를 통해 수행한다.

### (3) 데이터베이스의 제어 기능

DBMS는 다양한 목적으로 공유되는 데이터베이스를 정확하고 안전하게 유지할 수 있는 데이터베이스 제어(Database Control) 기능을 가지고 있어야 한다. 이를 위하여 DBMS는 데이터를 갱신, 삽입, 삭제할 때 데이터 간의 불일치 현상이 발생하지 않도록 데이터 일관성(Data Consistency)을 유지하여야 한다. 그리고 데이터의 정확성 또는 유효성이 유지되도록 관리해야 한다. 이것을 데이터 무결성(Data Integrity)이라 한다. 또한 정당한 사용자가 허가된 데이터베이스 부분을 접근할 수 있도록 권한을 검사하고 데이터의 보안을 지원할 수 있어야 한다.

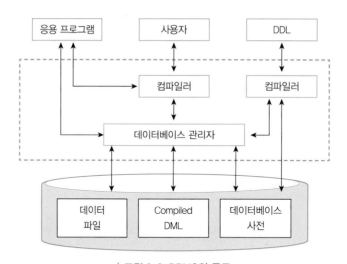

| 그림 9-8 DBMS의 구조

결론적으로 DBMS는 데이터베이스를 통합적으로 관리함으로써 다음의 장점을 추구할 수 있다.

 ① 데이터의 공유와 데이터베이스의 효율적 관리
 ② 데이터 중복의 통제

③ 데이터의 일관성 유지

④ 데이터의 무결성

⑤ 데이터 보안의 보장

## 9.2 DBMS의 유형

데이터베이스 관리시스템(DBMS)의 발전 역사를 살펴보고 데이터 모델의 발전 과정에서 출현한 계층적 데이터 모델, 네트워크 데이터 모델, 관계형 데이터 모델을 비교한다. 또한 객체지향 데이터 모델에 대하여 알아보자.

### 9.2.1 데이터 모델

■ 데이터 모델의 개념

데이터베이스는 지속적으로 변화하는 현실 세계를 데이터로 표현하고 있다. 현실 세계에는 여러 가지 유무형의 개체들이 존재하고 각 개체는 특성을 규정하는 값을 가지고 있다. 인간은 현실 세계에 존재하는 다양한 개체들과 개체들 간의 관계를 개념적으로 명확히 이해하기 위하여 추상적으로 표현하는데 이를 개념적 모델링(Conceptual Modeling)이라 한다. 개념적 모델링 과정으로부터 얻게 되는 결과를 데이터베이스의 개념적 구조라 하며 개념적 구조는 현실 세계의 개체를 추상화시킨 개체 타입과 개체의 특성을 표현하는 속성을 가진다. 또한 개념적 구조는 다양한 개체 타입들 간에 존재하는 관계를 설정하고 있다. 그러나 이 개념적 구조는 DBMS가 직접 이해하고 있는 것은 아니기 때문에 DBMS가 이해할 수 있는 구체적인 논리적 구조로 변환되어야 한다. 논리적 구조를 형성하는 데이터 모델이 DBMS에 따라서 다를 수 있고 따라서 논리적 구조는 이 데이터 모델에 적합하게 구성되어야 한다. 일단 논리적 구조(개념 스키마)가 결정되면 논리적 데이터는 컴퓨터가 접근 할 수 있는 물리적 데이터 형태(내부 스키마)로 저장장치에 저장되어 관리된다. 데이터베이스의 전체적인 구조를 스키마(Schema)라 부른다. 그림 9-9는 데이터베이스의 개념적 구조를 의미하는 개념적 스키마와 물리적 데이터베이스를 의미하는 내부 스키마 그리고 각 응용 프로그램이 필요로 하는 데이터베이스 부분인 외부 스키마의 관계를 보여주고 있다.

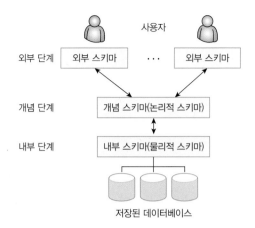

┃ 그림 9-9 데이터베이스의 개념적 구조와 물리적 구조

## ▪ DBMS의 발전

역사적으로 몇 가지 데이터 모델에 기반한 DBMS가 발전되어 왔다. 최초의 DBMS는 1960년대 초 GE사의 Charles Bachman이 설계한 IDS로 네트워크 데이터 모델의 기초가 되었다. 1960년대 후반에는 IBM사가 IMS를 개발하였고 IMS는 계층형 데이터 모델 개념을 따른다. 네트워크 데이터 모델과 계층형 데이터 모델을 제1세대 DBMS라고 한다. 그 후 1970년 IBM San Jose 연구소의 E. F. Codd는 관계형 데이터 모델(Relational Data Model)이라는 새로운 데이터 표현 방법을 제안하였다. 관계형 데이터 모델은 DBMS 발전에 획기적인 전환점이 되었고 이때부터 관계형 DBMS는 학문적으로 매우 중요한 연구 분야로 떠오르게 되었다. 1980년대 이후에는 대부분의 DSMS가 관계형 데이터 모델을 기반으로 하고 있다. 특히, IBM사가 관계형 DBMS의 질의어로 개발한 SQL이 세계 표준 데이터베이스 언어로 인정받게 되었다. Oracle, Ingress, Informix 등은 모든 운영체제에서 사용할 수 있는 관계형 DBMS로 개발 되었으며 PC 환경을 지원하는 다양한 관계형 DBMS가 출현하였다. 관계형 데이터 모델을 기반으로 하는 DBMS를 제2세대 DBMS라고 한다.

1990년대에 사용자의 다양한 데이터베이스 응용분야가 나타나고 이미지, 그래픽, 사운드, 비디오와 같은 멀티미디어의 지원이 요구되면서 객체지향 데이터베이스(OODBMS: Object-Oriented DBMS)와 객체-관계 데이터베이스(ORDBMS: Object-Relational DBMS)가 출현하게 되었다. 이와 같은 데이터베이스를 제3세대 DBMS라 부른다. 오늘날에는 제2세대 DBMS와 제3세대 DBMS가 공존하여 사용되고 있다.

### 9.2.2 계층형 데이터 모델

계층형 데이터 모델은 트리 구조를 기반으로 하고 있다. 상위 레코드와 하위 레코드 간에는 부모-자식 관계가 존재한다. 그림 9-10에서 보듯이 사원에는 여러 유형의 사원들이 존재하고 또한 각 유형의 사원(예, 정규직)도 여러 가지 직위와 기능을 가진 사원들을 포함하고 있다. 개체들 간의 관계가 이와 같이 계층적으로 구성되어 있으며 레코드들이 링크에 의하여 미리 계층적으로 구성되어 있으므로 구조를 변경하기 어렵다. 계층형 데이터베이스의 장점은 빠른 처리속도와 레코드 접근의 효율성에 있으나 응용 프로그램의 목적이 변하는 경우 데이터베이스의 구조를 이에 맞게 변경하기 어려운 단점이 있다.

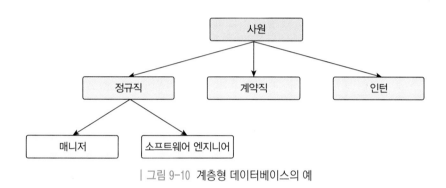

| 그림 9-10  계층형 데이터베이스의 예

### 9.2.3 네트워크 데이터 모델

네트워크 데이터베이스는 레코드들 간의 관계가 그래프를 기반으로 구성되어 있다. 그림 9-11에서 보듯이 부품 공급사는 여러 가지의 부품들을 공급할 수 있고 또한 특정 부품도 다수의 공급사에 의해 제공될 수 있다. 이러한 네트워크 모델은 앞에서 설명한 계층형 데이터 모델과는 분명히 상이하다. 네트워크 데이터베이스도 레코드들이 링크에 의해 상호 연결되어 있으므로 데이터의 구조를 변경하기 어렵고 새로운 응용 프로그램의 목적을 만족시키기 어려운 한계성을 가지고 있다.

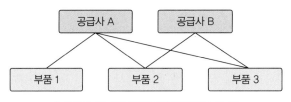

| 그림 9-11 네트워크 데이터베이스의 예

### 9.2.4 관계형 데이터 모델

앞의 두 데이터 모델에 비해서 관계형 데이터 모델의 장점은 모델이 간단하여 이해하기 쉬우며 사용자나 응용 프로그램의 목적에 상관없이 데이터베이스를 설계할 수 있다. 관계형 데이터베이스는 개체의 정보를 표현하는 테이블을 기반으로 구축되는 데이터 모델을 따른다. 관계형 데이터 모델은 1970년 IBM사의 에드가 카드(E. F Codd)에 의하여 처음 제안되었다.

테이블(Table)의 개념은 매우 간단하여 수학적으로 관계(Relation)로 표현되며 관계들 간에는 상위−하위 개념이 존재하지 않는다. 관계형 데이터베이스는 응용 프로그램에 완전히 독립적으로 구성되므로 새로운 응용이 발생해도 데이터 구조의 변경없이 쉽게 사용할 수 있다. 9.3절에서 관계형 데이터베이스의 구조를 공식적으로 규정하고 관계들 간의 연산을 관계형 대수를 통하여 정의한다. 관계형 데이터베이스의 여러 가지 장점으로 인하여 현재 절대적으로 가장 많이 사용되고 있는 데이터 모델이다. 그림 9−12는 과목, 교수, 학생의 3개 테이블로 구성된 관계형 데이터베이스의 예를 보여주고 있다. 과목 테이블과 교수 테이블은 교수 ID를 통하여 상호 연관되어 있고 학생 테이블과 과목별 성적부 테이블은 학생 ID를 통해서 서로 연결되어 있다.

**학생정보**

| 학생ID | 이름 | 전화 | 이메일 |
|---|---|---|---|
| 0811021 | 김민지 | 010-6134-35** | kimmj@sm.ac.kr |
| 0811041 | 나세리 | 010-9865-76** | naseri@sm.ac.kr |
| 0811055 | 서보은 | 010-1373-24** | suhbe@sm.ac.kr |
| 0811083 | 이은지 | 010-2832-78** | leeji@sm.ac.kr |

**교수정보**

| 교수ID | 이름 | 학과 | 이메일 |
|---|---|---|---|
| 10658 | 임순범 | 멀티미디어 | lims@sm.ac.kr |
| 10150 | 최윤철 | 컴퓨터 | choy@sm.ac.kr |
| 10355 | 한탁돈 | 컴퓨터 | hant@sm.ac.kr |

**과목별 성적부**

| 과목코드 | 과목명 | 학점 | 강사 | 학생ID | 이름 | 점수 | 성적 | 이수학기 |
|---|---|---|---|---|---|---|---|---|
| 05127 | 멀티미디어 | 3 | 10658 | 0811021 | 김민지 | 94 | A | 200809 |
| 05127 | 멀티미디어 | 3 | 10658 | 0811055 | 서보은 | 86 | B | 200809 |
| 05127 | 멀티미디어 | 3 | 10658 | 0811083 | 이은지 | 97 | A+ | 200809 |

| 과목코드 | 과목명 | 학점 | 강사 | 학생ID | 이름 | 점수 | 성적 | 이수학기 |
|---|---|---|---|---|---|---|---|---|
| 06104 | 컴퓨터의 이해 | 3 | 10150 | 0811021 | 김민지 | 88 | B+ | 200803 |
| 06104 | 컴퓨터의 이해 | 3 | 10150 | 0811041 | 나세리 | 95 | A | 200803 |
| 06104 | 컴퓨터의 이해 | 3 | 10150 | 0811055 | 서보은 | 97 | A+ | 200803 |
| 06104 | 컴퓨터의 이해 | 3 | 10150 | 0811083 | 이은지 | 85 | B | 200803 |

개인별 성적표 : 김민지
- 컴퓨터의 이해 (2008.03) B+
  멀티미디어 (2008.09) A

| 그림 9-12  관계형 데이터베이스에서 테이블의 예

## 9.2.5 객체지향 데이터 모델

1980년대 후반 새로운 데이터 모델인 객체지향 데이터 모델이 등장하였다. 객체지향 데이터 모델은 객체지향 프로그래밍 패러다임에 기반하고 있으며 이 데이터 모델의 특성은 데이터와 프로그램을 그룹화하여 하나의 클래스로 정의하는 데 있다. 객체지향 개념이란 객체(Object), 속성(Attribute), 메소드(Method), 클래스(Class), 클래스 계층 및 상속 개념을 모두 포함한다. 객체는 유무형의 개체를 의미하며 각 객체의 상태를 나타내는 속성값들을 가지고 있다. 또한, 객체의 속성값을 접근하고 처리하는 프로그램을 메소드라 하며 그 객체에 메시지를 보내서 해당 메소드가 실행된다. 그림 9-13에서 보듯이 객체 데이터는 객체의 내부 데이터 값을 나타내고 메소드들이 내부 데이터를 실제 처리하는 프로그램들이다. 이와 같이 객체의 내부 데이터와 처리하는 메소드가 외부 다른 객체로부터 감추어져 있는 개념을 객체지향 패러다임의 갭술화(Encapsulation)라 부른다.

객체(Object)

| 그림 9-13 객체의 캡슐화

## 9.3 관계형 데이터베이스

관계형 데이터베이스의 구조와 특성을 알아보자. 관계형 데이터베이스의 기반 개념인 관계형 대수와 SQL 질의어를 이해하자.

### 9.3.1 관계형 데이터베이스의 구조

관계형 데이터베이스는 유무형의 개체에 관한 데이터를 하나의 테이블 형태로 표현한다. 테이블은 열(Column)과 행(Row)으로 구성되어 있다. 데이터 용어로는 통상적으로 열을 필드(Field)라고 하고 행을 레코드(Record)라고도 부른다. 그러나 관계형 데이터베이스에서는 테이블이라는 용어를 관계(Relation)라 부르며 필드를 속성(Attribute), 레코드를 튜플(Tuple)이라 부른다. 관계형 데이터베이스는 수학적으로 관계(Relation)와 집합(Set)에 이론적으로 기초하고 있다. 그림 9-14는 관계, 속성 및 튜플 간의 관계를 보여주고 있다.

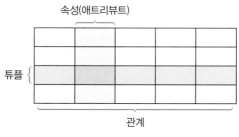

| 그림 9-14 관계, 속성 및 튜플 간의 관계

예를 들어, 그림 9-15에서 보듯이 STUDENT(학생)라는 관계는 학생 ID, 이름, 학과, 전화번호의 4개의 속성을 가지고 있다. 어떤 관계가 소유하는 속성의 수를 차수(Degree)한다. 따라서 관계 STUDENT의 차수는 4이다. 한편, 관계 PROFESSOR(교수)는 교수 ID, 이름, 학과, 주소, 전화번호를 속성으로 가지며 차수는 5가 된다. 또한, 관계 COURSE_RECORD(과목 성적)는 과목코드, 과목명, 학점, 교수 ID, 학생 ID, 점수를 속성으로 가진다. 관계가 가지는 튜플의 수를 농도(Cardinality)라고 부른다. 기존 관계에 새로운 튜플이 삽입되거나 기존의 튜플이 삭제되면 관계의 농도가 변하게 된다.

STUDENT

| 학생 ID | 이름 | 학과 | 전화번호 |

PROFESSOR

| 교수 ID | 이름 | 학과 | 주소 | 전화번호 |

COURSE_RECORD

| 과목 코드 | 과목명 | 학점 | 교수 ID | 학생 ID | 점수 |

| 그림 9-15 관계 데이터베이스의 구성 예

관계의 각 속성이 가질 수 있는 값의 영역을 도메인(Domain)이라 부른다. 도메인은 속성이 취할 수 있는 모든 값의 집합을 의미한다. 따라서 속성값은 도메인 내에서만 값을 취할 수 있다. 예를 들어, 관계 STUDENT의 학생 ID 속성값은 7자의 숫자로만 구성되며 학과는 이 대학에 속하는 학과 이름 중에서만 값을 취할 수 있다. 도메인의 중요한 성질은 같은 도메인을 가지는 속성 간에 값을 서로 비교할 수 있다. 그러나 도메인이 다른 속성들 간의 값을 비교한다는 것은 그 의미가 없게 된다. 예를 들어, STUDENT 관계의 이름 속성과 PROFESSOR 관계의 주소 속성값을 서로 비교하는 것은 아무런 의미가 없다.

관계는 다음의 특성을 가진다. 아래 4가지 특성을 모두 만족시키는 관계를 정규화 관계(Normalized Relation)라 부르고, 관계형 데이터베이스에서는 원칙적으로 정규화 관계만을 취급한다.

① 한 관계에 포함된 튜플은 모두 상이하며, 이것을 튜플의 유일성이라 부른다.

② 한 관계에 포함된 튜플 사이에는 순서가 없으며, 이것을 튜플의 무순서성이라 부른다. 이러한 성질은 본질적으로 집합과 같은 의미를 가진다.

③ 한 관계를 구성하는 속성 사이에는 순서가 없으며, 이것을 속성의 무순서성이라 부른다.

④ 모든 속성 값은 더 이상 분해할 수 없는 원자값(Atomic Value)을 가진다.

앞에서 설명하였듯이 정규화 관계에서 각 튜플은 항상 유일하기 때문에 몇 개의 속성 값을 이용하여 튜플을 유일하게 식별할 수 있다. 이렇게 튜플을 유일하게 식별할 수 있는 속성의 집합을 그 관계의 키(Key)라 부른다. 이제, 관계의 키를 보다 정확히 정의해 보자. 관계 R = R($A_1$, $A_2$, ..., $A_n$), 속성 집합 A = {$A_1$, $A_2$, ..., $A_n$}이라 하자. 만일 R의 한 속성 집합 K = {$A_i$, $A_j$, ..., $A_l$}가 속성 집합 A의 부분집합이면서(즉, K ⊂ A) 항상 다음의 두 가지 성질을 만족시킨다면 K를 관계의 후보 키(Candidate key)라 부른다.

① 유일성: 관계 R의 모든 튜플에 대해 K의 값은 서로 상이하고 유일하다.

② 최소성: 유일성의 특성을 가진 K가 둘 이상의 속성으로 구성되어 있을 때 어느 한 속성을 제거하면 튜플의 유일성이 깨진다. 즉, 후보 키는 모든 튜플을 유일하게 식별하기 위한 최소의 속성만을 가진다.

모든 관계는 적어도 하나의 후보 키를 반드시 가진다. 관계에서 데이터베이스 설계자가 튜플을 유일하게 식별하기 위하여 기본적으로 지정해 놓은 후보 키를 기본 키(Primary)라 부른다. 하나의 관계에서 기본 키는 반드시 하나만 존재한다. 후보 키의 조건을 만족시키지만 기본 키가 아닌 후보 키를 대체 키(Alternate key)라 부른다. 예를 들어, 앞의 PROFESSOR 관계에서 {교수 ID}를 기본 키로 정의하면 {교수 이름, 학과}는 대체 키가 될 수 있다(한 학과에 같은 이름을 가진 교수가 없다고 가정할 때). 또한, 한 관계 R에 속한 속성 집합 F가 다른 관계 S의 기본 키가 될 때 F를 관계 R의 외래 키(Foreign key)라 부른다.

## 9.3.2 관계 대수

관계형 데이터베이스에서 관계는 튜플들의 집합이다. 관계 대수는 이러한 관계를 처리하기 위한 연산을 지원하고 있다. 집합 연산은 합집합 연산(Union), 교집합 연산

(Intersection), 차집합 연산(Difference), 카티션 프로덕트 연산(Cartesian Product)이 있고, 순수 관계 연산에는 선택 연산(Select), 추출 연산(Project), 조인 연산(Join)이 있다. 집합 연산과 순수 관계 연산은 모두 피연산자가 관계이고 연산 결과도 관계를 생성한다. 다양한 연산들을 쉽게 이해하기 위하여 사례를 들어 설명한다. 아래 사례에서 제시된 데이터베이스 예는 세 개의 관계로 구성되어 있다. STUDENT(학생) 관계는 학생_ID(ST_ID), NAME, 소속학과(DNO), 학년(YEAR)의 속성을 가지고, DEPARTMENT(학과) 관계는 학과_번호(DEP_NO), 학과_이름(DEPT_NAME)의 속성을 가지고 있다. 또한, RECORD(성적) 관계는 학생_ID, 평균성적(GPA)의 속성을 가진다. 각 관계가 가지는 구체적 테이블 값은 아래와 같다.

$$STUDENT = (ST\_ID, NAME, DNO, YEAR)$$
$$DEPARTMENT = (DEP\_NO, DEPT\_NAME)$$
$$RECORD = (ST\_ID, GPA)$$

다음에 관계대수 연산자(Relational Algebra Operator)에 대한 설명을 간단한 예를 들어 설명한다. 여기서 관계 A, B, C가 각각 아래와 같다고 하자. 단, 관계 A의 속성 L의 도메인과 관계 B의 속성 P의 도메인은 같다고 하자. 또한 릴리이션 B의 속성 P, Q, R의 도메인과 관계 C의 속성 X, Y, Z의 도메인이 각각 같다고 하자.

A =

| K | L | M | N |
|---|---|---|---|
| r | 6 | a | 3 |
| s | 5 | c | 7 |
| t | 3 | d | 4 |
| p | 8 | c | 7 |

B =

| P | Q | R |
|---|---|---|
| 5 | p | s |
| 4 | t | p |
| 3 | u | r |
| 7 | v | a |

| C = | X | Y | Z |
|---|---|---|---|
|  | 2 | a | f |
|  | 3 | u | r |
|  | 4 | t | p |

위의 관계 A, B, C로부터 아래의 연산을 수행하자.

## (1) 순수 관계 연산

### ① 선택 연산(SELECT)

관계 A에서 주어진 조건을 만족 시키는 수평적 연산을 하여 부분집합을 구한다.

SELECT from A where A.N = 7 ⇒

| K | L | M | N |
|---|---|---|---|
| s | 5 | c | 7 |
| p | 8 | c | 7 |

### ② 추출 연산(PROJECT)

관계 A에서 제시된 속성리스트에 속한 수직적 연산을 하여 결과를 얻되 중복되는 튜플은 제거한다.

PROJECT M, N from A ⇒

| M | N |
|---|---|
| a | 3 |
| c | 7 |
| d | 4 |

단, 위의 결과에서 (C, 7)은 2개 존재하므로 하나만 남긴다.

### ③ 조인 연산(JOIN)

두 개의 관계 A와 B의 공통 속성을 중심으로 관계를 만족하는 연산을 수행하여 새로운 관계를 얻는다.

JOIN A and B where A.L = B.P ⇒

| A.K | A.L | A.M | A.N | B.P | B.Q | B.R |
|---|---|---|---|---|---|---|
| s | 5 | c | 7 | 5 | p | s |
| t | 3 | d | 4 | 3 | u | r |

JOIN A and B where A.L < B.P ⇒

| A.K | A.L | A.M | A.N | B.P | B.Q | B.R |
|---|---|---|---|---|---|---|
| t | 3 | d | 4 | 5 | p | s |
| t | 3 | d | 4 | 4 | t | p |
| r | 6 | a | 3 | 7 | v | a |
| s | 5 | c | 7 | 7 | v | a |
| t | 3 | d | 4 | 7 | v | a |

## (2) 집합 연산

### ① 합집합 연산(UNION: ∪)

A ∪ B: 두 개의 관계의 합집합을 구한다. 즉 A 또는 B에 속하는 튜플들로 구성한다. 이때 결과 릴리이션에서 중복되는 튜플은 제거한다.

B ∪ C ⇒

| | | |
|---|---|---|
| 5 | p | s |
| 4 | t | p |
| 3 | u | r |
| 7 | v | a |
| 2 | a | f |

### ② 교집합 연산(INTERSECTION: ∩)

A ∩ B: 두 개의 릴리이션에서 교집합을 이용하여 A와 B 모두에게 속하는 튜플들로만 구성한다.

B ∩ C ⇒

| | | |
|---|---|---|
| 4 | t | p |
| 3 | u | r |

### ③ 차집합 연산(DIFFERENCE: − )

A − B: 두 개의 릴리이션에서 차집합을 구한다. 즉 A에는 속하나 B에는 속하지 않는 튜플들로 구성한다.

B − C ⇒

| | | |
|---|---|---|
| 5 | p | s |
| 7 | v | a |

## 9.3.3 질의어(SQL)

관계형 데이터베이스는 관계들로 구성되어 있다. 이용자나 응용 프로그램은 이러한 릴레이션들의 모임으로부터 9.3.2절에서 소개한 순수 관계 연산이나 집합 연산을 이용하여 원하는 정보를 데이터베이스로부터 검색한다. 그러나 관계 대수에 기반한 연산들은 일반 이용자가 사용하기는 어렵다. 뿐만 아니라, 데이터베이스의 개념적 구조를 정의하고 데이터를 제어하기 위하여 표준 질의어가 필요하다. 관계 데이터베이스 질의어(SQL: Structured Query Language)는 이와 같이 데이터베이스 정의 기능(DDL: Data Definition Language), 데이터 조작 기능(DML: Data Manipulation Language) 및 데이터 제어 기능(DCL: Data Control Language)을 포함한다.

SQL은 비절차적 언어(선언적 언어)이므로 사용자는 자신이 원하는 데이터("What")를 선언함으로써 정보를 검색할 수 있다. 즉, 원하는 정보를 어떻게("How") 찾아오는지를 명시하지 않아도 된다. SQL은 관계해석(Relational Calculus) 개념에 기반하고 있다. SQL 질의어는 일반 사용자가 손쉽게 배울 수 있는 언어로 다음에 소개하기로 한다. SQL은 데이터베이스에 접근하는 최종 사용자가 직접 작성하는 형태인 대화식 SQL과 C, C++, Java와 같은 고급 호스트 언어 내에 SQL을 포함하는 내포 SQL 형태가 있다. 내포 SQL은 보다 전문적인 데이터베이스 응용 프로그램을 개발하기 위하여 사용된다.

### (1) 데이터 정의어(DDL)

사용자가 데이터 정의어를 사용하여 관계를 생성하고 제거하며 관계에 새로운 속성을 추가하고 삭제하며 관계의 기본 키를 정의하는 기능을 담당한다. SQL의

CREATE, ALTER, DROP, RENAME 등이 데이터 정의어이다. 아래에 릴레이션 DEPARTMENT를 규정하는 데이터 정의어 CREATE를 소개한다.

```
CREATE TABLE DEPARTMENT
    (DEPTNO    NUMBER    NOT NULL,
    DEPTNAME  CHAR(12),
    BUILDING    CHAR(20)
    PRIMARY KEY (DEPTNO));
```

위 예에서 새롭게 규정하는 관계 DEPARTMENT는 3개의 속성, 즉 DEPTNO, DEPTNAME, BUILDING를 가지고 있으며, 이들의 도메인은 각각 NUMBER, 12자리 문자, 20자리 문자이다. 다만, 이 관계의 기본 키(PRIMARY KET)가 DEPTNO이므로 "NOT NULL"이라고 명시하였다. 즉, "NOT NULL"이라고 규정된 속성은 반드시 어떤 값을 가져야 한다는 것을 의미한다.

### (2) 데이터 조작어(DML)

데이터베이스로부터 데이터를 검색하고 데이터베이스 내의 데이터를 수정, 추가, 삭제하는 기능을 포함한다. 이 중 데이터 검색 기능은 가장 자주 이용되는 데이터 조작어로 SQL의 SELECT 문이 이에 해당한다. 관계 데이터베이스는 관계 대수에 기반한 다양하고 강력한 데이터 검색 기능을 제공하고 있다. 이외에도, 데이터 조작어는 관계를 정렬(Sorting)하고 새로운 튜플을 삽입(Insert)하고, 관계에서 기존의 튜플을 삭제(Delete)하고 기존의 튜플 값을 수정(Update)하는 기능을 지원한다. SELECT 문의 한 예를 아래에 소개한다.

```
SELECT ST_ID, NAME
from STUDENT
where DNO = 3, YEAR = 4
```

이 SELECT 질의어는 관계 STUDENT로부터 학과 번호(DNO) = 3이고 학년(YEAR) = 4를 만족하는 학생의 ST_ID와 이름(NAME)을 모두 검색하라는 의미이다.

### (3) 데이터 제어어(DCL)

관계에 대한 접근 권한을 부여하거나 취소하는 기능을 포함한다. 또한, 사용자 트랜잭션의 시작, 철회, 완료 기능도 지원한다.

## 9.4 객체지향 데이터베이스

객체 및 메소드를 통하여 객체지향 개념을 이해하자. 또한 객체-관계 데이터베이스 (ORDB)와 멀티미디어 데이터베이스를 알아보자.

### 9.4.1 객체지향의 개념

관계형 데이터베이스는 관계들로 구성되어 있고 각 관계는 같은 유형의 튜플들로 이루어져 있으며 각 튜플은 몇 개의 속성들을 가진다. 속성은 숫자, 문자열 등과 같은 고정 길이의 작은 원자 값을 가진다. 현실 세계의 개체들을 테이블과 같은 정형화된 형태로 표현할 수 있는 경우에는 관계형 데이터베이스가 매우 적합하다. 특히, 관계형 데이터베이스는 수학적으로 잘 정의된 관계 대수에 기반하고 있으므로 SQL을 사용하여 데이터베이스를 정의하고 조작하고 제어하는 작업이 용이하고 매우 효율적이다.

그러나 현실 세계의 모든 개체들이 다 이와 같이 관계로 표현될 수 있는 것은 아니다. 최근, 컴퓨터 이용설계(CAD), 컴퓨터 이용 소프트웨어공학(CASE), 멀티미디어 응용, 사무자동화, 하이퍼텍스트 문서, 지리정보 시스템(GIS) 등의 영역에서 다루는 데이터는 단순한 테이블 형태의 모습이 아닌 복잡한 구조를 갖고 있다. 이러한 비정형화 데이터에는 관계형 데이터베이스가 효과적으로 사용되기 어려운 측면이 있다. 이러한 배경에서 1980년대 후반 객체지향 데이터베이스가 출현하였다. 객체지향 데이터베이스는 C++, Smalltalk, Java 등과 같은 객체지향 프로그래밍 언어와 개념적으로 동일한 객체지향 개념에 기반하고 있다.

■ 객체와 메소드

객체지향 데이터베이스는 현실 세계의 개체(Entity)를 객체지향 패러다임의 객체(Object)로 규정하고 객체 식별자, 속성(애트리뷰트), 메소드, 클래스, 클래스 계층 및 상속 그리고 복합 객체 개념을 모두 포함한다. 객체를 기술하는 속성들의 집합을 객체 구조라고 하고, 객체의 속성값을 액세스하여 원하는 작업을 수행하는 프로그램을 메소드(Method)라 한다. 하나의 객체에 대해 수행될 수 있는 연산은 모두 메소드를 통해 실행되며, 이 때 객체에 메시지(Message)를 통해서 메소드가 작동된다. 객체의 공통적인 특성을 가진 객체들의 모임을 하나의 클래스(Class)로 그룹핑 할수 있다. 즉, 클래스는 동일한 속성 구조와 메소드를 가진 객체들을 총칭하는 단어이다. 객체지향 데이터베이스는 SQL과 유사한 객체질의어 OQL(Object Query Language)을 지원함으로써 객체 데이터베이스에 대해 비절차적 접근을 수행한다.

그림 9-16은 John, Michael, Marry의 3개 객체를 표현하는 STUDENT 클래스를 보여주고 이 클래스(또는 객체)는 S_ID, Name, Dept, Grade, Course_taken, Advisor, Address의 속성을 가지며 Dept_Grade_Average, Student_for_Advisor의 두 가지 메소드를 소유하고 있다.

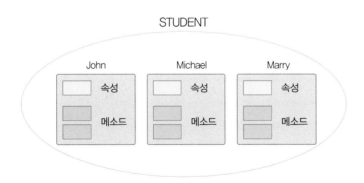

| 그림 9-16 클래스의 표현과 객체 및 메소드

하나의 클래스는 그림 9-17의 예에서 보듯이 부모 클래스에 해당하는 수퍼클래스(Superclass)와 자식 클래스에 해당하는 서브클래스(Subclass)를 가질 수 있다.

그림 9-18의 경우 'Animal' 클래스의 서브클래스는 'Mammal'과 'Reptile'이고, 'Elephant'의 수퍼클래스는 'Mammal'이 된다. 하나의 클래스는 수퍼클래스로부터 애트리뷰트와 메소드를 상속(Inheritance) 받는다. 또한, 한 객체의 속성값이 다른 객체를 참조하는 객체, 즉 복합 객체를 허용한다. 이와 같이, 객체 데이터베이스가 객체 프로그래밍 패러다임을 취함으로써 보다 복잡하고 복합적인 데이터 처리를 수행할 수 있게 되었다.

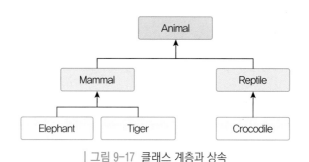

| 그림 9-17 클래스 계층과 상속

■ 객체-관계 데이터베이스(ORDB)

1990년대 후반에 이르러서는 관계형 데이터베이스에 객체지향 개념이 통합된 객체-관계 데이터베이스(ORDB: Object-Relational Database)가 제안되었다. ORDB는 기존의 관계 데이터베이스를 확장하여 멀티미디어와 같이 보다 복잡한 데이터를 처리할 수 있도록 객체지향 개념을 첨가시킨 데이터 모델이라 할 수 있다. ORBD는 관계, 질의어, 객체, 메소드, 클래스, 상속, 복합 객체 등을 지원한다. 이러한 객체-관계 데이터베이스 시스템(ORDBMS)를 소프트웨어 회사에 따라서는 Universal DBMS라고도 부른다.

## 9.4.2 멀티미디어 데이터베이스

멀티미디어 데이터는 이미지, 사운드, 비디오, 텍스트/문서, 애니메이션, 그래픽과 같은 데이터가 복합적으로 존재하는 것을 의미한다. 멀티미디어 데이터는 1990년대 이후 증가하다가 최근에는 일상생활에서 가장 자주 접하는 데이터로 부상하였다. 과거에는 멀티미디어 데이터를 외부에 파일 형태로 저장하였다. 그러나 멀티미디어 데이터의 양이 급증하면서 데이터베이스를 이용하여 저장, 검색, 관리해야 하는 단계에 이르렀다. 멀티미디어 데이터는 제작자, 제작 일시, 카테고리, 용량 등과 같은 서술적 속성도 가지지만 많은 경우 데이터의 구조가 복잡하고 용량이 매우 큰 특성을 가지고 있다. 특히, 엄청난 양의 멀티미디어 데이터로부터 필요한 내용을 정확히 검색하는 것은 매우 어려운 일이다.

관계형 데이터베이스에서와 같이 정형화 데이터로부터 정보를 검색하는 일은 간단하지만 멀티미디어와 같은 비정형 데이터인 경우는 검색의 난이도가 증가한다. 예를 들어, 수많은 이미지에서 "알프스에서 스키를 타는 사진을 검색하라", 또는 수많은 비디오 데이터베이스에서 "김연아가 트리플 악셀을 성공하는 비디오 장면을 모두 찾아라"와 같은 검색을 생각해보자. 이런 유형의 질의를 내용기반 검색(CBIR: Content-Based Information Retrieval)이라 하는데 어떤 내용이나 행위를 담고 있는 멀티미디어 데이터를 검색하는 것을 의미한다. 내용기반 검색을 처리하는 방법에는 두 가지가 있다. 첫째, 검색하려는 멀티미디어 데이터 내용의 수학적 특성이나 주요 특징(Features)를 자동 분석하여 저장되어 있는 멀티미디어 데이터베이스의 특징과 유사도를 비교하는 것이다(그림 9-18 참조). 이 방법은 멀티미디어 소스의 유형(이미지, 텍스트, 사운드, 비디오)에 따라 상이한 기법을 적용한다. 두 번째 방법은 각 멀티미디어 소스에 관련된 인덱스를 수동적으로 첨부하여 데이터를 식별하는 것이다. 이 방법은 모든 유형의 멀티미디어 소스에 동일하게 적용될 수 있다. 그러나 일반적으로 두 가지 방법 모두 원하는 자료를 정확히 찾아오는 데는 한계가 있다.

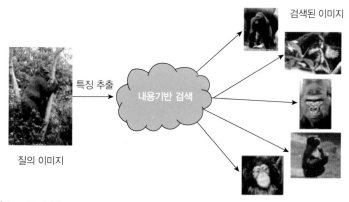

출처: http://blog.pivotal.io

| 그림 9-18 이미지 데이터의 특징을 추출하여 비교하는 내용기반 검색

## 9.5 빅데이터와 데이터 분석

최근 우리 사회는 인터넷의 활용이 급증하고 모바일 사회로 변화하면서 매 순간 인터넷 사이트, 스마트폰, SNS, 소셜미디어, 센서 및 다양한 소스를 통하여 수많은 양의 데이터(빅데이터)가 생성된다. 이 절에서는 이러한 빅데이터의 특성을 알아보고 빅데이터를 분석하는 데 필요한 기술과 활용분야를 살펴본다.

### 9.5.1 빅데이터의 소개

과거에는 인간의 삶과 기업활동의 자취에 대한 데이터가 별 쓸모없이 사라져버리는 경우가 많았지만 이제는 데이터를 활용하여 기업, 정부, 개인이 상황을 파악하고 의사 결정하며, 미래를 예측하는 데 매우 중요한 역할을 하게 되었다. ICT 세상에서 앞으로 남은 가장 중요한 기술이 데이터 기술(DT: Data Technology)이라고 많은 전문가들이 이야기하고 있다.

■ 빅데이터의 특성

빅데이터의 특성을 일반적으로 3V, 즉 데이터양(Volume), 다양성(Variety) 및 속도(Velocity)로 표현한다(그림 9-19 참조). 빅데이터는 기존의 기술로는 관리할 수 없는 엄청난 양의 데이터를 가지고 있다. 데이터 양의 단위가 수십 테라바이트(1 TB=$10^{12}$ 바이트)를 넘어서 수 페타바이트(1 PB=$10^{15}$ 바이트)에 이르고 앞으로는 수 엑사바이트(1 EB=$10^{18}$ 바이트)에 도달할 수 있는 정도의 크기이다. 또한, 빅데이터는 다양한 형태의 데이터로 구성되어 있다. 기업의 판매 데이터나 재고 데이터는 물론 인터넷상의 텍스트 데이터, SNS에서 발생하는 데이터, 이미지, 동영상과 같은 소셜미디어, 위치정보와 관련된 데이터, 센서로부터 생성되는 데이터 등 매우 다양한 형태를 갖는다.

데이터양

- 테라바이트
- 레코드
- 트랜잭션
- 테이블, 파일

**빅데이터 3V**

| | |
|---|---|
| • 배치 처리 | • 정형화 |
| • 실시간 처리 | • 비정형화 |
| • 스트리밍 | • 반정형화 |

속도            다양성

| 그림 9-19 빅데이터 특성의 3V

과거 기업에서 사용하는 데이터베이스는 주로 구조화된 관계형 데이터베이스의 형태를 가진다. 관계형 데이터베이스는 개념적으로 테이블의 모습을 가지며 관계형 데이터베이스 시스템(Relational DBMS)에 의하여 용이하게 관리되고 처리된다. 그러나 빅데이터는 다양한 형태의 비구조화 데이터를 포함하고 있어 기존의 데이터베이스 처리 기법으로 저장하고 처리하기 어렵다. 빅데이터는 발생 빈도와 갱신 속도가 매우 빠른 특징을 가지고 있다. 예를 들어, 편의점에서 24시간 발생하는 POS 데이터, 전자상거래를 통해 수시로 발생하는 데이터, 감시 카메라로부터의 영상 데이터는 지속적으로 발생하는 특성을 가지고 있다. 이렇게 끊임없이 발생하는 데이터를 분석, 처리하여 적절하게 활용하는 것은 매우 도전적인 과제이다.

빅데이터가 관심을 갖게된 이유와 배경은 첫째, 인터넷과 모바일 인터넷, 소셜미디어, SNS, GPS 등 센서, IoT 기술의 발전 등에 힘입어 엄청난 양의 데이터가 매 순간 생성되고 쌓이게 되었다. 수많은 사람들이 본인이 인식하거나 그렇지 못한 상황에서 매일의 삶과 생활을 통해 생성되는 데이터가 축적되어 의미를 내포하는 데이터의 역할을 하게 되었다. 둘째, 인터넷 속도의 증가로 이러한 데이터가 생성되는 즉시 메모리 장치에 축적될 수 있고 또한 활용될 수 있는 데이터 통신 인프라가 구축되었다. 마지막으로 프로세서의 가격 하락과 처리 속도의 가파른 증가는 엄청난 양의 축적된 데이터를 거의 실시간에 분석하고 활용할 수 있는 여건을 마련하게 되었다. 메모리 가격의 하락과 용량의 증가도 빅데이터 활용을 용이하게 하고 있으며 클라우드 컴퓨팅 기술은 더욱 빅데이터 활용에 기여하고 있다.

최근 들어 빅데이터가 많은 관심을 갖는 이슈가 되었고 Statista사에 의하면 전 세계 빅데이터의 크기는 2010년에 비해 2025년에는 50배 증가하여 180 제타바이트(ZB)에 이를 것으로 전망되며 빅데이터 산업의 가치가 2022년 2743억 달러에 이를 것으로 예상되고 있다. 모바일 사회가 되면서 수많은 다양한 데이터가 매 순간 생성되게 되었다. CISCO사는 이렇게 생성된 빅데이터를 세상을 변화시키는 10가지 기술 중의 하나로 선정하였으며 그 중요성을 'The New Oil'이라는 용어로 표현하였다.

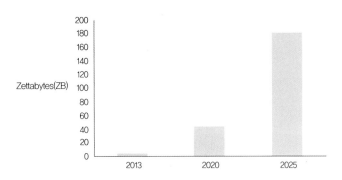

출처: Statista

| 그림 9-20  빅데이터의 다양한 소스와 데이터 양의 증가

■ 빅데이터 기술

다양한 소스를 통해 생성된 빅데이터를 효율적으로 저장하고 처리하기 위하여 가장 자주 이용되는 기술이 하둡(Hadoop) 기술이다. 하둡은 오픈소스로 공개된 대규모 분산 처리 기술로 빅데이터 처리에 요구되는 대량의 비구조화 데이터 처리 성능이 뛰어나고 비용이 저렴하며 스케일 아웃 개념으로 용량 증가에 대응하기 쉬운 장점을 가지고 있다. 하둡은 원래 구글사가 2004년 발표한 대형 클러스터에 의한 데이터 처리 단순화를 지원하는 '맵리듀스(MapReduce)' 개념에 기반하여 개발된 오픈소스 소프트웨어 프레임워크로 아파치 소프트웨어 재단에서 개발을 관리하고 있다. 맵리듀스는 분산처리 방식을 따르고 있고 고성능 서버를 이용하지 않고 가격대비 성능이 우수한 일반 프로세서들로 클러스터를 구성하여 분산처리 하는 개념이다. 하둡은 대규모 비구조화 데이터 처리 프레임워크의 실질적인 표준으로 크라우데라, IBM, MaPR 테크놀로지 등의 다양한 소프트웨어 배포판이 존재한다. 하둡은 야후, 페이스북, 트위터, AOL, 넷플릭스에서 먼저 이용해 왔으며 이제는 실질적인 표준으로 자리 잡았다. 하둡은 데이터의 일관성, 확장성, 장애 허용성을 지원하기 때문에 기업의 빅데이터 활용에 적합하다.

하둡은 대용량의 데이터를 분산하여 저장하는 HDFS(Hadoop Distributed File System) 분산 파일시스템과 대량의 데이터를 효율적으로 분산처리할 수 있는 프레임워크인 하둡 맵리듀스(Hadoop MapReduce), 그리고 HBase라는 거대 데이터 테이블로 구성되어 있다(그림 9-21 참조). 비구조화 데이터는 관계형 데이터와 다른 특성을 가지고 있어 관계형 데이터의 SQL 표준질의어 대신에 NoSQL('Not only SQL')데이터베이스의 처리를 요구한다. NoSQL 데이터베이스는 엄청난 양의 데이터 처리에 적합한 분산처리 방식을 따르며 스케일 아웃이 가능하여 대량의 데이터 발생으로 인한 성능저하를 잘 관리할 수 있는 장점을 가지고 있다. 또한 NoSQL은 관계형 데이터베이스와 달리 일시적으로 데이터의 일관성을 유지하지 않을 수 있는 유연한 특성을 가진다.

| 그림 9-21  오픈소스 하둡의 개념

## 9.5.2 빅데이터 분석과 활용

RDBMS는 일반적인 기업의 데이터 업무처리에는 적합하지만 비구조적 데이터로 구성된 빅데이터 영역에서는 이상적인 데이터베이스 처리시스템이라 할 수 없다. 빅데이터 분석에서는 구체적인 활용 요구가 발생하기 전까지는 무엇이 중요한지 알 수 없다. 따라서 비구조적 데이터에 스키마를 미리 지정해 둔다는 것은 비현실적이다. 또한 비구조적 데이터베이스는 앞서 언급한 대로 분산되어 저장, 처리되므로 항상 데이터간의 일관성을 유지하기 어렵게 된다. 이러한 이유로 NoSQL 데이터베이스가 따로 개발되어 사용되고 있다. 예를 들어, 오라클(Oracle)사는 'Oracle NoSQL Database 11g'라는 NoSQL 데이터베이스 시스템을 개발하였고 아마존사의 '다이나모(Dynamo)'와 페이스북의 '카산드라'가 이에 속한다. 결론적으로 하둡과 NoSQL 데이터베이스는 빅데이터의 분석을 위해 가장 핵심적인 역할을 하는 기반이다.

■ 데이터 웨어하우스

차세대 데이터 웨어하우스인 분석적 데이터베이스는 기존의 기업용 분석을 위한 데이터 웨어하우스와는 상이한 요구를 만족해야 한다. 데이터 웨어하우스(DW: Data Warehouse)는 그림 9-22에서 보듯이 내부 또는 외부 데이터베이스로부터 ETL(Extract/Transform/Load) 도구를 사용하여 데이터 활용을 위한 분석에 필요한 데이터들을 모아놓은 저장소라 할 수 있다. 빅데이터를 위한 데이터 웨어하우스는 다음의 특징을 가지고 있다. 첫째, MPP(Massively Parallel Processing) 구조를 가짐으로 대규모 데이터 처리를 다수의 독립된 처리로 나누어 복수의 노드에서 병렬로 처리함으로써 처리 성능을 크게 향상시킬 수 있다. 둘째, 기존의 관계형 데이터베이스가 행 단위로 데이터를 저장하는데 비하여 빅데이터에서는 컬럼(열) 단위로 데이터를 저장함으로써 대규모 데이터를 분석할 때 필요한 컬럼만 추출함으로써 성능을 크게 향상시킬 수 있다. 컬럼 지향 데이터베이스에서는 같은 열에 문자나 수치와 같은 자료형 데이터가 존재할 가능성이 커 데이터의 압축이 가능하다. 셋째, 빅데이터는 대부분 범용 하둡에서 작동하도록 설계되어 있으므로 데이터양이 급증할 시에도 저비용으로 스케일 아웃을 할 수 있는 장점이 있다. 이와 같이 빅데이터에서 분석을 위해 사용하는 데이터 웨어하우스는 대용량의 데이터를 빨리 처리하는데 초점을 맞추어 설계되었다.

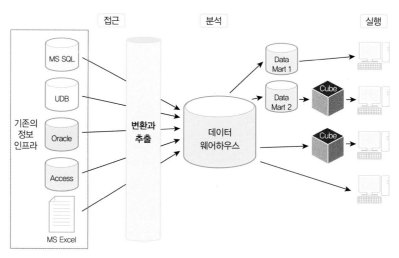

| 그림 9-22 데이터 웨어하우스의 개념

빅데이터의 특징인 3V를 지원하기 위하여 하둡과 NoSQL 데이터베이스는 '데이터 양(Volume)'과 '다양성(Variety)'을 지원할 수 있지만 발생빈도를 의미하는 '속도(Velocity)'는 이러한 기술로 감당하기가 어렵다. 빅데이터에서는 지속적으로 발생하는 데이터나 변화하는 데이터를 실시간으로 처리하기 위하여 스트림 데이터 처리 기술을 이용하고 있다. 스트림 데이터 처리에서는 입력된 데이터를 하드디스크에 기록하지 않고 메모리에서 데이터 처리가 이루어지므로 매우 빠른 속도로 실시간 스트림 데이터를 처리할 수 있다. 스트림 데이터 처리가 요구되는 활용 분야는 주식의 시황 데이터, 교통상황 데이터, 센서에 의해 실시간으로 감시하는 스마트 시티, POS 데이터를 통한 수집 및 분석, 전자상거래의 추천 시스템 등을 들 수 있다.

### ■ 빅데이터 분석 기술

빅데이터에서 유용한 의미를 이끌어내기 위하여 다양한 분석 기술이 이용되고 있다. 분석 기술은 기계학습이나 데이터 마이닝 기술을 적용한다. 기계학습 기술은 인공지능 기술의 하나로 인간의 자연스러운 학습 능력을 컴퓨터를 통하여 구현하는 것이다. 빅데이터를 분석하여 그 데이터로부터 유용한 규칙, 지식 표현, 판단 기준 등을 도출하는 것이다. 음성이나 화상 인식, 스팸 메일의 필터링, 추천 시스템, 일기 예보, 유전자 분석 등의 분야에 기계 학습 기술이 이용될 수 있다. 데이터 마이닝은 대량의 데이터를 분석하여 데이터 속에 내재되어 있는 변수 사이의 상호관계를 규명하여 일정한 패턴을 찾아내는 기법이다. 클러스터링, 신경망 네트워크, 회귀 분석, 결정 트리 및 연관 분석 등의 방법을 이용하여 빅데이터 내에 내재하는 규칙과 패턴을 찾아내게 된다. 이외에도 자연어 처리 기술은 대용량 소셜미디어의 텍스트 데이터로부터 유용한 정보를 추출하는 텍스트 마이닝에 필수적인 기술이다. 문장내의 품사들 간의 관련성에서 언어의 의미를 찾아내는 시맨틱 검색 기술과 다양한 통계 분석 기술도 빅데이터로부터 의미 있는 지식이나 결과를 도출하는데 유용한 기술이다.

### ■ 빅데이터의 활용

빅데이터의 활용 분야는 매우 광범위하고 다양하다. 빅데이터는 검색엔진, 패턴 인식, 번역 서비스, 음성 인식 서비스 등의 분야에서 유용하게 쓰인다. 또한, 아마존이나 이베이와 같은 전자상거래에서 추천 시스템을 이용한 상품과 서비스의 추천, 재무 및 고객

서비스 분야에서 쓰이고, 특히 사용자 행동 분석을 통한 사용자 경험의 향상에 도움을 준다. 빅데이터는 데이터 분석을 통한 게임 서비스에도 유용하게 쓰인다. 빅데이터 분석을 통해 게임에서 이탈률, 바이럴 계수 및 사용자 1인당 매출 등의 지표를 얻어 게임 비즈니스 모델에 적용한다. 이외에도 에너지 소비패턴 분석, 고객의 구매행동 예측 및 마케팅, 행동 타기팅 광고, 위치정보를 이용한 마케팅, 신용카드의 부정 검출, 고장 예측, 감기 예측, 주식 시장 예측 분야에도 중요한 역할을 수행한다.

# 연습문제

**9-1** 파일처리 방식의 문제점과 가장 거리가 먼 것은?

(a) 데이터의 중복성

(b) 데이터의 활용이 떨어짐

(c) 특정 데이터 응용 프로그램을 개발하기 어렵다.

(d) 데이터의 보안이 미흡함

(e) 데이터의 유지보수 비용이 증가

**9-2** 데이터베이스 개념의 특성과 가장 거리가 먼 것은?

(a) 질의어(Query)를 사용하여 실시간 정보 검색

(b) 데이터의 업데이트가 용이

(c) 다수의 사용자 및 다양한 응용의 지원 가능

(d) 데이터의 공유가 용이함

(e) 데이터의 검색속도가 빠름

**9-3** 데이터의 논리적 구조와 물리적 구조가 변경되더라도 데이터베이스 응용 프로그램에 어떠한 영향도 주지 않는 개념을 무엇이라 하는가?

(a) 데이터 공유      (b) 데이터 독립성      (c) 데이터의 일관성

(d) 데이터의 신뢰성      (e) 데이터의 매핑

**9-4** 전체 데이터베이스의 구조를 정의하기 위한 기능은?

(a) DDL      (b) DML      (c) DCL

(d) DBA      (e) SQL

**9-5** 1980년대 이후 E. F. Codd가 제안한 데이터모델이 대부분의 데이터베이스의 기본 개념이 되었다. 이 데이터 모델을 무엇이라 하는가?

(a) 계층적 데이터 모델      (b) 관계형 데이터 모델      (c) 네트워크 데이터 모델

(d) 객체지향 데이터 모델      (e) 멀티미디어 데이터 모델

**9-6** 관계형 데이터 모델의 개념과 가장 거리가 먼 것은?

(a) 릴레이션　　　　　(b) 튜플　　　　　(c) 속성(애트리뷰트)

(d) 키　　　　　(e) 메소드

**9-7** 정규화 릴레이션 개념과 가장 관련성이 적은 것은?

(a) 튜플의 유일성　　　(b) 튜플의 무순서성　　(c) 애트리뷰트의 무순서성

(d) 튜플의 복합성　　　(e) 애트리뷰트 값이 원자값을 가짐

**9-8** 다음 중 관계 데이터베이스의 순수 관계연산이나 집합연산이 아닌 것은?

(a) 선택 연산(SELECT)　　(b) 추출 연산(PROJECT)　(c) 조인 연산(JOIN)

(d) 합집합 연산(UNION)　(e) 매핑 연산(MAP)

**9-9** 객체지향 데이터베이스에 적합한 활용 분야와 가장 거리가 먼 것은?

(a) 컴퓨터 이용설계(CAD)　(b) 회계계산　　　　(c) 멀티미디어 응용

(d) 하이퍼텍스트 문서　　(e) GIS 응용

**9-10** 다음 중 빅데이터의 특성과 가장 관련성이 적은 것은?

(a) 엄청난 데이터양　　(b) 다양한 형태의 데이터　(c) 빠른 발생빈도

(d) 비정형화 데이터　　(e) 관계형 데이터베이스

**9-11** 빅데이터의 소스(Source)와 가장 관련성이 적은 것은?

(a) 소프트웨어　　　　(b) 소셜 미디어　　　(c) GPS

(d) IoT 센서　　　　　(e) 모바일 인터넷

**9-12** 빅데이터의 활용 분야와 가장 관련성이 적은 것은?

(a) 검색 엔진　　　　　(b) 컴퓨터 애니메이션　(c) 패턴 인식

(d) 번역 서비스　　　　(e) 음성인식 서비스

---

**괄호 채우기**

**9-1** 일반적으로 같은 유형의 데이터 모음을 (　　　　)이라 부르는데, (　　　　)의 조직은 특정한 정보처리의 목적을 달성하기 위하여 구축된다. 이와 같이 일반적으로 한 가지 정보처리 목적을 효과적으로 만족시키기 위한 데이터 조직을 (　　　　)이라 부른다.

**9-2** 기업이나 기관 전체적인 데이터 조직을 데이터베이스(Database)라 하고 데이터베이스를 가장 효과적으로 조직, 저장, 활용할 수 있게 해주는 소프트웨어를 (          )라 부른다.

**9-3** DBMS는 기업이나 기관이 요구하는 모든 데이터를 통합적으로 구성하여 저장, 관리해주는 소프트웨어 시스템이다. DBMS는 다양한 데이터를 물리적으로 저장하는 물리적 데이터베이스와 개념적으로 구성하는 (          )를 관리해준다.

**9-4** DBMS를 이용하는 가장 중요한 목적은 데이터의 논리적 구조(또는 개념적 구조)나 물리적 구조가 변경되더라도 응용 프로그램이 영향을 받지 않는 것이다. 이것을 (          )이라 부른다.

**9-5** 데이터베이스 정의란 다양한 응용 프로그램이 데이터베이스를 인터페이스 할 수 있도록 (          )를 이용하여 전체 데이터베이스의 구조를 정의하는 기능을 뜻한다.

**9-6** DBMS는 데이터의 검색, 갱신, 삽입, 삭제 등을 용이하고 효율적으로 수행할 수 있는 기능을 지원해야 한다. DBMS는 데이터베이스의 조작을 (          )를 통해 수행한다.

**9-7** DBMS는 데이터를 갱신, 삽입, 삭제 할 때 데이터 간의 불일치 현상이 발생하지 않도록 (          )을 유지 하여야 한다.

**9-8** (          )은 DBMS 발전에 획기적인 전환점이 되었고 이 때부터 관계형 DBMS는 학문적으로 매우 중요한 연구 분야로 떠오르게 되었다. 1980년대 이후에는 대부분의 DBMS가 (          )을 기반으로 하고 있다.

**9-9** 테이블(Table)의 개념은 매우 간단하여 수학적으로 (          )로 표현되며 관계들 간에는 상위-하위 개념이 존재하지 않는다. 관계형 데이터베이스는 수학적으로 (          )와 (          )에 이론적으로 기초하고 있다.

**9-10** 정규화 관계에서 각 튜플은 항상 유일하기 때문에 몇 개의 속성값을 이용하여 튜플을 유일하게 식별할 수 있다. 이렇게 튜플을 유일하게 식별할 수 있는 속성의 집합을 그 관계의 (          )라 부른다.

9-11 두 개의 관계 A와 B의 공통 속성을 중심으로 관계를 만족하는 연산을 수행하여 새로운 관계는 얻는 연산을 (          ) 이라 부른다.

9-12 (          )은 비절차적 언어(선언적 언어)이므로 사용자는 자신이 원하는 데이터 ("What")를 선언함으로써 정보를 검색할 수 있다. 즉, 원하는 정보를 어떻게("How") 찾아오는지를 명시하지 않아도 된다.

주관식

9-1 파일처리 시스템의 문제점을 설명하라. 또한, 데이터베이스는 이러한 문제점을 어떻게 해결할 수 있는지 설명하라.

9-2 DBMS의 구성을 그림으로 설명하고 데이터의 독립성이 어떻게 가능한지 논리적으로 설명하라.

9-3 관계형 데이터베이스에서 정규화 릴레이션의 4가지 특성을 설명하고 이러한 릴레이션에서 항상 키(Key) 값이 존재함을 논리적으로 설명하라.

9-4 관계 A = 아래와 같다고 하자.

| K | L | M | N |
|---|---|---|---|
| r | 6 | d | 3 |
| s | 5 | c | 7 |
| t | 6 | d | 4 |
| p | 5 | c | 7 |

다음 질의어의 결과를 구하라.
(a) SELECT from A where A.M = d
(b) PROJECT L, M from A

9-5 관계 A 및 B가 본서 9.3.2 절과 같이 주어졌을 때 다음을 구하라.

JOIN A and B where A.L > B.P

9-6 빅데이터의 특성에 대하여 설명하라. 빅데이터의 다양성과 관련하여 빅데이터의 소스들을 조사하고 각 데이터 소스들은 어떤 유형의 정보를 가지고 있다고 생각하는가?

9-7 빅데이터의 대표적인 분석 기술에는 어떠한 것들이 있는지 설명하고, 각 분석 기술이 어떠한 활용 분야에 적용되는지 논하라.

9-8 빅데이터가 음성인식 서비스에서 어떻게 활용되는지 Amazon Alexa의 사례를 들어 조사하라.

# 모바일 컴퓨팅과 사물인터넷(IoT)

# 10 CHAPTER

# 모바일 컴퓨팅과 사물인터넷(IoT)

최근 들어 우리 사회에 가장 자주 언급되는 키워드가 '모바일'이라는 단어이다. 모바일 기기를 이용하여 무선으로 인터넷 상의 다양한 정보를 활용하고 비즈니스를 처리하고 있다. 모바일 기술의 활용은 비즈니스, 유통, 산업, 교육, 오락, 교통 등 우리 삶의 거의 모든 영역에 지대한 영향력을 미치고 있다. 이 장에서 모바일 기술의 발전과 모바일 플랫폼 및 모바일 애플리케이션에 대하여 알아보자.

사물인터넷(IoT)은 편리하고 스마트한 컴퓨팅 환경을 제공하고 일상생활 및 삶의 형태를 변화시키는 기술로 발전하고 있다. 사물인터넷은 센서, 인터넷 및 ICT 기술을 기반으로 헬스케어, 산업 현장, 가정뿐만 아니라 도시, 무인자동차 등 생활과 사회 전반적인 분야로 확대되고 있다. 이 장에서는 사물인터넷의 발전과정, IoT의 기본개념, 요소기술, 활용 분야에 대하여 알아본다.

## 10.1 모바일 환경의 발전

과거에는 PC가 디지털 정보 활용의 중심에 있었지만, 이제는 모바일 기기가 중심이 되어 인터넷을 이용하고 비즈니스를 처리하는 '모바일 혁명' 시대가 되었고, 더 나아가 다양한 스마트 기기의 활용으로 '스마트 혁명' 시대로 진입하였다. 이 절에서는 모바일 컴퓨팅 환경을 이해하기 위해 우선 인터넷 환경의 발전과 이동통신 기술의 발전현황을 소개하고, 무선 인터넷의 구성요소를 살펴보기로 한다.

### 10.1.1 모바일 혁명

■ 인터넷 환경의 변화

정보사회의 흐름은 1960~1970년대의 메인프레임 컴퓨터로부터 시작하여 다양한 컴퓨팅 환경의 발전에 따라 변화해왔다. 1980년대에는 워크스테이션을 이용한 정보처리가 주요한 역할을 하였고, 1980~1990년대에는 일반 대중들에게 PC의 활용이 확산되었다. 한편, 정보통신 환경은 컴퓨터와 통신망 기술의 발전에 따라 그림 10-1과 같이 진화를 해왔다. 1980년에는 주로 전화망을 이용하여 PC 통신이나 초기 형태의 인터넷으로 사용자 간에 정보를 교환하였다. 1990년대 초반에 웹 방식의 인터넷이 보급됨에 따라 우리 사회는 인터넷 혁명이라고 할 수 있는 큰 변화를 가져왔다. 그러나 2000년대 들어서는 모바일 기기가 보급되면서 인터넷에서 정보를 주고받는 방식이 크게 변하였으며, 2010년대에 스마트 기기가 널리 보급되면서 모바일 인터넷 시대가 만개하고 있다.

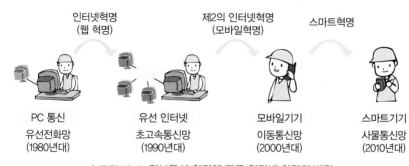

| 그림 10-1  정보통신 환경에 따른 인터넷 환경의 발전

2007년 6월 애플사가 아이폰을 출시하면서 본격적으로 스마트폰 시대가 전개되었으며, 이후 스마트폰 사용자 비율은 계속 증가하는 추세로서 오히려 음성통화 시장은 감소되지만 모바일 인터넷을 이용한 데이터 서비스의 요구는 급증될 것으로 예상되고 있다. 특히, 2010년대에는 스마트폰뿐만 아니라 우리 주변의 다양한 기기나 사물 간에도 인터넷 접속이 가능한 사물인터넷(IoT: Internet of Things) 환경까지 제공되어 본격적인 스마트 라이프 시대를 맞이하고 있다.

■ 모바일 혁명

이동통신망의 발전과 스마트폰의 보급, 그리고 다양한 모바일 애플리케이션은 기존의 인터넷을 사용하는 패러다임을 바꾸어 놓았다. 단순히 음성통화를 위한 이동통신이나 사용 중 이동이 곤란한 PC 기반 인터넷에서 24시간 언제, 어디서나, 그리고 이동 중에도 인터넷 접속이 가능한 환경에서 스마트 기기를 통해 정보를 공유하고 의사소통이 가능해진 것이다. 출퇴근 시간 지하철에서 온라인 게임을 하거나 친구와 메신저 통화를 하고, 업무상 메일을 송수신하며, 필요 시 어디에서나 원하는 식당을 검색하는 등 어느덧 모바일 인터넷은 우리 생활의 일부분이 되었다. 모바일 혁명은 우리의 삶 자체를 바꾸어 놓았고 사람의 생각과 행동을 변화시켰다.

## 10.1.2 이동통신 기술의 발전

■ 이동통신 기술의 발전

이동통신 기술은 모토롤라(Motorola)사가 개발한 세계최초의 휴대폰인 DynaTac이 1983년 상용화된 이후 매우 빠르게 발전을 이루어 왔다. 국제전기통합연합 ITU는 이동통신 서비스를 5세대로 구분하여 규정하고 있다. 그림 10-2는 이동통신발전 상황에 따른 각 세대별 통신망 기술과 대표적인 서비스를 보여주고 있다.

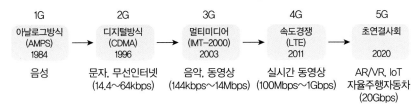

| 그림 10-2 이동통신 기술의 발전

1세대인 아날로그 방식은 음성통화를 목적으로 개발되었으며, 1990년대 초에 상용화된 2세대 디지털 방식에서는 음성 이외에 데이터의 송수신이 가능하다. 2G 이동통신은 우리나라 및 태평양 지역에서 사용하는 CDMA 방식과 유럽에서 사용하는 GSM 방식이 대표적이다. 2000년대 들어서면서 기술적으로 한 단계 진화되어 모바일 기기에서 문자위주의 무선인터넷 서비스가 시작되면서 모바일 인터넷 시대가 개막되었다.

2003년경 3세대 이동통신 시대로 접어들면서 음악이나 동영상과 같은 멀티미디어 서비스가 가능하게 되어 본격적인 모바일 인터넷의 활용이 가능해졌다. 3G 이동통신 기술은 IMT-2000이라 명명되었으며 우리나라 및 미국에서 사용되는 CDMA2000 방식과 유럽에서 사용되는 W-CDMA 방식이 대표적이다. 그러나 3G 기술의 전송속도(최대 2Mbps)로는 사용자가 원하는 품질의 멀티미디어 서비스를 만족시키기에는 미흡하여 2007년부터 HSDPA라고 불리는 3.5G 서비스를 시작하였다. HSDPA는 전송속도를 획기적으로 개선하여 최대 다운로드 속도 14Mbps와 업로드 속도 5.76Mbps를 지원하였다. 한편 이동 중에도 연속적인 무선인터넷 접속이 가능하도록 하는 LTE 및 WiBro 기술도 개발되었다.

■ 4G 이동통신

ITU의 정의에 따르면 4세대 이동통신은 정지 시 1Gbps 및 고속 이동 시 100Mbps의 데이터 전송속도를 지원하는 것으로 규정하였다. 국내에서는 2011년 7월 SK텔레콤과 LGU+에서 4G LTE(Long Term Evolution) 서비스를 시작하고 2012년 1월 KTF에서 4G WiBro 서비스를 시작하면서 본격적인 4G 이동통신 시대가 개막되었다. 4G 통신망에서는 높은 전송속도를 지원하여 온라인 게임, 모바일 TV, 각종 스트리밍 콘텐츠 등의 초고속의 초고화질 멀티미디어 서비스가 가능해져서 진정한 스마트폰 혁명이 예상되고 있다.

■ 5G 이동통신

5G 이동통신은 4G LTE(1Gbps)보다 20배 빠른 20Gbps를 지원하고 있다. 5G 이동통신은 초고주파 대역인 28GHz 사용하며 기지국 셀 크기가 100m 정도이다. 그러나 5G 이동통신은 전자파 음영지역을 발생시키고 단말기 배터리의 전력소모가 증가한다. 5G 이동통신은 가상현실 및 증강현실(AR), 4차 산업혁명의 핵심 분야인 빅데이터(클라우드 컴퓨팅)를 이용한 실시간 AI 서비스, 자율주행자동차, 로봇, 드론 등에서 필수적인 이동통신 방식이다.

## 10.2 모바일 플랫폼과 모바일 앱/모바일 웹

모바일 운영체제에 대하여 알아보고 모바일 플랫폼의 중요성과 기능을 이해하자. 또한 모바일 네이티브 애플리케이션과 모바일 웹 애플리케이션, 그리고 두 방식을 혼합한 모바일 하이브리드 애플리케이션의 차이점을 알아보자.

### 10.2.1 모바일 플랫폼

모바일 단말기가 구동하기 위해서는 일반적인 컴퓨터 시스템과 마찬가지로 모바일 단말기용 시스템 소프트웨어를 필요로 하며 이 역할을 모바일 운영체제(OS)에서 수행하고 있다. 모바일 기기에서 실행되는 콘텐츠는 그림 10-3에서 보듯이 다음의 세 가지로 구분할 수 있다. 다운로드 애플리케이션은 사용자가 인터넷이나 앱스토어에서 직접 다운로드하여 실행하는 소프트웨어로서 게임, 음악, e-러닝, 교통정보 등 다양한 종류의 앱(App)이 있으며 모바일 운영체제 상에서 실행되고 있다. 모바일 웹브라우저는 모바일 기기에서 실행되는 웹브라우저로서 인터넷 서버로부터 각종 모바일 콘텐츠를 제공하는 역할을 한다. 단말기 고유의 내장 애플리케이션은 모바일 운영체제 위에서 직접 구현된 프로그램으로 바탕화면 등 휴대폰 자체에 내장된 기능을 위하여 사용된다.

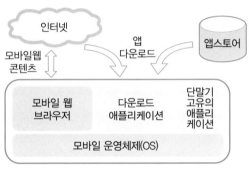

| 그림 10-3 모바일 기기 소프트웨어의 구성

모바일 운영체제(OS)는 휴대폰에서 PC의 운영체제와 같은 역할을 수행하며 스마트폰을 구성하고 있는 프로세서, 메모리, 화면 등의 하드웨어를 관리하고 운영하는 프로그램으로서 모바일 플랫폼이라고도 불린다. 운영체제의 역할은 하드웨어 구동 이외에 다양한 응용 서비스를 포함하는 모바일 애플리케이션이 실행되는 소프트웨어 플랫폼 역할을 하며, 스마트폰 출현 이후 모바일 플랫폼으로서 더욱 중요한 위치를 차지하고 있다.

스마트폰 이전의 모바일 운영체제는 이동통신 사업자나 단말기에 종속되어 폐쇄적인 형태로 일부 단말기 모델들에 적용되었으나, 최근에는 플랫폼 역할을 하는 공개형(Open) 모바일 운영체제가 대세로 자리잡고 있다. 폐쇄형 플랫폼에서는 모바일 애플리케이션을 개발하는데 필요한 운영체제의 API(Application Program Interface)를 이동통신사로부터 허락받은 사람만이 접근이 가능했지만, 공개형 플랫폼에서는 API를 공개함으로써 누구나 해당 플랫폼의 애플리케이션을 개발하는 것이 가능해졌다. 애플,

구글, 마이크로소프트 등 모바일 운영체제 사업자들은 개발자들에게 API 및 개발도구를 무료로 제공해주어 자신의 모바일 운영체제에 실행되는 애플리케이션이 더 많이 개발되도록 공개 전략을 추진하고 있다.

애플사의 iOS는 아이폰과 아이패드에 탑재된 모바일 운영체제로서 키패드 없이 멀티터치, 큰 화면, 다중작업 기능이 주요 특징으로 단말기 및 인터페이스 디자인이 큰 경쟁력을 가지고 있다. 특히, 애플리케이션 개발을 위한 API를 공개하고 앱스토어(AppStore)를 통해 일반 개발자들이 제작한 애플리케이션을 일반 고객이 구매할 수 있도록 하여 이동통신사에 종속적이던 모바일 앱 시장의 주도권이 모바일 플랫폼 위주로 이동하도록 하였다. 반면, 구글사의 안드로이드 운영체제는 오픈소스(Open Source) 전략을 통하여 여러 단말기 공급사로부터 모바일 플랫폼으로 채택하도록 유도하여 큰 성과를 보이고 있다. 안드로이드 API와 개발도구를 무료로 제공하고 앱스토어와 유사한 안드로이드 마켓을 통해 일반 개발자들의 애플리케이션이 완전 개방적으로 일반 고객에게 판매가 되도록 하고 있다. 이러한 개방정책을 통해 다수의 단말기 공급사, 이동통신 사업자, 일반 개발자에게 많은 수익이 돌아갈 수 있으므로 모바일 플랫폼 경쟁에서 안드로이드가 큰 우위를 차지할 수 있었다.

| 그림 10-4 대표적인 모바일 운영체제

## 10.2.2 모바일 앱과 모바일 웹

모바일 앱과 모바일 웹은 휴대폰이나 태블릿 PC 등 모바일 기기의 플랫폼에서 실행되는 소프트웨어로서 최근 스마트폰의 확산에 힘입어 우리의 일상생활을 바꾸어 놓고 있다. 모바일 애플리케이션을 크게 구분해보면 모바일 네이티브(Native) 애플리케이션과 모바일 웹 애플리케이션, 그리고 두 방식을 혼합한 모바일 하이브리드 애플리케이션의 3가지로 구분할 수 있다.

## (1) 모바일 앱(Mobile App)

모바일 네이티브 애플리케이션은 아이폰이나 안드로이드 등 특정 운영체제에서 제공하는 환경에서 개발된 애플리케이션으로 보통 줄여서 모바일 앱(App)이라고 부른다. 안드로이드 앱 개발에는 주로 Java 언어가 사용되고 있으며, iOS에서는 Objective-C 언어가 많이 사용되다가 최근 선보인 Swift 언어가 앱개발에 효율적이라고 많은 주목을 받고 있다. 모바일 앱은 이와 같이 특정 운영체제에 종속되어 개발되어야 하므로 개발비용과 시간이 많이 소요된다는 단점이 있지만 모바일 단말기의 기능에 최적화된 애플리케이션 개발이 가능하며 사용하기 편리하다는 장점으로 다양한 앱이 개발되어 있다. 실제로 단말기의 카메라나 GPS 기능을 제어하고 단말기에 저장된 사진이나 주소록 등의 데이터에 접근하는 애플리케이션을 별 어려움 없이 개발할 수 있다.

이러한 모바일 앱은 각 플랫폼 업체들이 운영하는 모바일 앱 마켓에서 원하는 앱을 다운로드 받아 실행할 수 있다. 모바일 애플리케이션 마켓으로 널리 알려져 있는 앱스토어(App Store)는 'Application Store'의 준말로 모바일 앱을 자유롭게 사고 팔 수 있는 온라인 상의 장터(Market Place)를 의미한다. 2008년 7월 애플사가 아이폰 3G를 출시하면서 서비스를 시작한 앱스토어는 아이폰 및 아이패드용 애플리케이션을 이동통신사가 아니라 누구나 등록하여 판매할 수 있도록 되어 있다.

앱 마켓은 운영사가 모바일 플랫폼의 API(Application Program Interface)와 SDK(Software Development Kit)를 제공하여 일반 개발자들이 만든 애플리케이션을 등록하면 누구나 무선통신에 접속하여 자신이 원하는 애플리케이션을 휴대폰에 다운로드 받을 수 있다. 애플리케이션 판매수익은 개발자와 앱 마켓 운영사가 7:3정도의 비율로 분배하며, 애플의 앱스토어가 큰 성공을 거두자 다른 플랫폼 개발사나 이동통신 사업자들도 자신들의 앱 마켓 구축에 나섰다. 모바일 앱 마켓의 등장은 기존에 이동통신 사업자에 종속되어 있던 앱 개발이 개발자에게는 편리하고 수익회수가 보장되고 사용자에게는 선택의 기회가 넓어졌다는 이점이 있어 모바일 생태계 활성화에 큰 기여를 하고 있다.

## (2) 모바일 웹(Mobile Web)

앞에서 언급한 바와 같이 모바일 앱은 인터넷이나 앱스토어를 통해 다운로드하여 모바일 단말기에 설치한 후 콘텐츠를 사용하게 된다. 반면에 모바일 웹은 웹브라우저를 통해 애플리케이션에 접속하여 콘텐츠를 이용하게 된다. 모바일 앱이라 불리는 네이티브 애플리케이션은 각 운영체제에 따라 해당하는 프로그램으로 실행이 되며, 모바일 웹 애플리케이션은 HTML5, CSS, Javascript, PHP 등의 웹 표준기술을 이용하여 작성되고 웹브라우저를 기반으로 실행이 된다. 모바일 웹은 사용자가 애플리케이션을 서버에서 다운로드 받아서 실행하는 것이 아니라 모바일 웹브라우저에서 접속하여 서버의 데이터를 이용하게 된다.

모바일 앱은 모바일 미디어에 최적화하여 처리속도가 빠르며 모바일 단말기의 기능을 효율적으로 제어하는 등 많은 장점이 있다. 그러나, 모바일 앱이 특정 운영체제에서만 실행되는 단점이 있는 반면, 모바일 웹은 플랫폼에 종속적이지 않고 웹 표준을 따르므로 다수의 단말기를 보유한 사용자들이 여러 플랫폼에서 동일한 웹 애플리케이션을 이용할 수 있다. 이러한 장단점에 따라 현재 일반 사용자들은 모바일 앱과 모바일 웹을 상호 보완적으로 사용하고 있다. 일정관리, 온라인뱅킹, 뉴스서비스, 지도, 이메일, SNS 등은 모바일 앱을 선호하며 쇼핑, 정보검색, 엔터테인먼트 등의 서비스는 모바일 웹을 더 선호하는 편이다.

## (3) 하이브리드 앱(Hybrid App)

모바일 웹과 모바일 앱 방식의 장점을 최대한 살린 하이브리드 앱 방식이 등장하였다. 다양한 모바일 플랫폼에서 실행이 가능한 모바일 웹 방식과 모바일 단말기의 특성을 극대화하고 쉽게 배포가 가능한 모바일 앱 방식을 절충한 것이다. 웹 기술을 주로 이용하여 애플리케이션의 내부 구조와 인터페이스를 작성하고 단말기 센서 등 단말기 제어 기능은 전용 API를 사용하여 코딩한 후, 일반 모바일 앱처럼 단말기에서 실행이 되도록 패키징을 한 것이다. 즉, 알맹이는 웹이고 포장은 일반 앱의 형태로 개발이나 배포가 쉬우면서도 여러 플랫폼에서 핵심 기능을 같이 사용한다는 장점이 있다.

표 10-1에는 모바일 웹, 모바일 앱, 그리고 하이브리드 앱의 특징을 표로 비교하였다. 사용자 입장에서 실행 절차는 그림 10-5에서도 보듯이 모바일 웹은 다운로드 없이 모바일 웹 브라우저로 접속하여 실행하고, 원하는 모바일 앱은 다운로드받아 설치 후 실행하면 된다. 하이브리드 앱은 모바일 앱처럼 앱 마켓에서 다운로드하여 설치하지만 앱이 시작되고 나면 모바일 웹과 마찬가지의 방식으로 작동된다.

| 표 10-1  모바일 웹과 모바일 앱의 비교

|  | 모바일 웹 | 모바일 앱(네이티브 앱) | 하이브리드 앱 |
|---|---|---|---|
| 구현방식 | 유선 웹과 동등한 기술<br>(HTML, CSS, Javascript 등) | 단말기에서 지원하는 언어로 개발<br>(Java, Objective-C, Swift 등) | 핵심은 웹, 포장은 앱 |
| 개발 | 웹 표준으로 개발 | 플랫폼에 따라 별도 개발 | 웹과 앱 방식 모두 포함 |
| 배포 | 웹브라우저로 접속하여 실행 | 앱마켓에서 앱을 다운로드 | 앱마켓에서 다운로드 |
| 설치 | 별도의 설치 과정 필요 없음 | 단말기에 다운로드 설치 후 실행 | 다운로드 설치 후 실행 |
| 업데이트 | 유지 관리, 서비스 변경이 용이 | 개정판 배포, 설치에 시간 소요 | 유지관리, 변경 용이 |
| 실행속도 | 네트워크 접속으로 상대적 느림 | 단말기에 최적화되어 성능 우수 | 중간 정도 |
| 기기 연동 | 단말기 기능 제어 및 데이터 저장 불가능 | 단말기의 기능 제어 및 데이터 사용 가능 | 단말기 제어 및 데이터 사용 가능 |

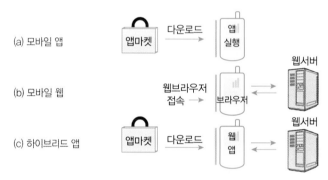

| 그림 10-5  모바일 앱, 모바일 웹, 하이브리드 앱의 실행 과정

## 10.3 모바일 애플리케이션

모바일 애플리케이션의 특성을 이해하자. 위치기반서비스(LBS), 증강현실(AR) 애플리케이션, 모바일 커뮤니케이션, 클라우드 서비스, 금융서비스와 핀테크에 대하여 공부하자.

### 10.3.1 모바일 애플리케이션의 특성

기존의 데스크톱 애플리케이션에 비교하여 모바일 애플리케이션은 모바일 환경의 특성에 따라 몇 가지 차별성이 있다. 모바일 단말기는 이동통신 및 무선인터넷에 기반하고 있으므로 이동 중에도 항상 상대방과 연결 가능한 즉시연결성(Instant Connectivity)이 있으며, 언제 어디서나 연결이 가능하므로 현재 위치를 항상 알 수 있는 지역성(Localization)의 특징이 있다. 또한, 서버의 프로그램이나 다른 사용자와 실시간으로 데이터를 주고받을 수 있는 전달성(Communicability)의 특징과 사용자 개인의 요구사항이나 서비스 상황에 따라 개인별 콘텐츠가 제공되는 개인화(Personalization)의 특징이 있다.

이러한 모바일 환경에 특징을 잘 반영하여 데스크톱과 차별화된 대표적인 애플리케이션으로는 지역성을 기반으로 하는 위치기반 서비스와 증강현실 애플리케이션, 전달성의 특징 및 즉시 연결성의 특징을 반영하여 실시간으로 메시지나 데이터를 주고받는 모바일 커뮤니케이션 서비스와 모바일 클라우드 서비스, 그리고 개인화의 특징에 기반한 모바일광고 서비스를 들 수 있다.

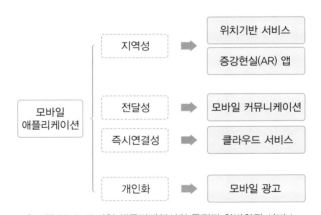

| 그림 10-6  모바일 애플리케이션의 특징과 차별화된 서비스

## 10.3.2 위치기반서비스(LBS)

위치기반 서비스는 사용자의 휴대폰에서 제공해주는 위치정보와 주변 지리정보를 이용하여 무선 인터넷을 통해 교통정보, 게임, 위치추적, 전자상거래, 광고 등을 제공하는 서비스이다. 요즘 휴대폰에는 소형이면서도 가격이 저렴한 GPS(Global Positioning System)칩이 기본으로 탑재되어 스마트폰의 핵심 서비스로 자리잡고 있다. GPS 위성 추적 기술이 발전하여 실내 혹은 건물밀집 지역에서도 위치파악이 가능해짐에 따라 위치기반 서비스가 더욱 각광받고 있다. 또한, 위치기반 서비스는 카메라에 기반한 증강현실 기술과 결합되어 더욱 진화된 서비스로 급속히 성장하고 있다.

위치기반 서비스의 대표적인 애플리케이션 유형으로는 위치정보에 기반한 정보제공, 오락, 안전보장, 위치추적, 상거래 서비스가 있다. 위치기반 정보제공 서비스에는 교통정보나 도로상황, 길 안내, 주변정보 검색 서비스 등이 있다. 지도 서비스에서 부근 식당이나 목적지를 찾아주는 서비스가 대표적이다. 최근 많은 관심을 받는 분야로 위치기반 게임 서비스 및 미팅 서비스 등도 있다. 가족 간 혹은 연인 간 상대방의 위치를 파악하여 개인 신변의 안전을 보장하는 서비스로는 '안심귀가', 'i-Kids', '긴급호출' 등이 있다. 전자상거래시 물류의 배송상태나, 친구의 위치 찾기, 분실폰 찾기 등 사람이나 차량, 물류 등의 위치를 추적할 수 있는 서비스도 대표적이며, 최근에는 위치기반의 광고나 주변 상점에서 할인쿠폰을 제공하는 서비스도 볼 수 있다.

 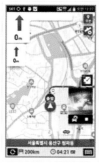
(a) SK T맵 서비스

(b) 안드로이드 앱 – 스마트 안심귀가

| 그림 10-7  모바일 위치기반 서비스 사례

### 10.3.3 증강현실(AR) 애플리케이션

가상현실(VR: Virtual Reaity)은 사용자로 하여금 가상의 3D 공간에서 가상의 물체를 보고 체험할 수 있는 반면 증강현실(AR: Augmented Reality)은 사용자가 눈으로 직접 보고 있는 현실세계에 추가적인 가상정보를 제공해주는 개념이다. 증강현실 서비스를 실현하려면 눈으로 보는 것을 재현할 수 있는 카메라 및 고해상도 디스플레이 기능과 가상정보 제공을 위한 위치인식 기능이 필요하다. 이러한 기능을 겸비하고 있는 스마트폰 단말기가 확산되면서 증강현실 앱이 많은 각광을 받고 있다. 대표적인 증강현실 서비스로는 위치정보에 기반하여 특정지역에 부가적인 정보를 제공해주는 서비스와 교육이나 게임 등의 애플리케이션에서 특정 마크를 인식하면 모바일 화면에서 3차원 캐릭터 애니메이션이 재현되는 서비스가 있다.

최근 착용이 편리한 웨어러블 기기가 개발됨에 따라 증강현실 기술이 더욱 주목을 받게 되었다. 대표적으로 구글에서 발표한 구글글래스에서는 사용자에게 길 안내나 앞에 보이는 물체에 대한 정보를 안경에 디스플레이 해주어 진정한 의미의 증강현실 서비스를 실현하게 되었다. 또한 스마트 자동차와 같은 모바일 장치에서도 도로 안내나 운전 정보를 앞면 유리창에 디스플레이 해주고 있다.

(a) 위치기반 정보제공 서비스                    (b) AR 캐릭터 애니메이션

출처: 삼성전자(좌), 애니펜(우)

| 그림 10-8  **모바일 증강현실 애플리케이션 사례**

### 10.3.4 모바일 커뮤니케이션 서비스

원래 휴대폰은 음성통화나 화상통화 이외에도 문자메시지 서비스(SMS)나 멀티미디어 메시지 서비스(MMS)를 통하여 사용자간 데이터에 기반한 커뮤니케이션을 할 수 있다. SMS나 MMS가 이동통신망을 통하여 메시지 데이터를 전송하는 반면에 모바일 인스턴트 메신저는 스마트폰에서 무선인터넷을 통하여 현재의 접속자들과 실시간 문자로 대화하도록 해주는 서비스이다. 국내에서 사용되는 모바일 인스턴트 메신저 서비스로는 '카카오톡'이 가장 대표적이며, 전세계적으로는 '왓츠앱(WhatsApp)'과 '텔레그램(Telegram)'을 많이 사용하며, 중국에서는 '위챗(WeChat)', 일본에서는 우리나라 네이버사가 개발한 '라인(Line)'을 많이 이용하고 있다.

한편, PC에서 시작한 소셜네트워크서비스(SNS)는 모바일 단말기와 연동되며 더욱 사용자들의 인기를 얻고 있다. SNS 서비스로 전세계적으로 가장 유명한 '페이스북

(Facebook)'의 경우 PC에서는 의사소통에 어느 정도 시간차가 발생하지만, 스마트폰에서는 찍은 사진이나 글을 곧바로 올리고 실시간으로 댓글을 다는 행위가 가능해진 것이다. 또한 '트위터(Twitter)'는 짧은 문장에 기반한 모바일 SNS 서비스로 의견교류와 인맥관리의 목적으로 널리 사용되고 있다. 스마트폰의 확산과 더불어 관계 중심의 모바일 SNS는 사용자 간의 실시간이며 양방향 의사소통을 가능케하여 전 세계적으로 사용자가 급증하면서 소통방식의 변화를 가져오고 있다.

(a) 카카오톡          (b) 모바일 페이스북          (c) 트위터

| 그림 10-9  모바일 커뮤니케이션 서비스 사례

## 10.3.5 클라우드 서비스

클라우드 컴퓨팅(Cloud Computing)이란 소프트웨어나 메모리, 프로세서 등 IT 자원이나 응용서비스를 사용자 컴퓨터에 직접 설치하지 않고 원격으로 빌려서 사용하는 형태의 서비스이다. 즉, 인터넷 접속을 기반으로 다수의 서버에 존재하는 다양한 컴퓨팅 자원에 접근하여 이용하고, 사용량에 따라 비용을 지불하는 서비스이다. 개인은 물론 일반 기업에서도 빠른 속도로 발전하는 컴퓨팅 자원을 직접 설치하여 운영하는 것보다는 어디서나 인터넷에 접속만 하면 저렴한 가격에 편리하게 빌려 쓸 수 있게 해주는 클라우드 서비스가 큰 각광을 받고 있다.

모바일 클라우드 서비스는 모바일 기기를 이용하여 언제 어디서나 즉시 접속하여 클라우드 컴퓨팅 서비스를 받을 수 있다는 점에서 매우 의미가 크다. 모바일 클라우드 서비스에서는 모바일 앱을 앱스토어에서 다운로드하지 않고 웹에서 제공하는 모바일 클라우드 애플리케이션에 접속하여 바로 사용할 수 있다. 애플의 '모바일미(MobileMe)'가 대표적인 모바일 클라우드 서비스로서 메일, 연락처, 일정 등의 정보를 원격으로 접속하여 사용할 수 있으며, 현재 아이튠즈 기능과 통합하여 '아이클라우드(iCloud)' 서비스로 사용자에게 제공되고 있다. 구글에서는 '구글드라이브(Google Drive)' 서비스를 제공하여 모바일 클라우드 환경에서 음악이나 영화를 감상하거나 모바일 오피스 환경으로 작업을 할 수 있게 하였다.

(a) 모바일미 서비스    (b) 아이클라우드 서비스    (c) 구글 드라이브 서비스

| 그림 10-10  모바일 클라우드 서비스 개념도

## 10.3.6 금융서비스와 핀테크

우리 사회는 사람과 사람, 사람과 사물 간에 인터넷, SNS, 모바일 기기 등을 통하여 상호 연결되는 사회로 빠르게 변모하고 있다. 이러한 초연결 사회라는 환경에서 기존의 금융서비스는 ICT 기술을 기반으로 핀테크라는 분야로 발전하고 있다. 이절에서는 핀테크의 발전과 활용분야에 대하여 알아본다.

### ■ 초연결사회

최근 우리 사회는 모바일 기기 및 사물인터넷으로 인하여 초연결사회로 변모하고 있으며, 더 나아가 센서, GPS, 비콘, IoT, 클라우드 컴퓨팅을 통하여 세상 모든 객체들 간의 연결성이 더욱 확산되는 추세로 발전하고 있다. 우리가 사는 세계는 15~20년 전에 비하여 훨씬 연결된 사회(Connected Society)가 되었고 과거에 비해 훨씬 저렴한 저장장치, 컴퓨팅 파워와 데이터 분석 기능이 가능하게 되었다. 예를 들면, 인터넷 이용자 수는 2015년 현재 30억 명에 이르게 되었고 대표적 SNS인 페이스북(Facebook)의 회원 수도 15억 명에 달한다. 이러한 서비스의 이용자들은 본인이 알게 모르게 인터넷이나 SNS에 매일 수많은 흔적과 데이터를 남기게 된다. 핀테크는 이러한 객체(인간, 사물 또는 프로세스)들 간의 연결성을 이용하고 인터넷 상에 존재하는 정보를 활용하여 지금까지보다 한 단계 발전한 금융서비스를 목표로 하고 있다.

전통적으로 금융서비스는 은행과 같은 금융기관을 중심으로 구축된 인프라를 통하여 중앙집권적이고 대형화된 방식으로 서비스를 제공하여 왔다. 그러나 초연결사회에서는 굳이 은행과 같은 금융기관을 통하지 않고서도 다양한 금융서비스를 더 효율적이고 저렴하며 편리한 방식으로 일반 고객에게 제공할 수 있게 되었다. 이것은 앞에서 언급한 인터넷과 같은 인프라와 발전된 IT기술을 이용하여 우리사회의 초연결성을 활용하는데 기인한다. 초연결사회에서 핀테크는 수요와 공급을 P2P(Person-to-Person) 방식으로 상호 연결해주는 네트워크 혁명에 기반을 두고 있다. 또한 SNS, 모바일 기기, 인터넷 등을 통하여 획득되는 개인의 프로파일, 신용과 관련된 정보, 인간관계, 직업 활동, SNS 활동, 리뷰, 검색 추이 등 수많은 데이터가 빅데이터 형태로 축적되어 왔다. 빅데이터 분석 기능을 적절히 이용하여 초연결사회에서 기존에 가능하지 않았던 다양한 금융서비스가 가능하게 되었다.

### ■ 핀테크의 의미

핀테크는 'Financial'과 'Technology'의 합성어로 최근 몇 년간 중요성과 사회적 요구가 급성장하기 시작하였다. 세계 핀테크 스타트업 기업에 대한 투자는 그림 10-11에서 보듯이 2015년 218억 달러, 2017년 288억 달러, 2019년 465억 달러, 2021년에는 947억 달러로 급격한 성장을 이루어 왔다. 핀테크 산업은 헬스케어 산업 다음으로 우리 사회를 변화시킬 가장 중요한 기술로서 새로운 시장을 창출할 것으로 기대된다. 나아가 핀테크는 기존의 전통적 금융산업을 해체하거나 새로운 방향으로 변화시킬 수 있는 기술적 및 상황적 기반을 가지고 있다.

핀테크가 급성장하게 된 요인으로 세 가지를 들 수 있다. 첫째, 핀테크는 기존 금융서비스의 비용을 낮출 수 있고 더욱 양질의 금융서비스를 제공할 수 있게 해준다. 예를 들어, 대여의 경우 기존의 금융서비스는 5~7%의 비용을 발생시키나 핀테크는 이를 2% 수준으로 낮출 수 있다. 둘째, 핀테크는 빅데이터 분석 기법과 머신러닝 기법을 이용하여 더 발전한 위험도 평가를 수행할 수 있다. 크라우드 펀딩에서는 'Wisdom of crowds' 개념을 이용한다. 셋째, 핀테크는 새로운 이용자들에게 더 다양하고 안정적이며 공정한 방식으로 금융서비스를 제공한다. 기존의 금융서비스에서는 금융기관의 평가에 따라 경우에 따라 편파적인 대우를 받을 수 있으나 핀테크는 모든 이용자들을 객관적으로 평가하여 자금의 흐름을 가장 효율적인 방식으로 운영하는 플랫폼을 구축하고 있다.

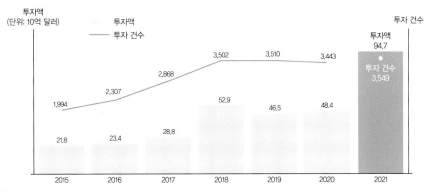

출처: CBINSIGHTS

| 그림 10-11 세계 핀테크 기업의 투자 트렌드

■ 핀테크의 영역

핀테크는 대출, 송금, 해외 송금, 자산관리, 간편결제서비스, 크라우드 펀딩, 크립토커런시 등의 영역을 포함한다. 그림 10-12는 스마트폰을 이용한 간편결제서비스의 예를 보여주고 있다. Statista 자료에 따르면 핀테크 산업이 점유할 수 있는 세계 금융시장의 규모는 2020년 최대 6조 달러에 달할 것으로 예상된다. 연결성과 빅데이터의 발전으로 인하여 전통적 금융기업들이 핀테크 기업과 경쟁하여 생존하기 위해서는 전통적인 금융기업도 변화하지 않으면 안 되는 상황이 되었다. 핀테크 기업은 전통적 금융기업보다 훨씬 저렴한 비용으로 수요와 공급을 연결해줄 수 있으므로 높은 경쟁력을 가질 수 있고 수요자와 공급자 모두에게 그 이익을 제공할 수 있게 된다. 송금수수료, 계좌관리 비용, 트레이딩 비용 및 인건비가 절약될 수 있고 자금의 이동과 활용이 더 효율적일 수 있게 된다.

(a) Square를 이용한 결제

(b) NFC 단말기를 이용한 결제

| 그림 10-12 스마트폰을 이용한 오프라인 간편결제서비스

# 10.4 사물인터넷의 개념

사물인터넷은 편리하고 스마트한 컴퓨팅 환경을 제공하여 일상생활 및 삶의 형태를 변화시키는 기술로 발전하고 있다. 사물인터넷은 센서, 인터넷 및 ICT 기술을 기반으로 헬스케어, 산업현장, 가정뿐 아니라 도시, 무인자동차 등 생활과 사회 전반적인 분야로 확대되고 있다. 이 절에서는 사물인터넷의 발전 과정, IoT의 기본 개념, 요소기술에 대하여 알아본다.

## 10.4.1 사물인터넷의 발전

사물인터넷은 가장 떠오르는 기술로 인식되고 있고 앞으로 우리 사회에 미치는 영향과 시장이 지속적으로 증가할 것으로 예상된다. 사물인터넷의 발전과 개념, 그리고 유비쿼터스 컴퓨팅, M2M 등의 상호 관련성을 알아보도록 한다.

### ■ 유비쿼터스 컴퓨팅

유비쿼터스 컴퓨팅 개념은 제록스 파크(Xerox PARC) 연구소의 마크 와이저 박사와 동경대학의 사카무라 켄 교수에 의해 처음으로 제시되었다. 이 두 사람은 각기 독립적으로 유비쿼터스 개념을 제안했으나 근본적인 개념은 유사하다 할 수 있다. 마크 와이저는 1988년 세계 최초로 유비쿼터스 컴퓨팅(Ubiquitous Computing)이라는 용어를 사용하였다. 'Ubiquitous(편재적)'의 의미는 라틴어에서 유래하였고 어디서나(Everywhere)의 의미로 보편적으로 존재, 즉 편재한다는 의미를 가지고 있다. 유비쿼터스는 '다종다양한 컴퓨터가 현실 세계의 사물과 환경 속으로 스며들어 상호연결되어 언제, 어디서나 이용 가능한 인간, 사물, 정보 간의 최적 컴퓨팅 환경'을 의미한다. 따라서 유비쿼터스 컴퓨팅은 인간 중심의 컴퓨팅 기술로써 컴퓨터와 센서가 현실 세계의 곳곳에 존재하나 사용자는 그 존재를 인식하지 못하고 언제, 어디서나 시간적 및 공간적 구애를 받지 않고 자연스럽게 서비스 받을 수 있는 컴퓨팅 환경을 뜻한다.

유비쿼터스 환경에서는 컴퓨터들이 모든 곳에 편재되어 있고, 네트워크로 연결되어 있으며, 사용자가 필요로 하는 정보나 서비스를 장소, 시간에 구애받지 않고 즉각 제공한다. 그림 10-13에서 보듯이 유비쿼터스 환경에서는 직장, 가정, 자동차, 야외 등 어느 곳에서나 시간적, 공간적 제약을 받지 않고(Any Space/Any Time) 사용자가 필요로 하는 정보나 서비스(Any Service)를 받을 수 있음을 보여주고 있다. 이것은 유비쿼터스 환경 내의 모든 사물, 인간, 기기들이 네트워크에 의해서 다양한 통신망으로 연결되어 있기 때문에 가능하다. 이용자는 유비쿼터스 네트워크 내에서 컴퓨터, 센서, 통신망들의 존재를 인지하지 않은 상태에서 모든 단말기(Any Device)를 통해서 이용하게 된다.

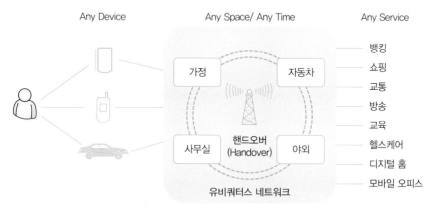

출처: 테크노경영연구정보센터

| 그림 10-13 유비쿼터스 환경

유비쿼터스 컴퓨팅에서는 모든 컴퓨터와 사물 및 인간이 유비쿼터스 네트워크에 의해 연결되어 있으나, 이러한 것들이 밖으로 드러나지 않아서(Invisible, Disappearing) 사용자가 의식하지 않은 상태로 서비스를 제공받는 속성을 가진다. 따라서 앨런 케이(Alan Kay)는 유비쿼터스 컴퓨팅을 '조용한 기술(Calm Technology)'이라 불렀다 (1995).

■ 유비쿼터스 컴퓨팅에서 사물인터넷으로

역사적으로 보면 1988년 유비쿼터스 컴퓨팅 개념이 출현한 후 1990년 후반 앰비언트 인텔리전스 기술이 개발되었고 2003년 퍼베이시브 컴퓨팅 기술이 개발되었다. 이후 유비쿼터스 컴퓨팅 개념이 더욱 확장되고 구체화되면서 사물인터넷(IoT: Internet of Things)과 만물인터넷(IoE: Internet of Everything) 개념으로 발전되었다(그림 10-14 참조). 사물인터넷이라는 용어가 처음 나온 것은 1999년이지만 사물인터넷의 개념이 일반화되고 확산된 것은 2009년경이다(MIT Kevin Ashton). 사물인터넷 개념으로 발전하게 된 배경에는 센서 기술의 발전과 가격의 하락, 스마트폰의 확산, 무선인터넷 기술의 발전, 클라우드 컴퓨팅, 빅데이터 분석 등이 주요 요인으로 작용하였다.

| 그림 10-14 IoT 개념의 발전

■ 사물인터넷의 개념

사물인터넷(IoT: Internet of Things)이란 세상의 모든 사물을 무선 인터넷을 이용하여 연결하고 사물 간에 정보를 교환하고 상호 소통하는 인프라와 서비스를 의미한다. 사물 간에 자유로운 소통과 정보교환을 통하여 인간(사용자)에게 유용한 정보를 활용하고 제어, 통제할 수 있게 된다. 사물은 인간, 차량, 각종 전자기기, 교량, 시설물, 안경, 시계, 의류, 동식물 등을 포함하며 자연 환경에 존재하는 모든 물리적 객체를 의미한다. 과거에도 M2M, 유비쿼터스 등의 유사한 개념이 존재하였다.

M2M(Machine to Machine)은 사람이 직접 제어하지 않는 상태에서 사물 또는 지능화된 기기들 간의 상호 소통을 의미한다. M2M과 유사한 개념으로 RFID/USN이 있다. M2M이 일반적으로 사람이 접근하기 어려운 영역의 원격제어나 감시를 의미하는데 비하여 RFID/USN은 홈네트워킹이나 물류, 유통 등의 분야에 적용되고 NFC를 이용하여 모바일 결제 개념으로 확장되었다. M2M에서는 통신 주체가 사물 중심인 데 비하여 사물인터넷은 인간을 중심으로 하는 환경에 초점을 맞추었다.

유비쿼터스 개념은 사용자가 네트워크나 컴퓨터를 의식하지 않고 장소, 시간에 구애받지 않고 자유롭게 네트워크에 접속하는 환경을 의미한다. 1990년대 유비쿼터스 개념이 출현할 때 개념으로는 존재했지만 유비쿼터스 컴퓨팅을 현실 세계에 적용할 수 있는 여건과 환경이 부적합하였다. 따라서 유비쿼터스 개념이 제한된 영역에서 활용되었다. 그러나 최근 센서 가격이 저렴해지고 클라우드 서비스가 보편화되며 LTE 등 광대역 네트워크의 속도가 빨라지고 지능화되면서 이제 IoT의 실현이 가능하게 되었다. 이런 면에서는 사물인터넷과 유비쿼터스 개념이 겹치는 부분도 있지만 사물인터넷이 더 포괄적이고 확대된 개념이라 할 수 있다. 유비쿼터스가 인터넷을 중심으로 각종 센서 및 기기들이 정보를 주고받는 개념으로 인간을 중심으로 한 개념이라면 사물인터넷은 인간의 개입이 전혀 없어도 사물들이 주체적이고 자동적으로 상호작동 할 수 있는 개념에 기반하고 있다. 사물인터넷은 앞에서 언급한 인간, 사물뿐만 아니라 프로세스까지도 포함하여 만물인터넷(IoE: Internet of Everything)개념으로 발전하였다.

■ 사물인터넷 혁명

사물인터넷이 활용되는 분야는 그림 10-15에서 보듯이 스마트홈, 스마트 시티, 무인자동차와 같은 스마트카, 교통, 에너지 관리, 보안 및 감시, 빌딩 관리, 제조업, 농업, 헬스케어 등 무수히 많은 다양한 분야를 포함한다. 컴퓨팅의 발전 역사를 되돌아보면 메인프레임 컴퓨터와 미니컴퓨터 시대를 거쳐 PC 시대에 마이크로소프트사와 인텔사가 주역으로 올라섰다. 그 후 웹 환경의 구글사와 모바일 영역의 애플사가 ICT 시대의 흐름을 선도하며 모바일 혁명을 일으켜왔다. 앞으로는 IoT 시대를 이끌어가는 기업이 ICT 산업을 장악할 것이라고 예상되고 있다. 앞으로 IoT기술이 2차 디지털 혁명을 일으키리라고 많은 전문가들이 예상하고 있다. 구글, 애플, 마이크로소프트, IBM, 시스코(Cisco), 삼성전자, 퀄컴(Qualcomm) 등 굴지의 기업들이 IoT에 지대한 관심을 가지는 이유이다. 시장조사기관인 IDC사는 2020년 세계 사물인터넷 시장이 8.9조 달러가 될 것으로 예측하고 있다.

운송수단, 사람, 애완동물의 모니터링 및 제어  농업자동화  에너지 소비  보안 및 감시  빌딩관리

모바일

사물인터넷

모든 사물의 연결  스마트 사회

M2M 및 무선센서 네트워크  모든 사물  스마트홈 및 스마트 시티  원격의료 및 헬스케어

출처: inventrom.wordpress.com

| 그림 10-15 IoT의 대표적인 활용 분야

## 10.4.2 사물인터넷의 구성요소

■ 사물인터넷의 3가지 핵심요소

IoT를 실현하기 위하여 요구되는 3가지 핵심요소는 센서 및 액추에이터(Sensors & Actuators), 연결 네트워크(Connectivity) 및 서비스 인터페이스(Service Interface) 이다. 센서는 GPS, 비콘과 같이 위치 데이터를 획득하는 장치, 눈과 귀의 역할을 수행하는 카메라 및 마이크로폰, 속도, 가속도와 같은 운동 데이터를 획득하는 장치, 온도, 습도, 압력, 소리, 전기, 자기 데이터를 획득하는 장치 등 그 활용 분야에 따라 매우 다양하다(그림 10-16 참조). 또한, 인체의 각종 생체정보를 측정하는 센서 등도 존재한다. 센서는 인간의 신경계와 같은 역할을 담당한다. 이에 비해, 액추에이터(Actuator)는 상황에 맞추어 물체를 이동하거나 회전시키는 모터, 스위치의 On/Off, 장치의 Open/Close 등의 기능을 수행한다.

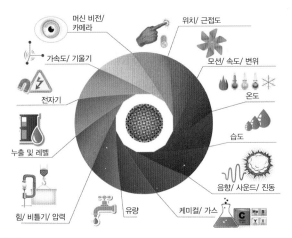

출처: www.codeproject.com

| 그림 10-16 IoT에서 요구되는 센서의 종류

IoT에서는 센서, 액추에이터뿐 아니라 제어하고 싶은 사물이나 스마트폰과 같은 사용자의 장치가 모두 네트워크에 연결되어 실시간에 상호 정보교환을 수행할 수 있어야 한다. 따라서, 연결 네트워크는 매우 중요한 인프라이고 사물들을 연결하기 위한 개방형 프레임워크가 요구된다. 현재, 올신 얼라이언스(AllSeen Alliance)의 올조인(AllJoyn), OIC, 스레드(Thread) 등이 주도하는 프레임워크들이지만 아직 표준은 정해지지 않았다. 그림 10-17에서 보듯이 개방형 프레임워크는 일정한 범위 내에 위치한 기기들과 센

서들을 인식하고 이들 간에 정보를 교환할 수 있도록 해주며 외부 침입으로부터 보안을 유지해준다. 또한 다양한 OS 상에서 IoT가 작동해야 하며 사용자 인터페이스를 지원하기 위하여 각종 모바일기기의 지원이 요구된다. 또한 하부 트랜스포트 레이어에서 각종 통신 방식을 지원할 수 있어야 한다. IoT 응용 개발자는 개방형 프레임워크가 지원하는 API를 이용하여 각 분야에 적합한 응용 소프트웨어를 개발한다.

스마트폰 시대에 iOS 및 안드로이드와 같은 플랫폼이 가장 중요한 역할을 했듯이 사물인터넷에서도 주도하는 플랫폼이 핵심요소가 될 것이다. 마지막으로 서비스 인터페이스는 사물인터넷을 구성하는 요소들을 서비스 및 애플리케이션에 연동시켜주는 역할을 담당한다. 개방형 프레임워크가 이러한 기능을 담당하고 빅데이터 분석을 통해 새로운 가치를 찾아낸다.

출처: www.slideshare.net/openinterconnect

| 그림 10-17 IoT를 지원하는 개방형 프레임워크의 구성

## ■ 사물인터넷과 근거리 무선통신

사물인터넷은 인간의 참여와 간섭을 최소화하고 사물 간에 생성되는 데이터를 실시간에 획득하고 교환하여 적절한 정보의 활용을 자동화하는 것을 지향하고 있다. 사물인터넷은 인간(사용자)뿐만 아니라 가전제품, 가정의 모든 사물, 자동차, 건물, 도로와 같은 사물이 데이터를 생산하고 교환하는 주체가 된다. 데이터를 생산하고 교환하며 활용하는 분야는 이외에도 제조업, 농업, 헬스케어 영역과 같은 전통적인 분야를 포함한다. 데이터를 획득하고 교환하기 위해서는 기존의 Wi-Fi로는 한계가 있다. Wi-Fi의 기술적 한계를 극복하고 IoT 기술의 확장을 위하여 비콘(Beacon)과 NFC 등 근거리 무선통신 기술이 이용되고 있다. 사물인터넷에서 작은 크기의 사물을 인터넷에 연결할 때 해결해야 할 문제점은 전력소모량이다. 이를 해결하기 위하여 최근 부상하고 있는 기술이 저전력 블루투스 기술을 이용한 비콘과 RFID 기술을 이용한 NFC이다(그림 10-18 참조). 모든 센서들이 오랫 동안 동작하기 위해서는 저전력 센서이거나 무선으로 충전될 수 있어야 한다.

비콘과 NFC는 고정되어 있는 액세스 포인트 영역에 이동형 물체가 일정거리 안으로 다가오면 상호 통신이 가능하게 된다. 애플의 아이비콘(iBeacon)의 경우 동전 크기의 전지로 1년 이상 작동하고 최대 50m까지 통신할 수 있다. 또한 비콘을 이용하면 GPS 위성이 닿을 수 없는 실내에서도 위치추적을 수행하여 위치기반서비스(LBS) 영역에서도 이용할 수 있다. 비콘은 스마트홈의 구현에 매우 유용한 핵심 기술이다. 이에 비하여 NFC는 주로 10cm 이내의 단거리 통신에 이용된다. 비콘에 비해 통신 거리가 짧기 때문에 위치추적에는 사용할 수 없지만 보안성이 우수하여 지불결제서비스에 이용될 수 있다.

(a) 애플의 iBeacon  (b) NFC 기술을 이용한 애플의 애플페이

| 그림 10-18 비콘과 NFC

■ 사물인터넷에 연결된 사물들

시스코(Cisco)사에 의하면 전 세계적으로 통신 네트워크에 연결시킬 수 있는 사물이 1.5조 개 존재하지만 2012년 현재 이들의 0.6%에 해당하는 87억 개(스마트폰 제외)만이 네트워크에 연결되어 있다. 2020년까지 500억 개의 사물이 연결될 것으로 시스코사는 예측하고 있다. 그림 10-19에서 보듯이 네트워크에 연결되는 사물은 헬스케어 및 제조업 분야가 가장 많고 에너지, 도시 인프라, 차량, 보안, 유통, 농업 등 매우 다양하다.

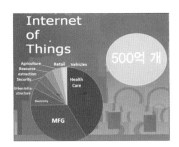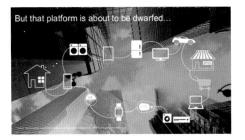

| 그림 10-19 IoT에서 연결하는 다양한 사물들

IoT 시스템을 제어하는 것은 사람(사용자)이다. 연결 네트워크는 사람, 사물, 센서, 프로세스 간의 양방향 데이터 흐름을 가능하게 해주고 사람은 통합된 IoT 시스템을 통하여 최적의 의사결정을 수행하게 된다. 따라서 IoT 시스템은 데이터 분석 능력, 관리 및 제어 기능, 보안 기능, 위치 추적 기능 등을 가지고 있어야 한다. IoT는 다양한 환경에서 많은 양의 데이터를 생성하기 때문에 IoT 시스템의 보안 기능이 매우 중요하다. IoT가 해킹되거나 데이터 유출이 발생하지 않도록 해야 하는 것은 매우 중요한 이슈이다.

## 10.5 사물인터넷 기술의 활용

이 절에서는 IoT 기술의 활용 분야에 대하여 설명한다. 특히 IoT 기술의 영향이 가장 기대되는 분야로 산업 인터넷에 대하여 알아본다. 제조업을 선도하는 국가들은 IoT 기술을 제조업에 적용하여 더 효율적이고 경쟁력 있는 제조 프로세스를 개발하려고 노력하고 있다

### 10.5.1 사물인터넷의 활용 분야

사물인터넷의 활용 분야는 크게 스마트홈과 같은 개인 영역, 제조업 및 비즈니스 영역, 도시와 같은 인프라 영역의 세 가지 영역으로 구분할 수 있다. 그림 10-20은 이 세 가지 영역에서 대표적인 활용 분야를 보여주고 있다. 가정에서 외부침입에 대한 보안과 감시 그리고 화재, 가스 누출, 연기와 같은 비상사태에 IoT 기술을 이용한다. 가정의 에

너지 모니터링, 물 관리, 가정 엔터테인먼트 시스템에서도 IoT 기술이 이용된다. 개인의 헬스케어 분야에서도 각종 센서들을 이용하여 건강이상 상태를 실시간으로 탐지하여 사용자나 의사에게 알려준다. 이외에도 웨어러블 기기를 이용한 스마트 리빙, 애완동물 관리 등의 활용 분야도 있다. 교통 및 자동차 영역에서는 무인자동차를 비롯하여 차량의 점검, 교통 정보의 제공, GPS를 이용한 위치기반서비스 등이 있다.

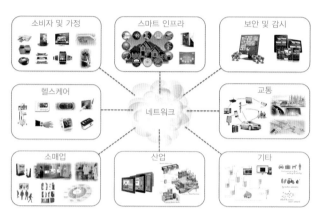

출처: www.electronicshub.org

| 그림 10-20 **사물인터넷의 활용 영역**

스마트 시티 영역에서는 도시의 보안과 위기관리, 도시의 안전, 에너지 관리, 대중교통의 운영, 하이웨이 관리와 주차, 빌딩관리, 스마트 교육 분야를 들 수 있다. 이외에도 다양한 센서들을 이용한 환경관리 분야에도 IoT 기술이 유용하게 쓰인다. 환경 분야에서는 도시의 곳곳에 설치된 다양한 센서들을 이용하여 획득된 대기오염 데이터, 기후 및 환경 관련 데이터가 클라우드를 통하여 이용자의 스마트폰에 제공되고 적절한 조치를 취할 수 있게 해준다. 스마트 그리드는 다양한 사용자들의 에너지 소비성향 데이터를 스마트미터를 통하여 실시간으로 획득하고 전력회사를 비롯한 에너지 생산자에게 이러한 데이터를 보내 가장 적절한 에너지 전략을 수립할 수 있게 해준다.

많은 산업 분야에서 ICT 기술의 융합을 통하여 새로운 산업이 나타나고 고부가 가치가 창출되는 추세이다. 이러한 배경에서 과거 전통적인 기계 산업이라 할 수 있는 자동차 산업에서도 ICT 기술과 정보통신 기술이 적용되면서 자동차는 스마트카로 발전하게 되었다. 스마트카는 편리성, 지능화, 고안전성, 친인간화 및 다른 사물과의 통합 기능을 가진 자동차로 변화하고 있다. 스마트카는 연결된 자동차(Connected Car) 라고도 불리는데 이는 자동차가 인터넷 및 네트워크에 연결된 차량을 의미한다. 이러한 연결성은 자동차로 하여금 주변의 다른 물체와 정보 교환을 통하여 새로운 부가가치를 창출할 수 있게 해준다. 스마트카는 개념적으로 다양한 의미를 자지고 있다. 그림 10-21에서 보듯이 엔터테인먼트, 차량 운행관련 데이터 축적, 주차지원 시스템, 스마트 기기와 연동, 센서기반 안전시스템, 지능형 교통망, V2V(Vehicle-to-Vehicle) 통신을 비롯하여 최종적으로 자율주행 자동차에 이르기까지 매우 다양하다.

출처: GRK

| 그림 10-21 스마트카의 다양한 개념

산업 영역에서 스마트 관개시스템은 센서들을 이용하여 가장 효율적인 물과 전기 공급을 실시간에 모니터링 하여 농업 생산량을 증대시키며 비용을 절감할 수 있는 농업 IoT가 최근 시도되고 있다. 제조업 분야에서는 기계 설비에 다양한 센서들을 부착하여 기계의 상태를 감지하고 문제가 발생할 경우 원격으로 제어할 수 있는 산업 인터넷에 대한 기대가 증가하고 있다. 생산 과정에서 센서와 액추에이터와 같은 IoT 장비들이 제품공급사슬망과 생산 프로세스를 최적으로 관리한다. IoT 기술은 유통업과 스마트 물류시스템에도 적용되어 차량 최적 스케줄링, 차량의 최적 이동경로를 모니터링하고 상품판매, 재고관리 및 주문 분야에서도 이용되고 있다.

헬스케어는 의료보다 광범위한 개념으로 일상적인 건강관리 외에도 웰니스(Wellness)까지 포함한다. IoT 기술 이전에 u-헬스라는 개념이 있었다. u-헬스는 유비쿼터스 컴퓨팅에 기반하여 '언제, 어디서나' 이용 가능한 건강관리 및 의료 서비스로 환자의 질병을 원격으로 관리하는 의료 서비스로부터 일반인의 건강을 유지, 향상시키는 서비스까지 포함한다. IoT 헬스는 기존 u-헬스를 확장한 개념으로 임의의 시간과 장소에서 개인의 건강을 관리하고 요구되는 의료 서비스를 무선 네트워크를 이용한 IoT 기술을 활용하여 지원한다. 즉, IoT 헬스케어는 u-헬스에 IoT를 접목하여 확장시킨 개념이라 할수 있다. 이를 달성하기 위하여 웨어러블 기기를 사용하여 4P(맞춤(Personalized), 예방(Preventive), 예측(Predictive), 참여(Participatory))를 실현할 수 있는 차세대 기술이다.

## 10.5.2 산업인터넷과 인더스트리 4.0

IoT의 활용 분야 중 가장 큰 부분을 차지하는 것이 제조업과 헬스케어 분야이다. 시스코사에 의하면 향후 10년간 사물인터넷으로 창출될 14.4조 달러의 가치 중 27%가 제조업에서 발생할 것으로 전망되고 있다. 기존 제조 산업에 IoT기술을 융합함으로써 제품 생산 가격이 낮아지고 소비자의 개인 성향에 맞는 제품을 더 저렴하고 빨리 생산할 수 있으며(다품종 소량생산), 네트워크를 통하여 생산 공정을 원격제어하고 원료의 조달과 물류까지 통합 관리할 수 있게 된다. GE사는 이러한 개념을 산업인터넷(Industrial Internet)이라 규정하고 적극적 개발과 적용에 몰입하고 있다. 또한, GDP의 24%가 제조업에서 나오는 제조업 강국인 독일은 2011년 '하이테크 비전 2020'에서 IoT기술을 적용하는 스마트 공장(Smart Factory) 개념을 통하여 인더스트리 4.0이라 부르는 제4차 산업혁명을 주창하였다.

인더스트리 4.0은 자동화 장치와 스마트 로봇을 이용한 자동생산은 물론 사물인터넷, 빅데이터, 클라우드 컴퓨팅을 이용하여 공장, 생산 장비, 원료, 생산 프로세스, 인력 간의 정보 공유와 통합을 통해 효율적이고 유연한 생산 시스템을 구축할 수 있다(그림 10-22 참조). 이러한 제조업의 혁신적 변화는 미국, 독일뿐만 아니라 제조업이 발달한 일본, 한국, 중국에서도 적극적으로 추진되고 있다.

| 그림 10-22 인더스트리 4.0의 발전 과정

### 10.5.3 웨어러블 컴퓨터의 활용

인간(이용자)은 센서가 부착된 간편한 웨어러블 기기를 통하여 상황을 인식하고 측정하여 생활 속에서 여러 가지 정보를 활용하고 제어할 수 있다. 웨어러블 기기의 가장 적합한 활용 분야로 헬스케어를 들 수 있다. 헬스케어는 임의의 장소와 시간에 웨어러블 기기를 이용하여 빅데이터 분석을 통해 사용자의 건강을 체크하여 적절한 관리를 수행할 수 있게 해준다.

웨어러블 컴퓨터란 시계, 안경, 의복 등과 같이 착용할 수 있는 형태의 컴퓨터를 뜻한다. 사용자가 거부감 없이 신체에 부착하여 사용하며 인간의 능력을 증가 시키는 기능을 수행한다. 그림 10-23과 같이 웨어러블 컴퓨터는 항상 켜져 있는 상태(Always-On)로 작동하고, GPS, 카메라, 다양한 센서들을 이용하여 사용자의 주변 환경을 인식하고(Environment-Aware), 무선 네트워크에 항상 연결되어(Connected) 있어 실시간 정보 교환이 가능하다. 또한, 사용자 인터페이스가 매우 간편하고 자연스럽게 웨어러블 장치에 메시지나 경고 반응 등이 나타나며 개발 플랫폼이 제공되어 다양한 활용을 개발할 수 있다. 이와 같이 웨어러블 컴퓨터는 언제 어디서나(항시성), 쉽게 사용할 수 있고(편의성), 사용자가 편안하게 부착할 수 있으며(착용감), 안전하고 보기 좋은(안전성/사회성) 특성을 가진다.

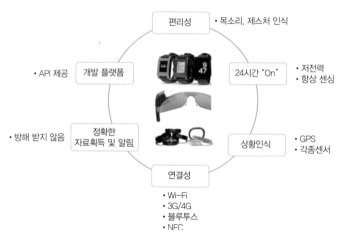

출처: http://wearablegroup.co

| 그림 10-23 웨어러블 컴퓨터의 특성

웨어러블 컴퓨터는 액세서리형, 의류일체형, 신체부착형 및 생체인식형의 형태로 존재하며 장시간 사용할 수 있도록 저전력, 착용감을 향상 시킬 수 있도록 초소형, 유연하고 신축성 있는 전자 기술이 요구된다(그림 10-24 참조). 액세서리형 웨어러블로는 시계형 및 안경형이 가장 대표적이다. 의류형에는 센서들이 내장된 신발, 모자, 옷 등의 제품이 있으며 최근 섬유 센서에 대한 연구도 이루어지고 있다. 신체부착형 및 생체인식형 웨어러블은 피부에 부착하거나 이식하여 생체 신호를 측정하는 용도로 사용되고 있다.

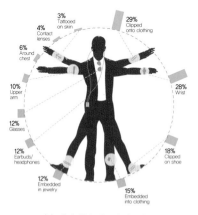

(a) 웨어러블 컴퓨터의 유형

(b) 액세서리형 웨어러블 컴퓨터

| 그림 10-24 다양한 형태의 웨어러블 컴퓨터

웨어러블 컴퓨터는 연결의 대상 범위가 '가상 세계와 융합한 지능화한 만물인터넷 (Intelligent IoE)'으로 진화할 것으로 예상된다. 웨어러블 기기는 앞으로 금융과 결합하고(핀테크) 빅데이터 기술과 융합하여 새로운 부가 가치를 생성할 수 있을 것으로 예상된다. 또한, 웨어러블 컴퓨터는 피트니스 및 웰빙, 생체 데이터를 이용한 헬스케어 및 의료, 인포테인먼트, 산업 및 군사 분야에서 유용하게 사용된다.

# 연습문제

**10-1** 모바일 인터넷 시대가 시작된 시기는?

    (a) 1990년대 초         (b) 2000년대 초         (c) 2000대 후반

    (d) 2010년경          (e) 1980년대 후반

**10-2** 모바일 애플리케이션 개발 방식으로 애플리케이션의 유지 관리(업데이트)가 용이하고 플랫폼에 종속적이지 않고 표준을 따라 개발하는 방식은?

    (a) 모바일 웹          (b) 모바일 앱         (c) 네이티브 앱

    (d) 하이브리드 앱      (e) 하이퍼텍스트

**10-3** 모바일 플랫폼의 API와 SDK를 이용하여 모바일 애플리케이션을 개발하는 방식으로 모바일 단말기에서 모바일 단말기에 최적화되어 있어 성능이 우수한 방식은?

    (a) 모바일 웹          (b) 클라우드 앱      (c) 하이브리드 앱

    (d) 모바일 앱          (e) 하이퍼텍스트

**10-4** 다음 중 모바일 애플리케이션의 개인화 특성과 가장 관련성이 높은 것은?

    (a) 위치기반 서비스     (b) 모바일 광고      (c) 클라우드 서비스

    (d) 증강현실 앱        (e) 모바일 커뮤니케이션

**10-5** 모바일기기를 이용한 화상회의를 지원하기 위하여 가장 중요한 기술은?

    (a) 온 디맨드 스트리밍   (b) 3D 그래픽스     (c) 모바일 브라우저 기능

    (d) 모바일 플랫폼      (e) 실시간 스트리밍

**10-6** 모바일 애플리케이션의 특성과 가장 관련성이 적은 것은?

    (a) 지역성(Localization)         (b) 즉시 연결성(Instant Connectivity)

    (c) 실시간 전달성(Communicability)    (d) 일관성(Consistency)

    (e) 개인성(Personalization)

**10-7** 유비쿼터스 컴퓨팅 개념과 가장 관련성이 적은 것은?

(a) Any space  (b) Any time  (c) Any solution

(d) Invisible  (e) Calm technology

**10-8** 사물인터넷(IoT: Internet of Things) 개념의 발전과 가장 관련성이 적은 것은?

(a) 센서 기술의 발전  (b) 컴퓨팅 파우어  (c) 스마트폰의 확산

(d) 빅데이터 분석  (e) 클라우드 컴퓨팅

**10-9** IoT를 실현하기 위한 핵심 구성요소가 아닌 것은?

(a) 센서(Sensor)  (b) 액추에이터(Actuator)  (c) 연결 네트워크

(d) 서비스 인터페이스  (e) 대용량 메모리

**10-10** 사물인터넷의 활용 영역과 가장 거리가 먼 것은?

(a) 보안과 감시  (b) 교통  (c) 산업

(d) 소셜 커머스  (e) 헬스케어

**10-11** 산업인터넷 또는 인더스트리 4.0과 가장 관련성이 적은 것은?

(a) 스마트 공장  (b) 스마트 에너지  (c) 하이테크 비전 2020

(d) GE사  (e) 사물인터넷

**10-12** 다음 중 웨어러블 컴퓨터의 특성과 가장 관련성이 적은 것은?

(a) 스마트홈  (b) 편리성  (c) 24시간 "On"

(d) 상황인식  (e) 연결성

**10-13** 다음 중 웨어러블 컴퓨터가 가장 효율적으로 활용 될 수 있는 분야는?

(a) 가상현실  (b) 소셜 미디어  (c) 헬스케어

(d) 인터넷 검색  (e) 화상전화

**10-14** 다음 중 핀테크의 영역과 가장 거리가 먼 것은?

(a) 대출  (b) 예금  (c) 자산관리

(d) 간편결제서비스  (e) 크라우드 펀딩

**10-1** 구글사의 안드로이드 운영체제는 (                ) 전략을 통하여 여러 단말기 공급사로부터 모바일 플랫폼으로 채택하도록 유도하여 큰 성과를 보이고 있다.

**10-2** 모바일 앱은 인터넷이나 앱스토어를 통해 다운로드하여 모바일 단말기에 설치한 후 콘텐츠를 사용하게 된다. 반면에 (            )은 웹브라우저를 통해 애플리케이션에 접속하여 콘텐츠를 이용하게 된다.

**10-3** (            )는 사용자의 휴대폰에서 제공해주는 위치정보와 주변 지리정보를 이용하여 무선 인터넷을 통해 교통정보, 게임, 위치추적, 전자상거래, 광고 등을 제공하는 서비스이다.

**10-4** (            )는 객체(인간, 사물 또는 프로세스)들 간의 연결성을 이용하고 인터넷 상에 존재하는 정보를 활용하여 지금까지보다 한 단계 발전한 금융서비스를 목표로 하고 있다. 초연결사회에서 (            )는 수요와 공급을 P2P(Person-to-Person) 방식으로 상호 연결해 주는 네트워크 혁명에 기반을 두고 있다.

**10-5** (            )에서는 컴퓨터들이 모든 곳에 편재되어 있고, 네트워크로 연결되어 있으며, 사용자가 필요로 하는 정보나 서비스를 장소, 시간에 구애받지 않고 즉각 제공한다.

**10-6** (            )이란 세상의 모든 사물을 무선 인터넷을 이용하여 연결하고 사물 간에 정보를 교환하고 상호 소통하는 인프라와 서비스를 의미한다.

**10-7** IoT를 실현하기 위하여 요구되는 3가지 핵심요소는 (            ), 연결 네트워크 (Connectivity) 및 서비스 인터페이스(Service Interface)이다.

**10-8** (            )은 스마트홈의 구현에 매우 유용한 핵심 기술이다. 이에 비하여 NFC는 주로 10cm 이내의 단거리 통신에 이용된다. NFC는 (            )에 비해 통신 거리가 짧기 때문에 위치추적에는 사용할 수 없지만 보안성이 우수하여 지불결제서비스에 이용될 수 있다.

**10-9** (            ) 영역에서는 도시의 보안과 위기관리, 도시의 안전, 에너지 관리, 대중교통의 운영, 하이웨이 관리와 주차, 빌딩관리, 스마트 교육 분야를 들 수 있다.

10-10 (                )은 자동화 장치와 스마트 로봇을 이용한 자동생산은 물론 사물인터넷, 빅데이터, 클라우드 컴퓨팅을 이용하여 공장, 생산 장비, 원료, 생산 프로세스, 인력 간의 정보 공유와 통합을 통해 효율적이고 유연한 생산 시스템을 구축할 수 있다.

10-11 (                )란 시계, 안경, 의복 등과 같이 착용할 수 있는 형태의 컴퓨터를 뜻한다. 사용자가 거부감 없이 신체에 부착하여 사용하며 인간의 능력을 증가 시키는 기능을 수행한다.

## 주관식

10-1 모바일 기기에서 무선으로 인터넷에 접속하는 환경은 크게 고정형 무선인터넷 서비스와 이동형 무선인터넷 서비스 환경이 있다. 두 가지 서비스 환경의 특징을 비교하고 각 방식에 해당하는 무선인터넷 서비스 사례를 열거하라.

10-2 모바일 앱 마켓의 등장은 기존에 이동통신 사업자에 종속되어 있던 앱 개발에 변화를 가져왔다. 앱 마켓이란 무엇인지 설명하고 어떤 것이 있는지 나열하라.

10-3 모바일 앱은 다운로드하여 모바일 단말기에 설치한 후 콘텐츠를 사용하며, 모바일 웹은 웹브라우저를 통해 애플리케이션에 접속하여 콘텐츠를 이용한다. 모바일 앱과 모바일 웹의 차이점에 대하여 각각의 장단점을 위주로 비교하여 설명하라.

10-4 모바일 콘텐츠 중에서 LBS 서비스가 향후 많은 발전이 있을 것으로 주목받고 있다. 현재 국내 이동통신사들이 제공하는 LBS 서비스의 유형을 조사하고 향후 발전 가능성에 대하여 논하라.

10-5 사물인터넷에서 근거리 통신방식 중 비콘(Beacon)과 NFC에 대하여 논하라. 저전력 블루투스에 해당하는 비콘과 블루투스가 어떻게 다른가? 특히 비콘이 사물인터넷에서 어떤 역할을 담당하는지 설명하라.

10-6 사물인터넷의 활용 영역을 개인 영역, 산업 및 비즈니스 영역, 인프라 영역으로 구분하여 활용 분야를 설명하라.

10-7 스마트홈의 활용 분야를 설명하고 스마트홈 시스템이 어떻게 구성되는지 설명하라. 현재 어떠한 스마트홈 플랫폼이 있는지 찾아보고 각 플랫폼이 시장에서 어떻게 받아들여지고 있는지 비교하라.

10-8 핀테크의 영역들은 어떤 것들이 있는지 설명하고 각 영역에서 기존의 금융기관과 어떤 상대적 경쟁력이 있을 수 있는지 논하라. 또한 각 핀테크 영역별로 어떠한 문제점이나 취약점이 존재할 수 있는지 논하라.

Chapter

# 11

# 멀티미디어 기술과 활용

# 11 CHAPTER

# 멀티미디어 기술과 활용

정보화사회에서 멀티미디어는 매우 효과적인 정보전달 수단의 역할을 하고 있다. 최근 인터넷의 데이터 전송 속도가 매우 빨라지고 있는 여건에서 사운드, 동영상 등의 멀티미디어 정보가 더욱 많이 이용되고 있다. 이러한 추세는 앞으로 더욱 가속화될 것으로 예상된다. 이 장에서는 멀티미디어의 개념과 특성을 이해하고, 멀티미디어 시스템의 하드웨어 및 소프트웨어 환경을 공부한다. 마지막으로, 이미지, 그래픽, 사운드, 애니메이션 및 비디오, VR 및 AR과 같은 멀티미디어 정보의 처리 기법을 공부한다.

## 11.1 멀티미디어 개념과 시스템의 구성

이 절에서는 멀티미디어의 개념을 정의하고 그 특성에 대하여 설명한다. 멀티미디어가 정보전달 수단으로서 어떠한 효과를 발휘하는지 알아보고, 멀티미디어 기술의 발전 배경에 대하여 생각한다. 또한 멀티미디어 시스템의 구성요소, 즉 하드웨어, 시스템 소프트웨어 및 미디어 편집도구에 대하여 소개한다.

### 11.1.1 멀티미디어의 개념

#### ■ 전통적 미디어

인간은 오래전부터 미디어라는 수단을 이용하여 정보와 지식을 공유해 왔다. 미디어

(Media), 즉 매체란 인간 상호 간에 정보, 지식, 감정, 의사 등을 전달하는 수단을 의미한다. 미디어의 원래 어원에서 알 수 있듯이 상대방에게 지식과 정보를 알려줌으로써 서로 나눠 갖는다는 뜻을 포함하고 있다. 컴퓨터가 출현한 이후 책, 신문, 사진, 전화, 라디오, TV 등의 전통적 미디어가 오늘날에는 디지털 미디어로 변화하고 있다. 디지털 미디어는 컴퓨터와 정보통신기술의 발전으로 매우 효율적으로 생성, 처리, 저장, 전송되고 있다. 이러한 디지털 미디어들의 등장은 정보화시대의 기반이 되었고 우리 사회의 거의 모든 분야에서 혁명적이고 획기적인 변화와 영향을 끼치게 되었다.

■ 멀티미디어의 의미

컴퓨터 저장장치나 인터넷을 이용하여 저장되고 전달되는 디지털 정보의 종류는 여러 가지가 있다. 과거에는 주로 숫자나 문자와 같은 단순한 정보가 주종을 이루었으나 오늘날 정보표현 기술의 발달과 정보 저장장치 발달에 힘입어 숫자, 문자뿐만 아니라 소리, 음악, 그래픽, 애니메이션, 정지화상 및 동화상에 이르기까지 디지털 정보의 종류가 다양해졌다. 멀티미디어(Multimedia)란 '다수(Multiple)'와 '매체(Media)'의 합성어로, 텍스트, 이미지, 그래픽, 사운드, 애니메이션, 비디오와 같은 여러 형태의 정보를 컴퓨터를 이용하여 획득, 처리, 통합, 제어 및 표현하는 개념을 담고 있다.

■ 멀티미디어의 조건

이제, 멀티미디어라고 부를 수 있는 몇 가지 조건을 기술하기로 한다. 첫째, 멀티미디어는 상호대화 형태이어야 한다. 멀티미디어에 상호작용성을 부여하여 사용자는 어떤 정보를 언제 어떠한 형태로 얻을 것인지 제어할 수 있어야 한다. 둘째, 멀티미디어 데이터는 디지털 형태로 생성, 저장, 처리 및 표현되어야 한다. 셋째, 멀티미디어는 당연히 다수의 미디어 정보를 동시에 포함하여야 한다. 마지막으로, 멀티미디어 정보는 컴퓨터를 이용하여 획득, 저장, 처리 및 표현됨을 의미한다. 이러한 네 가지 조건을 만족시킬 때 비로소 진정한 멀티미디어라고 부를 수 있다. 그림 11-1은 멀티미디어의 구성요소들을 보여주고 있다.

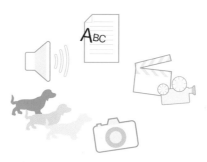

| 그림 11-1  멀티미디어의 구성요소

컴퓨터를 이용한 멀티미디어의 특성은 무엇인가? 멀티미디어 정보는 디지털화되어 있기 때문에 정보의 가공과 편집이 용이하고 정보의 검색도 효율적이다. 디지털화된 정보는 데이터 전송이나 출력을 위해서도 유리한 형태이다. 컴퓨터는 방대하고 다양한 종류의 멀티미디어 정보를 검색하기 위하여 그래픽 사용자 인터페이스(GUI: Graphical User Interface) 기법을 제공한다. 앞에서 설명한 대로 멀티미디어는 일반적으로 상호작용성이 지원되어야 하는데, 최근의 추세는 멀티미디어 정보가 인터넷을 통해 많은 사용자에 의해 공유되고 있다.

■ 멀티미디어 구성요소의 특성

컴퓨터에서 다루는 미디어로는 텍스트(Text), 사운드(Sound), 그래픽(Graphic), 정지화상(Still Image), 애니메이션(Animation) 및 동화상(Moving Image)이 있는데, 그림 11-2는 이러한 미디어들을 시공간측면과 미디어의 획득 방법에 따라 분류해 놓은 것이다. 즉, 텍스트, 그래픽과 애니메이션은 처음부터 컴퓨터를 이용하여 생성된 것인 데 비해, 소리, 정지화상과 동화상(동영상)은 실세계에서 획득하여 컴퓨터에서 이용할 수 있도록 처리된 매체이다. 다른 한편으로, 소리, 애니메이션과 동화상은 시간의 흐름에 연속적(Continuous)으로 표현되는 매체인 데 비하여, 텍스트, 그래픽과 애니메이션은 이러한 매체들이 출력화면의 정해진 장소에 단순히 디스플레이 되며 시간을 고려할 필요가 없는 비연속적인(Discrete) 특성을 가지고 있다.

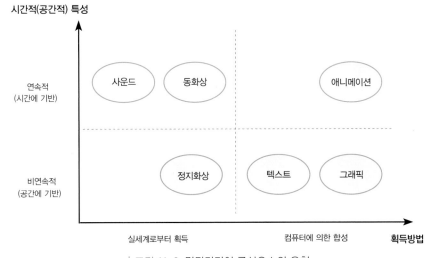

| 그림 11-2 멀티미디어 구성요소의 유형

■ 멀티미디어의 정보전달 효과

그렇다면, 멀티미디어 정보의 효과와 장점은 무엇인가? 무엇보다도 숫자나 문자 데이터보다는 그래픽, 애니메이션, 비디오 등의 정보가 정보 이용자들에게 감각적으로나 미학적으로 더 큰 만족감을 준다. 신경생리학자 폴 매클린(Paul MacLean)은 1970년대 뇌의 3층 모델을 제시하였다. 뇌의 3층 모델에 의하면, 인간의 뇌는 생명의 기본 기능을 제어하는 심층뇌, 감정과 감각을 제어하는 중간층뇌, 논리를 제어하는 표층뇌로 구성되어 있다(그림 11-3(a) 참조). 인간이 가장 편안하고 효과적으로 정보를 전달받는 뇌의 부분은 중간층뇌라고 한다. 이 중간층뇌는 멀티미디어와 관련된 소리, 영상, 그래픽 등을 시청각적으로 흡수하고 제어한다. 따라서 인간이 멀티미디어 정보를 받을 때 같은 시간 내에 더 많은 정보를 효과적으로 흡수할 수 있어 정보전달 수단으로서 매우 효과적이라 하겠다. 인간은 보는 것의 20%, 듣는 것의 30%, 보고 듣는 것의 50%, 보고 듣고 실습하는 것(상호작용형 멀티미디어)의 80%를 기억할 수 있다고 한다(그림 11-3(b) 참조). 이러한 측면에서 보면 상호작용성 멀티미디어의 정보전달 효과가 가장 바람직한 형태라 할 수 있다.

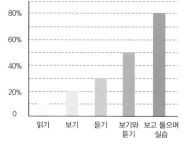

(a) 매클린의 뇌 3층 모델        (b) 상호작용성 멀티미디어의 효과

출처: Deric Bownds

| 그림 11-3  매클린의 뇌 3층 모델과 멀티미디어의 효과

■ 멀티미디어 발전 환경

멀티미디어 데이터를 처리하기 위해서는 고성능의 프로세서가 요구되고, 소리, 음악, 그 래픽, 이미지, 애니메이션 및 비디오 등으로 구성된 멀티미디어 정보는 디지털화하여 컴퓨터에 저장될 때 기존의 숫자나 텍스트와는 달리 엄청난 양의 기억장소를 필요로 한다. 무어에 의하면 마이크로프로세서의 성능은 18개월마다 2배씩 증가한다고 한다 (Moore's Law). 주기억장치인 DRAM의 용량도 18개월마다 2배씩 증가하여 왔고, 하드 디스크의 용량도 매우 빠르게 증가하여 왔다. 이러한 컴퓨터 성능의 향상은 멀티미디어 가 가능하게 된 가장 중요한 원동력이 되었다.

컴퓨터 하드웨어의 발전과 더불어 멀티미디어 정보를 저장할 수 있는 매체의 발전도 매 우 빠르게 진행되고 있다. CD와 DVD 저장매체가 출현한 이후 가격이 지속적으로 하 락하고 있고, 최근에는 Blu-ray Disc와 같은 고용량의 차세대 DVD 기술도 실용화되 었으며, 하드디스크를 대신할 플래시 메모리의 용량도 해마다 두 배씩 증가하고 있다. 그러나 컴퓨터 메모리나 저장매체의 용량이 아무리 증가하였다 해도 멀티미디어 데이 터를 그대로 저장하기에는 무리가 따른다. 따라서 멀티미디어 정보의 압축/복원 기술 의 발전이 멀티미디어 기술의 발전에 매우 핵심적인 역할을 하고 있다. 뿐만 아니라, 네 트워크를 통해 멀티미디어 정보의 빠른 전송을 위해서도 데이터의 압축 기술은 매우 중 요한 요소 기술이다. 멀티미디어 데이터는 다양한 하드웨어 및 소프트웨어 환경에서 생 성, 처리, 전송 및 이용된다. 이 때, 각 멀티미디어 정보가 다양한 환경에서 상호 호환 되기 위해서는 멀티미디어 데이터의 표준화가 요구된다. 표준적 방식으로 데이터를 압 축, 복원하고 표준 포맷으로 저장하는 것은 매우 중요한 멀티미디어 기술이다.

앞에서 언급하였듯이, 멀티미디어 데이터는 그 크기가 텍스트 데이터에 비해 매우 크며 일반적으로 생성하는 데 많은 비용과 시간이 소요된다. 효율성뿐만 아니라 경제성 측면에서도 멀티미디어 정보를 상호 공유한다는 것은 매우 중요한 일이다. 인터넷은 멀티미디어 정보를 공유하기 위한 수단으로 가장 적절한 환경을 제공하고 있다. 인터넷의 데이터 전송 속도는 지속적으로 향상되어 이제 인터넷 환경에서 실시간으로 비디오 정보를 병목현상 없이 공유할 수 있는 환경이 되었다. 앞으로는 이러한 현상이 더욱 두드러져 멀티미디어 기술의 활용이 대부분 인터넷 환경에서 이루어질 것으로 예측된다.

## 11.1.2 멀티미디어 시스템의 환경

■ 멀티미디어 시스템

멀티미디어 시스템은 이미지/그래픽, 사운드, 애니메이션 및 비디오 등 다양한 미디어를 이용하여 하나의 멀티미디어 콘텐츠를 제작하기 위해 필요한 하드웨어와 소프트웨어로 구성된다. 그림 11-4에서 보듯이 하드웨어는 프로세서, 미디어 처리장치, 입력장치, 출력장치 및 저장장치를 말하며 이들이 멀티미디어 시스템의 구성요소이다. 멀티미디어 시스템의 소프트웨어는 시스템 소프트웨어와 소프트웨어 도구로 나눌 수 있다. 시스템 소프트웨어는 멀티미디어 자원을 관리하고 운영하는 운영체제(OS: Operating System), 하드웨어 입출력을 처리하는 장치 드라이버(Device Driver), 멀티미디어 데이터를 저장하고 관리해주는 DBMS를 포함한다. 멀티미디어 콘텐츠를 제작하기 위해서는 각종 미디어를 생성, 편집하는 미디어 편집 소프트웨어와 미디어들을 통합하여 멀티미디어 콘텐츠로 제작하기 위한 저작도구(Authoring Tool)가 필요하다. 멀티미디어 콘텐츠를 재생하는 하드웨어 환경과 소프트웨어 환경을 합쳐서 멀티미디어 플랫폼(Multimedia Platform)이라고도 부른다.

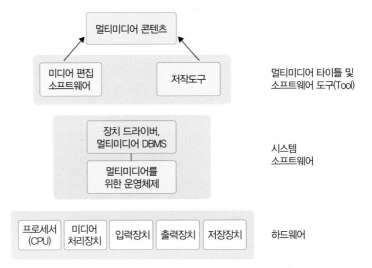

멀티미디어 콘텐츠

미디어 편집 소프트웨어　　저작도구 — 멀티미디어 타이틀 및 소프트웨어 도구(Tool)

장치 드라이버, 멀티미디어 DBMS / 멀티미디어를 위한 운영체제 — 시스템 소프트웨어

프로세서(CPU) | 미디어 처리장치 | 입력장치 | 출력장치 | 저장장치 — 하드웨어

| 그림 11-4　멀티미디어 시스템의 계층구조

## (1) 멀티미디어 하드웨어 환경

멀티미디어 시스템을 구성하는 하드웨어는 멀티미디어 데이터의 입력과 출력을 담당하는 입출력장치, 이들을 컴퓨터와 연결하여 사운드나 그래픽 등의 미디어 정보를 처리하는 미디어 처리장치, 저작된 멀티미디어 정보를 저장하기 위한 저장장치 등으로 나눌수 있다. 그림 11-5는 멀티미디어를 위한 하드웨어의 구성을 보여주고 있다. 컴퓨터를 중심으로 가장 기본적인 입력장치로는 키보드와 마우스, 그래픽 입력장치인 디지타이저, 이미지 입력을 위한 스캐너와 디지털 카메라, 사운드의 입력을 위한 MIDI와 마이크가 있다. 사운드카드는 스피커에 연결되어 소리정보를 전달하며, 그래픽카드와 비디오보드는 모니터와 프린터, 프로젝터에 연결되어 사용자에게 시각정보를 제공한다. 사운드카드, 그래픽카드 및 비디오카드는 모두 미디어 처리장치로 입출력장치를 컴퓨터와 연결하는 인터페이스 기능과 멀티미디어 데이터의 압축 기능을 지원하기도 한다. 사운드카드는 소리 정보의 입출력을 지원하면서 소리정보를 압축, 저장하고 복원하는 기능을 가진다. 그래픽카드는 고해상도의 그래픽을 고속으로 처리할 수 있는 기능을 지원하며, 비디오보드는 동화상을 압축, 저장하고 이를 복원하여 고속으로 재생할 수 있도록 해준다. 또한 멀티미디어 콘텐츠를 CD나 DVD 등의 저장장치에 저장하여 필요할 때 재생할 수 있다.

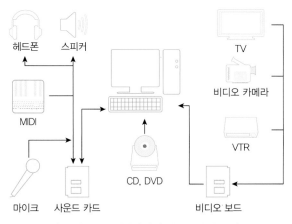

| 그림 11-5 멀티미디어 하드웨어의 구성

## (2) 멀티미디어 소프트웨어 환경

멀티미디어를 위한 하드웨어 환경이 구축되면 이를 운영하기 위한 운영체제가 필요하다. 또한 사운드나 비디오와 같은 미디어 데이터를 생성, 편집하기 위한 도구가 필요하며, 생성된 여러 종류의 미디어 데이터를 하나의 콘텐츠로 구성하기 위한 소프트웨어도 필요하다. 멀티미디어를 위한 소프트웨어는 그림 11-6과 같이 계층적으로 구분할 수 있다.

| 그림 11-6 멀티미디어 소프트웨어의 계층

멀티미디어를 지원하는 운영체제는 멀티미디어 장치와 편집 소프트웨어 및 저작도구 간의 인터페이스를 제공한다. 멀티미디어는 여러 미디어 정보가 실시간에 동시에 재생되어야만 정보 전달효과를 극대화시킬 수 있기 때문에 운영체제는 소위 멀티태스킹(Multitasking) 기능을 지원하여야 한다. 멀티태스킹이란 한 대의 컴퓨터가 동시에 다수의 작업을 수행하는 것을 의미한다. 예를 들어, 모니터상에 여러 개의 윈도우를 생성시킨 뒤 한 윈도우에서는 인터넷을 통하여 이미지를 전송받고 다른 윈도우에서는 영화

를 시청하는 것과 같은 것이다. 또한 영화는 오디오 부분과 비디오 부분으로 구성되어 있으며 이 두 가지 미디어가 시간적으로 동기화되어 플레이되어야 한다.

미디어 편집 소프트웨어란 하드웨어를 통하여 입력된 데이터를 컴퓨터가 처리할 수 있는 디지털 데이터로 변환시킨 후, 수정, 편집하는 소프트웨어 도구이다. 자주 사용되는 미디어 편집 소프트웨어로는 이미지를 편집하기 위한 포토샵(Photoshop), 페인팅을 위한 페인터(Painter), 그림을 드로잉하기 위한 일러스트레이터(Illustrator)와 코렐드로우(CorelDraw), 사운드를 편집하기 위한 웨이브에디트(WaveEdit)와 앙코르(Encore), MIDI 소프트웨어 케이크워크(Cakewalk), 애니메이션 저작도구인 플래시(Flash)와 디렉터(Director), 비디오 편집기인 프리미어(Premiere) 등이 있다. 그림 11-7은 가장 잘 알려진 이미지 편집 소프트웨어인 어도비(Adobe)사의 포토샵(Photoshop)을 보여주고 있다.

| 그림 11-7 이미지 편집 소프트웨어 어도비 포토샵

다양한 미디어 편집 소프트웨어를 이용하여 생성, 편집된 미디어 정보들은 통합하여 멀티미디어 콘텐츠로 제작된다. 이와 같이 미디어 데이터를 통합하여 콘텐츠를 제작하는 소프트웨어를 콘텐츠 저작도구(Contents Authoring Tool)라 하며, 웹 페이지를 만드는 저작도구로는 프론트페이지(FrontPage), 드림위버(DreamWeaver), 나모 웹에디터 등이 있으며, CD/DVD 타이틀을 만드는 저작도구로는 툴북(ToolBook), 오서웨이(Authorware), 디렉터(Director) 등이 있다.

■ 멀티미디어 콘텐츠의 특징

기존의 콘텐츠 산업은 미디어 영역별로 구분되어 미디어에 종속적으로 제작하고 서비스하는 구조였으나, 디지털 콘텐츠는 미디어로부터 독립적이 되어간다는 것이 디지털 콘텐츠의 가장 큰 특징이다. 즉, 디지털 콘텐츠의 서비스가 하나의 미디어에 국한되지 않고 미디어 간의 장벽이 점차 낮아진다는 것이다. 예를 들어, TV 드라마를 PC에서 다운로드 받아 보거나 스트리밍 방식으로 직접 시청할 수도 있으며, 모바일 환경에서는 VOD 서비스를 통해 외국에서도 한국 TV 드라마의 시청이 가능하다.

디지털 콘텐츠에 대한 미디어 간의 장벽이 낮아져감에 따라 콘텐츠의 재사용이 쉬워지고 미디어 융합적인 성격의 디지털 콘텐츠도 제작되고 있다. 앞의 예에서와 같이 디지털 영화는 TV나 PC 또는 모바일 환경에서 별다른 변환과정이 없이 서비스가 가능해졌으며, 대중가요 역시 음반대신 디지털 음악으로 제작됨으로써 디지털 환경의 여러 미디어에서 곧바로 감상할 수 있다. 이와 같이 디지털 콘텐츠 산업에서는 미디어 플랫폼의 다각화로 다양한 수익모델을 창출하려고 노력하고 있다.

디지털 콘텐츠 산업의 또 하나의 큰 특징은 하나의 콘텐츠로 다양한 미디어에서 서비스하는 것을 넘어서 다양한 사업 분야로까지 전개하는 것으로 보통 원소스멀티유스(OSMU: One Source Multi Use)라 한다. 하나의 소설이 영화로 제작되고, 영화 상영 후 비디오로 판매되고, 영화 흥행에 따라서 영화 속 등장인물에 대한 캐릭터 상품들이 판매되며 소설 속 줄거리에 따라 다양한 파생상품을 만들어 판매한다. 하나의 콘텐츠 소스로부터 다양한 판매상품에 사용한다는 의미로 원소스멀티유스라고 부른다. 그림 11-8은 원소스멀티유스의 대표적인 사례를 보여주고 있다. '스타워즈'는 흥행에 대성공한 영화로 디지털 영상기법으로 각종 신기한 장면을 실감나게 제작한 사례로 유명하다.

| 영화(스타워즈 IV) | DVD | 게임 | 피규어 |

| 영화(스타워즈 II) | 책 | 레고 | 로봇 |

| 그림 11-8 스타워즈 영화의 원소스멀티유스 사례

멀티미디어 데이터의 표현 형식이 저작자와 저작 소프트웨어 제작업체에 따라 각각 상이하다면 정보의 공유와 이용이 어려워진다. 멀티미디어 데이터의 압축 방식이 달라도 데이터의 상호호환성이 없게 된다. 따라서 다양한 형식의 멀티미디어 데이터를 플랫폼(Platform)에 독립적으로 만들어 이를 공유하고 호환성을 유지하기 위해 국제기구에서 표준화 작업을 진행하고 있다. 멀티미디어 데이터의 표준화는 그래픽, 사운드, 이미지, 동영상과 같이 미디어 데이터를 표현하고 압축/복원 및 저장하는 방식에 관한 것과 이들을 포함하는 문서 표준화로 구분할 수 있다. 이러한 표준화 작업은 기업, 연구소 또는 국가가 제안하여 표준화기구의 심의를 거쳐 국제표준안으로 채택되는데, 국제표준안을 따르는 기술과 연계된 지적소유권은 산업경쟁력과도 직결되므로 각 기업, 국가들은 자신이 제안하는 기술이 국제표준안으로 채택될 수 있도록 많은 노력과 비용을 투자하고 있다.

IT 및 정보통신 분야의 표준화 기구로는 국제표준화 기구인 ISO(International Standard Organization), IEC(International Electrotechnical Commission), ITU-T(International Telecommunication Union) 등이 있으며, 지역 및 학회별 표준화 기구로는 ANSI(미국), IEEE(미국), KS(한국), JIS(일본), BSI(영국), 기업중심의 컨소시엄으로는 IMA(Interactive Multimedia Association), W3C(WWW: World Wide Web Consortium) 등이 있다.

## 11.2 이미지와 그래픽

시각 정보인 이미지와 그래픽의 개념과 특성을 이해하자. 또한 이미지와 그래픽의 처리 방식을 공부하고 표준의 중요성을 이해한다.

### 11.2.1 디지털 이미지

■ 이미지와 그래픽

인간은 일상생활에서 무수히 많은 종류의 정보를 받아들이는데, 그중에서 시각적인 정보는 전체 정보의 상당 부분을 차지하며 그만큼 중요한 위치를 차지한다. 단순히 텍스트로만 이루어진 정보를 받아들일 때보다 사진이나 그래픽과 같은 시각적 정보를 같이 받아들일 때 기억효과가 증가한다는 사실에서도 시각적 정보의 중요성을 알 수 있다. 또한 디자인 측면에서도 이미지와 그래픽은 멀티미디어 디자인에서 매우 효과적인 결과를 얻을 수 있다. 일반적으로 이미지와 그래픽은 다음과 같이 구분된다. 이미지는 디지털 카메라나 스캐너와 같은 입력장치를 이용하여 생성된 실세계의 그림을 의미하며, 그래픽은 컴퓨터 소프트웨어를 이용하여 생성된 그림을 지칭한다. 이미지와 그래픽은 컴퓨터 내부에서는 같은 디지털 데이터이기 때문에 자유로운 합성이 가능하다. 그림 11-9는 디지털 카메라로 찍은 사진과 그래픽 소프트웨어를 이용하여 생성된 그래픽을 합성한 그림을 보여주고 있다.

이미지　　　　　　　　그래픽

| 그림 11-9 이미지와 그래픽의 합성

이미지와 그래픽의 활용 분야는 거의 모든 영역에서 광범위하게 사용되고 있으며 비교적 용이하게 제작할 수 있다. 이미지는 각종 디지털 사진, 멀티미디어 문서에서의 사진, 광고 등의 분야에서 이용되며, 그래픽은 멀티미디어 문서 내에서 개념을 설명하기 위한 그림, 게임, 사이버캐릭터, 광고 등의 분야에서 쓰인다.

■ 이미지 픽셀과 해상도

이미지와 그래픽(래스터 그래픽)은 이들을 구성하는 가장 작은 요소인 '픽셀'들로 이루어져 있다. 픽셀(Pixel)은 'Picture Element'의 준말로, 픽셀들이 모여서 이미지나 그래픽을 형성한다. 그림 11-10은 사진과 래스터 그래픽이 픽셀들의 집합으로 구성되어 있음을 보여주고 있다. 각 픽셀은 적색(Red), 녹색(Green), 청색(Blue)의 값을 적절히 배합시켜 색을 나타내므로 이러한 방식으로 색상을 표현하는 것을 RGB 컬러모델이라 부른다.

(a) 사람의 얼굴을 구성하는 픽셀

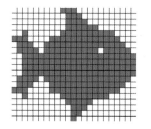

(b) 래스터 그래픽 'Fish'

출처: wikimedia

| 그림 11-10  이미지와 그래픽의 구성요소 픽셀

RGB 컬러모델에서는 R, G, B 각 색상을 몇 비트로 표현하느냐에 따라 픽셀당 비트 수가 결정된다. 예를 들어, R, G, B 각 픽셀마다 8 비트를 할당하는 경우, 한 픽셀을 위해서 총 24 비트가 필요하다. 일반적으로 이미지(사진)의 한 픽셀은 24 비트의 정보로 표현된다. 그림 11-11은 사진의 한 픽셀을 각각 1 비트, 4 비트, 8 비트, 16 비트로 표현한 것이다. 픽셀을 1 비트로 표현하면 'Black'과 'White'로만 구분되는 흑백사진이 되고, 4 비트로 표현하면 사진에서 색상 표현의 질이 떨어지며, 16 비트로 표현하면 원본 사진과 별 차이가 없음을 알 수 있다.

(a) 1 비트 이미지          (b) 4 비트 이미지          (c) 8 비트 이미지          (d) 16 비트 이미지

| 그림 11-11  비트 수에 따른 이미지의 변화

이미지(사진)를 구성하는 픽셀 수를 이미지의 해상도(Resolution)라 부른다. 이미지 해상도가 클수록 더 정교한 이미지를 얻을 수 있다. 예를 들어, (1024 픽셀)×(640 픽셀) 이미지가 (512 픽셀)×(320 픽셀)로 구성된 이미지보다 더 정교하지만 당연히 이미지의 총 픽셀 수는 4배나 크게 된다.

## 11.2.2 이미지의 처리와 표준

이미지는 앞에서 살펴본 바와 같이 멀티미디어에서 중요한 위치를 차지하고 있다. 또 그만큼 자주 이용하게 된다. 그러나 이미지는 필요한 경우에 적절히 사용하는 것이 중요하다. 또한 여러 가지 필터링 기법들로 이미지를 조작하면 원본 이미지를 그대로 사용하는 것보다 디자인적인 측면에서 더 뛰어난 효과를 얻을 수도 있다. 여기서는 이미지를 효율적으로, 그리고 디자인 측면에서 효과적으로 사용하기 위해 이미지 처리 기법과 압축 기법에 대해 살펴보도록 한다.

### ■ 이미지의 처리

광학 카메라를 이용하여 얻은 이미지를 아날로그 이미지라 한다. 아날로그 이미지는 컴퓨터에서 직접 저장하거나 처리할 수 없으므로, 일단 픽셀들로 구성된 디지털 이미지로 변환시켜야 한다. 여기서 아날로그 이미지는 표본화(Sampling) 및 양자화(Quantization) 과정을 거쳐 디지털 이미지로 바뀌게 된다(그림 11-12 참조). 표본화 과정이란 위치를 나타내는 연속적인 데이터를 일정간격으로 나누는 작업이다. 즉, 위치 좌표를 일정 간격으로 나누어 연속적인 위치 데이터를 불연속화하는 작업이다. 또 양자화 과정이란 각 위치에서 표현되는 색상값의 일정 범위를 대표하는 값으로 근사시킴으로써 불연속화 하는 작업이다. 이 두 과정을 거치고 나면 아날로그 데이터는 디지털 데이터로 변환된다.

(a) 표본화를 거친 이미지　　　　　(b) 양자화를 거친 이미지

| 그림 11-12 **아날로그 이미지의 표본화와 양자화**

이미지 필터링이란 기본 이미지에 임의의 변환을 가하여 특수한 효과를 얻는 것을 말한다. 카메라 등에서는 매우 어렵거나 불가능한 효과들이 필터링을 통해서는 가능하

다. 필터링의 사용 용도는 이러한 특수 효과에만 국한되는 것이 아니다. 스캐너나 디지털 카메라와 같은 입력장치를 통해 들어온 이미지는 잡음이나 왜곡으로 인해 그 품질이 손상되기 쉬운데, 필터링을 사용하면 잡음이나 왜곡으로 인해 변형된 이미지를 원래의 품질로 복원시킬 수도 있다. 실제 이미지 편집 소프트웨어는 매우 다양한 필터기법을 지원하며, 필터링에는 윤곽선 추출, 평균값 필터, 밝기 조절 필터, 예술적 필터, 히스토그램 평준화 등이 있다.

(a) 원본 이미지          (b) 윤곽선 추출 필터로 처리한 이미지

| 그림 11-13 윤곽선 추출 필터의 적용

■ 이미지 압축 표준

압축되지 않은 이미지 데이터들은 큰 저장공간을 필요로 한다. 저장공간의 절약적인 측면뿐만 아니라 통신을 이용한 전송에 있어서도 빠른 전송을 위해서는 압축된 데이터가 더 유리하다. 압축된 데이터는 적은 통신 대역폭을 요구하기 때문이다. 이를 위해서는 불필요한 데이터를 제거하고 가능하면 의미의 전달 효율이 좋은 데이터의 형태를 선택해야 하고 데이터를 디지털 방식으로 압축해야 한다.

이미지 압축 기법은 화상의 변질을 최소화하면서 데이터 크기를 줄일 수 있다. 데이터를 압축할 때 시각적인 영향이 적은 부분의 정보량을 줄인다. 즉, 인간은 색상보다 명암에 더 민감하므로 시각적인 영향이 적은 부분인 색상 영역에서의 정보량을 줄이는 것이 효과적이다. 이와 같은 원리를 따르는 대표적인 압축방식으로 JPEG이 있다. 또한 이웃한 화소들이 같은 값을 가질 때 이들을 압축하는 방법이 있는데, 대표적인 압축방식으로 GIF가 있다. GIF 압축과 JPEG 압축은 인터넷 환경에서 사용하기에 적합한 방식이다. 이외에도 압축 표준에는 TIFF, PNG 등이 있다. 일반적으로 사진을 압축할 때는 JPEG 표준이나 PNG 표준을 사용하고 사람이 그린 그림을 압축할 때는 GIF와 TIFF를 이용한다.

(a) 원본 이미지          (b) 8:1 압축 이미지          (c) 100:1 압축 이미지

| 그림 11-14  JPEG 표준으로 압축한 이미지의 예

## 11.2.3 컴퓨터 그래픽스

■ 컴퓨터 그래픽스란?

컴퓨터 그래픽스는 크게 2D 그래픽스와 3D 그래픽스로 나눌 수 있다. 컴퓨터에서 2D 그래픽스의 데이터와 3D 그래픽스의 데이터를 다루는 방법이 각각 다르므로, 두 가지 분야에 대하여 좀 더 알아볼 필요가 있다. 여기서는 2D 그래픽스에서 도형을 그리는 과정과 앤티앨리어싱(Antialiasing) 기법, 3D 그래픽스에서 객체를 모델링하고 렌더링하는 과정에 대하여 알아보겠다.

■ 2차원 그래픽과 3차원 그래픽

2차원 그래픽은 XY 평면상에서 물체를 표현하는 방법으로서 3차원 그래픽에 비해 계산량이 적으므로 간단한 처리 방법과 빠른 처리속도를 갖는다. 그러나 3차원 물체를 실감나게 표현하지 못하는 단점을 가지고 있다. 2차원 그래픽을 구성하는 단위인 기본 도형(Primitive)으로는 점, 선, 원, 타원, 다각형, 곡선 등이 있다.

3차원 그래픽스의 가장 큰 목적은 그림을 좀 더 실감나게 하는 것이며, 2차원의 설계 도면을 입체적으로 표현하는 데 적용될 수 있다. 또한 3차원 그래픽은 실세계에 존재하지 않는 물체의 형상을 입체적으로 표현할 수 있다. 일반적인 3차원 그래픽의 생성 과정은 먼저 물체의 기하학적인 형상을 모델링(Modeling)하고, 이후 필요에 따라 3차원 물체를 2차원 평면에 투영한다(Projection). 이렇게 생성된 3차원 물체에 색상과 명암을 나타낸다(Rendering).

(a) 2차원 그래픽          (b) 3차원 그래픽

| 그림 11-15　2차원 그래픽과 3차원 그래픽

■ 래스터 그래픽과 벡터 그래픽

이미지가 실세계로부터 생성된 디지털 정보로 픽셀들의 집합으로 구성된다면, 그래픽은 컴퓨터 소프트웨어를 이용하여 인공적으로 만들어낸 그림이다. 2차원 그래픽에는 래스터 그래픽과 벡터 그래픽의 두 가지가 있다.

## (1) 래스터 그래픽

래스터 그래픽은 그림을 픽셀 단위로 저장하는 방식이기 때문에 파일의 크기는 해상도에 비례하여 화면을 확대할 때 화질이 떨어지게 된다. 이러한 래스터 그래픽은 칠하기 도구(Painting Tool)에 의해 픽셀들의 형태로 생성된다. 래스터 그래픽이 픽셀들의 집합으로 구성되어 있다는 측면에서는 이미지와 매우 유사하다. 래스터 그래픽 소프트웨어로는 붓으로 그림을 그리듯 칠하기(Painting) 기능을 제공하는 페인터(Painter)가 잘 알려져 있다. 그림 11-16(a)는 픽셀로 구성된 래스터 그래픽의 결과물로, 확대하면 계단현상이 일어남을 보여주고 있다.

## (2) 벡터 그래픽

벡터 그래픽은 그림을 기하적인 객체들을 나타내는 그래픽 함수로 표현하기 때문에 일반적으로 파일의 크기가 래스터 그래픽 방식에 비해 작다. 그림이 점, 선, 곡선, 원 등의 기하적 객체로 표현되므로, 화면 확대 시 화질의 저하가 발생하지 않는다. 그림의 특성상 페인팅한 그림보다는 일러스트레이션(Illustration)에 적합한 방식으로, 그리기 도구(Drawing tool)를 이용하여 기하적 객체를 생성한다. 그래픽 디자이너와 일러스트레이터가 선호하는 그리기(Drawing) 도구로는 일러스트레이터(Illustrator), 코렐드로우(CorelDraw) 등이 있으며, 이들은 점, 선, 곡선, 원 그리기와 같은 벡터 그래픽의

기능을 지원한다. 그림 11-16(b)는 픽셀로 구성된 래스터 그래픽과 달리, 확대한 후에
도 매끄러운 곡선으로 그려진 결과물의 모습을 보여주고 있다.

(a) 픽셀로 구성된 래스터 그래픽　　　　　(b) 기하적 객체로 구성된 벡터 그래픽

| 그림 11-16  레스터 그래픽과 벡터 그래픽의 결과물

### ■ 3차원 그래픽 처리과정

3차원 그래픽스의 가장 큰 목적은 그림을 좀 더 실감나게 그리는 것이며, 2차원 설계
도면을 입체적으로 표현하는 데 적용할 수 있다. 또한 3차원 그래픽스는 실세계에 존재
하지 않는 물체의 모습을 입체적으로 표현할 수 있다. 3차원 그래픽의 생성 과정은 먼
저 물체의 기하학적인 형상을 모델링(Modeling)하고 3차원 물체는 2차원 평면에 투영
된다. 이러한 과정에서 3차원 물체에 색상과 명암을 부여함으로써 입체감을 표현하는
데, 이러한 작업을 렌더링(Rendering)이라 부른다. 그림 11-17은 자동차의 모델링 결
과와 렌더링 결과를 보여주고 있다.

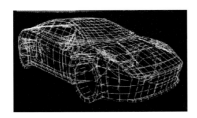 

(a) 3차원 모델링　　　　　　　(b) 자동차 모델의 렌더링

출처: 3DSpecial

| 그림 11-17  자동차의 3차원 모델링과 렌더링 결과

최근, 3차원 그래픽스 기술이 빠르게 발전하면서 고성능의 3차원 그래픽스 하드웨
어가 가능하게 되었고, 그래픽스 소프트웨어도 물체의 사실감과 자연스러움을 증가
시키는 방향으로 개발되고 있다. 그림 11-18(a)는 영화 '슈렉3'을 보여주는데, 이 영

화에서 다양한 헤어스타일과 사실감 있는 머리카락을 표현하고, 글로벌 조명(Global Illumination) 기법을 도입하여 건물과 숲, 호수, 인물의 그림자 등에 자연광과 같은 빛의 효과를 나타내었다. 그림 11-18(b)는 광선추적법(Ray Tracing)을 이용하여 사진과 같은 정도의 현실감을 표현하는 그림의 예이다.

(a) 슈렉3에서의 3차원 그래픽          (b) 광선추적법을 이용한 3차원 그래픽

출처: 슈렉3, wikimedia

| 그림 11-18  **3차원 그래픽스 기법을 적용한 결과물**

## 11.3 사운드

사운드란 귀로 들을 수 있는 모든 청각정보를 말한다. 사운드는 크게 음악, 음성, 음향효과의 세 분야로 나눌 수 있다. 사운드는 음악이나 음성과 같이 독자적으로 사용되기도 하지만, 영화나 애니메이션과 같은 멀티미디어 환경에서는 다른 정보를 전달할 때 보조적인 역할을 할 수도 있다. 멀티미디어 환경에서 사운드를 사용하는 이유는 정보 전달 시 미디어의 상승효과와 동기유발에 있다. 예를 들어, 정보를 전달할 때 시각적 방식과 청각적 방식을 동시에 사용하여 정보를 전달하면 정보 전달 효과가 커지는 것으로 알려져 있다. 또한 사운드를 사용하면 정보를 전달받는 사람의 동기를 유발시켜 정보를 효과적으로 전달할 수 있다.

### 11.3.1 디지털 사운드

■ 사운드의 파형

사운드는 물체가 진동할 때 그 주위의 공기압에 변화가 생기고 공기압의 변화가 파형 (Waveform)의 형태로 귀에 전달된다. 우리가 보통 사운드를 처리한다는 것은 이러한 파형을 가공, 편집하는 것이다. 사운드 파형은 일정한 시간 간격마다 동일한 모양으로 반복되는데, 초당 사운드 파형의 반복 횟수를 주파수(Frequency)라 하며, 일반적으로 사람이 낼 수 있는 주파수대는 약 100Hz~6KHz이다. 반복되는 동일한 부분을 사이클이라 하고 한 사이클이 걸리는 시간을 주기(Period)라고 하며, 주파수는 주기와 역수의 관계가 있다. 또한 사람이 들을 수 있는 가청 주파수대는 약 20Hz~20KHz 사이로, 가청 주파수대를 오디오(Audio)라고도 부른다. 주파수가 높으면 고음이 되고 주파수가 낮으면 저음이 된다. 사운드 파형의 기준선에서 최고점까지의 거리를 진폭 (Amplitude)이라 부르며 이는 소리의 크기와 관련이 있다. 그림 11-19는 소리 파형의 주파수와 진폭을 보여주고 있다.

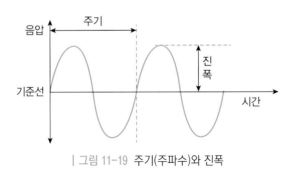

| 그림 11-19 주기(주파수)와 진폭

### 11.3.2 사운드의 처리와 표준

■ 디지털 사운드로 변환

일상적인 사운드는 그림 11-19의 파형으로 나타나는 아날로그 형태인데, 컴퓨터에서 처리하기 위해서는 디지털 형태로 변환되어야 한다. 이러한 작업은 그림 11-20에서 보듯이 ADC(Analog-to-Digital Converter) 장치에서 이루어지는데, 여기서 표본화 (Sampling) 및 양자화(Quantizing) 단계를 거쳐 디지털 데이터를 생성하고 다시 압축하는 부호화(Coding) 과정을 거친다. 그리고 이러한 디지털 데이터를 실세계에서 듣기 위해서는 ADC의 반대 과정인 DAC(Digital-to-Analog Converter)를 거쳐 아날로그 형태의 소리로 바뀌어야 한다.

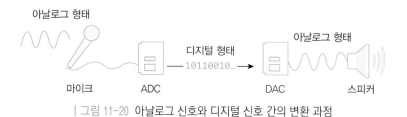

| 그림 11-20 아날로그 신호와 디지털 신호 간의 변환 과정

### (1) 표본화(Sampling)

표본화란 그림 11-21과 같이 아날로그 파형을 디지털 형태로 변환하기 위하여 표본(Sample)을 취하는 것을 의미한다. 사운드의 표본화율(Sampling Rate)은 1초 동안에 취하는 표본수(디지털화 하는 횟수)를 말하며, 단위로는 주파수 단위와 같은 Hz를 사용한다. 표본화율이 높을수록 원음에 가깝게 디지털화 되지만 데이터양이 증가하게 된다. 표본화율이 낮으면 소리를 저장하기 위한 메모리 용량이 작아지는 반면 원음을 잘 반영하지 못하는 문제점이 있다.

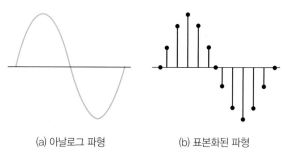

(a) 아날로그 파형                    (b) 표본화된 파형

| 그림 11-21 아날로그 사운드의 표본화

### (2) 양자화(Quantizing)

표본화율이 아날로그 파형을 어느 정도 자주 디지털화할 것인지를 의미한다면, 양자화는 그 값을 얼마나 자세하게 표현할 것인가와 관련이 있다. 표본화된 각 점에서의 값을 표현하기 위해서는 그 값을 어느 정도의 정밀도로 표현할지를 결정해야 한다. 이러한

정밀도는 바로 그 값을 표현하는 비트 수와 연관된다. 예를 들어, 8 비트로 양자화를 하면 256단계로 값을 표현할 수 있지만, 16 비트로 양자화를 하면 더 세밀한 65,536단계로 값을 표현할 수 있다.

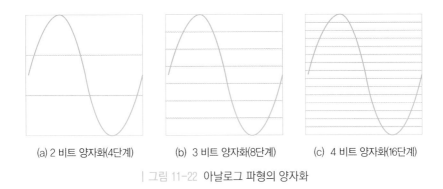

(a) 2 비트 양자화(4단계)    (b) 3 비트 양자화(8단계)    (c) 4 비트 양자화(16단계)

| 그림 11-22 아날로그 파형의 양자화

그림 11-22는 값을 표현하는 데 각각 2 비트, 3 비트, 4 비트로 표현한 예이다. 예를 들어, 우리가 듣는 음악 CD의 경우는 16 비트로 값을 표현하고 있다. 이것은 음을 65,536단계로 표현하고 있다는 것을 의미한다. 이때 양자화하는 정밀도를 음의 해상도(Sampling Resolution 또는 Sampling Size)라고 한다.

■ 디지털 사운드 표준

디지털 사운드의 표준 파일 형식에는 WAV, MP3, AAC, WMA 등이 있다. WAV 형식은 마이크로소프트사와 IBM사가 PC 환경에서 공동 개발한 사운드 표준 형식으로 Windows 기반 PC에서 널리 이용되고 있다. MP3는 인터넷상에서 음악을 압축할 때 가장 많이 이용하는 파일 형식으로 10:1~12:1 정도의 압축률을 가지며 음질도 우수하다. MP3는 동영상 표준의 하나인 MPEG-1의 오디오 부분에 해당하는 Layer 3으로부터 유래하였기 때문에 MP3라는 이름으로 불린다. MP3는 인간의 음성심리학 원리에 기반을 둔 마스킹 효과를 이용하여 음악을 압축한다.

## ■ MIDI 음악

한편, MIDI(Musical Instrument Digital Interface) 음악은 1983년 세계 악기 제조 업체들이 전자 악기와 컴퓨터 간의 상호 정보교환을 위해 만든 규약이다. MIDI는 직접적인 음의 파형정보를 저장하는 것이 아니라, 음을 어떻게 연주할 것인지에 관한 정보, 즉 음의 높이 및 음표의 길이, 음의 강약 등에 대한 정보를 표현한다. 실제 음을 듣기 위해서는 그 음을 발생시켜주는 기계(신디사이저, Synthesizer)가 필요하다. MIDI는 음 자체에 대한 정보를 가지고 있지 않기 때문에 파일의 크기가 매우 작고, 음의 질은 전적으로 신디사이저의 성능에 따라 좌우된다. 예를 들어, CD 음악 수준의 3분 길이의 음악을 저장하기 위해서는 약 30MB가 필요한 데 비하여(압축하지 않을 경우), MIDI 음악으로 대신한다면 약 8KB가 필요하다.

## ■ 디지털 사운드 파일 크기

우리가 일상생활에서 많이 접하게 되는 전화나 AM/FM 라디오, 음악 CD 등을 저장할 때 그 크기가 얼마나 되는지 알아보자. 표본화와 양자화 과정을 거친 후 압축을 전혀 하지 않는 PCM 방식으로 파일을 저장하면 표 11-1과 같은 결과를 얻을 수 있다.

| 표 11-1 표본화, 양자화 및 모드에 따른 음질의 비교(1분 길이의 음원)

| 표본화율(KHz) | 해상도(bit) | 모드 | 파일 크기(1분당) | 음질 |
|---|---|---|---|---|
| 11.025 | 8 | mono | 60KB | 전화 |
| 22.05 | 8 | mono | 1.3KB | AM Radio |
| 22.05 | 8 | stereo | 2.6KB | |
| 44.1 | 8 | mono | 2.6KB | |
| 44.1 | 8 | stereo | 5.25KB | |
| 22.05 | 16 | mono | 2.6KB | |
| 22.05 | 16 | stereo | 5.25KB | FM Radio |
| 44.1 | 16 | mono | 5.25KB | |
| 44.1 | 16 | stereo | 10.5KB | CD |
| 48 | 16 | stereo | 11.5KB | DAT |

파일의 크기는 얼마나 자주 표본화할 것(Sampling Rate)인지와 양자화 시 그 값의 정밀도를 얼마로 정할 것(Sampling Resolution)인지에 따라 정해지고, 모노로 할 것인지와 스테레오로 할 것인지에 따라 영향을 받는다. 파일 크기를 구하는 식은 다음과 같다.

파일 크기 = 표본화율 × 해상도 × 모드(mono = 1, stereo = 2) × 시간(초)

예를 들어, 1분 길이의 음악 CD의 표본화율이 44,100Hz이고 해상도는 16 비트이며 스테레오라고 하자. 이 경우 파일의 크기는 44,100 × 16 × 2 × 60(초) = 84,672,000 bit = 10,584,000 byte = 10,584 KB = 10.6MB가 된다. 따라서 일반 CD의 크기가 650 MB이므로 그 안에는 약 10곡에서 15곡의 음악(한 곡당 약 4분에서 6분 정도로 가정했을 경우)을 저장할 수 있다.

## 11.4 애니메이션과 동영상

애니메이션의 개념과 컴퓨터 애니메이션 기술에 대하여 알아보자. 또한 동영상의 개념을 이해하고 동영상의 다양한 압축과 표준에 대하여 공부한다.

### 11.4.1 컴퓨터 애니메이션

■ 컴퓨터 애니메이션이란?

애니메이션은 일련의 정지화상(Still Image)이나 그래픽을 연속적으로 보여주어, 보는 사람으로 하여금 연속된 동작으로 인식하도록 하는 잔상효과(Persistence of Vision)를 이용한다. 잔상효과란 그림이 사라져도 사람의 눈이나 뇌에 계속 남아 있는 착시현상을 뜻한다. 일반적으로 초당 15장 이상의 그림을 보여주면 자연스러운 움직임을 얻을 수 있다. 애니메이션은 어떤 현상이나 움직임을 강조하거나 현실 세계에서 쉽게 만들 수 없는 현상을 보이기 위해서 매우 효과적으로 사용할 수 있다.

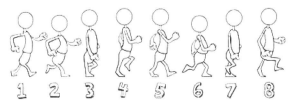

| 그림 11-23 애니메이션의 프레임들

■ 애니메이션 기술

## (1) 플립북 애니메이션

애니메이션은 1908년 프랑스에서 에밀 콜(Emil Cohl)에 의해 '판타즈마고리 (Fantasmagorie)'가 만들어지면서 시작되었다. 컴퓨터가 등장하기 이전부터 존재했던 플립북 애니메이션(Flip-book Animation)은 가장 단순한 형태의 애니메이션으로 구성요소인 프레임을 일일이 그리기 때문에 프레임기반(Frame-based) 애니메이션이라고도 한다. 플립북 애니메이션은 모든 프레임에 대한 정보를 가지고 있어야 하므로 컴퓨터로 표현할 경우 애니메이션 파일의 크기가 방대해지는 단점이 있다. 그림 11-24는 플립북 애니메이션 기법을 이용하여 사람이 걷는 동작을 8개의 프레임으로 표현한 것이다. 애니메이션의 각 프레임을 생성하기 위해서 컴퓨터 그래픽스 기법이 이용되었음을 알 수 있다.

출처: www.abc.net.au

| 그림 11-24 플립북 애니메이션 기법을 이용한 캐릭터의 '걷기' 사이클

## (2) 셀 애니메이션

셀 애니메이션(Cel Animation)은 1913년 존 랜돌프(John Randolph)에 의해 개발된 후, 디즈니사를 비롯한 많은 제작사들이 아직까지도 2차원 애니메이션을 제작할 때 셀 애니메이션 기법을 사용하고 있다. 셀 애니메이션의 '셀(Cel)'은 투명한 종이를 뜻하는 'Celluloid'를 의미한다. 셀 애니메이션은 초기에 수작업으로 이루어졌으나 1990년 이후에는 컴퓨터를 사용하여 작업하는 형태로 발전하였다. 셀 애니메이션은 기본적으로 하나의 배경 셀과 여러 장의 전경 셀이 필요하다. 여러 개의 셀들을 몇 겹의 층으로 겹쳐서 하나의 프레임을 생성한다. 셀을 이용하면 하나의 프레임을 만든 후 연속되는 다음 프레임을 만들 때, 변하는 부분만 다시 그리면 되는 장점이 있다. 디즈니(Disney)사의 '라이온 킹'과 '백설공주' 등 많은 애니메이션 영화들이 이 기법을 이용하여 제작되었다(그림 11-25 참조).

| 그림 11-25 셀 애니메이션 기법을 이용한 디즈니 애니메이션 영화

### (3) 컴퓨터 애니메이션

전통적인 애니메이션이 발전을 거듭하는 가운데 컴퓨터가 세상에 등장하였다. 컴퓨터는 애니메이션에 혁명적인 변화를 가져왔다. 단순히 기존 애니메이션의 수작업을 컴퓨터로 대신하는 것에서 시작하여 3차원 애니메이션과 특수효과 등 컴퓨터를 통해서만 제작할 수 있는 새로운 애니메이션을 가능하게 하였다. 컴퓨터를 이용한 애니메이션 제작은 여러 가지 장점을 가지고 있다. 주인공을 비롯한 애니메이션의 모든 구성요소들을 디지털화하면 수정과 편집이 용이하고 애니메이션의 전송이나 저장이 수월해진다. 또한 컴퓨터의 사용은 디지털화된 캐릭터의 복제를 손쉽게 하므로, 수천 명의 군중이나 수천 마리의 동물들을 기존 애니메이션에 비해 훨씬 쉽게 만들어낼 수 있다.

컴퓨터 애니메이션의 종류에는 독립적으로 움직이는 개체를 선, 곡선과 같은 수학적 함수로 표현하는 벡터 애니메이션과 가장 중요한 장면을 의미하는 키 프레임(Key Frame)만을 컴퓨터로 제작하고 키 프레임 사이에 존재하는 중간 프레임들은 컴퓨터에 의해 자동으로 생성하는 키프레임 트위닝(Key Frame and Tweening) 기법이 있다. 그림 11-26은 어도비사의 플래시(Flash)를 이용하여 만든 키프레임 애니메이션의 예로 키 프레임들을 보여주고 있다.

  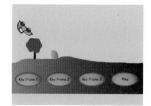

| 그림 11-26  키프레임과 트위닝 기법의 적용 예

■ 컴퓨터 애니메이션의 활용

3차원 컴퓨터 애니메이션 기법은 영화, 광고, 게임, 사이버 캐릭터의 제작 등 많은 분야에서 널리 사용되고 있다(그림 11-27(a), (b) 참조). 3차원 애니메이션은 각 장면이나 사물들을 3차원 그래픽으로 만들거나 장면에 나오는 사람이나 동물들의 움직임도 3차원으로 표현한다. 영화 '반지의 제왕(The Lord of the Rings)'에서는 실제 인간이나 동물의 움직임을 모션 캡쳐(Motion Capture) 장비를 이용하여 움직임을 추적한 후, 그 데이터를 '골룸(Gollum)'이라는 캐릭터에 적용하는 방법을 이용하였다(그림 11-27(c)의 아래 부분 참조). 또한 그림 11-27(c)에서 보듯이 전투장면에 나타나는 수많은 병사들을 'Massive'라는 소프트웨어를 이용하여 제작하고 그들에게 각각 상이한 동작을 부여하였다. 3차원 애니메이션을 저작하는 소프트웨어로는 SoftImage XSI, MAYA, 3D Studio MAX 등이 잘 알려져 있다.

(a) 영화 '니모를 찾아서'  (b) 제록스사의 복사기 광고  (c) 영화 '반지의 제왕'

| 그림 11-27  3차원 컴퓨터 애니메이션의 예

## 11.4.2 동영상의 개념과 제작

### ■ 동영상의 개념

동영상(Moving Image)을 흔히 영상이라고도 부르는데, 정지 이미지(Still Image)들의 연속적인 집합체를 의미한다. 대부분의 영상처리 기술은 이미지처리에서 이용되는 기술에 기반하여 발전해왔다. 기술적으로 영상은 이미지의 연장선상에 있다고 생각할 수 있으나, 역사적으로는 TV 기술에 기반한 아날로그 영상 분야와 디지털 영상처리 기술 분야로 병행하여 발전해왔다. 동영상은 일반적으로 비디오와 오디오로 구성되어 있기 때문에 그 자체를 구조화된 멀티미디어로 볼 수 있다. 비디오를 구성하고 있는 이미지 하나하나를 비디오에서는 프레임(Frame)이라고 한다. 일반적으로 컴퓨터의 비디오나 TV는 초당 30프레임이, 영화의 경우는 초당 24프레임이 필요하다.

### ■ 동영상의 제작 및 편집

어도비 프리미어(Adobe Premiere)나 윈도우 무비메이커(Windows Movie Maker)와 같은 비디오 편집 소프트웨어를 이용하여 제작된 비디오는 정해진 비디오 형식에 맞게 구성되고 압축되어야 한다. 사용자가 특정한 비디오 파일을 실행하기 위해서는 비디오 파일의 형식을 해석하고 압축을 풀어 압축 전의 비디오 데이터로 복원시켜 플레이한다. 이러한 소프트웨어를 미디어 플레이어(Media Player)라 부르며, 애플사의 퀵타임 플레이어(QuickTime Player), 마이크로소프트사의 윈도우 미디어플레이어(Windows Media Player), 리얼네트웍스(RealNetworks)사의 RealPlayer, 그리고 국내에서 만든 곰플레이어 등이 잘 알려져 있다(그림 11-28 참조).

(a) 윈도우즈 무비 메이커

(b) 리얼플레이어

(c) 곰플레이어

| 그림 11-28 비디오를 위한 미디어 플레이어

### 11.4.3 동영상 압축과 표준

#### ■ 동영상 압축의 개요

비디오 파일은 그 크기가 매우 방대해서 비디오 데이터는 필수적으로 압축하여야 한다. 예를 들어, 초당 30프레임의 디지털 TV 화면을 저장하기 위해서 약 20 MB(640픽셀 × 480 픽셀 × 3Byte/픽셀 × 30프레임)의 메모리가 필요한데, 비디오 파일의 크기가 너무 방대해져 파일크기의 최소화가 요구되기 때문이다. 디지털 비디오를 압축, 저장하는 방식에는 여러 가지가 있는데, 현재 컴퓨터에서 가장 보편적으로 사용되고 있는 형식은 AVI, MOV, MPEG과 실시간으로 비디오를 지원하는 비디오 스트리밍 방식이 있다.

비디오는 시간적으로 이웃하는 프레임이나 공간적으로 이웃하는 화소(픽셀) 간의 연관성이 매우 큰 특성을 가지고 있어 상호 변화가 비교적 적은 픽셀 값들로 구성되어 있다. 이렇게 시간적으로 공간적으로 변화가 적은 데이터의 나열을 데이터의 중복성(Data Redundancy)이라고 하는데, 이 중복성을 가급적 제거함으로써 전체 비디오 파일의 크기를 상당히 줄일 수 있다. 예를 들어, 하나의 비디오 프레임과 다음 프레임은 시간적으로 1/30초 차이에 불과하므로 이웃하는 프레임 간에 픽셀 값에서 큰 차이가 없게 된다. 비디오 데이터의 중복을 제거하는 일을 비디오 압축(Video Compression) 또는 부호화(Encoding)라고 한다. 비디오를 압축하면 파일의 용량이 줄어들 뿐만 아니라 인터넷과 같은 네트워크를 통해 데이터를 전송할 때도 시간이 단축되는 장점이 있다.

#### ■ 동영상 압축표준

비디오의 압축 방법은 데이터의 수신 시 완전한 복구 가능 여부에 따라 무손실압축(Lossless Compression) 기법과 손실압축(Lossy Compression) 기법으로 구분된다. 무손실압축 기법은 원래 영상으로의 완전한 복구가 가능하도록 압축 시 미세한 데이터를 중요시하는 기법으로, X-레이, 단층촬영(CT) 등 의료용 영상과 같은 응용분야에서 활용되며, 압축률은 비교적 낮은 2:1~3:1 정도이다. 이에 비하여, 손실압축은 원래 영상으로의 완전한 복구가 불가능하나 비교적 우수한 영상을 유지하면서 10:1~40:1의 높은 압축률을 얻을 수 있다. 비디오 압축은 소프트웨어 방식으로 처리되거나 비디오 보드(Video Board)와 같은 하드웨어를 이용할 수 있는데, 최근에는 빠른 처리 속도를 위해 대부분의 경우 비디오보드를 이용한다.

비디오에 관한 표준은 ISO, IEC 및 ITU-T와 같은 국제표준기구에 의해서 주도된다. MPEG 계열의 표준은 ISO와 IEC에 의해 제정되며, H.xxx 계열의 표준은 ITU-T가 주도한다. MPEG 압축은 1988년부터 표준작업이 시작되었으며, MPEG-1, MPEG-2, MPEG-4, MPEG-7, MPEG-21 등이 있다. MPEG-2는 디지털 TV 방송과 DVD 수준의 동영상을 목적으로 1995년 국제표준으로 제정되었고, MPEG-4는 인터넷 유선망뿐만 아니라 이동통신 등 무선망에서 화상회의, 비디오 전화, DMB 방송 등을 위해서 1998년 제정되었다. 또한, MPEG-7은 정보검색을 목적으로, MPEG-21은 전자상거래 환경에서 비디오 콘텐츠를 위해 제정되었다.

| 그림 11-29 MPEG 표준의 종류

■ 비디오 스트리밍

비디오 파일은 비록 압축을 하더라도 매우 용량이 커서 서버 컴퓨터로부터 네트워크를 통해 비디오 파일을 한꺼번에 다운로드받는 데 너무 많은 시간이 소요되어 사용자가 기다리기에는 너무 많은 지연시간(Delay Time)이 발생한다. 예를 들어, 5분 정도 분량의 비디오 파일을 다운로드받기 위해서는 몇 분 또는 수십 분의 시간을 기다려야 한다. 이러한 문제점을 해결하기 위해 인터넷 환경에서 실시간 비디오를 지원하는 스트리밍 기법을 이용하고 있다. 비디오 스트리밍이란 데이터를 인터넷을 통해 받는 즉시 비디오 데이터를 재생하는 것이다. 다운로드 방식과 다른 점은 다운로드 작업과 재생 작업이 동시에 진행된다는 점이다. 이러한 스트리밍 소프트웨어는 리얼네트웍스(RealNetworks), 패킷비디오(PacketVideo), 마이크로소프트(Microsoft)사를 비롯하여 많은 회사들이 제공하고 있다. 비디오 스트리밍은 화상전화, 도로여건 정보의 전송, 실시간 중계방송 등의 분야에서 필수적인 기술이다.

# 11.5 가상현실(VR)과 증강현실(AR)

가상현실과 증강현실은 최근 매우 중요한 미디어로 부상하고 있으며 그 활용 가치와 시장이 빠르게 성장하고 있다. 이 절에서는 가상현실 및 증강현실의 개념과 시스템의 구성을 설명하며 실제 활용 예들을 소개한다.

## 11.5.1 가상현실의 개념

### ■ 가상현실이란?

가상현실(VR: Virtual Reality)의 세계란 가상의 세계를 현실과 같이 만들어 내고 인체의 모든 감각기관(눈, 코, 귀, 입, 피부 등)이 인위적으로 창조된 세계에 몰입됨으로써 자신이 바로 그 곳에 있는 것처럼 느낄 수 있는 세계를 말한다. 흔히 가상환경(VE: Virtual Environment)이라고도 부른다. 가상현실 세계에서는 현실 세계 또는 물리적 세계와 매우 유사한 시뮬레이션은 물론, 현실 세계에서 불가능한 체험을 가능하게 해 줄 수 있다. 예를 들면, 분자 구조나 DNA 구조와 같은 눈으로 볼 수 없는 가상의 세계를 구축하거나, 화성 탐사와 같은 미지의 세계를 탐험하는 데에도 이용될 수 있다.

가상현실이 가능하기 위해서는 예술과 기술이 조화된 3차원 컴퓨터 그래픽스 기술과 상황의 변화에 따라 영상을 생성할 수 있는 실시간 렌더링 기술, 사용자의 요구에 적절히 반응할 수 있는 상호작용 등의 요소가 조화를 이루어야 한다. 아울러 멀티미디어 기술의 발전도 가상현실의 실현에 큰 영향을 미친다. 미래에는 멀티미디어 데이터 처리 기술의 발전과 초고속통신망의 확장과 같은 네트워크 기술의 발전을 통해 가상현실에 좀 더 쉽게 접근할 수 있게 될 것이다.

가상현실은 전통적인 시뮬레이션과 구별되는 특징으로 임장감과 몰입감, 상호작용성 및 자율성을 갖는다(그림 11-30 참조). 또한 원칙적으로 가상현실은 컴퓨터가 생성(Computer genarated)한 가상의 공간과 객체들을 의미한다.

## 11.5.2 가상현실의 특성

### (1) 임장감(Presence)과 몰입감(Immersion)

효과적인 가상현실을 제공하기 위해서는 사용자가 3차원 공간에 직접 있는 것과 같은 임장감과 실감나는 정보제시를 통하여 몰입감을 높여주어야 한다. 가상현실에서 사용자의 감각은 시스템 설계자가 창조한 가상적인 정보를 통해 실제 세계에 빠져있는 듯한 느낌을 받는다. 몰입을 위한 대표적인 장치들로는 HMD(Head Mounted Display), 데이터 글러브(Data Glove), 3D 위치 트래킹(Position Tracking)등이 있으며, 이러한 장치를 이용해 사용자에게 전자적인 피드백(Feedback)을 통해 감각을 형성한다. 따라서 임장감과 몰입감은 일차적으로 하드웨어에 의해 지원된다. 가령, 비행 시뮬레이션의 경우 몰입을 제공하기 위해 각 비행장의 모든 상황을 그대로 재현하여 보여주는 것도 임장감과 몰입감을 높이기 위한 방법이다.

### (2) 상호작용성(Interactivity)

사용자는 가상환경을 능동적으로 조작하고 적절한 피드백을 받을 수 있어야 한다. 즉, 원하는 곳을 자유롭게 돌아다닐 수 있는 탐색항해(Navigation)기능과 가상공간 안에서 문을 열고, 불을 켜거나 의자를 옮기는 등의 조작(Manipulation)이 가능해야 한다. 이러한 특성을 지니는 가상현실을 '상호작용할 수 있는 전자적 표현'이라 할 수 있다. 즉, 가상현실은 상황전개나 정보의 흐름을 컴퓨터뿐만 아니라 사용자도 제어할 수 있는 메카니즘의 의미를 지니고 있다.

### (3) 자율성(Autonomy)

가상환경 내에서는 실세계와 같은 자연법칙(예, 중력법칙)이 적용되거나 자율적인 행동을 수행하는 물체가 존재할 수 있다. 즉, 가상환경 내의 물체나 생명체가 외부의 자극과 스스로의 욕구에 의해 자율적으로 움직일 수 있다는 것을 의미한다.

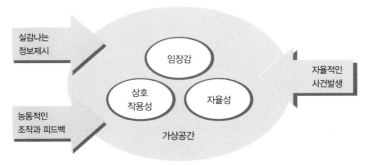

| 그림 11-30  가상현실 시스템의 요구사항

### 11.5.3 가상현실의 종류

가상현실의 종류는 몰입의 정도에 따라 몰입형 가상현실 시스템, 비몰입형 가상현실 시스템, 증강현실의 세 가지로 나눌 수 있다. 이외에도 엄밀한 의미의 가상현실은 아니지만 가상현실과 유사한 효과를 제공하는 이미지기반 VR/360 VR에 대하여 알아보자.

### (1) 몰입형 가상현실(Immersive VR System)

몰입형 가상현실이란 컴퓨터에 의해 만들어진 3차원 환경에 HMD 등의 몰입형 장비를 착용하여 가상의 세계를 경험하고 상호 대화식으로 정보를 주고받는 시스템이다. 그림 11-31(a)에서 볼 수 있듯이 사용자는 장비를 착용하고 현실과는 완전히 차단된 가상 환경만을 볼 수 있도록 하는 것으로 가장 이상적인 형태이다. 과거에는 HMD 장비가 고가여서 주로 연구, 실험용으로 사용되었으나 현재는 저렴한 가격의 고성능 HMD들이 많이 개발되어 그 활용성이 매우 높다.

방과 같은 공간의 벽에 영상을 투시하여 마치 동굴 내에서 가상환경에 몰입되는 듯한 환경을 제공하는 CAVE(Cave Automatic Virtual Environment)를 이용하여 가상현실 시스템을 구현하기도 한다. CAVE는 방 크기의 공간에 앞, 위, 왼쪽, 오른쪽에 세워진 벽을 스크린 삼아 4개의 면에 프로젝터로부터 입체영상을 투시하여 몰입형 영상을 제공하는 가상현실을 위한 영상표시장치이다(그림 11-31(b) 참조). 보통 2~5명이 가벼운 스테레오 안경을 쓰고 CAVE 안에서 움직이게 되는데, HMD에 비해 오류도 적고 보이는 이미지의 왜곡 없이 실감나게 가상공간을 체험할 수 있는 장점이 있다.

(a) 가상공간에 몰입하고 있는 참여자        (b) CAVE 시스템의 예

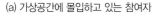
출처: http://www.jvrb.org

| 그림 11-31  몰입형 가상현실 시스템

## (2) 비몰입형 가상현실(Non-immersive VR System)

비몰입형 가상현실 시스템이란 PC나 노트북 또는 모바일 기기의 화면에 나타난 영상을 사용자가 보면서 가상현실을 체험하는 방식을 의미한다. 가상세계에 대한 몰입감이 떨어지는 등 부족한 면은 많으나 PC 등 저가의 장비를 이용해 쉽게 실현할 수 있고 개발하기 용이하다.

| 그림 11-32  비몰입형 가상현실 시스템

## (3) 증강현실(AR: Augmented Reality)

증강현실이란 실세계와 가상 세계가 중첩되는 혼합형 가상현실 시스템(MR: Mixed Reality System)을 말한다. 즉, 사용자가 보는 현실 세계에 컴퓨터가 만들어낸 가상세계 정보를 합성하여 보여주는 것이다. 증강현실 기술은 현재 위치에서 보이는 실세계의 이미지에 부가적인 정보를 중첩시켜 보여줌으로써 그 활용가치가 매우 높다. 현실 세계의 이미지를 가상세계의 정보로 보완해 준다는 개념을 도입한 것으로 최근 활발한 연구가 진행되고 있는 분야이다.

그림 11-33(a)는 스마트폰 상에 현재 위치에 보여지는 장면에 관한 부가적인 정보를 증

강현실 기술을 통하여 보여주며 그림 11-33(b)는 수술하는 의사가 특수한 안경을 착용하고 환자를 보면서 수술하는 장면을 보여주고 있다.

(a) 스마트폰을 통해 보이는 화면　　(b) 장비를 착용하고 수술에 임하는 의사

출처: http://www.apptoyou.it

| 그림 11-33 증강현실(AR)의 활용 예

### (4) 이미지기반 VR 및 360 VR

이미지기반 VR과 360 VR은 컴퓨터가 생성한 장면(Computer-generated Scene)이 아니고 각각 사진과 동영상(비디오)을 기반으로 제작되므로 엄밀한 의미의 가상현실(VR)이라 할 수 없다. 이미지기반 VR은 360도 회전하면서 연속적으로 촬영한 사진들을 연결하여 이용자가 주위의 모습을 돌려가면서 볼 수 있는 기술이다.

### ① 이미지기반 VR

Apple사가 1995년경 개발한 QuickTime VR이 가장 대표적인 이미지기반 VR로서 QuickTime VR의 특징은 3차원 모델링 데이터를 사용하지 않고 연속적인 사진 이미지를 사용하여 소프트웨어적으로 구현하는 기술이다. QuickTime VR은 파노라마 VR이라고도 불리며 연속적인 사진을 파노라마 형식으로 배열하여 탐색항해 효과를 연출하는 방식을 사용한다. 가령 방을 대상으로 하는 경우, 방안 내부를 사진으로 연속적으로 찍어 이미지들을 파노라마(Panorama) 형식으로 연결시켜 놓고 확대(Zoom-in), 축소(Zoom-out), 회전(Rotation) 기능을 이용해 방안을 둘러보는 효과를 연출한다. 제작 방법은 그림 11-34(a)와 같고 그림 11-34(b)는 파노라마 방식으로 호텔의 실내 모습을 둘러볼 수 있게 만든 예이다.

(a) 카메라로 60도 마다 촬영                    (b) QuickTime VR로 제작된 파노라마 뷰

| 그림 11-34 파노라마 QuickTime VR의 제작 과정과 파노라마 뷰

### ② 360 VR(360도 비디오)

이에 비해 360 VR(360도 비디오)은 이미지기반 VR과 개념적으로 유사하나 사진을 연결하여 제작한 것이 아니고 360도 카메라를 이용하여 동영상을 촬영하고 동영상을 연결(Stitching)하여 마치 가상현실과 같은 효과를 얻을 수 있게 제작한 것이다. 그러나 이미지기반 VR과 마찬가지로 가상환경을 3차원으로 모델링 한 것이 아니고 어디까지나 동영상을 촬영하여 소프트웨어적으로 연결한 것이다. HMD(VR 헤드셋)를 사용하면 몰입성을 느낄 수 있으나 촬영한 비디오만 볼 수 있으므로 온전한 가상현실(VR)이라 할 수 없다. 최근 고성능, 저가의 HMD와 360도 비디오카메라가 개발되면서 많은 관심을 끌고 있다.

(a) 다양한 360도 VR 카메라                         (b) 360도 비디오

| 그림 11-35 360도 VR 카메라와 360도 동영상

### 11.5.4 가상현실의 사례

가상현실 기술은 건축/설계 분야, 과학/공학 분야, 사이버 쇼핑몰, 교육 및 엔터테인먼트, 원격존재 등 다양한 분야에서 이용되고 있다. 설계 분야에서는 기존의 설계 환경에 비해 입체적 시각측면에서 두 배에서 네 배까지 설계의 정확도를 향상시키고, 설계 오류와 변경을 감소시켜 준다. 건물의 시공 전에 가상의 모델하우스를 구축하여 설계

상의 오류나 인테리어 디자인에 대한 소비자의 반응을 미리 예측할 수 있다. 이러한 방법은 CAD/CAM, 분자 모델링, 3차원 지도 제작 등 모든 설계 응용 분야에 적용될 수 있다.

(a) 가상 모델하우스　　　　　　(b) 도시 거리에서의 시뮬레이션

| 그림 11-36　설계/도시계획 분야에서 VR기술의 활용

VR 기술은 개발할 새로운 제품을 빠른 시간 내에 다수의 설계자가 동시에 가상환경에서 설계하고 테스트하며 새롭게 개선해 나갈 수 있는 환경을 지원한다. 또한 과학 분야의 현상을 이해하고 실험하며 그 결과를 테스트할 수 있는 환경을 지원하기도 한다. 이러한 환경에서 이용자가 같은 물리적 환경에 있거나 경우에 따라서는 원거리에 위치한 다수의 이용자가 인터넷으로 연결된 가상환경에서 서로 토론하고 협업할 수 있는 환경을 지원한다.

출처: http://www.engineering.com

| 그림 11-37　자동차 제조과정 및 과학 분야에서 VR 기술의 활용

시뮬레이션을 통한 훈련 및 교육은 가상현실을 탄생시킨 분야로 우리에게 익숙한 실내 운전연습기(Driving Simulator)를 비롯하여 비행 훈련시스템(Flight Simulator) 및 3차원 게임 등의 다양한 분야에서 가상현실이 이용되고 있다(그림 11-38).

 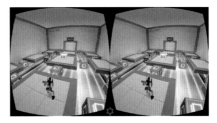

(a) 비행 시뮬레이터                    (b) VR 게임

출처: http://www.bioteams.com

| 그림 11-38  비행 시뮬레이터와 VR 게임의 예

## 11.5.5 증강현실 기술

컴퓨터 기술의 발전으로 눈에 보이는 사물에 부가적 정보를 디스플레이하여 사용자에게 증강현실(AR)을 제공하려는 움직임이 활발하게 전개되고 있다. 이러한 증강현실 기술에 대하여 살펴보도록 하자.

■ 혼합현실(MR)

Paul Milgram과 Fumio Kishino은 1994년 현실환경과 가상환경을 연결시켜 놓은 가상화 연속성(Virtuality Continuum)이라는 개념을 제시하였다. 혼합현실(MR: Mixed Reality)이란 현실세계와 가상세계를 혼합한 것으로, 현실세계의 이미지와 컴퓨터가 생성한 가상의 이미지, 그래픽 또는 부가정보를 합쳐놓은(Merge) 것을 의미한다. 그림 11-39에서 보듯이 실세계와 가상세계를 연결한 가상화 연속성 상에서 왼쪽 끝에는 실세계가 존재하고 오른쪽 끝에는 가상세계가 존재하여 이 사이에 있는 모든 세계를 혼합현실(MR)이라 부른다. 여기서 현실에 기반한 가상화를 증강현실(AR)이라 부르며, 가상세계를 기반으로 그 위에 현실세계 정보를 추가한 경우를 증강가상(AV: Augmented Virtuality)이라 부른다. 따라서 증강현실(AR)은 현실세계에 보다 근접한 개념으로 부가정보가 현실에 겹쳐 보이도록 하는 개념이다.

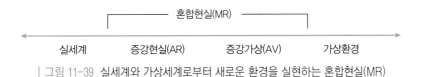

| 그림 11-39  실세계와 가상세계로부터 새로운 환경을 실현하는 혼합현실(MR)

컴퓨터 3차원 그래픽스 기술은 지난 30년간 지속적으로 발전하여 왔다. 이미 컴퓨터 게임은 아주 정교해져서, 이제는 사실보다 더 정교한 화면을 만들어내고 있다. 이처럼 컴퓨터 안에서 생성된 가상 세계를 통하여 상호작용하는 기술을 가상현실(VR: Virtual Reality)이라 한다. 그러나 미래의 컴퓨팅 환경은 컴퓨터 화면 안에서만 실행되는 것이 아니라, 그림 11-40(b)와 같이 물리적인 환경에서 컴퓨터가 가지고 있는 정보나 서비스를 합쳐서 더 실감 나고 유용하게 현실과 상호작용하게 해주는 증강현실(AR: Augmented Reality)로 발전하고 있다. 이러한 증강현실은 가상현실이 더욱 확장된 개념으로, 실세계와 컴퓨터가 생성한 가상세계가 동시에 존재하여 사용자가 실세계 위에 가상세계의 정보를 겹쳐 바라볼 수 있도록 하는 것이다. 즉, 실제 현실세계에 컴퓨터에서 생성한 소리, 촉감, 냄새, 영상 등의 부가적인 정보를 증강하여, 컴퓨터가 만든 가상현실에 비해서 사실적이면서도 실제 환경에서 지원하지 못하는 부가적이고 유용한 정보를 제공하여 편리하게 상호작용 하도록 하는 기술이다. AR장비는 흔히 모션트래킹(Motion Tracking) 장치나 GPS 장치를 가지고 있어, 사용자가 어디를 바라보는지, 사용자의 현 위치가 어딘지를 파악하여 거기에 합당한 정보를 디스플레이한다.

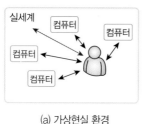

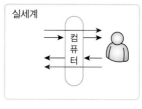

(a) 가상현실 환경                    (b) 증강현실 환경

| 그림 11-40  가상현실과 증강현실 개념 비교(참조: Billinghurst)

## 11.5.6 증강현실의 활용

증강현실의 활용영역으로는 의료, 산업설계, 교육/훈련, 상거래, 게임, 내비게이션, 관광, 군사적 응용, 건축, 예술 등 다양한 분야가 있다. 증강현실(AR)은 복잡한 작업을 수행할 때 컴퓨터가 제공하는 부가적인 정보를 현실세계 상에 겹쳐보이도록 디스플레이 함으로써 작업수행에 큰 도움을 준다. 의료분야에서는 의사가 증강현실 기능이 있는 웨어러블 컴퓨터 디스플레이가 설치된 안경을 착용하고 환자를 볼 때 환자의 신체에

X레이 사진이나 신체 내부 기관의 이미지가 겹쳐 보이게 된다. 제조 분야에서도 조립과정에서 조립 중인 기계부품에 부가적인 가상이미지나 정보를 디스플레이 함으로써 조립이나 수리를 효율적으로 수행할 수 있다. 그림 11-41(a)는 실제 제품 위에 도면을 증강시켜 수리 등에 유용하게 사용하는 모습을 보여주고, 그림 11-41(b)에서는 자동차의 수리 중에 관련된 그래픽 정보를 디스플레이 함으로써 수리공이 쉽고 정확하게 작업을 수행할 수 있게 도와준다.

(a) 도면 증강현실  (b) AR 도움을 통한 자동차 수리

출처: elianealhadeff.blogspot.com

| 그림 11-41  복잡한 작업 수행시 AR이 부가적인 정보를 제공

AR 기술을 이용하면 관광 정보제공을 위해 박물관이나 도서관에서 착용하고 있는 휴대단말기에 안내 정보를 보여주거나 부가적인 정보를 제공하기도 한다. 군사 영역에서는 전장 주변 정보 등을 병사들에게 실시간으로 제공하는 등 다양한 방면으로 활용되고 있다. 또한 소방대원이나 응급구조사가 웨어러블 시스템의 디스플레이 화면을 통해 지도, 도면, 지시사항을 실시간에 볼 수도 있다. 이외에도, AR기술은 제품홍보, 교육/훈련, 시뮬레이션, 협업 등의 분야에서도 매우 유용하게 활용될 수 있다. 그림 11-42(a)는 실제 건물 주변에 공간 및 지도 정보를 부가적으로 보여주는 예를 보여주고 있다. 그림 11-42(b)는 컬럼비아 대학의 캠퍼스를 설계하기 위하여 다수의 참여자가 협업을 통해 설계에 참여하는 모습이다. 또한, 그림 11-42(c)는 보행자가 모바일폰의 GPS, 가속센서, 콤파스 등을 통해서 현재 위치를 파악하고 관련 정보를 제공받음으로써 길을 찾는 내비게이션 시스템이다. 미래에는 이러한 컴퓨팅 기술을 이용하여 사용자가 좀 더 편리하게 컴퓨터 및 주변 환경과 상호작용하며 정보를 이용하고, 서비스를 제공받을 수 있게 될 것이다.

(a) 건물 주변의 부가정보　　　(b) 협업을 통한 빌딩 프로젝트　　　(c) 내비게이션을 위한 모바일 AR

출처: howstuffworks.com, graphics.cs.columbia.edu

| 그림 11-42 관광, 단지 설계, 내비게이션 등에 사용되는 AR 활용의 예

# 연습문제

**11-1** 멀티미디어 발전 배경과 가장 거리가 먼 것은?

(a) 고성능 프로세서의 발전      (b) 대용량 메모리

(c) 소프트웨어 개발 기술      (d) 멀티미디어 데이터 압축/복원 기술

(e) 인터넷의 발전

**11-2** 멀티미디어에서 다양한 미디어 정보가 실시간에 동시에 재생되기 위해 필요한 운영체제 기능은?

(a) 멀티프로세싱      (b) 멀티스레딩      (c) 미디어 스트리밍

(d) 멀티태스킹      (e) 미디어 플러그인

**11-3** 다음 미디어 중 컴퓨터에 의해 합성되며 시간적으로 연속적 특성을 가지는 미디어는?

(a) 사운드      (b) 동영상      (c) 애니메이션

(d) 이미지      (e) 그래픽

**11-4** 사진을 구성하는 한 픽셀이 24 비트의 정보로 표현되고 사진의 해상도가 (1024 픽셀)× (512 픽셀) 이라면 사진을 저장하는데 요구되는 메모리 용량은(단, 사진을 압축하지 않는다고 가정하라)?

(a) 4.71MB      (b) 12.5MB      (c) 1.57MB

(d) 6.28MB      (e) 10.0MB

**11-5** Painter 소프트웨어와 같이 붓으로 그림을 그리듯 칠하기 기능을 제공하는 그래픽 소프트웨어는 어떤 방식을 따르는가?

(a) 벡터 그래픽스      (b) 래스터 그래픽스      (c) 이미지 그래픽스

(d) 페인팅 그래픽스      (e) 3D 그래픽스

**11-6** 사람이 들을 수 있는 가청주파수를 일반적으로 오디오(Audio)라 부른다. 가청주파수의 주파수대는?

(a) 100Hz - 6KHz      (b) 20Hz - 20KHz      (c) 10Hz - 100KHz

(d) 10Hz - 6KHz      (e) 20Hz - 200KHz

**11-7** 다음 중 멀티미디어 표준과 가장 관련성이 적은 것은?

(a) MPEG-2      (b) VRML(X3D)      (c) JPEG

(d) WiBro      (e) MP3

**11-8** 다음 중 디지털 사운드 처리과정과 가장 관련성이 적은 것은?

(a) ADC(Analog-to-Digital Converter)

(b) MIDI

(c) 표본화율(Sampling Rate)

(d) DAC(Digital-to-Analog Converter)

(e) 부호화(Coding) 과정

**11-9** 그래픽에서 점, 선, 곡선, 원 등의 기하적 객체를 그래픽 함수로 표현하여 화면 확대 시 화질의 저하가 발생하지 않는 방식은?

(a) 래스터 그래픽      (b) 벡터 그래픽      (c) 비트맵 방식

(d) JPEG      (e) GIF

**11-10** 다음 중 비디오 압축과 가장 관련이 적은 것은?

(a) 손실압축      (b) 스트리밍 기법      (c) GIF 압축

(d) RealOne Player      (e) 데이터의 중복성(Data Redundancy)

**11-11** 다음 중 일반적으로 가장 용량이 큰 멀티미디어 파일은?

(a) 비디오(동영상) 파일      (b) 사운드 파일      (c) 이미지 파일

(d) 컴퓨터 애니메이션      (e) 3차원 그래픽

**11-12** 다음 중 가상현실의 요구사항과 가장 관련성이 적은 것은?

(a) 임장감      (b) 몰입감      (c) 상호작용성

(d) 자율성      (e) 속도감

다음 중 몰입형 가상현실 시스템에 해당하는 것은?

    (a) 노트북기반 VR       (b) 이미지기반 VR       (c) CAVE

    (d) 360도 비디오       (e) QuickTime

11-14 다음 중 가상현실 기술의 활용분야와 가장 거리가 먼 것은?

    (a) 사물인터넷(IoT)       (b) 건축/설계 분야       (c) 사이버 쇼핑몰

    (d) 엔터테인먼트       (e) 비행훈련 시스템

### 괄호 채우기

11-1 멀티미디어 콘텐츠를 제작하기 위해서는 각종 미디어를 생성, 편집하는 미디어 편집 소프트웨어와 미디어들을 통합하여 멀티미디어 콘텐츠로 제작하기 위한 (　　　　　)가 필요하다.

11-2 멀티미디어는 여러 미디어 정보가 실시간에 동시에 재생되어야만 정보 전달효과를 극대화시킬 수 있기 때문에 운영체제는 소위 (　　　　　) 기능을 지원하여야 한다.

11-3 (　　　　　)란 하드웨어를 통하여 입력된 데이터를 컴퓨터가 처리할 수 있는 디지털 데이터로 변환시킨 후, 수정, 편집하는 소프트웨어 도구이다.

11-4 디지털 콘텐츠 산업의 또 하나의 큰 특징은 하나의 콘텐츠로 다양한 미디어에서 서비스하는 것을 넘어서 다양한 사업 분야로까지 전개하는 것으로 보통 (　　　　　)라 한다.

11-5 각 픽셀은 적색(Red), 녹색(Green), 청색(Blue)의 값을 적절히 배합시켜 색을 나타내므로 이러한 방식으로 색상을 표현하는 것을 (　　　　　)이라 부른다.

11-6 아날로그 이미지는 컴퓨터에서 직접 저장하거나 처리할 수 없으므로, 일단 픽셀들로 구성된 디지털 이미지로 변환시켜야 한다. 여기서 아날로그 이미지는 (　　　　　) 및 (　　　　　) 과정을 거쳐 디지털 이미지로 바뀌게 된다.

11-7 이미지 데이터를 압축할 때 시각적인 영향이 적은 부분의 정보량을 줄인다. 즉, 인간은 색상보다 명암에 더 민감하므로 시각적인 영향이 적은 부분인 색상 영역에서의 정보량을 줄이는 것이 효과적이다. 이와 같은 원리를 따르는 대표적인 압축방식으로 (　　　　　)이 있다.

**11-8** (　　　　　)은 그림을 기하적인 객체들을 나타내는 그래픽 함수로 표현하기 때문에 일반적으로 파일의 크기가 래스터 그래픽 방식에 비해 작다.

**11-9** (　　　　　) 음악은 1983년 세계 악기 제조업체들이 전자 악기와 컴퓨터 간의 상호 정보교환을 위해 만든 규약이다.

**11-10** 컴퓨터 애니메이션의 종류에는 독립적으로 움직이는 개체를 선, 곡선과 같은 수학적 함수로 표현하는 벡터 애니메이션과 가장 중요한 장면을 의미하는 키 프레임(Key Frame)만을 컴퓨터로 제작하고 키 프레임 사이에 존재하는 중간 프레임들은 컴퓨터에 의해 자동으로 생성하는 (　　　　　) 기법이 있다.

**11-11** 비디오의 압축 방법은 데이터의 수신 시 완전한 복구 가능 여부에 따라 무손실압축(Lossless Compression) 기법과 (　　　　　) 기법으로 구분된다. (　　　　　)은 원래 영상으로의 완전한 복구가 불가능하나 비교적 우수한 영상을 유지하면서 10:1~40:1의 높은 압축률을 얻을 수 있다.

**11-12** (　　　　　)이란 실세계와 가상 세계가 중첩되는 혼합형 가상현실 시스템(MR: Mixed Reality System)을 말한다. 즉, 사용자가 보는 현실 세계에 컴퓨터가 만들어낸 가상세계 정보를 합성하여 보여주는 것이다.

**주관식**

**11-1** 멀티미디어 기술에서 표준은 매우 중요한 의미를 가지고 있다. 표준화가 필요한 이유를 설명하고 멀티미디어 표준의 영역과 유형을 기술하라.

**11-2** 이미지와 그래픽의 차이점을 설명하고, 어떠한 경우에 이미지와 그래픽을 가장 적절하게 활용하는지 논하라.

**11-3** 5분 길이의 CD 음악을 표본화율 44.1KHz, 해상도 16 비트, 스테레오 및 PCM 방식으로 저장할 때 음악 파일의 크기를 구하라.

**11-4** 비디오와 애니메이션의 개념적 차이를 설명하고 이러한 기법들이 어떠한 활용 분야에서 가장 적절하게 적용될 수 있는지 설명하라. 또한 비디오와 애니메이션 활용의 기대효과는 무엇인가?

11-5 비디오 스트리밍 기술이 실시간 비디오의 핵심 기술로 인식되는 이유를 설명하고, 스트리밍 기술이 활용되는 분야들을 기술하라. 최근 스트리밍 기술이 중요하게 부각되는 배경과 이유를 설명하라.

11-6 멀티미디어의 활용에서 사용자 인터페이스(UI: User Interface) 기술이 중요한 이유를 설명하고, 최근 UI 기술인 터치스크린 기술과 펜을 이용한 스케치 기법의 유용성에 대하여 설명하라.

11-7 몰입형 가상현실과 비몰입형 가상현실의 차이점을 설명하고 각 경우에 사용되는 VR 관련 장비에 대하여 조사하라.

11-8 가상현실(VR)과 증강현실(AR)의 차이점이 무엇인지 설명하고 증강현실 기술의 활용분야에 대하여 기술하라. 특히, 증강현실(AR) 기술이 모바일 환경에서 어떻게 사용되고 있는지 그 활용 예들을 찾아서 설명하라.

# Chapter 12

# 인공지능

# 인공지능

인공지능 기술은 사물인터넷, 모바일, 빅데이터 기술과 더불어 앞으로 우리사회와 인간에게 가장 큰 영향을 미칠 기술로 인식되고 있다. 인공지능 기술은 우리 사회를 지능화 및 스마트하게 변화시키고 직업을 근본적으로 변혁시킬 것으로 예상된다. 이 장에서는 인공지능의 개념을 이해하고 인공지능의 발전 역사를 살펴본다. 동시에 인공지능의 대표적인 기법 즉 생성 시스템, 탐색 기법 및 기계학습과 신경망 기술을 공부한다. 또한 최근 인공지능의 활용이 급격하게 발전하게 된 배경을 이해하고 그 활용을 설명한다. 인공지능의 활용 분야로 지능형 개인비서, 딥러닝 기술, 전문가 시스템, 지능형 로봇에 대하여 설명한다.

## 12.1 인공지능의 개념과 발전

인공지능의 개념을 이해하고 튜링 테스트를 소개한다. 인공지능이 역사적으로 발전해 온 과정을 살펴보고 현실 속의 인공지능을 알아보자.

### 12.1.1 인공지능의 개념

#### ■ 인공지능의 정의

인공지능(AI: Artificial Intelligence)이란 무엇을 의미하는가? 인공지능을 정의하는 것은 쉬운 일이 아니다. 인공지능 전문가나 교과서마다 인공지능을 달리 정의하고 있다. 위키피디아에 의하면 인공지능을 "기계(컴퓨터)에 의해 표출되는 지능"이라고 정의하고 있으며 컴퓨터과학적 의미는 "지능적 기계란 환경을 인지하여 주어진 목표를 성공적으로 달성할 확률을 최대화하는 선택과 행동을 취하는 유연하고 합리적인 에이전트"라고 설명하고 있다. 인공지능 진문가에 따라 "인간과 같이 생각하는 컴퓨터" 또는 "인공적으로 만들어진 인간과 같은 지능"으로 정의하고 있다(그림 12-1 참조). 뇌과학에서 아직 인간의 지능이 어떻게 작용하는지 파악하지 못하고 있고 따라서 인간의 지능 원리를 이해하지 못하고 있다. 그러나 우리가 쉽게 이야기 하면 인간 두뇌의 활동은 사고, 인식, 판단, 기억, 감정 등의 개념을 담고 있다.

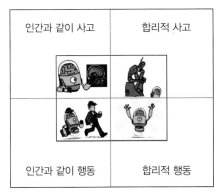

출처: https://kartikkukreja.wordpress.com

| 그림 12-1 **지능적 에이전트의 개념**

■ 강한 인공지능과 약한 인공지능

인공지능은 인간의 지능을 본질적으로 규명하고 이를 인공적으로 재현하려는 기술과 학문을 뜻한다. 일반적으로 인공지능을 크게 두 가지로 구분할 수 있다. 강한 인공지능(Strong AI)은 인간의 지능을 구현하는 기술로 사람처럼 생각하는 기계를 만드는 기술을 의미한다. 이러한 측면에서 강한 인공지능은 아직 미완성 단계이고 이러한 기계를 만드는 것은 매우 어려운 일이다. 기계가 인간처럼 사고하고 창의성을 발휘하며 감정을 가진다는 것은 결코 쉬운 일이 아니고 앞으로 상당히 오랜 기간 동안 불가능할지도 모른다. 인간에게 상식에 해당하거나 매우 쉬운 일이라도 컴퓨터가 이러한 능력을 가진다는 것은 아직도 요원한 일이다. 이에 비해 약한 인공지능(Weak AI)은 인간의 지능을 모방하여 특정한 문제를 푸는 기술을 의미한다. 예를 들어, 무인자동차나 공장에서의 오류탐지가 이런 부류에 속한다. 어떤 특정한 일을 사람처럼 푼다는 것은 인간과 같은 일반적인 지능이 없어도 오히려 인간보다도 더 우수할 수 있는 영역이다. 컴퓨터가 특정한 일에는 편견 없이 지치지 않고 합리적으로 처리할 수 있는 능력을 가질 수 있다. 콜센터에서는 고객의 질문에 대하여 반복적으로 답하고 있으며 이러한 일은 컴퓨터가 고객의 질문을 이해할 수만 있다면 가장 적합한 정답을 찾아 용이하게 답할 수 있다.

■ 튜링 테스트

컴퓨터가 일반적 지능을 가지고 있는지 어떻게 판단할 수 있는가? 1950년 인공지능의 아버지라 불리는 알란 튜링(Alan Turing)은 이에 대한 답으로 튜링 테스트를 제시하였다. 튜링 테스트에 의하면 그림 12-2에서 보듯이 지능을 테스트하는 사람 C는 객체 A(기계)와 객체 B(사람)가 커튼에 가려져 있어 그들을 전혀 볼 수 없다. 사람 C는 A, B와 번갈아 대화한다. 객체 A와 대화를 할 때 대화하는 대상이 사람인지 기계인지 구분이 전혀 가지 않을 경우 객체 A가 지능을 가졌다고 판단할 수 있다. 이 때 사람 C는 객체 A에게 무슨 질문이든 다 할 수 있다. 기계가 인간과 같은 지능을 가질 수 있는가? 매년 개최되는 튜링 테스트 대회를 통해 2014년 처음으로 러시아 과학자가 만든 시스템이 일정 수준의 튜링 테스트를 통과하였다. 당시 튜링 테스트를 통과한 기계는 우크라이나 출신의 13세 아이의 수준이었다고 한다. 이러한 이유로 '인간과 같이 생각하는 컴퓨터'는 아직 미완성이라 할 수 있다.

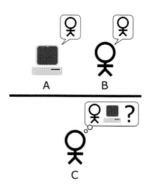

출처: https://en.wikipedia.org

| 그림 12-2 튜링 테스트의 개념

최근 만들어진 영화 '아이 로봇', '아이언 맨', '트랜센던스', '허(Her)'에 나오는 지능을 가진 로봇이나 기계가 미래에 가능할 것인가? 가까운 미래에 '강한 인공지능'이 의미하는 일반적인 지능을 가진 컴퓨터를 만드는 일은 결코 쉬운 일이 아니다. 인간의 지능과 감정 및 감성을 따라한다는 것은 예상외로 어려운 일이다. 그러나 특정 분야에 인간과 같은 오히려 인간을 능가하는 지능을 가진 기계, 즉 '약한 인공지능'을 가지는 컴퓨터는 가능할 수 있다는 것을 최근의 연구와 개발로 알게 되었다. 구글, 페이스북, 아마존, IBM, 애플, 마이크로소프트와 같은 기업들이 ICT 산업에서 획기적인 발전이 인공지능에 있다고 믿고 많은 투자를 하고 있다. IDC사에 의하면 세계 인공지능 시장이 2015년 약 1270억 달러이며 2017년에는 약 1650억 달러에 이를 것으로 예측하고 있다. 또한 맥킨지사는 2025년 인공지능을 통한 '지식 노동 자동화'의 경제적 파급효과가 연간 5조 2천억~6조 7천억 달러에 달할 것으로 전망하고 있다.

| 그림 12-3  인공지능을 소재로 한 영화들

## 12.1.2 인공지능의 발전 역사

■ 인공지능의 역사와 하이프 사이클

어떤 기술이 태동하여 발전하다가 침체기를 겪게 되고 다시 점진적 안정화 단계로 반복되는 사이클을 Gartner사에서 하이프 사이클(Hype Cycle)이라 정의하였다. 대부분의 기술은 이러한 하이프 사이클을 거쳐 발전해 나간다. 인공지능 기술도 1956년 이후 60년 동안 '붐'과 '겨울(침체기)'을 반복하며 발전해 나가고 있다. 제1차 AI 붐은 1950년대 후반~1960년대까지 계속되었다. 1956년 처음으로 인공지능이라는 용어가 생겨났고 초창기 인공지능 연구자들은 컴퓨터에 지능을 부여한다는 것을 매우 낙관적으로 생각하였다. 이 시기에 주로 탐색과 추론에 대한 연구가 진행되었다. 그러나 연구자들은 곧 매우 간단한 문제, 소위 '토이 문제(Toy Problem)'를 제외하고는 기계가 인공지능을 가지고 문제를 해결한다는 것이 가능하지 않다는 사실을 깨닫게 되었다. 그리하여 1970년대에는 인공지능 연구가 긴 겨울에 들어가게 되었다. 제2차 AI 붐은 1980년대 초반 시작되었으며 컴퓨터에 지식을 넣으면 컴퓨터가 똑똑해진다고 생각하여 소위 전문가 시스템(Expert System)을 개발하기 시작하였다. 의료 및 법률 분야의 지식을 컴퓨터에 넣어 실용적인 시스템을 만들려고 노력하였다. 그러나 연구자들은 지식을 서술하는 것이 쉽지 않고 지식이 매우 방대하고 예외가 많다는 사실을 알게 되어 1990년대 중반 인공지능 연구는 다시 침체기에 들어가게 되었다.

제3차 AI 붐은 2000년대 중반 이후 빅데이터의 활용과 더불어 크게 발전한 기계학습과 획기적인 발전을 이룬 딥러닝 기술로 인하여 시작되었다. 특히 딥러닝 기술의 실용성이 2012년 토론토 대학의 제프리 힌튼(Jeoffrey Hinton)교수에 의하여 증명되면서 기업들이 인공지능 연구에 많은 투자를 하기 시작하였다. 미국은 딥러닝 기술에 대한 적극적인 투자를 2013년경 시작하였고 그 후 일본, 중국 등이 따랐으며 우리나라는 2015년에 인공지능 기술의 붐이 다시 시작되었다.

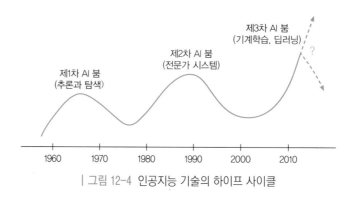

| 그림 12-4 인공지능 기술의 하이프 사이클

■ 현실 속의 인공지능

21세기에 접어들어 인공지능 기술은 어디까지 와 있는가? 1997년 IBM사의 슈퍼컴퓨터 딥블루(Deep Blue)는 탐색 기법을 적용하여 당시 체스 세계 챔피언 게리 카스파로프에게 승리를 거두었다. 당시 상당한 수준의 게임에서 인간을 처음으로 이겼다는 사실은 매우 충격적이었다. 2011년 IBM사의 왓슨(Watson)은 제퍼디 퀴즈쇼(Jeorpady Quiz Show)에서 인간 우승자를 이기는 결과를 얻었다. 왓슨은 사회자의 질문을 이해하는

지능을 가지며 빠른 시간 내에(예, 3초) 정답을 얻어야 하며 상대방과 경쟁을 의식하며 의사결정을 할 수 있는 능력을 가지고 있다. 이후 2013년에는 일본에서 장기 프로그램 본크라이즈가 현역 프로기사에 승리하였다. 또한 게임에서 인공지능의 획기적인 승리는 가장 복잡한 게임이라고 알려진 바둑에서 세계 최고의 바둑기사에 승리하는 결과를 얻게 되었다. 2016년 3월 딥마인드(DeepMind)사가 개발한 알파고(AlphaGo) 바둑 프로그램은 이세돌 프로에게 4:1로 승리하여 큰 파문을 일으켰다. 바둑에서 바둑돌을 둘 수 있는 경우의 수가 $10^{360}$이나 되어 기존의 탐색 알고리즘으로는 불가능하다. 우주 속의 원자 개수가 $10^{80}$임을 감안할 때 $10^{360}$이 얼마나 큰 수임을 알 수 있다. 알파고 프로그램은 몬테칼로 트리탐색 알고리즘과 딥러닝 기법을 이용하여 이 문제를 해결하고 있다. 또한 이 알고리즘을 구글에서 개발한 TensorFlow 프로세서를 이용하여 1000개 이상의 프로세서가 병렬로 처리하고 있다.

(a) DeepBlue        (b) IBM의 Watson        (c) AlphaGo 게임과 프로세서

| 그림 12-5 인공지능 게임과 인간 챔피언

한편 애플사의 시리(Siri) 프로그램은 인간의 음성을 인식하고 그 의미를 이해하여 이에 가장 적절한 답을 제시한다. 이러한 인공지능 프로그램을 인공비서 소프트웨어라 부른다. 인공비서 소프트웨어로는 이외에도 구글의 Now, 아마존의 Echo, 마이크로소프트의 Cortina, 삼성전자의 Voice 등이 있다. 인간의 음성을 인식하기 위하여 딥러닝 기법이 이용되고 있고 문장을 이해하기 위하여 자연어처리 기법이 요구된다. Google사는 자율주행자동차(Self-driving Car)를 개발하여 2012년부터 실제 도로상에서 무인자동차 영역을 실험하고 있다. 자율주행자동차는 시각 및 레이더 등의 센서를 통하여 얻어진 외부 상황 데이터를 분석하고 인공지능 기술을 적용하여 운전자 없이 운행할 수 있는 무인자동차의 가능성을 개척하였다.

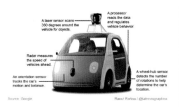

| 그림 12-6  Google의 자율주행자동차

EmoSPARK의 AI 큐브는 세계 최초의 인공지능기반 홈 컨솔(Home Consol)로 온도, 습도, 소음 등의 분위기를 파악하여 이에 가장 적절한 음악과 조명을 제어하는 시스템 이며 소프트뱅크가 개발한 지능형 로봇 페퍼(Pepper)는 감성형 로봇으로 상대방의 대화와 감정을 이해하여 이에 가장 적절한 방식으로 반응한다. 또한 IBM사의 스마트 로봇 코니(Connie)는 힐튼 호텔 로비에서 손님을 안내하는 역할을 수행하도록 개발되었다. 코니 로봇은 손님의 질문에 대하여 답하고 시간이 갈수록 새로운 사실을 학습할 수 있는 기능을 가지고 있다.

(a) EmoSPARK의 AI 큐브                     (b) IBM의 Connie

| 그림 12-7  다양한 인공지능 시스템의 사례

■ 특이점(Singularity Point)

인공지능 기술의 발전으로 인공지능 컴퓨터가 점점 사람의 지능을 능가할 수 있는 상황에 도달할지 모른다. 발명가 레이 커츠와일(Ray Kurzweil)은 이 시점을 특이점 (Singularity Point)이라 부르며 특이점이 2035~2045년경에 발생할 것으로 예상하고 있다. 컴퓨터의 프로세싱 능력은 지속적으로 빠르게 발전해왔고 빅데이터와 클라우드 컴퓨팅의 발전으로 컴퓨터의 지능도 획기적으로 발전하고 있다. 특히 딥러닝 기술은 기계학습의 길을 열어놓아 빅데이터를 이용한 지능이 빠르게 발전할 것으로 예상하고 있다. 특이점이 일어나는 순간 이후 컴퓨터의 지능은 기하급수적으로 발전하여 인간의 지능을 훨씬 능가하는 시대가 시작되어 우리 사회의 모든 분야에 엄청난 변혁을 가져올 수 있게 될 것이다.

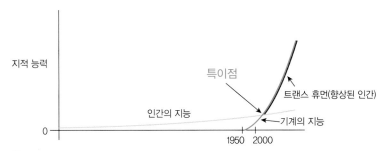

출처: http://rebaneruminations.typepad.com

| 그림 12-8  기계가 인간의 능력을 능가하는 특이점의 발생


## 12.2 인공지능 시스템

기계가 인공지능을 갖기 위해 어떤 기능을 가져야 하는지 알아본다. 즉 지각, 지식표현, 추론과 계획, 적응학습을 이해하자. 또한 인공지능 시스템의 구성에 대하여 공부한다.


### 12.2.1 인공지능 시스템의 기능

오랜 인공지능 연구를 통해 기계가 인공지능을 가지기 위하여 무슨("What") 능력을 갖춰야 하는지에 대해서는 많이 이해하게 되었지만 이러한 기능을 어떻게("How") 가질 수 있는지는 아직 어려움을 겪고 있다. 지능 시스템의 개발 방법에는 크게 아래의 두 가지로 나누어 생각할 수 있다.


■ 지능시스템 개발 방법론

지식기반 방법론(Knowledge-Based Approach)은 저장된 지식을 기반으로 지능적 의사결정을 하는 방법이다. 지식기반 방법론은 전통적 인공지능 기법(기호형 인공지능이라고도 부른다)으로 논리학, 삼단논법, 최적화 기법, 연역 및 귀납법 등으로 지식을 유추하며 전문가 시스템으로 발전해왔다. 그러나 지식을 정확히 표현하는 것이 쉽지 않고 그 양이 방대하고 수많은 예외가 존재하며 인간은 많은 상식을 통해서 의사결정을 한다는 사실을 이해하게 되었다. 따라서 이러한 시도는 한계성에 부닥치게 되었다. 이에 비해 데이터기반 방법론(Data Driven Approach)은 많은 사례 데이터를 축적하고 이러한 데이터로부터 추출된 지식으로 의사결정을 하는 방법이다. 최근 빅데이터 및 데이터 마이닝 기술이 발전하면서 현실적으로 매우 가능성이 높은 방법론이다. 기계학습을 통하여 축적된 방대한 데이터로부터 자동적으로 새로운 지식을 추출할 수 있게 되었다.

■ 지능 시스템의 기능

지능시스템이 처리해야 할 기능은 지식표현, 추론/계획, 적응학습, 언어처리 등이 있다. 여기서는 컴퓨터가 외부 세계를 인식하고 이해하기 위한 기능, 지식을 효과적으로 표현하고 저장하는 지식표현 기법, 지식을 추론하고 대안 중 최적을 찾아가는 방법인 추론과 계획, 새로운 상황을 학습하고 받아들이는 적응학습에 대하여 알아본다.

### (1) 지각(Perception)

지각 과정은 컴퓨터가 외부 세계를 인식하고 소통하기 위한 필수적인 과정이다. 외부 세계로부터 들어오는 정보는 시각적 정보일 수도 있고 사람의 목소리나 다양한 사운드일 수도 있다. 시각적 정보는 디지털 카메라나 비디오카메라를 통해 들어오며 컴퓨터는 이미지 인식이나 비디오 인식을 통해 외부 세계를 이해하게 된다. 문자를 인식하거나 구글의 자율주행자동차와 같이 교통상황을 인식하는 것이 이에 해당한다. 사람의 언어(Speech)를 이해한다는 것은 언어에 해당하는 단어를 인식하는 것은 물론 그 문장의 의미를 이해해야 한다. 이것은 컴퓨터가 인간이 사용하는 자연어처리 능력을 가진다는 것을 의미한다. 예를 들어, 아직 완전하지는 않지만 애플의 시리(Siri)가 어느 정도 이러한 능력을 가지고 있다.

### (2) 지식표현(Knowledge Representation)

컴퓨터가 인간과 같은 지능을 갖기 위해서는 인간이 가지고 있는 지식을 가지고 있어야 한다. 인간의 지식은 방대하고 인간이 어떤 과정을 거쳐 지식을 습득하게 되는지도 아직 명확하게 규명되어 있지 않다. 컴퓨터가 인간이 지식을 습득하는 과정과 동일하게 지식을 축적할 필요는 없지만 지식을 정확하게 표현하는 것은 쉬운 일이 아니다. 지식을 표현하는 방법이 여러 가지 존재하지만 여기서는 시맨틱 네트워크와 프레임 두 가지 기법을 소개한다.

시맨틱 네트워크(Semantic Network)는 그림 12-9와 같이 객체와 객체 간의 관계를 노드와 링크를 가지는 네트워크 형태로 표현한다. 그림에서 보듯이 포유동물은 동물에 속하고(is-a 관계) 곰과 고래는 다시 포유동물에 속한다(is-a 관계). 고래와 물고기는 물에서 산다(lives in 관계). 그러나 이와 같은 방법으로 모든 지식을 정확히 표현할 수 있는 것은 아니다. 또한 인간의 일반 상식은 매우 방대하여 그것을 모두 지식으로 표현한다는 것은 매우 어려운 일이다.

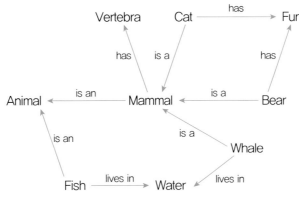

출처: https://en.wikipedia.org

| 그림 12-9 시맨틱 네트워크의 사례

이에 비해 프레임(Frame)은 객체에 관한 정보와 사실을 포함하는 데이터구조를 가지고 있다. 그림 12-10에서 보듯이 프레임 "ALEX"는 NAME, ISA, SEX, AGE, HOME, BIRTHDATE, FAVORITE_FOOD와 같은 슬롯을 가지고 있고 AGE 슬롯은 필요하면 절차(Procedure)에 의하여 계산될 수 있다. 또한 ISA 솔롯은 "Boy" 값을 가지며 이것은 프레임 "BOY"에 의하여 데이터구조로 표현되어 있다. 프레임을 어떻게 이용하는지 절차로 정의될 수 있고 다른 프레임과 연관되어질 수 있다.

| Slot | Value | Type |
|------|-------|------|
| ALEX | – | (This Frame) |
| NAME | Alex | (key value) |
| ISA | Boy | (parent frame) |
| SEX | Male | (inheritance value) |
| AGE | IF-NEEDED: Subtract(current, BIRTHDATE); | (procedural attachment) |
| HOME | 100 Mail St. | (instance value) |
| BIRTHDATE | 8/4/2000 | (instance value) |
| FAVORITE_FOOD | Spaghetti | (instance value) |

| Slot | Value | Type |
|------|-------|------|
| BOY | – | (This Frame) |
| ISA | Person | (parent frame) |
| SEX | Male | (instance value) |
| AGE | Under 12 yrs | (procedural attachment – sets constraint) |
| HOME | A Place | (frame) |
| NUM_LEGS | Default 2 | (default, inherited from Person frame) |

출처: wikipedia

| 그림 12-10 프레임의 적용 사례

이외에도 지식표현 방법에는 생성 시스템(Production System), 술어논리(Predicate Logic)로 표현하는 방법도 있다.

## (3) 추론과 계획(Inference and Planning)

지식시스템이 지능적 판단을 한다는 것은 지식으로부터 논리적으로 유추하고 추론하여 원하는 결과를 얻고 의사결정을 한다는 것을 의미한다. 추론은 인간의 사고과정을 기호로 표현하여 실행하는 것을 의미한다. 추론을 처리 측면에서는 주어진 여러 가지 경우에서 최적의 길을 탐색하는 것과 마찬가지이며 흔히 탐색트리를 이용한다. IBM의 왓슨은 일종의 질의응답(Question & Answer) 시스템으로 방대한 지식으로부터 추론 과정을 거쳐 적절한 해답을 찾아낸다. 또한 로봇에서는 최적의 행동 계획을 찾기 위하여 탐색트리를 이용한다. 탐색트리는 어떤 〈전제조건〉에 대하여 〈행동〉과 〈결과〉로 표현되며 가장 최적의 계획을 찾아 수행하게 된다.

## (4) 적응학습(Adaptive Learning)

지능과 관련된 모든 것이 다 지식으로 표현될 수는 없다. 적응학습은 인간의 두뇌작용을 모방함으로써 새로운 환경에 적응하여 스스로 지능을 축적하는 것을 의미한다. 컴퓨터의 이러한 능력을 기계학습이라 부르며 유전자 알고리즘, 뉴럴 네트워크, 딥러닝과 같은 기법이 발전함에 따라 컴퓨터 스스로 학습하는 기술이 다양한 분야에 활용되고 있다. 손글씨 인식, 구글에서 개발한 고양이 인식 프로그램, 바둑 프로그램 알파고 등은 기계학습을 통해서 성능을 더욱 향상시킬 수 있다.

### 12.2.2 인공지능 시스템의 구성

지능시스템은 주어진 여건과 환경을 인식하여 가장 합리적인 결정과 행동을 선택하는 에이전트로 이해될 수 있다. 이것을 지능형 에이전트라 부른다. 인공지능 시스템은 외부세계로부터 데이터와 정보를 받아들이고 지각하여 지식베이스를 이용하여 추론하여 가장 적절한 해답을 제시한다.

#### ■ 지능형 에이전트(Intelligent Agent)

지능형 에이전트는 센서에 의해 관측한 주위 환경이나 상황을 인식하고 지각하여 가장 적합한 행위를 선택하여 액추에이터를 통해 행동한다(그림 12-11 참조). 모든 인공지능 시스템은 일종의 지능형 에이전트로 이해될 수 있다. 인공지능의 주된 연구는 지능적으로 작동하는 에이전트를 어떻게 만들 것이냐에 초점이 맞추어져 있다. 로봇과 같은 에이전트는 카메라나 적외선 탐지기를 통해 외부환경을 인식하여 가장 적합한 행동을 로봇의 팔, 다리, 입을 통해 표현한다. 이에 비하여 소프트웨어 에이전트는 외부 세계로부터 비트 정보를 입력받아 가장 적합한 행위를 수행한다. 지능형 에이전트는 지능의 수준에 따라 다음의 몇 가지로 구분할 수 있다.

### (1) 반사적(Reactive) 지능형 에이전트

반사적 에이전트는 입력된 데이터에 대해 마치 조건 반사와 같이 정해진 규칙에 따라 자동적으로 반응하는 간단한 에이전트를 의미한다.

## (2) 정교한(Deliberative) 지능형 에이전트

외부 세계와 환경 데이터에 따라 다르게 반응하는 보다 지능적 에이전트로 목적을 추구하거나 학습 기능이 있는 에이전트를 의미한다. 목적기반 에이전트는 주어진 목적을 달성하기 위한 지능형 에이전트로 체스, 장기, 바둑과 같은 게임에서 상대방에게 이기기 위한 목적을 달성하기 위한 에이전트이다. 학습 에이전트는 처음에는 주어진 환경에 관한 정보를 이용하지 못하지만 에이전트의 행위의 결과를 평가하여 보다 더 향상된 결과를 얻을 수 있도록 학습해 나가는 에이전트를 의미한다.

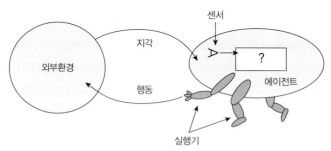

참조: https://www.doc.ic.ac.uk

| 그림 12-11 센서(Sensor)와 실행기(Effector)를 통해 외부 환경과 상호작용하는 에이전트

■ 인공지능 시스템의 구성

인공지능 시스템은 일반적으로 지각 부분, 지식베이스, 추론/계획 및 결과생성 부분으로 구성되어 있다. 그림 12-12에서 보듯이 지각 시스템(Perception)은 외부 세계로부터 시각, 청각 기능을 통해 외부 환경 정보를 받아들이는 기능을 담당한다. 경우에 따라서는 외부 세계로부터 사람이 사용하는 자연어를 입력받을 수도 있다. 지각 시스템은 인공지능 시스템과 외부 세계 간의 통로 역할을 수행하며 정보를 받아들인 인공지능 시스템은 가장 적합한 행위나 해답을 제공하게 된다. 인공지능 시스템이 가장 적합한 해답을 찾기 위하여 지식베이스(Knowledge-Base)가 필요하다. 지식베이스는 사실과 규칙의 집합을 의미하며 지식획득 시스템을 통하여 미리 축적되어 있는 정보이다. 지식베이스는 기계학습 과정을 통해 시간이 흐름에 따라 새롭게 생성된 데이터로부터 지속적으로 발전해나갈 수 있다. 이러한 지식베이스에 기반하여 인공지능 시스템의 추론 엔진(Inference Engine)은 주어진 입력 데이터와 주위 환경에 따라 가장 적합한 행위나 해답을 제시한다. 추론 과정은 일종의 탐색과정으로 가장 적합한 해답을 찾기 위해 주어진 생성 규칙과 탐색트리를 이용해 목적을 달성하기 위해 가장 바람직한 해답을 탐색한다. 로봇에서는 탐색을 통해 가장 적합한 행동 계획을 수립해 나간다. 특히 전문가 시스템(Expert System)에서는 지식베이스를 구축하기 위하여 특정 분야의 전문가를 통해 지식을 획득한다.

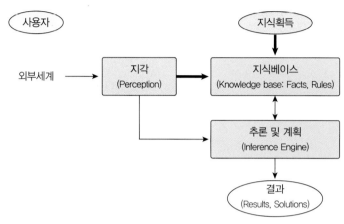

| 그림 12-12  지식베이스와 추론을 통한 인공지능 시스템

## 12.3 대표적 인공지능 기법

컴퓨터에 지능을 부여하기 위해 지난 60년 간 논리학, 최적화 이론, 확률적 모형, 탐색이론, 생성 시스템, 전문가 시스템, 퍼지 논리, 카오스 이론, 유전자 알고리즘, 신경회로망 등 많은 기법들이 제시되었다. 여기서는 다양한 기법들 중 가장 유용하게 쓰이는 몇가지 기법을 소개한다.

### 12.3.1 생성 시스템(Production system)

지능 시스템에서 어떤 문제의 가장 적합한 해답을 찾기 위해 추론(Reasoning) 과정을 거치게 된다. 추론이란 문제 해결을 위해 어떤 규칙을 적용해 나가는 과정으로 이해할 수 있다. 이때 가능한 모든 규칙의 집합을 생성 시스템(Production System)이라는 추상적 개념으로 정의하고 어떤 규칙을 적용할 것인가를 찾아야 한다. 결국 추론이란 정의된 생성 시스템에서 적용할 최적의 규칙들을 탐색(Searching)하는 과정으로 이해할 수 있다.

한 가지 사례를 들어 생성 시스템을 설명하기로 하자. 잘 알려진 8-퍼즐 문제는 그림 12-13과 같이 1~8 숫자가 적혀져 있는 8개의 타일로 구성되어 있다. 이 타일들은 그림과 같이 초기에 임의로 배열되어 있다. 타일을 비어있는 공간으로 한 번에 하나씩 이동시켜 그림과 같이 정렬된 최종 모습으로 만든다. 초기상태(Start State)에서 가장 적은 수의 움직임을 사용하여 목표상태(Goal State)로 만드는 해법은 무엇인가? 모든 타일에 상하좌우 네 방향으로 움직일 수 있는 규칙이 존재한다. 이러한 이동 규칙을 적절히 사용하여 가장 최적의 움직임을 통해 문제를 해결한다.

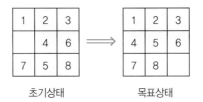

초기상태　　　　　목표상태

| 그림 12-13  8-퍼즐 문제의 초기상태와 목표상태

■ 생성 시스템의 구성

생성 시스템은 다음의 구성요소들로 이루어져 있다.

### (1) 상태의 집합(Collection of States)

상태(State)란 주어진 문제의 환경에서 일어날 수 있는 각 상황을 의미한다. 모든 가능한 상태들의 모임을 상태의 집합이라 부른다. 상태의 초기 상황을 초기상태(Start State 또는 Initial State)라 부르고 목표하고 있는 상황을 목표상태(Goal State)라 부른다. 앞의 8-퍼즐 게임에서 초기 상태는 정렬되기 이전의 초기 타일들의 상태를 의미하며 목표상태는 모든 타일들이 1~8 숫자 순서로 정렬된 상태를 의미한다. 초기상태에서 목표상태로 가기 위해 많은 중간상태(Intermediate State)를 거치게 된다(그림 12-14 참조).

| 그림 12-14  초기상태로부터 중간상태들을 거쳐 목표상태로 이동

## (2) 생성규칙의 집합(Collection of Productions (Rules))

생성규칙이란 주어진 한 상태에서 다른 상태로 이동하기 위해 적용되는 규칙 또는 움직임을 의미한다. 모든 적용 가능한 생성규칙들의 모임을 규칙의 집합이라 부른다. 앞의 8-퍼즐 게임에서 가능한 생성규칙은 8-퍼즐 프레임의 각 타일에 상하좌우 네 방향으로 이동시킬 수 있는 규칙을 의미한다. 각 규칙은 전제조건(Precondition)을 가질 수 있다. 8-퍼즐에서 각 타일의 움직임에 적용되는 전제조건은 타일이 이동하기 위하여 이웃하는 공간이 비어있을 경우에 한하여 타일을 그곳으로 이동시킬 수 있다. 만일 이러한 전제조건이 만족되지 않을 경우에는 해당 규칙을 적용할 수 없게 된다.

## (3) 제어 시스템(Control System)

제어 시스템이란 주어진 문제의 초기상태로부터 목표상태로 가기 위한 최적의 논리를 의미한다. 제어 과정에서 하나의 상태에서 다음 상태로 가기 위해 어떤 생성규칙을 선택할지 결정해야 하고 특정 생성규칙을 결정하기 전에 전제조건을 만족해야 한다. 어떤 규칙을 적용할지를 논리적으로 결정하는 과정을 추론과정이라 부른다. 따라서 주어진 문제는 추론과정을 통해 최적의 규칙을 적용해 나간다. 앞의 8-퍼즐 게임에서 각 타일에 적용할 수 있는 규칙에는 네 가지가 존재하며 각 규칙을 적용하기 위해서는 전제조건이 만족되어야 한다. 즉 특정 타일을 이동시키기 위해서는 이웃하고 있는 공간이 비어 있어야 한다. 8-퍼즐 게임은 제어과정을 통해 가장 최적의 타일 움직임들을 찾는 것을 목적으로 하고 있다.

생성 시스템의 한 가지 예를 그림 12-15를 통해 설명하기로 한다. 이 예에서 적용되는 규칙은 추론 규칙(Inference rule)이라 불리는 논리적인 규칙이다. 흔히 삼단논법이라 불리는 논리를 이용하여 초기상태로부터 목표상태로 추론해나갈 수 있다. 초기상태는 "소크라테스는 남자이다", "모든 남자는 인간이다", "모든 인간은 죽는다"의 세 문장을 포함하고 있다. 이러한 초기상태로부터 중간상태를 거쳐 목표상태에 도달하게 된다. 목표상태는 "소크라테스는 죽는다"라는 문장을 포함하고 있다.

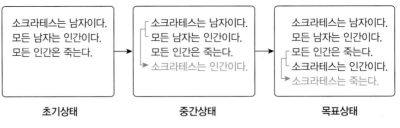

| 초기상태 | 중간상태 | 목표상태 |

| 그림 12-15 추론 규칙의 적용 예

■ 탐색을 통한 추론

생성 시스템에서 어떠한 규칙을 적용하여 최초상태에서 목표상태를 달성하는가 하는 것이 제어 시스템의 핵심요소이다. 제어 시스템은 상태의 집합, 생성규칙의 집합, 생성 시스템의 전제조건들로 구성된 프라블럼 공간(Problem Space)에서 어떤 규칙을 적용할 것인가의 문제이다. 프라블럼 공간은 노드와 엣지로 구성된 상태그래프(State Graph)의 형태로 개념화할 수 있다. 상태그래프의 노드는 프라블럼의 한 상태를 의미하고 엣지는 한 상태에서 다른 상태로 이동하는 것을 의미한다. 앞의 8-퍼즐 게임의 상태그래프를 그림 12-16과 같이 나타낼 수 있다. 그림에서 보듯이 목표상태는 1~8 숫자대로 정렬되어 있는 상태이고, 목표상태 좌우로 목표상태에 도달하기 한 단계 이전의 상태들이 엣지에 의해 연결되어 있다. 상태그래프는 프라블럼 공간에서 모든 가능한 상태들의 연결을 보여주고 있다. 탐색이란 초기상태에서 출발하여 어떻게 목표상태에 도달하는지를 찾는 과정을 의미하고 각 과정에서 어떤 규칙을 적용하고 전제조건은 무엇인지를 파악하는 것이다. 탐색이란 상태그래프에서 목표상태에 도달하기 위하여 이동하는 상태의 천이(States Transition)를 기록한 것이다. 이러한 측면에서 생성 시스템에서 추론이란 결국 탐색 과정으로 귀결될 수 있다.

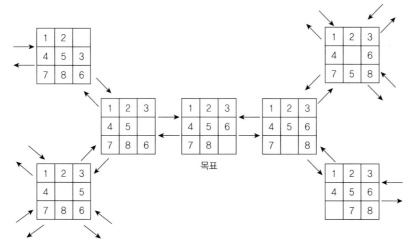

참조: "Computer Science: An Overview", Glenn Brookshear

│ 그림 12-16  8-퍼즐 게임에서 상태그래프의 예

## 12.3.2 탐색(Searching)

어떤 문제를 푼다는 것은 현 상태에서 목표상태로까지 생성규칙을 적용해 나가는 것이고 어떤 생성규칙을 적용할지 찾아내는 일은 결국 탐색을 하는 주어진 프라블럼 공간에서 탐색하는 것으로 귀결된다. 탐색과정은 자주 탐색트리로 표현된다. 그림 12-17과 같은 미로가 있다고 하자. 이 미로의 시작점에서 도착점까지 찾아가는 문제를 풀어야 한다. 첫 번째 그림의 미로를 컴퓨터가 풀 수 있도록 두 번째 그림으로 변환한다. 그림 상단의 시작점에서 오른쪽으로 이동하거나(두 번째 그림의 A) 아래로 이동할 수 있다 (두 번째 그림의 D). 오른쪽으로 이동하는 경우 다시 왼쪽으로 이동하거나(두 번째 그림의 B) 오른쪽으로(두 번째 그림의 C) 진행할 수 있다. 왼쪽으로 이동하면 길이 막혀서 더 이상 진행할 수 없게 된다. 즉 두 번째 그림의 B에 도달하게 된다. 두 번째 그림은 결국 세 번째 그림과 같은 트리가 되며 이것을 탐색트리라고 부른다. 탐색트리의 S에서 G에 도달하려면 A와 C를 거쳐 G에 가면 된다.

참조: "인공지능과 딥러닝", 마쓰오 유타카

| 그림 12-17  탐색트리의 예(미로 찾기)

## ■ 탐색트리

탐색트리(Search Tree)란 모든 경우를 나타낸 것이고 미로 문제에서는 탐색트리가 매우 간단하지만 일반적으로 경우가 수가 엄청나게 많아지므로 탐색트리가 매우 복잡해진다. 매우 복잡한 탐색트리의 출발점에서 목적지까지 찾아간다는 것은 결코 간단한 일이 아니다. 목적지를 찾아가는 방법에는 두 가지가 있다. 깊이우선탐색(DFS: Depth First Search)에서는 탐색트리의 출발점에서 어떤 길을 정해 지속적으로 깊게 내려가는 방법으로 탐색트리의 끝까지 내려가서 막히면(즉 목표지에 도달할 수 없는 경우) 다른 갈래 길로 간다. 이에 비해 너비우선탐색(BFS: Breadth First Search)에서는 출발점에서 한 단계 내려가서 모든 가능한 경우를 살피고 나서 다음 단계로 내려가는 방법이다. 이러한 탐색트리를 이용하면 로봇의 행동계획도 만들 수 있다. 모든 상황의 〈전제조건〉에 대하여 〈행동〉과 〈결과〉를 기록해 두고 이것을 탐색트리로 만든다. 이러한 탐색트리의 출발점에서 목표지까지 도달하기 위한 가장 합리적인 과정을 탐색하면 결국 로봇의 행동을 계획하는 것과 동일한 문제가 된다.

앞의 8-퍼즐 게임에서의 탐색트리를 구성하면 그림 12-18과 같이 된다. 탐색트리의 맨 위에 퍼즐 프레임의 시작상태가 존재하고 생성규칙을 따라 이동할 수 있는 모든 상태가 이 탐색트리에 나타나 있다. 생성규칙은 전제조건이 만족될 때만 적용될 수 있고 따라서 하나의 타일은 이웃 공간이 비어있을 경우에만 이동할 수 있다는 사실을 기억하기 바란다. 이 탐색트리는 모든 타일이 숫자의 순서대로 정렬된 목표(Goal)가 나타날 때까지 확장된다. 결국 8-퍼즐 게임은 이 탐색트리의 시작점에서 목표까지 찾아가는 최적의 길을 찾는 문제로 귀결된다. 그림의 탐색트리를 보면 시작점에서 다섯 번 타일을 움직이면 목표에 도달할 수 있음을 알 수 있다. 문제는 탐색트리에서 어떻게 목표를 찾아가는가에 있다.

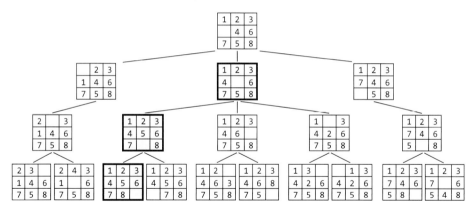

| 그림 12-18  8-퍼즐 게임의 탐색트리

■ 휴리스틱(Heuristics, "Rule of thumbs(경험적 지식)")

위의 8-퍼즐 탐색트리는 매우 간단하게 보이지만 실세계 문제의 탐색트리는 일반적으로 매우 복잡하다. 따라서 탐색트리에서 어떤 방향으로 이동할 것인지를 판단하기 위해서는 어떤 원칙이 필요하다. 아마도 가장 가능성이 높은 방향으로 이동하는 것이 바람직 할 것이다. 가장 가능성이 높은 길을 찾기 위하여 각 길의 가능성 또는 가치를 정확히 계산하는 것은 어렵고 경험에 의한 대략적 추측으로 가능성을 계산하게 된다. 이러한 방법을 휴리스틱(Heuristics)라고 부르며 이것은 경험적 지식("Rule of Thumbs")에 의한 방법을 의미하며 쉽게 설명하면 가장 그럴 듯한 길을 찾아가는 방법을 뜻한다.

좋은 휴리스틱을 발견하는 것이 탐색트리에서 매우 중요한 일이다. 좋은 휴리스틱은 완전한 해답을 찾지는 않지만 계산하기 쉬워야하고 목표까지 떨어진 거리를 합리적으로 산출할 수 있어야 한다. 8-퍼즐 게임에서 휴리스틱을 생각해보자. 이 게임의 목표는 1~8까지 숫자가 완전히 정렬된 상태이다. 현재 상태가 목표상태와 얼마나 떨어져 있는지 휴리스틱 기법을 적용해보자. 그림 12-19에서와 같이 현 상태의 타일들이 정렬된 상태까지 도달하기 위하여 최소 몇 번 이동해야 하는지 계산하고 이를 휴리스틱으로 삼는다. 그림 12-19(a)의 경우에 타일 '4', '5', '8'은 최소 한 번 이동해야 하고, 12-19(b)의 경우에 타일 '6'은 최소 한 번, 타일 '4'는 최소 두 번 이동해야 한다. 타일들의 이동 횟수를 합하면 12-19(a)와 (b)의 경우 각각 (타일 3개) × (1회 이동) = 3, (타일 1개) × (1회 이동) + (타일 1개) × (2회 이동) = 3이 된다. 즉 각 경우에 현 상태에서 최소 3회 이동해야 목표에 도달하게 된다. 즉 타일들의 최소 이동횟수의 합을 휴리스틱으로 삼는다. 그리고 이러한 휴리스틱에 근거하여 그림 12-18의 탐색트리에 적용하여 어떤 방향으로 탐색해 나가는 것이 최선의 선택인지 알아낸다. 물론 이러한 휴리스틱을 사용한다고 해서 항상 최적의 해답을 얻을 수 있는 것은 아니다. 휴리스틱은 어디까지나 경험에 의한 추측이나 이럴 가능성이 높다는 것을 의미할 뿐이다.

| 그림 12-19  8-퍼즐 게임의 현 상태

그림 12-20에서 보듯이 8-퍼즐 게임의 탐색트리의 시작점에서 아래 레벨의 세 자식 노드의 휴리스틱 값을 구하면 각각 4, 2, 4가 된다. 따라서 이 중 휴리스틱 값이 가장 적은 경우는 2이다. 이제 밑의 레벨의 휴리스틱 값을 알아본다. 그림 12-20에서 보듯이 그 다음 레벨의 휴리스틱 값이 각각 1, 3, 3이다. 따라서 휴리스틱 값이 1인 방향으로 탐색해 나간다. 당연히 이러한 휴리스틱 기법을 이용했다고 항상 최적의 해답을 찾는 것은 아니다. 어디까지나 좋은 해답을 찾을 가능성을 높일 수 있을 뿐이다. 체스 게임에서 세계 챔피언을 이긴 프로그램도 이와 같은 방식으로 만들어졌다. 그러나 바둑에서는 경우가 수가 너무 많아서 이와 같이 휴리스틱을 이용하는 것은 가능하지 않다.

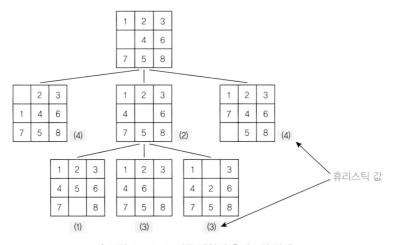

| 그림 12-20  8-퍼즐 게임의 휴리스틱 탐색

## 12.3.3 기계학습과 신경망(Neural Networks) 기술

■ 기계학습이란?

지능 시스템은 지식과 추론에 기반하고 있다. 지능 시스템이 축적된 지식 이상의 일을 할 수는 없다. 지식을 입력하려해도 항상 예외적인 상황이 발생하고 지식의 양이 방대해져서 모든 지식을 다 입력시킬 수 없는 한계점에 도달하게 된다. 한편 글자인식과 같은 패턴 인식 분야에서는 오랫동안 많은 데이터가 축적되면서 기계가 스스로 학습할 수 있게 되었다. 특히 자연어처리와 같은 분야에서 기계학습이 크게 발전하였다. 통계적 자연어처리라고 불리는 영역에서 번역을 생각할 때 문법구조나 의미구조를 고려하지 않고 기계적으로 올바르게 번역되는 확률을 높이면 된다는 접근방식이다. 두 가지 언어 사이에 대응하는 수많은 문장이 축적되어 이러한 문장은 이렇게 번역된다는 확률이 높다는 사실을 알고 있으면 문장을 문법적 및 의미적으로 이해하지 못해도 대응하는 다른 언어의 문장을 찾을 수 있게 된다.

기계학습에서 인공지능 프로그램이 학습하다는 것은 분류할 수 있는 능력을 의미한다. 분류한다는 것은 학습에서 가장 기본적인 단계로 "YES", "NO"로 판단할 수 있는 능력을 말한다. 예를 들어, 기계학습에서 '고양이'를 학습한다는 것은 수많은 고양이 사진을 통해 고양이가 맞는지 아닌지 분류할 수 있는 능력을 키워나가는 것을 의미한다. 따라서 더 많은 데이터가 존재할수록 기계학습의 능력이 증가하게 된다. 지금까지 기계학습은 자연어처리, 이미지 인식, 음성인식, 로봇 등의 분야에서 적용되어 왔다. 기계학습의 유형을 아래와 같이 분류할 수 있다.

## (1) 지도학습(Supervised Learning)

지도학습은 입력과 올바른 출력(분류 결과) 사이에 세트가 된 훈련데이터(Training Data)를 미리 준비하고 컴퓨터에 학습시키는 방법이다. 예를 들어, 손으로 쓴 글씨는 글자를 쓰는 사람에 따라 매우 다양하여 과거에는 컴퓨터가 지능적으로 이해한다는 것이 매우 어려웠다. 그러나 지도학습 기법이 발전하면서 사람이 쓴 글자와 올바른 글자 사이에 관계 세트를 만들어 컴퓨터에게 훈련시키면 컴퓨터가 다양한 사람이 쓴 글자가 입력되어도 이 글자를 올바르게 인식하게 된다. 그림 12-21은 다양한 숫자들의 사례를 보여주고 있다. 손 글씨 분야에서 0~9까지의 숫자를 정확하게 인식할 수 있게 하기 위한 훈련용 데이터인 MNIST가 존재한다. MNIST는 훈련용 데이터 세트로 손으로 쓴

7만개의 숫자와 각 손글씨 숫자가 어떤 숫자에 해당하는지 라벨을 붙여놓아 분류해 놓은 표준 공개데이터이다.

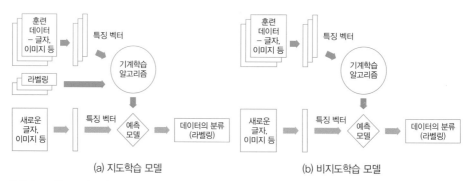

| 그림 12-21  손글씨에 의한 숫자 사례

### (2) 비지도학습(Unsupervised Learning)

비지도학습은 입력용 데이터만 주고 각 입력데이터가 어디에 속하는지 라벨링을 해 놓지 않은 상태로 존재한다. 컴퓨터는 데이터 속에 존재하는 일정한 패턴이나 특징 또는 법칙을 스스로 추출한다. 그림 12-22에서 보듯이 지도학습에서는 반드시 주어진 훈련데이터를 이용하여 올바르게 라벨링(즉 분류)하는 과정이 필요한데, 그에 반해 비지도학습에서는 훈련데이터 세트로부터 특징(Feature)들을 찾아내고 이 특징을 이용하여 추후 입력되는 데이터의 특징값을 비교하여 라벨링하게 된다.

출처: http://ogrisel.github.io

| 그림 12-22  지도학습과 비지도학습 개념의 차이

## (3) 강화학습(Reinforcement Learning)

강화학습은 시행착오를 통해 환경에 적응하는 기법이다. 로봇제어에서 로봇의 행동계획을 위해 올바른 행위에는 보상을 주고 잘못된 행위에는 벌을 주는 방법을 따른다. 강화학습은 보상을 통해 바람직한 행동을 강화해 나가게 된다.

기계학습을 수행하는 기법에는 결정트리, 서포트 벡터머신, 베이시안 네트워크, 유전자 알고리즘, 뉴럴 네트워크, 딥러닝 등 여러 가지 기법이 존재한다. 여기서는 유전자 알고리즘과 최근 큰 발전을 보이고 있는 뉴럴 네트워크 및 딥러닝에 대하여 설명한다.

### ■ 유전자 알고리즘(Genetic Algorithm)

유전자 알고리즘은 생물이 환경에 보다 잘 적응하기 위하여 진화해 나가는 것처럼 주어진 문제를 풀기 위해 새로운 세대(Generation)를 거칠 때마다 더 좋은 해답으로 발전해 나가는 기법이다. 유전자 알고리즘은 일종의 진화 알고리즘으로 처음에는 임의의 해(Solution)로 시작해서 부모 유전자의 혼합, 돌연변이 등을 통해 새로운 개체로 변화해 나간다. 이 때 해를 염색체(Chromosome)라 부르며 염색체는 유전자(Gene)의 집합으로 구성되어 있다. 새로운 염색체가 그림 12-23과 같이 부모 염색체의 재생산(Reproduction), 교배(Crossover), 돌연변이(Mutation) 과정을 통해 나타나게 된다. 새롭게 태어난 개체가 최종 목표에 얼마나 가까운지 평가하는 적합도 평가방법이 요구되며 이 적합도를 계산하기 위한 방법을 적합함수(Fitness Function)라고 부른다. 해를 유전자들의 집합 즉 염색체로 표현하는 것과 합리적인 적합함수를 정하는 것이 유전자 알고리즘에서 매우 중요한 이슈이다. 세대를 거칠 때마다 적합함수 값이 개선되는 방향으로 개체의 염색체가 진화한다. 유전자 알고리즘은 배낭문제(Knapsack Problem)와 같은 최적화 문제 해결에 매우 적절한 기법으로 세대를 거치면서 최적해(Optimal Solution)에 가까이 다가갈 수 있다.

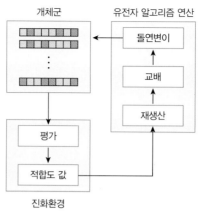

참조: http://www.ewh.ieee.org

| 그림 12-23 유전자 알고리즘의 개념

■ 신경세포(Neuron) - 뉴런, 시냅스

인공지능에서 다양한 문제를 해결하기 위하여 컴퓨터의 알고리즘적 접근법을 적용해 왔으나 인간의 지능에 비교하면 인간이 지각하고 추론하는 수준에 결코 이르지 못함을 알게 되었다. 이러한 배경에서 많은 인공지능 연구자들이 자연에서 발견되는 현상을 인공지능 연구에 적용할 수 없는지 관심을 두어왔다. 이러한 접근법의 한 가지가 앞에서 설명한 유전자 알고리즘이고 다른 한 가지가 인공 뉴럴 네트워크이다.

인공 뉴럴 네트워크(ANN: Artificial Neural Network)는 생물체의 뉴럴 네트워크를 모방하는 컴퓨터 모델이다. 그림 12-24에서 보듯이 생물체의 뉴런(신경세포)은 입력부분에 해당하는 세포의 수상돌기(Dendrites)와 출력부분에 해당하는 축삭돌기(Axon)로 구성되어 있다. 축삭돌기에 전달되는 전기신호는 세포(Cell)가 흥분 상태(Excited State) 또는 억제 상태(Inhibited State)인지를 나타낸다. 축삭돌기에 전달되는 신호는 세포에 입력되는 수상돌기들을 통해 들어오는 신호들의 값에 따라 정해진다. 각 수상돌기는 앞의 축삭돌기에 연결되어 있으며 그 사이에 시냅스(Synapse)라는 작은 간격(Gap)이 존재한다. 시냅스의 화학적 성분에 따라 앞의 축삭돌기로부터 신호가 수상돌기로 전달될 수도 있고 그렇지 않을 수도 있다.

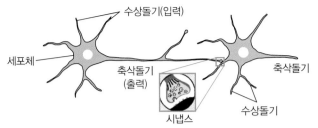

출처: https://www.researchgate.net

| 그림 12-24 뉴런(신경세포)의 구조

■ 뉴럴 네트워크

인공 뉴럴 네트워크의 뉴런은 생물의 뉴런과 유사하게 작동한다. 그림 12-25(a)와 같이 각 뉴런은 입력값들의 합이 임계값(Threshold value)이라 불리는 값보다 큰지 작은지에 따라 1 또는 0 값을 출력한다. 임계값은 활성화함수(Activation function) $f$에 의해 결정된다. 그림 12-25(a)의 경우 뉴런의 입력값 $v_1$, $v_2$, $v_3$에 가중치(Weight) $w_1$, $w_2$, $w_3$를 곱하여 합하면 $v_1w_1 + v_2w_2 + v_3w_3$가 된다. 이 값이 임계값보다 크면 뉴런의 출력은 1이 되고 임계값보다 작으면 출력이 0이 된다. 뉴런의 입력값 $v_1$, $v_2$, $v_3$는 화살표로 연결된 앞의 뉴런으로부터 들어오는 입력값이며 각 입력값에 비중 $w_1$, $w_2$, $w_3$이 곱해진다. 그림 12-25(b)의 예에서 뉴런의 입력값이 각각 1, 0, 1 이고 비중이 −2, 2, 3 이면 실제 입력값의 합은 (1)(−2)+(0)(2)+(1)(3) = 1이 된다. 이 값은 뉴런의 임계값 1.5보다 작으므로 뉴런이 출력은 0이 된다.

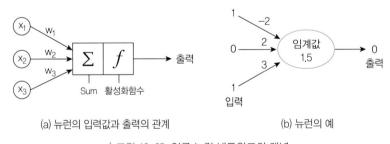

(a) 뉴런의 입력값과 출력의 관계          (b) 뉴런의 예

| 그림 12-25 인공 뉴럴 네트워크의 개념

각 입력값에 적용되는 가중치가 +값 또는 −값이 될 수 있으며, +값은 뉴런을 흥분시키는 영향을 주며 −값은 뉴런을 억제시키는 영향을 주는 것으로 이해된다. 이러한 가중치를 조정함으로써 인공 뉴럴 네트워크가 올바르게 작동할 수 있게 해준다. 하나의 뉴런과 다른 뉴런을 연결하는 선의 가중치가 높다는 것은 상호 연관성이 높다는 것을 의미한다. 인공 뉴럴 네트워크는 생물의 뉴런 체계와 마찬가지로 몇 개의 레이어를 가

진 구조를 가질 수 있다. 첫 레이어를 입력 레이어, 마지막 레이어를 출력 레이어라 부르고 중간 레이어들을 은닉 레이어(Hidden Layer)라 부른다(그림 12-26 참조). 인공 뉴럴 네트워크는 생물의 신경세포 체계에 비하면 훨씬 간단하다. 인간의 뇌신경은 1000억($10^{11}$)개의 뉴런들로 구성되어 있고 각 뉴런에는 10,000($10^4$)개의 시냅스가 연결되어 있다.

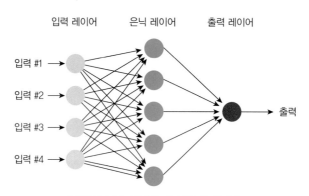

| 그림 12-26 입력층, 은닉층 및 출력층

■ 뉴럴 네트워크의 적용사례: 손글씨 인식

간단한 뉴럴 네트워크의 적용 사례를 손글씨 인식을 통해 알아보자. 뉴럴 네트워크는 특히 문자인식, 이미지인식, 음성인식과 같은 영역에서 좋은 결과를 얻을 수 있다. 문자인식에서 0~9까지 10개의 숫자를 인식하기 위하여 '5'와 '3', '1'과 '7'과 '9'와 같은 경우 손글씨를 컴퓨터가 올바르게 인식하는 것은 어렵다. 과거에는 숫자가 구성되는 규칙을 명시적으로 주어 글자를 인식하였으나 인식률이 한계에 도달하였다. 그림 12-27과 같이 입력층, 은닉층, 출력층의 3개의 층(레이어)으로 구성된 뉴럴 네트워크를 생각해 보자. 입력층에서 각 숫자는 20 픽셀 × 20 픽셀 = 400 픽셀로 구성되어 있다 하자. 어떤 숫자든 400개의 픽셀로 구성되어 있다. 입력층 x를 각각 픽셀씩 400개의 픽셀로 구성하자. 출력층 y는 숫자 0~9까지를 나타내며 따라서 10개가 존재한다. 만일 은닉층 z를 100개로 잡는다면 입력층과 은닉층을 연결하는 선의 수가 400 × 100 = 40000개이며 은닉층과 출력층을 연결하는 선의 수는 100 × 10 = 1000개가 된다. 따라서 40000 + 1000 = 41000개의 선이 존재하여 가중치의 수가 41000개 존재한다. 입력층에 특정 숫자를 입력하여(예, 손글씨 '3') 출력층에서 그 숫자에 해당하는 값(이 경우 숫자 '3')이 가장 커지도록 가중치 w들의 값을 조정한다. 가중치들의 값을 조정하여 뉴럴 네트워크의 정확도를 높이는 방법으로 흔히 오차역전파(Back Propagation) 기법이 이용된다. 이 때 많은 입력 데이터 세트를 사용함으로써 뉴럴 네트워크의 정확도를 높인다. 손글씨 표준 데이터 세트인 MNIST는 7만장의 숫자 데이터를 가지고 있다. 이러한 과정을 손글씨의 학습페이스(Learning Phase)라 한다. 일반적으로 컴퓨터로 하여금 이러한 학습과정을 통해 컴퓨터를 훈련시키는 과징은 많은 시간이 소요된다. 일단 컴퓨터가 충분히 학습한 후에는 임의의 손글씨 숫자가 들어와도 학습된 뉴럴 네트워크를 이용해서 손글씨를 예측할 수 있다. 이 과정을 예측페이스(Prediction Phase)라 부르며 일단 학습페이스를 거친 컴퓨터는 예측페이스에서 임의의 손글씨 숫자를 매우 빠르게 예측할 수 있게 된다.

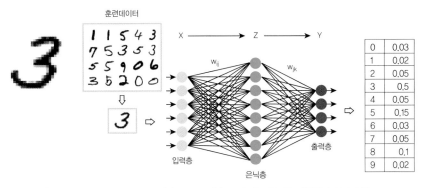

(a) 20×20 픽셀로 표현된 숫자 '3'   (b) 뉴럴 네트워크를 이용한 손글씨 인식

참조: "인공지능과 딥러닝", 마쓰오 유타카

| 그림 12-27  뉴럴 네트워크를 이용한 손 글씨 '3'의 인식

앞에서 언급하였듯이 인간의 두뇌는 엄청난 수의 뉴런들로 구성되어 있고 따라서 매우 많은 층(레이어)을 가진다. 즉 많은 은닉층들로 구성되어 있다. 이와 같이 입력 데이터가 여러 개의 은닉층을 거쳐 출력층에 도달하는 경우를 심층학습 또는 딥러닝(Deep Learning)이라 부른다.

■ 빅데이터와 심층학습(딥러닝)

딥러닝은 여러 개의 은닉층으로 구성되어 있다. 인간의 두뇌와 마찬가지로 뉴럴 네트워크가 여러 개의 은닉층을 가질수록 예측의 정확도가 높아진다. 그러나 은닉층의 수가 많아지면 층들을 연결하는 선의 수도 증가하고 따라서 계산량도 급격히 증가한다. 또한 보다 난해한 점은 각 은닉층에서 데이터의 어떤 특징(Feature)을 식별할 것인지 판단하기가 어려워진다. 기계학습에서 빅데이터를 이용하여 컴퓨터로 하여금 훈련시키지만 엄청난 양의 데이터로부터 뉴럴 네트워크의 각 은닉층에서 어떤 특징을 식별할지 아는 것은 매우 어려운 일이다. 주어진 문제에서 특징을 규명하는 것을 특징설계(Feature Design)라 부른다. 어떠한 특징을 선택하느냐에 따라 예측 정확도가 크게 영향을 받는다.

기계학습에서 예측의 정확도를 높이기 위해 특징을 어떻게 정할지는 기계학습의 본질적인 문제로 특징설계의 가장 어려운 문제였다. 인간은 대상을 바라보고 특징을 파악하는 데 뛰어난 능력이 있다. 그러나 기계학습에서는 특징을 오랜 경험과 지식이 있는 전문가가 구체적으로 설계해야 한다. 인공지능 연구자들은 2000년대 중반 이후 딥러닝의 가능성을 알게 되었으나 각 은닉층에서 특징을 적절하게 결정할 수 없다면 기계학습을 성공적으로 수행할 수 없는 난관에 봉착하게 되었다. 그러나 토론토대학의 힌튼교수가 2012년경 이미지 인식 분야에서 빅데이터에 기반하여 컴퓨터가 스스로 특징을 찾아내어 이미지 자료를 분류할 수 있는 기법을 개발하게 되었다. 이러한 기법을 특징표현 학습이라 부르며 이로 인하여 인공지능 연구에서 매우 획기적인 혁신을 이루게 되었다. 특징표현 학습이란 컴퓨터가 스스로 특징을 획득하는 것을 의미한다. 과거에 여러 층으로 구성된 뉴럴 네트워크에서 층의 깊이가 깊어짐에 따라 출력이 입력으로부터 어떤 영향을 받는지 알기가 매우 어려웠다. 그것은 오차역전파가 아래층에까지 잘 도달하지 않기 때문이다. 이러한 문제를 해결하는 방법은 한꺼번에 여러 층의 뉴럴 네트워크를 구성하지 않고 한 층씩 계층마다 학습해 나가는 방식이다. 또한 출력층에 가까워질수록 점점 높은 차원의 특징을 사용한다.

2012년 구글사는 딥러닝을 이용하여 '고양이 인식' 프로그램을 개발하였다. 여러 개의 은닉층을 가진 뉴럴 네트워크에서 아래층에서는 점이나 선과 같은 낮은 차원의 특징을 인식하고 위층으로 올라가면서 삼각형이나 원과 같은 형태를 인식하고 더 높은 층에서 그것들을 조합하여 얼굴을 인식한다. 이 과정을 통해서 '이 그림은 고양이다', '이 그림은 사람이다' 등의 개념을 학습해 나간다. 이와 같이 빅데이터에서 라벨링 없이 사물을 인식해 나간다는 것은 '비지도학습'이다. 구글은 유튜브로부터 얻은 대량의 데이터를 학습하여 고양이의 얼굴을 75% 맞출 수 있었다(그림 12-28 참조). 실제 인간이 망막을 통해 사물을 인식하는 구조도 딥러닝과 같이 여러 개의 층을 통해 사물의 특징을 점점 더 큰 덩어리로 인식해 나가는 방식을 따르고 있다. 작은 특징을 인식하고 이들을 합하여 더 큰 덩어리의 특징을 인식해 나가는 방법이 딥러닝에서 매우 유효한 기법이다.

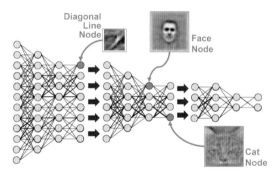

출처: https://www.thinkbiganalytics.com

| 그림 12-28  딥러닝을 이용한 구글의 '고양이 인식'

딥러닝에서 사물을 인식하는 정확도를 높이기 위해 더 많은 데이터를 사용하는 것이 바람직하다. 최근 인터넷, 웹, 소셜미디어, 모바일 컴퓨터, 사물인터넷과 같은 컴퓨팅 환경의 변화로 빅데이터가 빠르게 증가하고 있다. 빅데이터 시대에 구글사는 검색이력 데이터를 수집하고 아마존은 구매 데이터를 페이스북은 인적 네트워크 데이터를 수집하고 있다. 특히 딥러닝은 이미지 인식, 음성인식, 자연어처리 등의 분야에 매우 유용한 기술로 알려져 있다.

## 12.4 인공지능의 활용

인공지능은 강력한 병렬프로세서, 빅데이터, 다양한 센서, 클라우드 컴퓨팅, 모바일 환경 등에 힘입어 많은 영역에서 인간에 큰 영향을 미칠 것이다. 과거에 로봇이 공장에서 인간을 대신해왔으나 앞으로는 많은 지식과 경험이 필요한 직업에서도 인간을 대신할 수 있게 될 것이다. 또한 개인의 비서와 같은 역할도 수행할 수 있게 된다. 브린욜프슨과 매카피는 『기계와의 전쟁(*Race against the machine*)』이라는 책에서 앞으로 미래 사회에서는 인간이 기계와 경쟁해서는 승산이 없고 기계와 적절한 방식으로 협업해 나가야 한다고 이야기 하고 있다.

### 12.4.1 지능형 개인비서(IPA: Intelligent Personal Assistant)

개인의 비서 역할을 해주는 다양한 모습의 지능형 에이전트를 소프트웨어 에이전트라고 부른다. 소프트웨어 에이전트는 과거 인간이 해오던 비서 업무나 화이트컬러의 일까지도 인간을 대체할 수 있다.

#### ■ 소프트웨어 에이전트(Software Agent)

소프트웨어 에이전트는 사람의 요구에 즉각적으로 반응하며 인간이 원하는 일을 대신하게 된다. 소프트웨어 에이전트는 입력데이터뿐만 아니라 GPS, 센서들을 통하여 현재 위치와 상황 등을 파악하고 온라인 소스로부터 날씨, 교통 정보, 주식 정보, 이용자 스케줄, 가격 정보 등을 획득하여 이용자에게 가장 적절한 해답을 제공하게 된다. 소프트웨어 에이전트는 인간의 언어를 인식하고 이해하는 능력을 가지고 있어 상호대화 방식으로 사람과 대화할 수 있다.

그러나 자연어를 이해한다는 것은 결코 쉬운 일이 아니다. 과거에는 문장의 구조를 이해하고 문장의 의미를 파악하는 방법으로 연구가 진행되었으나 자연어를 이해하기 위해서는 매우 다양한 지식과 경험이 필요하다는 사실을 깨닫게 되었다. 예를 들어, "He saw a woman in the garden with a telescope"라는 문장을 생각해보자. 이 문장을 문법적으로 해석한다면 망원경을 가진 사람이 남자인지 여자인지 전혀 알 수 없다. 이 문장을 제대로 이해하기 위해서는 전후 문장의 문맥 이해뿐만 아니라 일반적인 상식이 필요하다.

| 그림 12-29 소프트웨어 에이전트의 개념

소프트웨어 에이전트의 사례로 Apple Siri, Google Now, Amazon Echo, Microsoft Cortana, Samsung Voice 등과 같은 음성대화 시스템을 들 수 있다. 이러한 에이전트는 인간의 목소리를 인식하고 이해하여 사람의 비서 역할을 수행한다. 자연어를 인식하여 원하는 정보를 제공할 뿐 아니라 하나의 언어를 다른 언어로 번역해주고 통역해줄 수 있다. 언어 관련 빅데이터를 이용하면 앞으로 외국어 학습, 번역 및 통역 등의 일이 소프트웨어 에이전트에 의해 대신할 수 있게 된다. 질의응답 시스템(Question & Answering)인 IBM의 왓슨은 Watson API를 제공하며 이것을 이용하면 목소리 인식, 언어번역, 목소리-텍스트 변환, 텍스트-목소리 변환 등의 일을 수행할 수 있다.

| 그림 12-30  소프트웨어 에이전트의 실현 사례

## 12.4.2 딥러닝 기술의 활용

딥러닝 기술의 발전은 문자인식, 음성인식, 이미지 인식과 같은 패턴 인식 영역에서 큰 효과를 발휘하게 될 것이다. 딥러닝으로 인해 이미지 인식의 정밀도가 향상하면서 개인 맞춤형 광고가 일반화되고 제품생산 과정에서 오류탐지나 일상적인 업무에서 문제가 발생하지 않았는지 이상탐지하는 기능도 수행할 수 있게 된다. Google사의 자료에 의하면 딥러닝 기술이 안드로이드 앱, 지도서비스, Gmail, 스피치 인식, YouTube, 자동번역, 로봇 연구, 이미지 인식, 자연어처리, AlphaGo 바둑프로그램, 신약 개발, 무인자동차 등의 등 다양한 분야에서 적용될 것으로 예상하고 있다.

■ 딥러닝의 사례

딥러닝 기술을 가장 성공적으로 적용한 사례는 구글의 고양이 인식으로 YouTube의 1000만 개의 동영상 중 고양이 영상을 75%의 정확도로 인식하였다. 또한 페이스북은 사진속 얼굴이 동일인임을 97.25% 확률로 구분한다. 앞으로 딥러닝 프로그램은 범용성을 가지며 세상의 모든 이미지나 영상을 스스로 학습하면서 인식할 수 있는 수준이

될 것으로 기대된다. 이것은 딥러닝이 여러 층의 뉴럴 네트워크를 이용하여 빅데이터를 기반으로 스스로 학습하는 기능으로 가능한 일이다.

딥러닝 기술은 최근 딥마인드사의 AlphaGo 바둑프로그램에 적용되어 최고실력을 가진 인간바둑기사와의 대결에서 승리하였다. 사람의 얼굴 표정과 몸짓, 목소리 등을 인식하여 이에 가장 적합한 광고나 마케팅 전략으로 대응하는 분야를 감성컴퓨팅(Affective Computing)이라 부른다. IBM사가 개발한 시스템은 딥러닝 기술을 통해 고객의 얼굴과 표정을 인식하여 고객의 감정 및 감성을 파악하고 주변 상황을 인식하여 빅데이터에 기반하여 고객에게 가장 적절한 상품과 서비스를 제공하는 기법을 개발하였다. 이러한 비즈니스 방식을 인지적 커머스(Cognitive Commerce)라 부르며 앞으로는 비즈니스 방식이 인지적 커머스 기법을 활용할 것으로 예상된다. 예술 분야에서도 뉴럴 네트워크 기술이 적용되어 특정한 예술가의 특징을 잘 반영하는 아트를 생성할 수 있다. 그림 12-31은 뉴럴아트의 한 예로 고흐의 기법을 사진에 적용하여 만든 작품이다.

출처: http://www.dailymail.co.uk

| 그림 12-31  고흐의 기법을 적용하여 만든 뉴럴아트

### 12.4.3 전문가 시스템

제2차 AI 붐이 시작된 1980년대 초반 인공지능 연구자들은 전문가 시스템(Expert System)의 개발에 많은 노력을 쏟았다. 의료 및 법률 분야의 지식을 컴퓨터에 넣어 실용적인 시스템을 만들 수 있을 것으로 생각하였다. 그러나 연구자들은 지식을 서술하는 것이 쉽지 않고 지식이 매우 방대하다는 사실을 알게 되면서 이러한 노력이 중단되었다. 그러나 IBM사의 왓슨의 성공 이후 빅데이터와 컴퓨터의 처리능력의 발전에 힘입어 전문가 시스템의 가능성에 다시 관심을 가지게 되었다. IBM사는 회계사, 세무사, 금융 전문가는 물론 의사나 변호사처럼 많은 지식과 경험이 요구되는 영역에서도 인공지능 기법을 활용함으로써 이러한 전문가들에 필적하거나 뛰어넘는 능력을 가진 전문가 시스템을 개발할 수 있음을 알게 되었다. 지금까지는 컴퓨터가 반복적이고 간단한 업무를 대체하는 수준의 직무를 대신해 왔으나 앞으로는 고도의 전문지식이 요구되는 영역도 컴퓨터로 대체시킬 수 있을 것으로 기대하고 있다.

## 12.4.4 지능형 로봇

지금까지 대부분의 로봇은 공장에서 생산성 향상과 자동화작업을 위한 반복 작업을 수행하며 노동을 대체할 목적으로 이용되어 왔다. 이에 비해, 지능형 로봇은 인간의 일상생활에서 삶의 질을 높여주는 로봇을 의미한다. 이러한 로봇은 상당한 수준의 지능을 갖고 주변 환경을 인지하고 스스로 움직이며 인간과 공존하는 방향으로 발전하고 있다.

■ 지능형 로봇의 특성

초기의 전통적 로봇은 제조업용 로봇이나 전문 서비스용 로봇과 같이 산업 현장에서 제품생산부터 출하까지 모든 공정의 작업을 수행하거나 불특정 다수를 위한 서비스와 전문적 작업을 수행하였다. 최근에 많은 발전을 보이고 있는 지능형 로봇은 주변환경을 인식(Perception)하고 스스로 상황을 인지(Cognition)하여 자율적으로 동작한다. 지능형 로봇은 추론 기능을 가지며 탐색트리를 이용하여 행동계획을 수립한다. 즉 전제조건(Precondition)에 따라 행동을 수행하고 원하는 결과(Postcondition)를 얻는다. 지능형 로봇은 앞으로 바이오 기술(BT) 등 첨단기술을 활용하여 더욱 발전된 로봇으로 변화해나갈 것이다. 지능형 로봇에는 개인서비스용 로봇과 네트워크기반 로봇이 있다. 개인서비스용 로봇은 인간의 생활 범주에서 다양한 서비스를 제공하고, 네트워크기반 로봇은 무선인터넷을 통해서 언제, 어디서나 서비스를 제공할 수 있는 유비쿼터스형 로봇을 의미한다.

지능형 로봇이 더욱 발전하여 인간 수준의 지능과 능력을 가진 로봇이 개발된다면 미래에 어떠한 일이 일어날 수 있는가? 전문가들에 의하면 약 30년 후에 이러한 로봇의 탄생도 예상할 수 있다. 만일 인간 이상의 지능을 가진 로봇들이 존재하고 자기복제를 통해 진화하는 로봇이 출현한다면 '나쁜 로봇'의 행위를 사전에 막을 장치와 규범이 필요하게 된다.

■ 휴머노이드 로봇

지능형 로봇은 어떠한 모습을 하고 있는가? 지능형 로봇은 용도에 따라서 다양한 모습을 가지고 있다. 외모가 인간처럼 생긴 로봇을 휴머노이드(Humanoid) 로봇이라 부르며, 일본의 아시모와 큐리오, 한국의 휴보와 마루 등이 이에 해당한다. 휴머노이드 로봇은 그림 12-32에서 보듯이 몸통, 머리, 두 다리와 두 팔로 구성되어 있으며 환경과 상황에 적응하며 목적을 달성하려는 로봇이다. 이러한 로봇은 과학 영역에서 연구적 목적으로 쓰인다. 연구자들은 휴머노이드 로봇을 제작하고 연구하기 위하여 인간의 신체구조와 행위에 대하여 잘 이해하고 있어야 한다. 연구적 목적 외에 휴머노이드 로봇은 노약자를 도와주거나 위험한 일을 하는 등 인간의 보조자로서의 역할을 수행하기도 한다.

(a) Honda의 ASIMO 휴머노이드 로봇      (b) 휴머노이드 로봇 Nao

| 그림 12-32  휴머노이드 로봇의 사례

■ 지능형 로봇의 사례

지능형 로봇은 휴머노이드 로봇, 네 다리를 가진 동물 로봇, 경비용 로봇, 사람의 친구 역할을 수행하는 소셜 로봇, 가정용 로봇 등 다양한 분야에서 활용되고 있다. 그림 12-33(a)는 ALSOK사의 경호원 로봇(Security Guard)으로 순찰을 돌며 무단 침입자와 화재, 누수 등에 대비하는 'Reborg-Q'라는 로봇이며, 그림 12-33(c)는 장애자를 위한 도우미이다. 이외에도, 지능형 로봇은 오락용 로봇, 집보기 로봇, 애완동물 로봇 등 다양한 분야에서 활용되고 있다.

(a) ALSOK사의 Reborg-Q  (b) Sanyo사의 Banryu(또는 "Guard Dragon")        (c) 장애자 도우미

출처: ALSOK, Sanyo

| 그림 12-33  경비를 담당하는 로봇과 장애자를 도우는 로봇의 예

소프트뱅크사가 2014년 개발한 '페퍼(Pepper)' 로봇은 인간의 감정을 인식해서 인간과 대화하며 점포내의 고객을 안내할 수 있는 용도로도 활용될 수 있다. 또한 IBM사의 스마트 로봇 코니(Connie)는 힐튼 호텔 로비에서 손님을 안내하는 역할을 수행하도록 개발되었다. 코니 로봇은 손님의 질문에 대하여 답하고 시간이 갈수록 새로운 사실을 학습할 수 있는 기능을 가지고 있다. 한편 미국의 Boston Dynamics사가 개발한 WildCat/Cheetah, Atlas, Petman, Big Dog과 같은 로봇은 정교한 운동성과 빠른 이동 능력을 보유하고 있어 실제 동물이나 사람과 같은 움직임을 보일 수 있어 위험한 상황이나 전쟁에서도 이용될 수 있다.

(a) '페퍼' 로봇                    (b) Boston Dynamics사의 로봇들

| 그림 12-34  지능형 로봇들의 사례

# 연습문제

**12-1** 공장의 자동오류탐지와 같이 특정한 영역에서 인간 이상의 지능을 가지는 인공지능을 무엇이라 하는가?

(a) 강한 인공지능      (b) 약한 인공지능      (c) 지능형 에이전트

(d) 전문가 시스템      (e) 특수 인공지능

**12-2** 2000년대 중반 이후 시작된 제3차 AI 붐에 가장 큰 영향을 미친 기술은?

(a) 전문가 시스템      (b) 퍼지 이론      (c) 딥러닝

(d) 유전자 알고리즘      (e) 생성 시스템

**12-3** 다음 중 개념적으로 인공비서 소프트웨어에 속하지 않는 것은?

(a) 애플 시리(Siri)      (b) IBM 왓슨(Watson)      (c) 마이크로소프트 Cortina

(d) 구글 Now      (e) Amazon Alexa

**12-4** 지능 시스템이 처리해야 할 기능과 가장 거리가 먼 것은?

(a) 지각      (b) 지식표현      (c) 추론과 계획

(d) 적응학습      (e) 정보검색

**12-5** 탐색트리는 지능 시스템의 어떤 기능을 위하여 사용되는가?

(a) 지각      (b) 지식표현      (c) 추론

(d) 기계학습      (e) 적응

**12-6** 탐색트리를 이용하여 목표상태까지 도달하는 과정이 매우 복잡할 때 가장 가능성이 높은 길을 찾기 위해 각 길의 가치를 경험적으로 계산하는 기법은?

(a) 깊이우선 탐색      (b) 휴리스틱      (c) 너비우선 탐색

(d) 최적화 탐색      (e) 확률적 탐색

12-7 기계학습이 잘 적용되는 분야가 아닌 것은?

　(a) 자연어처리　　　　　(b) 이미지 인식　　　　(c) 음성 인식
　(d) 지식 표현　　　　　 (e) 로봇

12-8 통계적 자연어처리를 위하여 가장 요구되는 정보는?

　(a) 문법구조　　　　　　(b) 의미구조　　　　　(c) 빅데이터
　(d) 탐색트리　　　　　　(e) 신경망 정보

12-9 딥러닝은 여러 개의 은닉층으로 구성되어 있다. 은닉층을 이용하여 예측의 정확도를 높이기 위하여 가장 중요한 사항은?

　(a) 특징 설계　　　　　　(b) 지도 학습　　　　(c) 강화학습
　(d) 오차역전파　　　　　(e) 확률 설계

12-10 기계학습을 수행하는 기법에 해당하지 않는 것은?

　(a) 유전자 알고리즘　　　(b) 뉴럴 네트워크　　(c) 딥러닝
　(d) 생성 시스템　　　　　(e) 베이시안 네트워크

## 괄호 채우기

12-1 일반적으로 인공지능을 크게 두 가지로 구분할 수 있다. 강한 인공지능(Strong AI)은 인간의 지능을 구현하는 기술로 사람처럼 생각하는 기계를 만드는 기술을 의미한다. 이에 비해 (　　　　　)은 인간의 지능을 모방하여 특정한 문제를 푸는 기술을 의미한다.

12-2 컴퓨터가 일반적 지능을 가지고 있는지 어떻게 판단할 수 있는가? 1950년 인공지능의 아버지라 불리는 알란 튜링(Alan Turing)은 이에 대한 답으로 (　　　　　)를 제시하였다.

12-3 제3차 AI 붐은 2000년대 중반 이후 빅데이터의 활용과 더불어 크게 발전한 기계학습과 획기적인 발전을 이룬 (　　　　　) 기술로 인하여 시작되었다. 특히 (　　　　　) 기술의 실용성이 2012년 토론토 대학의 제프리 힌튼(Jeoffrey Hinton)교수에 의하여 증명되면서 기업들이 인공지능 연구에 많은 투자를 하기 시작하였다.

**12-4** 2011년 IBM사의 (          )은 제퍼디 퀴즈쇼에서 인간 퀴즈달인들을 이기는 결과를 얻었다. (          )은 사회자의 질문을 이해하는 지능을 가지며 빠른 시간 내에 정답을 얻어야 하며 상대방과 경쟁을 의식하며 의사결정을 할 수 있는 능력을 가지고 있다.

**12-5** 지식기반 방법론(Knowledge-based approach)은 저장된 지식을 기반으로 지능적 의사결정을 하는 방법이다. 이에 비해 (          )은 많은 사례 데이터를 축적하고 이러한 데이터로부터 추출된 지식으로 의사결정을 하는 방법이다.

**12-6** 지식을 표현하는 방법 중 (          )는 객체와 객체 간의 관계를 노드와 링크를 가지는 네트워크 형태로 표현한다.

**12-7** (          )는 센서에 의해 관측한 주위 환경이나 상황을 인식하고 지각하여 가장 적합한 행위를 선택하여 액추에이터를 통해 행동한다. 모든 인공지능 시스템은 일종의 (          )로 이해될 수 있다.

**12-8** 지식시스템이 지능적 판단을 한다는 것은 지식으로부터 논리적으로 유추하고 추론하여 원하는 결과를 얻고 의사결정을 한다는 것을 의미한다. 추론을 처리 측면에서는 주어진 여러 가지 경우에서 최적의 길을 탐색하는 것과 마찬가지이며 흔히 (          )를 이용한다.

**12-9** 지능 시스템에서 어떤 문제의 가장 적합한 해답을 찾기 위해 추론(Reasoning) 과정을 거치게 된다. 추론이란 문제 해결을 위해 어떤 규칙을 적용해 나가는 과정으로 이해할 수 있다. 이때 가능한 모든 규칙의 집합을 (          )이라는 추상적 개념으로 정의하고 이 생성시스템의 어떤 규칙을 적용할 것인가를 찾아야 한다.

**12-10** 탐색트리에서 목적지를 찾아가는 한 가지 방법 중 (          )에서는 탐색트리의 출발점에서 어떤 길을 정해 지속적으로 깊게 내려가는 방법으로 탐색트리의 끝까지 내려가서 막히면(즉 목표지에 도달할 수 없는 경우) 다른 갈래 길로 간다.

**12-11** (          )은 입력과 올바른 출력(분류 결과) 사이에 세트가 된 훈련데이터(Training data)를 미리 준비하고 컴퓨터에 학습시키는 방법이다. 이에 비해, (          )은 입력용 데이터만 주고 각 입력데이터가 어디에 속하는지 라벨링을 해놓지 않은 상태로 존재한다. 컴퓨터는 데이터 속에 존재하는 일정한 패턴이나 특징 또는 법칙을 스스로 추출한다.

**12-12** 토론토대학의 힌튼교수가 2012년경 이미지 인식 분야에서 빅데이터에 기반하여 컴퓨터가 스스로 특징을 찾아내어 이미지 자료를 분류할 수 있는 기법을 개발하게 되었다. 이러한 기법을 (          )이라 부르며 이로 인하여 인공지능 연구에서 매우 획기적인 혁신을 이루게 되었다. 즉 (          )이란 컴퓨터가 스스로 특징을 획득하는 것을 의미한다.

### 주관식

**12-1** 강한 인공지능과 약한 인공지능은 어떻게 다른가? 약한 인공지능에 해당하는 AI 활용 분야를 제시하라.

**12-2** IBM 왓슨(Watson)의 활용 분야를 조사하여 설명하고 앞으로 왓슨의 활용이 어떻게 확산될지 예측하라.

**12-3** Amazon Alexa가 어떠한 영역에서 사용되고 있는지 조사하여 기술하라.

**12-4** 지능형 로봇 페퍼(Pepper)가 어떻게 상대방과 대화하고 감정을 이해하는지 조사하여 설명하라.

**12-5** 기계학습 기법 중 비지도학습은 지도학습과 어떻게 다른가? 지도학습에서 훈련데이터를 어떻게 이용하는가?

**12-6** 딥러닝에서 특징표현 학습이란 무엇을 의미하는지 설명하라. 특징표현 학습을 어떻게 수행하는지 설명하라.

**12-7** 딥러닝 기술이 어떤 영역에서 가장 성공적으로 적용되는지 설명하라.

Chapter

# 13

# ICT 기술의 미래

# 13 CHAPTER

# ICT 기술의 미래

ICT 기술은 다른 어떤 기술보다도 더 빠르게 변화하고 발전하고 있다. ICT 기술과 사회의 변화를 알아보고 사물인터넷과 모바일 기술로 인한 초연결사회의 미래에 대하여 생각해본다. 또한 인더스트리 4.0과 스마트사회의 미래에 대하여 이해하자. 제4차 산업혁명이 우리사회를 어떻게 변화시키고 어떤 기술이 활용되는지 알아보고 특히 인더스트리 4.0으로 인한 산업의 변화를 이해하자. 빅데이터가 스마트사회에 어떠한 역할을 수행하는지 알아보고 스마트머신에 대하여 살펴본다. 사용자 인터페이스 기술은 미래 ICT 사회에서 매우 중요한 기술로 작용할 것이다. 가장 대표적인 사용자 인터페이스 및 NUI 기술로 제스처 인식, 음성인식 및 감성 컴퓨팅에 대하여 공부한다.

## 13.1 ICT 기술과 사회의 변화

ICT 기술의 발전에 큰 영향을 미친 요소들을 살펴보고 그 경제적 영향을 알아본다. 또한 ICT 기술로 인한 직업의 변화와 사회적 트렌드의 변화를 살펴보자.

■ 컴퓨터 성능의 발전

컴퓨터의 성능은 지속적으로 빠르게 발전해왔다. 무어의 법칙에 의하면 프로세서의 성능은 10년에 100배씩 증가하고, 메모리의 경우도 플래시 메모리칩의 용량은 해마다 두 배씩 증가한다. 실제 자료를 살펴보면 1976년 Intel 8085 프로세서는 6,500개의 트랜지스터를 가지고 있었으나 2016년 Intel 22-Core Xeon 칩은 72억 개의 트랜지스터를 갖고 있다(그림 13-1(a) 참조). 지난 40년 동안 인텔 마이크로프로세서가 가지는 트랜지스터의 수가 약 110만 배 증가하였다. 또한 마이크로프로세서의 클록 스피드는 1976년부터 2016년까지 40년 동안 2만 배 이상 증가하였다. 이에 비해, 칩 내의 트랜지스터 사이클 당 가격은 1976년에 비해 2016년에는 500억 분의 1 이하로 떨어졌다. 하드디스크의 가격도 1980년대 기가바이트 당 약 10만 달러에서 2015년 2센트 수준으로 약 500만 분의 1로 하락하였다(그림 13-1(b) 참조).

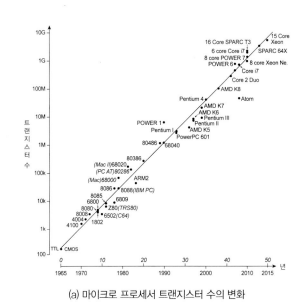

(a) 마이크로 프로세서 트랜지스터 수의 변화

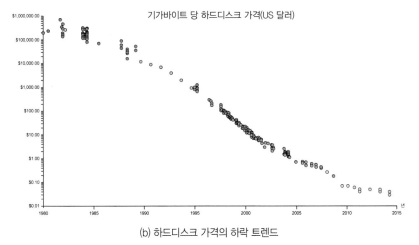

기가바이트 당 하드디스크 가격(US 달러)

(b) 하드디스크 가격의 하락 트렌드

출처: mkomo.com

| 그림 13-1 컴퓨터 성능의 변화 추이

1950년대 컴퓨터 이론가 폰 노이만은 "기술발전의 지속적인 '가속화'로 인하여 인류 역사는 필연적으로 특이점(Singular Point)이 발생할 것이며, 그 이후 인간의 역사는 지금까지 경험해온 것과는 전혀 다르게 발전해나갈 것이다."라고 예견하였다. 폰 노이만은 여기서 '가속화'과 '특이점'이라는 두 가지 중요한 개념을 언급하였다. '가속화'라는 개념은 기술의 발전이 선형적이지 않고 기하급수적이라는 것이고, '특이점'은 기하급수적 증가가 최초의 예측을 뛰어넘는 속성을 지닌다는 것이다. 처음에는 더디게 증가하여 크게 눈에 띄지 않지만, 곡선의 무릎에 해당하는 특이점을 넘어서면서 폭발적으로 증가하여 완전히 새로운 변화를 초래한다는 것이다. 미래학사 레이 커즈와일(Ray Kurtzweil)은 이러한 특이점이 2035~2045년 경 발생하여 컴퓨터의 지능이 인간의 지능을 넘어설 것으로 예측하고 있다. 앞으로 컴퓨터 프로세서의 처리 속도와 메모리 용량과 같은 성능은 거의 무한대에 이르러 더 이상 제약조건이 되지 않을 것이다.

### ■ ICT 혁신기술과 경제적 영향

미래에 ICT 기술이 어떻게 발전하고 우리 사회에 어떠한 영향을 미칠지를 예측하는 것은 매우 어려운 일이다. 여기서 공신력 있는 기관의 자료를 통해 ICT 혁신기술에 대하여 알아보자. 맥킨지(McKinsey)사는 앞으로 10년을 내다 볼 때 가장 큰 영향을 미칠 파괴적 혁신 기술(Distruptive Technology)을 발표하였다. 이들은 클라우드 컴퓨팅, 모바일 컴퓨팅, 사물인터넷(IoT), 빅데이터와 분석 기술, 소셜 컴퓨팅, 웨어러블 컴퓨팅, 자율 자동차, 지식 자동화, 지능형 로봇 등을 포함한다. 이들 중 2025년 경 가장 큰 시장으로 모바일 인터넷, 사물인터넷, 지식 자동화, 클라우드 컴퓨팅, 지능형 로봇을 들고 있다.

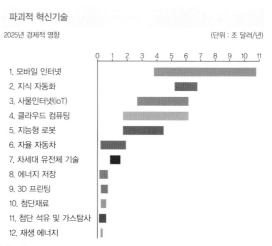

파괴적 혁신기술

2025년 경제적 영향                    (단위 : 조 달러/년)

1. 모바일 인터넷
2. 지식 자동화
3. 사물인터넷(IoT)
4. 클라우드 컴퓨팅
5. 지능형 로봇
6. 자율 자동차
7. 차세대 유전체 기술
8. 에너지 저장
9. 3D 프린팅
10. 첨단재료
11. 첨단 석유 및 가스탐사
12. 재생 에너지

출처: MaKinsey Global Institute

| 그림 13-2  ICT 혁신기술의 경제적 영향

한편, IDC사는 지난 50년 간 3차에 걸친 컴퓨팅 플랫폼의 변화에 대하여 설명하고 있다. 1차 플랫폼의 메인프레임 컴퓨터 위주에서 2차 플랫폼의 클라이언트-서버 및 인터넷으로 변화하였다. 또한, 2010년대 초부터 시작된 3차 플랫폼은 4개의 축, 즉 클라우드, 모바일, 빅데이터 및 소셜 비즈니스로 구성될 것으로 예상하고 있다. 이러한 축을 기반으로 로봇, 사물인터넷, 내추럴 인터페이스, 지능형 시스템, 3D 프린팅 및 차세대 보안이 핵심적인 기술이 될 것이라고 한다.

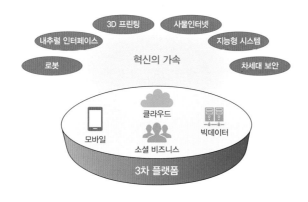

출처: IDC

| 그림 13-3  ICT의 3차 플랫폼

ICT 기술은 서로 다른 영역들을 융합하는 방향으로 발전하고 있고 이제 산업 간의 영역이 붕괴되는 현상이 나타나고 있다. 또한 기술의 융합은 기업 간의 협업을 촉진시키고 한 기업이 다른 기업을 인수 또는 합병하여 새로운 비즈니스 영역을 확보함으로써 시너지 효과를 얻는 방식으로 경쟁력을 확보한다. ICT 기술의 융합의 예로는 ICT와 바이오 기술을 비롯하여 ICT와 나노 기술, 농업, 에너지, 헬스케어, 금융과의 융합으로 발전하고 있다. 또한 최근 ICT 기술과 산업 및 공장과의 융합은 새로운 인더스트리 4.0을 가능케 한다.

몇 년 이내에 ICT와 바이오 기술 또는 마이크로 기술 및 나노 기술과의 융합으로 탄생된 기술을 이용한 새로운 응용 분야가 창출될 것으로 기대된다. 마이크로 기술은 몇 백만분의 1m 수준의 크기를, 나노 기술은 몇 십억분의 1m 정도의 크기를 의미한다. 나노 기계는 양자물리학, 생물물리학, 분자생물학을 이용하여 원자들로 구성된 기계이다. 마이크로 기술은 MEMS(Microelectromechanical Systems), 마이크로센서(Microsensors), 바이오 MEMS 등에 적용되었고, 나노 기술은 양자컴퓨터의 개발에 적용되고 있다. 그림 13-4(a)는 바이오 MEMS와 나노 기술을 이용한 예이고, 그림 13-4(b)는 바이오칩이 인간의 뇌에 이식된 것을 보여주고 있다. 모바일 기술의 발전으로 웨어러블 컴퓨터가 출현하였으나 앞으로는 몸속에 컴퓨터를 '내장(embed)'하는 시대가 올 것이다. 몸속에 컴퓨터를 내장한 증강인간(Human Augmentation)은 현실과 가상이 결합한 상태로 현실에서 특정한 능력이 커진 사람을 의미한다.

ICT 기술이 기존 전통산업 분야와 융합하여 적용될 때 고부가 가치를 창출할 수 있을 것으로 기대된다. 최근 선진국이나 우리나라는 중국, 인도, 동남아시아 국가에 비해 제조업 분야의 경쟁력에서 큰 위협을 받고 있다. 이러한 분위기 속에서 ICT 기술을 기존 전통산업에 접목하는 것은 전통산업 분야에 새로운 경쟁력을 부여할 수 있을 것이다. 특히, 자동차, 조선, 국방, 금융, 에너지, 농업, 유통/물류, 교통, 건설, 의료, 통신기기 분야와 ICT 기술의 융합은 많은 고부가가치 상품 및 서비스를 창출할 수 있을 것으로 기대된다.

(a) 바이오MEMS와 나노 기술

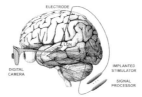

(b) 바이오칩과 인간의 뇌에 이식된 칩

출처: Advanced Electronic Security

| 그림 13-4 ICT 기술과 바이오/나노 기술의 융합

■ ICT 기술로 인한 직업의 변화

ICT 기술로 산업과 사회가 컴퓨터화, 자동화, 로봇화 되면서 앞으로 일자리에 큰 변화가 예상된다. 일본 코베대 다쿠야 교수는 18세기 산업혁명으로 제1의 실업시대가 도래하였고 1960년대 공장 자동화로 제2의 실업시대 현상이 나타났으며, 이제 컴퓨터, 로봇 및 인공지능의 발달로 전문직과 같은 화이트컬러도 직업의 영향을 받는 제3의 실업시대를 맞게 될 것으로 예상하고 있다. 또한 옥스포드대학의 연구에 의하면 미국 702개 일자리군을 분석한 결과 ICT 기술의 영향으로 20년 내에 사라질 일자리가 약 47%에 이른다. MIT의 브린욜프슨(Eric Brynjolfsson)교수와 맥아피(Andrew McAfee)교수는 『기계와의 전쟁(Race Against The Machine)』이라는 책에서 로봇, NC 머신, 목소리 인식, 언어 자동번역, 인공지능, 자율주행 자동차 등으로 인한 사회의 변화를 언급하고 있다. 그동안 인간이 해오던 일들이 이러한 디지털 및 자동화 기술에 의해 대체되고 생산성이 향상되면서 미래의 일자리에 큰 변화가 올 것으로 예측하고 있다. 우리 사회는 이러한 기술을 활용하는 그룹과 그렇지 못한 그룹 사이에 커다란 간격이 생겨나고 인간이 디지털 시대의 자동화 및 지능화 트렌드와 경쟁에서 결코 이길 수 없음을 이야기 하고 있다. 의료, 법률, 금융, 유통, 제조, 과학연구 등 모든 영역에서 기계와 인간이 협동하고 상호보완하는 것이 앞으로 나아갈 방향임을 제시하고 있다.

■ ICT 기술과 우리사회의 트렌드

ICT 기술이 사회를 어떻게 변화시키는지 경제적, 사회적 및 산업적 측면에서 몇 가지 특성을 찾을 수 있다. 우리 사회가 초연결사회, 모바일화, 스마트화/지능화 및 감성화/몰입화의 방향으로 변화하고 있으며 이것은 사회 인프라의 모든 영역에서 동일하게 작용할 것이다. 초언결사회와 모바일화는 인터넷 환경의 발전 및 사물인터넷 기술과 밀접한 관계가 있고 스마트화 및 지능화는 산업은 물론 우리사회의 스마트화와 개인의 삶에도 커다란 영향을 미칠 것이다. 감성화 및 몰입화는 가상현실(VR) 및 증강현실(AR) 기술을 통해 실현되며 인간과 컴퓨터 간의 효율적인 상호작용을 지원하기 위한 NUI 기술을 필요하게 될 것이다.

| 그림 13-5 ICT로 인한 경제적, 사회적 및 산업적 특성

## 13.2 초연결사회(Hyper-connected Society)

인터넷, 사물인터넷, 센서, 모바일 기술의 발전으로 우리사회가 초연결사회로 변화하고 있다. 기술 발전에 의한 초연결사회를 이해하고 공유경제 개념을 이해하자.

### 13.2.1 인터넷 인프라와 사물인터넷

■ 사물인터넷의 확산

인터넷의 연결속도가 빠르게 증가하고 비용은 오히려 감소하고 있는 추세이다. 스마트폰, Wi-Fi, 블루투스, 비콘, NFC 등의 기술 발전으로 사람과 사람 간의 연결이 보다 원활하게 되었고 소셜미디어와 SNS가 확산되었다. 이러한 결과로 소셜 경제(Social Economy)라는 개념이 나타나게 되었다. 또한, 사물인터넷(IoT)과 IPv6 기술은 사람과 물체, 물체와 물체 간의 연결을 확산시켰다. Cisco사는 2020년 전 세계적으로 500억 개의 사물이 인터넷에 연결될 것으로 예상하고 있고 또 다른 예측에 의하면 2030년 1조 개의 사물이 인터넷에 연결될 것으로 예상된다. 소셜미디어, 웨어러블 기기 및 IoT에 의한 연결의 결과로 엄청난 양의 데이터가 생성되게 되었고 이는 빅데이터를 구성하여 ICT 기술 활용의 지능화에 핵심적 역할을 담당하게 되었다. 세계적 ICT 시장조사기관인 IDC에 의하면 전 세계에 저장된 정보는 2년마다 2배씩 증가한다.

출처: http://www.appliedmaterials.com

| 그림 13-6  사물인터넷에 연결된 사물의 수(2020년)

사물인터넷이 확산되면서 공장, 도시, 가정, 직장, 물류/유통, 차량 및 개인의 삶의 영역에서 핵심적인 역할을 담당할 것이다. 맥킨지사에 의하면 2025년경에 사물인터넷 시장의 규모가 4~11조 달러에 이를 것으로 예상된다. 특히 사물인터넷 시장규모는 공장, 도시 인프라, 자율주행 자동차, 헬스케어 영역에서 큰 시장을 형성할 것이다(그림 13-7 참조).

| ■ 최저 예상　■ 최고예상 | (단위 : 조 달러) |
|---|---|
| 공장 | 1.2~3.7 |
| 도시 | 0.9~1.7 |
| 인간의 삶 | 0.2~1.6 |
| 소매 | 0.4~1.2 |
| 물류/유통, 차량 | 0.6~0.9 |
| 직장 | 0.2~0.9 |
| 차량 유지 및 보험 | 0.2~0.7 |
| 가정 | 0.2~0.3 |

출처: June 2015, McKinsey Global Institute

| 그림 13-7 2025년 사물인터넷 시장의 규모

### ■ 공유 경제

또한 사람−사물−공간의 초연결화가 빠르게 진행되면서 우리 사회는 과거 직접 소유의 형태를 벗어나 공유 경제(Sharing Economy)로 변화하고 있다. 제레미 리프킨은 『한계비용 제로사회(*The Zero Marginal Cost Society*)』라는 책에서 자동화와 로봇화를 통한 물건을 만드는 비용이 극히 저렴해지고 초연결사회에서 모든 사람−사물−공간 간의 연결이 매우 빠르고 거의 '제로' 비용으로 가능해지면서 과거 소유경제 시대가 막을 내리고 이제 공유경제 시대가 시작된다고 갈파하고 있다. 공유경제 시대에서는 사물인터넷 기반 P2P(Person to Person) 및 T2P(Thing to People) 형태의 비즈니스 모델로 발전할 것이다. 우버(Uber)와 에어비앤비(AirB&B)의 예에서 보듯이 물건, 서비스의 공유로부터 시작하여 앞으로 모든 영역에서 협력적 커뮤니티로 발전해나갈 것으로 예상하고 있다. 우버와 에어비앤비는 각각 500억 달러와 400억 달러의 기업 가치를 갖고 있다. 이것은 현대자동차(약 300억 달러) 및 힐튼 월드와이드(약 270억 달러)에 비해 실로 엄청난 기업 가치를 나타내고 있다.

### ■ 센서의 발전

한편 2013년 "센서 정상회의"에서 논의된 예측에 의하면 사물인터넷을 지원하기 위한 센서의 수가 2024년 1조 개를 돌파할 것이고 그 후 10년 후인 2034년에는 그 수가 100

조 개에 이를 것으로 예상하고 있다(그림 13-8 참조). 현재 센서의 평균 가격은 1달러에 못 미치는 수준이고 거의 에너지를 사용하지 않으며 미래에는 이러한 트렌드가 지속되어 가격은 더욱 저렴해지고 에너지 소모량도 더욱 개선될 것이다.

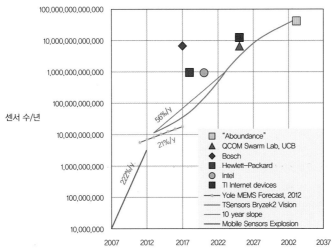

출처: http://spb-global.com

| 그림 13-8 **사물인터넷에 사용되는 센서들의 수 예측**

■ 인터넷 데이터 전송속도

인터넷 인프라의 대부분이 멀티미디어 정보의 공유를 염두에 두고 개발되는 추세이고, 멀티미디어 데이터는 원천적으로 데이터의 크기가 텍스트 데이터에 비해 엄청나게 크다. 최근 미디어 데이터의 압축기술이 많이 발전하였다고는 하지만 압축하는 데도 한계가 있다.

이러한 측면에서 초고속인터넷 이전의 인터넷 속도는 멀티미디어 데이터를 전송하기에 그리 만족할 만한 수준이라고는 할 수 없다. 그러나 통신전문 칼럼니스트인 조지 길더(George Gilder)에 의하면 일반적으로 광섬유의 대역폭, 즉 인터넷의 데이터 전송속도는 12개월에 3배씩 빨라진다고 주장하였다. 인터넷의 데이터 전송속도가 빨라지면서 인터넷 환경에서 전송되는 데이터의 양도 급격히 증가하고 있다. 그림 13-9는 매월 전송되는 데이터양이 2015년에 3.7 EB(Exabyte)에서 2020년에는 30.6 EB로 증가하여 연간 증가속도가 53%에 이를 것으로 예상하고 있다.

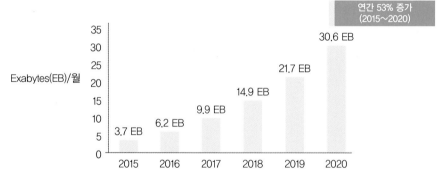

연간 53% 증가
(2015~2020)

30.6 EB

21.7 EB

14.9 EB

9.9 EB

6.2 EB

3.7 EB

Exabytes(EB)/월

출처: http://www.techfever.net

| 그림 13-9 인터넷 데이터 전송량의 증가

### 13.2.2 모바일 사회의 발전

2000년대 중반 이후 스마트폰의 확산으로 우리 사회가 모바일 사회로 변화하며 경제, 사회, 문화, 산업, 교육, 의료는 물론 인간의 삶과 라이프스타일에 커다란 변화를 일으키고 있다. 모바일화로 인하여 모바일 경제 개념이 출현하였고 O2O(Online to Offline), 온디맨드 경제 개념이 나타나게 되었다. O2O 개념은 이용자가 모바일 기기를 통해 온라인 방식으로 주문하면 매우 빠른 시간 내에 오프라인의 상품이나 서비스가 고객의 위치에 상관없이 배달되는 형태로 변화시키고 있다. 또한 온디맨드 개념은 Netflix, Hulu와 같은 OTT(Over The Top) 서비스처럼 이용자의 요구가 생기는 즉시 언제, 어디서나 맞춤형 방식으로 이용자에게 제공되는 것을 의미한다. 모바일화는 이용자의 개인성, 이동성 및 즉시성의 특성을 가지고 있어 O2O 및 온디맨드 개념이 가능하게 되었다.

모바일 인터넷이 3G에서 4G로 발전하였고 2020년경에는 다시 5세대 이동통신(5G)이 가능할 것으로 예상되어 데이터 전송속도가 매우 빠르게 발전할 것으로 예상된다. 이러한 환경의 변화에 힘입어 클라우드 서비스가 미래의 허브 역할을 담당하게 될 것이다. 현재 대부분의 애플리케이션과 콘텐츠는 모바일 기기를 허브로 삼아 이루어지는데 비하여 미래에는 이러한 역할을 클라우드 서비스가 담당하게 될 것이다. 특히 모바일 인터넷의 속도가 빨라지면서 동영상 데이터가 차지하는 비중이 빠르게 증가하고 있다. Cisco사에 의하면 2014년 전체 모바일 동영상 데이터 트래픽이 55%를 차지하나 2019년에는 그 비중이 72%로 증가할 것으로 예상되고 있다.

모바일화의 추세는 최근 빠르게 성장하는 ICT 기업이나 유니콘 기업(기업의 가치가 10억 달러 이상의 비상장 스타트업)의 많은 부분이 모바일 서비스 및 콘텐츠와 연관되어 있다. Facebook, Twitter와 같은 SNS 서비스, 모바일 메신저 서비스, Apple, Google과 같은 모바일 플랫폼, YouTube, Skype, Netflix, Hulu와 같은 동영상 서비스 등이 대표적인 사례이다. 이외에도 Instagram, Pinterest, Flickr와 같은 소셜미디어, Periscope, Meerkat, Sanpchat와 같은 실시간 동영상 스트리밍, 모바일 게임, Buzzfeed와 같은 스낵형 콘텐츠 등 수 많은 사례들이 존재한다.

■ 5G 이동통신

무선통신의 주파수 대역은 10년 전 900MHz이하에서 오늘날은 1~3GHz로 증가하였고, 무선통신을 위해 점진적으로 고주파를 이용하는 추세이므로 주파수 대역은 앞으로도 계속 증가할 것이다. 특히, 과거 IMT-2000과 같은 3세대 이동통신이 HSDPA과 같은 3.5세대 이동통신 시스템을 거쳐 최근에는 4세대 이동통신인 LTE로 발전하였다. LTE는 100Mbps 이상의 데이터 전송속도를 지원하여 스마트폰(Smart Phone)을 이용한 고속의 멀티미디어 응용에 적합하다. 2020년경 상용화될 것으로 예상되는 5세대 이동통신 기술은 10Gbps 이상의 데이터 전송속도를 지원하여 2시간짜리 비디오 영화를 전송하는 데 걸리는 시간이 불과 몇 초에 지나지 않는다(그림 13-10 참조).

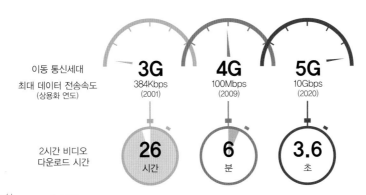

출처: http://www.cnet.com

| 그림 13-10  3G, 4G 및 5G 이동통신의 데이터 전송속도 비교

구글사에서 개발 중인 Skybender 프로젝트에서 무인기를 이용한 5G 기술은 지상 4.5km 상공을 나는 드론으로 태양광을 이용하여 에너지 공급을 받아 6개월 동안 공

중에 떠 있을 수 있다. 우리나라의 4G LTE가 2.1 GHz 주파수대역을 이용하는 데 비해 Skybender는 28 GHz의 초고주파대역을 사용하여 LTE보다 1000배 빠른 데이터 전송속도를 가능케 한다. Skybender는 4.5km에 위치한 통신기지국으로 첨단안테나를 장착하고 있다. Facebook사도 드론을 이용하여 5G 이동통신을 실현하는 기술을 개발하고 있다.

| 그림 13-11 **구글의 Skybender**

## 13.3 인더스트리 4.0과 스마트 사회

우리 사회가 맞이할 4차 산업혁명은 산업인터넷(IoT) 기술은 물론 바이오 기술, 증강현실 및 인공지능 기술이 중요한 역할을 담당할 것이다. 4차 산업혁명은 일자리에 커다란 변화를 일으키고 스마트 공장을 가능케 할 것이다. 또한 빅데이터를 활용한 스마트사회와 스마트 머신에 대하여 알아보자.

### 13.3.1 제4차 산업혁명과 인더스트리 4.0

■ 4차 산업혁명과 사회의 변화

우리 사회는 정보혁명에 의한 3차 산업혁명을 거쳐 이제 4차 산업혁명을 맞이하고 있다. 2016년 초 다보스 세계경제포럼(WEF: World Economic Forum)의 보고서에 의하면 4차 산업혁명은 3차 산업혁명보다 훨씬 빠른 속도로 진행될 것이며 우리사회에 더욱 광범위하게 영향을 미칠 것으로 예측하고 있다. 이러한 트렌드를 앞서가는 국가와 기업이 절대적 경쟁력을 장악할 것으로 예상하고 있다. 4차 산업혁명은 산업인터넷

(IoT) 기술은 물론 바이오산업 기술, 증강현실, 인공지능 및 로봇 기술이 중요한 역할을 담당할 것이다.

4차 산업혁명으로 인하여 향후 5년 간 약 710만 개의 일자리가 사라지고 200만 개의 새로운 일자리가 창출될 것으로 보고서는 예측하고 있다. 2015~2017년 기간 중에는 모바일 인터넷, 클라우드 컴퓨팅, 저렴한 컴퓨팅 파우어, 대용량 스토리지(빅데이터) 기술이 중요한 역할을 할 것으로 예상되지만 2018년 이후에는 로봇기술과 사물인터넷 기술이 더 중요한 역할을 차지할 것으로 예상되고 있다. 그림 13-12는 2015~2025년 기간에 우리사회에 가장 많은 영향을 끼칠 기술을 비교하여 보여주고 있다. 새로운 일자리도 이러한 기술 영역을 중심으로 창출될 것이다.

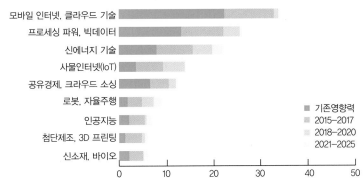

출처: World Economic Forum

| 그림 13-12 미래 사회의 기술적 영향력

■ 인더스트리 4.0과 스마트 공장

인더스트리 4.0은 제조업에서 자동화 및 시스템 간의 정보교환을 통한 최신의 ICT 기술을 적용한 개념을 의미한다. 인더스트리 4.0은 당연히 사물인터넷, 센서, 빅데이터 및 클라우드 컴퓨팅에 기반하여 발전하고 있다. 사물인터넷의 가장 큰 부분을 차지하는 영역이 제조업과 헬스케어 분야이다. 원래 인더스트리 4.0 개념은 2011년 제조업 강국인 독일의 '하이테크 비전 2020'에서 시작되었다. 사물인터넷 기술을 적용하는 스마트공장 개념을 통하여 인더스트리 4.0이라 부르는 제4차 산업혁명을 주창하였다. 엄밀히 말하면 제4차 산업혁명과 인더스트리 4.0간에 어느 정도 개념적 차이가 존재한다. 제4차 산업혁명이 산업뿐만 아니라 경제, 사회, 정부 등의 영역을 포괄적으로 포함하는 개념인 데 비하여 인더스트리 4.0은 제조업과 공장에 국한된 개념이다. 18세기 중반에 시작된 제1차 산업혁명은 증기기관을 통한 공장의 기계화에 초점이 맞추어져 있고 19세기 말에서 20세기 초반에 이어진 제2차 산업혁명은 전기와 컨베이어 시스템을 통해 대량생산을 가능하게 하였다. 제3차 산업혁명은 1970년대 컴퓨터와 인터넷을 이용한 자동화와 로봇에 의한 제조방식을 의미한다. 이에 비하여 제4차 산업혁명은 21세기 초에 시작되어 사물인터넷, 센서, 인공지능, 스마트 로봇, 빅데이터, 클라우드 컴퓨팅, 3D 프린팅 기술에 기반한 차세대 제조방식을 의미한다.

출처: https://en.wikipedia.org

| 그림 13-13 인더스트리 4.0의 발전 과정

인더스트리 4.0은 스마트 공장의 실현을 목표하고 있다. 스마트 공장은 제조공정에서 원료, 기계, 설비, 제품 등이 서로 정보를 주고받으며 가장 최적의 방식으로 제품생산을 수행하는 시스템이다. 인더스트리 4.0은 제품의 제조 과정뿐 아니라 제품의 기획과 설계, 생산을 위한 준비과정 등 다양한 엔지니어링 활동을 포함한다. 여기서 실제 제품을 생산하는 물리적 공장과 생산을 기획하고 준비하는 가상의 디지털 공장이 융합되어야 한다. 따라서 인더스트리 4.0은 가상물리시스템(CPS: Cyber Physics System) 개념에 기반하고 있다고 한다. CPS(가상물리시스템)란 물리적인 프로세스와 컴퓨팅의 통합이라 할 수 있다. CPS에서는 모든 물리적인 과정이 사이버 환경에서도 운영되어야 하고 새로운 생산방식과 프로세스의 재정의가 유연하게 가능해야 한다. 인더스트리 4.0은 기계와 설비 사이에 정보를 주고받으며 원료를 이용하여 생산 활동이 스스로 수행되고 센서를 탑재한 기계와 설비들은 어떤 제품을 생산할 때 가장 효율적인 생산 방식과 저렴한 생산원가를 추구할 수 있다. 독일은 인더스트리 4.0을 2030년경에 달성할 것을 목표로 하고 있다.

인더스트리 4.0을 통해 얻을 수 있는 이점에 대하여 설명하기로 한다. 디지털 사이버공장을 통하여 제품의 설계에서 생산까지 모든 과정을 시뮬레이션함으로써 착오를 줄이고 효율성을 높일 수 있다. 컴퓨터를 통해 구축된 가상세계를 통해 빠른 시간 내에 가능한 모든 결정과 검증을 수행할 수 있다. 또한 스마트 공장의 유연한 시스템은 다양한 고객들을 위해 나양한 세품을 생산할 수 있다. 인더스트리 4.0은 빠른 제품 개발 시간을 가능케 하고 제품의 원가를 낮출 수 있다. 동시에 에너지 소비량을 절감하고 더 친환경적인 공장 운영을 가능케 해준다. 뿐만 아니라 공장의 기계와 설비에 센서를 부착하여 항상 고장을 점검하고 예측하여 미리 대비하는 것이 가능하다.

### 13.3.2 빅데이터와 스마트 사회

ICT 기술의 활용은 지능화 되고 있다. 사이버스페이스에서 정보를 검색하는 구글과 같은 검색엔진은 지능적으로 발전하고 있다. 모바일 기기들도 현재 위치를 파악하고 상황을 인식하는 방향으로 발전하여 이용자의 개인성과 위치기반 서비스를 더욱 잘 지원할 수 있게 되었다. 센서와 사물인터넷 기술이 발전하고 활용되면서 ICT 환경은 더욱 스마트하게 되어 스마트홈, 스마트 시티, 스마트카, 헬스케어는 물론 산업 및 기업 활동도 스마트한 방향으로 변화해나갈 것으로 기대된다.

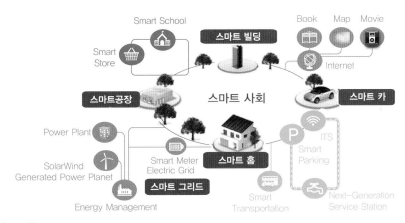

출처: http://kr.renesas.com

| 그림 13-14 사물인터넷 기술을 활용한 스마트사회

우리 사회의 스마트화 및 지능화 현상은 두 가지 기술의 발전에 힘입은 바가 크다. 첫째는 사회가 초연결화 되면서 빅데이터가 생성하게 되었고 데이터 분석기술이 발전하면서 다양한 활용영역에서 지능화가 가능하게 되었다. 사물을 보고, 듣고, 이해할 수 있는 딥러닝 기술의 활용도 빅데이터가 존재하기에 가능한 일이다. 미래에 딥러닝 기술을 이용하여 이미지 인식, 음성 인식, 동영상 인식의 정확도가 더욱 증가할 것이다. 두 번째는 GPS, 비콘, 카메라, 자이로센서, 콤파스, 비콘, 가속기센서, 지도 정보를 이용하여 현재의 위치와 주위 상황을 더욱 잘 이해하게 되었고 각종 센서들을 이용하여 가정, 도시, 도로, 산업 등 모든 영역에서 보다 스마트한 활용이 가능하게 되었다. 지능화 추세는 미디어 플랫폼과 서비스에도 큰 영향을 미칠 것이다.

### 13.3.3 스마트 머신

■ 스마트 머신이란?

스마트 머신이란 지능형 개인비서, 지능형 에이전트, 전문가 시스템 및 지능형 로봇과 같이 이용자의 삶 가운데서 직접적으로 도움을 주는 시스템을 의미한다. 지능형 개인비서는 시리와 같이 이용자와 자연어로 대화하면서 이용자의 질문에 대답하는 시스템이다. 지능형 에이전트는 온라인상에서 이용자의 개인정보와 상황정보를 참조하여 원하는 정보를 지능적으로 인식하여 제공해준다. 이러한 정보는 여행에 관한 정보, 상품에 관한 정보 및 가격 정보 등 다양한 정보를 포함한다. 웹 환경에서 정보를 찾아오는 방식도 시맨틱웹에 해당하는 웹 3.0 기술을 활용하여 이용자 질의의 의미를 정확하게 이해하고 이용자에 관한 정보와 상황을 잘 파악하여 가장 적절한 해답을 찾아온다. 전문가 시스템은 의료, 법률, 투자와 같은 전문 분야에서 이용자의 상담에 답하는 시스템이다. 앞으로 각 가정은 지능형 로봇을 통하여 일상 대화뿐만 아니라 물리적인 도움까지 줄 수 있는 로봇을 소유하게 될 것이다. 이 로봇은 무선으로 인터넷 및 빅데이터에 연결되어 있어 지능적으로 행동할 수 있게 된다.

스마트 머신의 이러한 지능은 클라우드, 빅데이터, 사물인터넷 및 로봇을 기반으로 작동하게 된다. 스마트 머신은 클라우드에 항상 연결되어 클라우드 컴퓨팅의 강력한 프로세싱 능력과 메모리를 사용하고 클라우드 컴퓨터가 제공하는 빅데이터를 활용하여 지능적으로 응답한다. 또한 물리적으로는 로봇을 통하여 도움을 받는다.

| 그림 13-15 스마트 머신의 기반 환경

가트너 그룹에 의하면 인간은 2020년 대에 스마트 머신을 본격적으로 이용하게 될 것으로 예상된다. 그림 13-16에서 보듯이 1970년대 자동화 기계를 통해 생산 현장에서 도움을 받다가 1980년대 사무자동화가 일어나고 1990년대 인터넷을 통해 정보를 획득하였다. 2000년대 들어와서 앱, 키오스크 및 온라인을 통한 서비스로 발전하였고 2010년대에는 스마트 로봇을 통해 물리적 도움을 받는다. 앞으로 2020년에는 스마트 머신을 통해 인간의 지능과 능력을 증강시키는 시대가 될 것이다.

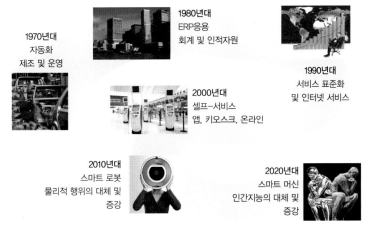

출처: Gartner

| 그림 13-16 스마트 머신까지의 변화

■ 지능형 로봇

현재 존재하는 로봇은 대부분 공장이나 산업 현장에서 활용되는 제조업용 로봇이나 전문 서비스형 로봇이다. 그 수도 그리 많지 않고 가격도 매우 비싼 편이다. 최근 수가 빠르게 증가하지만 2011년 자료에 의하면 로봇의 수는 1500만 정도이다. 로봇을 사용하는 가장 주된 이유는 노동 비용을 절감하고 생산성을 높이는 데 있다.

최근 많은 발전을 보이고 있는 지능형 로봇은 주변 환경을 인식(Perception)하고 스스로 상황을 인지(Cognition)하여 자율적으로 동작한다. 지능형 로봇은 앞으로 바이오 기술(BT) 등 첨단기술을 활용하여 더욱 발전된 로봇으로 변화할 것이다.

(a) Jibo Robot　　　　　　　　　　　　(b) Echo Robot

| 그림 13-17 **지능형 로봇**

미래에는 지능형 로봇과 인간의 모습을 닮은 휴머노이드 로봇이 확산되어 한 가정에 한 로봇 시대가 열릴 것이다. 이러한 로봇의 수는 2025년경 7억 대, 2030년경 30억 대에 이르고 2035년경에는 인류의 수를 넘어설 것으로 예상된다.

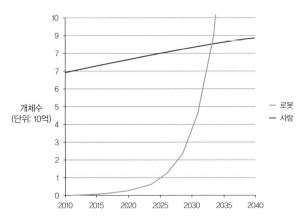

출처: http://www.motherjones.com

| 그림 13-18 **지능형 로봇 사용의 증가추이**

## 13.4 사용자 인터페이스와 NUI

ICT 기술이 고도로 발전하면서 컴퓨터가 인간의 감성과 감정을 이해하고 인간과 효과적으로 소통할 수 있는 기술이 개발되고 있다. 감성 정보로 사용되는 정보는 이용자의 음성, 표정, 몸짓 등을 이해하고 이용자의 성향 및 상황을 의미한다. 또한 웨어러블 기기를 통해 체온, 맥박, 혈압, 심전도 등과 같은 신체적 정보도 활용한다. IBM사는 최근 감성커머스(Cognitive Commerce) 기술을 통하여 이용자의 성향 및 상황 그리고 감성적인 정보를 이해하는 e-비즈니스 형태를 개발하고 있다. 지금까지 인간과 컴퓨터 간의 상호작용이 주로 GUI(Graphical User Interface) 방식을 따랐으나 앞으로는 내추럴 사용자 인터페이스(NUI: Natural User Interface) 방식이 더욱 활성화될 것으로 기대된다. NUI를 통해 이용자는 차별화된 사용자 경험(UX: User Experience)을 추구할 수 있을 것이다.

### 13.4.1 제스처 인식

최근 터치 기술 대신 제스처를 인식하는 기술이 개발되어 노터치(No Touch) 방식의 사용자 인터페이스가 적용되고 있다. 과거 게임에서 이용되던 제스처 인식이 앞으로 증강현실(AR)을 비롯한 다양한 영역에서 활용될 수 있을 것이다. 그림 13-19(a)는 Leap Motion사의 제스처 인식을 보여주고 있고 그림 13-19(b)는 Google사가 개발한 프로젝트 솔리(Soli)이다. 프로젝트 솔리는 레이더가 손가락 동작을 인식하는 기술로 웨어러블 장치, 사물인터넷, 커넥티드 자동차에서 유용하게 활용될 수 있다.

(a) Leap Motion사의 제스처    (b) Google의 프로젝트 솔리(Soli)

| 그림 13-19 제스처 기술을 이용한 사용자 인터페이스

미래에는 키보드가 없는 컴퓨터가 출현할 것으로 예상된다. 사람의 오감을 인지하고 이를 컴퓨터와 통신을 통해 전송하는 방식, 사람의 감성을 인지하고 반응하는 감성 컴퓨터, 뇌파로 가전기기를 작동하는 방식 등 다양한 방식의 사용자 인터페이스가 실용화될 것으로 예상된다. 또한 촉각의 활용을 위해서 촉각피드백(Haptic Feedback)을 주는 장치도 개발되어 사용되고 있다. 그림 13-20(a)는 사람의 뇌파로 작동하는 컴퓨터이고, 그림 13-20(b)는 촉각장치의 활용 예를 보여주고 있다.

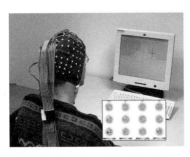 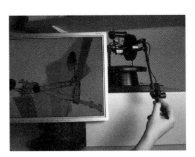

(a) 뇌파를 이용한 컴퓨터 인터페이스　　　　(b) 촉각장치(Haptic device)의 활용 예

출처: Carnegie-Mellon Univ.

| 그림 13-20　미래의 컴퓨터 사용자 인터페이스

## 13.4.2 음성인식

음성인식 기능은 요리를 할 때와 같이 두 손을 다 사용하여 키보드 입력이 어려운 상황이거나, 모바일기기 혹은 내비게이션 등과 같이 움직이며 ICT 기기를 사용하는 상황에 매우 긴요하게 필요로 한다. 최근에는 단순히 음성을 인식하는 수준을 넘어서 자연어 처리 기능을 연동한 의미추출 기능까지 적용하여 인식률을 높이고 있다. 이미 아이폰에서는 시리(Siri)라는 음성인식 프로그램이 애용되고 있으며, 안드로이드 스마트폰에서 구글 나우(Google Now)가 널리 사용되고 있다. 마이크로소프트의 코타나(Cortana)는 지능형 개인비서로 8개국 언어를 이해하고 적절한 답을 찾아 대화하는 시스템이다. 한편 음성합성(Text-to-Speech or Speech Synthesis) 기술은 글을 말로 바꾸는 기술로 아직은 기계적인 목소리에 대한 거부감 때문에 자동응답이나 시각장애인용 시스템 등 제한된 영역에서 이용되고 있다.

| 그림 13-21  자연어를 인식하는 지능형 개인비서 시리와 코타나

### 13.4.3 감성 컴퓨팅(Affective Computing)

최근에 상영된 "그녀(Her)"라는 영화에서는 주인공이 컴퓨터 운영체제와 사랑에 빠지는 스토리로 구성되어 있다. 영화에서처럼 ICT 기기가 인간의 감정이나 감성을 이해하여 인간과 의사소통할 수 있는 기술이 개발되고 있다. 1990년대부터 시작된 감성 컴퓨팅(Affective Computing) 분야는 MIT대학의 피카드(Rosalind W. Picard) 교수가 개척하였으며, 인간의 감정(Emotion)이나 관련 현상을 인지하고 이를 이해하여, 인간의 행동이나 감성에 의도적인 영향을 주는 컴퓨팅 기술이라고 할 수 있다. 즉, 하드웨어와 인간과의 감성적인 소통이 가능하도록 하는 인터페이스에 관련된 연구 분야이다. 최근에는 인간의 감성적인 만족도를 높이는 기법으로 주목받고 있으며 지속적인 기술의 발전으로 사용자의 감성 차이를 구분할 수 있는 수준에까지 이르렀다.

감성컴퓨팅을 위한 감성정보의 감지는 사용자의 신체적 상태나 행동에 대한 데이터를 수집하는 데에서 시작한다. 감성정보로 사용되는 데이터에는 감정적인 음성, 표정, 몸짓 등 행동적인 정보로부터 체온, 혈압, 맥박, 심전도 등 신체적 상태 정보도 있다. 감지된 데이터는 사람의 감성을 인지하고 분석하기 위한 단서로 사용되어 사람의 감정을 이해하는 데 활용된다. 이러한 감정분석을 위해서는 음성정보처리, 자연어처리, 영상기반 감정분석, 생체신호측정, 기계학습 등 다양한 기술을 필요로 하고 있다.

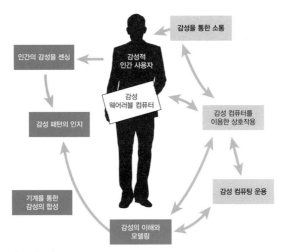

출처: http://affect.media.mit.edu

| 그림 13-22 감성 컴퓨팅의 개념

이렇게 분석된 감성정보는 감성 컴퓨팅 분야의 다양한 응용서비스를 가능하게 해준다. 대표적인 사례로 MIT 미디어랩(Media Lab)에서는 얼굴의 특징점을 고속으로 측정해서 감정을 추론하도록 하여 스트레스를 자동으로 감지하여 삶의 질을 높이는 소프트웨어를 개발하였다. 또한 Q-Sensors라는 손목밴드를 이용하여 피부 전도율이나 체온 측정을 통해 감정의 고저를 판단하기도 한다. 최근 MIT에서는 "임브레이스(Embrace)"라는 스마트워치를 통하여 사람의 전기적 활동이나 뇌신호까지 포함한 감성정보를 측정하여 질병을 예방하는 헬스케어 서비스를 개발하였다. 또 하나 대표적인 활용분야는 사람의 감정을 이해하고 더 나아가 자신의 감정을 지닌 감성로봇의 개발이다. MIT에서 개발한 휴머노이드 로봇 "Kismet"는 다양한 얼굴표정을 나타낼 수 있으며, 일본 소프트뱅크가 개발한 "Pepper"는 감정을 표현하고, 감정에 따라 행동하며 자연스러운 대화가 가능하다. 영국 이모쉐이프(EmoShape)사의 "EmoSpark"는 사용자와 상호작용이 지속될수록 의사소통하는 능력이 향상되는 기능을 지니고 있다.

최근에는 인간의 생체정보까지 인지하여 더욱 다양한 입력이 가능하도록 하는 인터페이스 기술이 개발되고 있다. 이미 얼굴인식(Face Recognition)을 통하여 누구인지 구분하고 표정까지 읽어 내는 연구가 활발히 진행되고 있다. 눈동자인식(Eye Tracking)을 통해 눈동자가 화면상에서 응시하는 위치를 추적하여 마우스 대신 커서를 제어하는 데에도 활용되며, 사용성 평가에 이용되어 웹페이지에서 위치에 따른 광고 단가를 결정하기도 한다. 더 나아가 뇌파의 신호를 부위별로 감지하여 인터랙션을 수행하고자 하는 뇌파제어 인터페이스(BCI: Brain Computer Interface) 기술도 개발하고 있으며 혈압 및 혈당 등 생체정보를 획득하여 감성 컴퓨팅에 이용하고자 새로운 인터페이스 기술을 연구하고 있다.

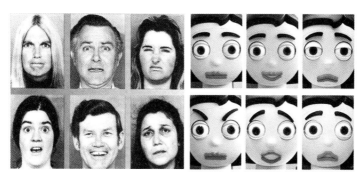

출처: www.interaction-design.org

| 그림 13-23 얼굴표정 인식을 통한 상응하는 캐릭터 표정

# 연습문제

**13-1** ICT 기술로 인한 우리사회의 경제적, 사회적 및 산업적 특성과 가장 거리가 먼 것은?

(a) 초연결사회      (b) 노령화      (c) 모바일화

(d) 스마트화      (e) 감성화

**13-2** 초연결사회를 가능케 하는 요소와 가장 거리가 먼 것은?

(a) 사물인터넷(IoT)      (b) 공유경제      (c) 센서

(d) 인터넷 데이터 전송속도      (e) 지능형 에이전트

**13-3** 사물인터넷 시장이 크게 형성할 영역과 가장 거리가 먼 것은?

(a) 공장      (b) 도시인프라      (c) 자연어 인식

(d) 자율주행 자동차      (e) 헬스케어

**13-4** 다음 중 공유경제 개념과 가장 관련성이 적은 것은?

(a) 산업인터넷      (b) 우버      (c) 에어비앤비

(d) P2P      (e) T2P

**13-5** 모바일 사회의 발전 배경 또는 결과와 가장 관련성이 적은 것은?

(a) O2O      (b) 온디맨드 경제      (c) 스마트폰의 확산

(d) 5세대 이동통신      (e) ICT 융합

**13-6** 4차 산업혁명을 가능케 하는 기술과 가장 거리가 먼 것은?

(a) 클라우드 컴퓨팅      (b) 모바일 인터넷      (c) 빅데이터

(d) 대량생산 기술      (e) 사물인터넷

13-7 인더스트리 4.0 개념의 기반 기술과 가장 거리가 먼 것은?

(a) 사물인터넷       (b) 전문가 시스템       (c) 센서

(d) 빅데이터       (e) 클라우드 컴퓨팅

13-8 다음 중 내추럴 사용자 인터페이스(NUI)에 속하지 않는 것은?

(a) GUI       (b) 제스처 인식       (c) 음성 인식

(d) 촉각 피드백       (e) 감성 컴퓨팅

---

**괄호 채우기**

13-1 ICT 기술은 서로 다른 영역들을 융합하는 방향으로 발전하고 있고 이제 산업 간의 영역이 붕괴되는 현상이 나타나고 있다. 최근 ICT 기술과 산업 및 공장과의 융합은 새로운 (       )을 가능케 한다.

13-2 지난 50년 간 3차에 걸친 컴퓨팅 플랫폼의 변화가 있었다. 1차 플랫폼의 메인프레임 컴퓨터 위주에서 2차 플랫폼의 클라이언트-서버 및 인터넷으로 변화하였다. 또한, 2010년대 초부터 시작된 3차 플랫폼은 4개의 축, 즉 클라우드, 모바일, (      ) 및 소셜 비즈니스로 구성될 것으로 예상하고 있다.

13-3 사람-사물-공간의 초연결화가 빠르게 진행되면서 우리 사회는 과거 직접 소유의 형태를 벗어나 (      )로 변화하고 있다.

13-4 모바일화로 인하여 모바일 경제 개념이 출현하였고 (      ), 온디맨드 경제 개념이 나타나게 되었다. (      ) 개념은 이용자가 모바일 기기를 통해 온라인 방식으로 주문하면 매우 빠른 시간 내에 오프라인의 상품이나 서비스가 고객의 위치에 상관없이 배달되는 형태로 변화시키고 있다.

13-5 최근에 많은 발전을 보이고 있는 (      )은 주변환경을 인식(Perception)하고 스스로 상황을 인지(Cognition)하여 자율적으로 동작한다. (      )은 앞으로 바이오 기술(BT) 등 첨단기술을 활용하여 더욱 발전된 로봇으로 변화할 것이다.

13-6 지금까지 인간과 컴퓨터 간의 상호작용이 주로 GUI(Graphical User Interface) 방식을 따랐으나 앞으로는 (      ) 방식이 더욱 활성화 될 것으로 기대된다.

**13-7** 1990년대부터 시작된 (                ) 분야는 MIT 대학의 피카드(Rosalind W. Picard) 교수가 개척하였으며, 인간의 감정(Emotion)이나 관련 현상을 인지하고 이를 이해하여, 인간의 행동이나 감성에 의도적인 영향을 주는 컴퓨팅 기술이라고 할 수 있다.

### 주관식

**13-1** ICT 기술의 발전으로 사라지거나 가장 큰 영향을 받을 직업에는 어떤 것들이 있는지 조사하라.

**13-2** 온디맨드 경제 개념에 대하여 설명하고 그 사례들을 제시하라.

**13-3** 스마트 머신의 사례에는 어떤 것들이 있는지 설명하고 스마트 머신의 기반 기술에 대하여 서술하라.

**13-4** 감성 컴퓨팅이란 무엇을 의미하는지 설명하고 감성 컴퓨팅의 활용 분야에 대하여 기술하라.

**13-5** 우리 사회의 스마트화 또는 지능화 추세를 지원하는 센서들에는 어떤 것들이 있는지 설명하라.

**13-6** 스마트 공장은 기존의 공장과 어떻게 다른가? 가상물리 시스템(CPS)은 스마트 공장에서 어떤 역할을 수행하는가?

# 참고문헌

## 1장

- Computer Science: An Overview, J. Glenn Brookshear, 11th Edition, 2012, Pearson
- Foundations of Computer Science, B. Forouzan and F. Mosharraf, 2008, Thomson Learning
- http://money.cnn.com/2012/03/19/news/economy/internet_economy/
- http://www.keepeek.com/Digital-Asset-Management/oecd/science-andtechnology/the-internet-economy-on-the-rise_9789264201545-en#WJRUD9KLTIU
- http://www.slideshare.net/PriyaSush/meaning-of-ict
- https://www.ntt-review.jp/archive/ntttechnical.php?contents=ntr201204fa1.html
- 컴퓨터와 IT기술의 이해, 최윤철, 한탁돈, 임순범, 2016, 생능출판사

## 2장

- Computer Science: An Overview, J. Glenn Brookshear, 11th Edition, 2012, Pearson
- Foundations of Computer Science, B. Forouzan and F. Mosharraf, 2008, Thomson Learning
- http://filecatalyst.com/todays-media-file-sizes-whats-average/
- http://geekologie.com/tag/analog
- http://www.cisco.com/c/en/us/solutions/collateral/service-provider/visualnetworking-index-vni/mobile-white-paper-c11-520862.html
- http://www.sprawls.org/resources/DICHAR/module.htm
- https://www.linkedin.com/pulse/technology-trends-telecommunicationsindustry-beyond-2015-kurian
- www.martinhilbert.net/worldinfocapacity.html
- 컴퓨터와 IT기술의 이해, 최윤철, 한탁돈, 임순범, 2016, 생능출판사

## 3장

- Computer Science: An Overview, J. Glenn Brookshear, 11th Edition, 2012, Pearson
- Foundations of Computer Science, B. Forouzan and F. Mosharraf, 2008, Thomson Learning
- http://electroiq.com/blog/2015/11/what-lies-beneath-50-years-of-enabling

moores-law/
- http://furryball.aaa-studio.eu/aboutFurryBall/whyGpu.html
- http://www.ultrabookreview.com/6023-how-to-replace-hdd-ssd/
- https://csarassignment.wordpress.com/2013/05/02/risc-vs-cisc/
- 컴퓨터 그래픽스 배움터, 최윤철, 임순범, 제3판, 2015, 생능출판사
- 컴퓨터와 IT기술의 이해, 최윤철, 한탁돈, 임순범, 2016, 생능출판사

## 4장

- Computer Science: An Overview, J. Glenn Brookshear, 11th Edition, 2012, Pearson
- Foundations of Computer Science, B. Forouzan and F. Mosharraf, 2008, Thomson Learning
- 컴퓨터와 IT기술의 이해, 최윤철, 한탁돈, 임순범, 2016, 생능출판사

## 5장

- Computer Science: An Overview, J. Glenn Brookshear, 11th Edition, 2012, Pearson
- Foundations of Computer Science, B. Forouzan and F. Mosharraf, 2008, Thomson Learning
- http://help.eclipse.org/neon/index.jsp?topic=%2Forg.eclipse.papyrus.uml.doc%2Ftarget%2Fgenerated-eclipse-help%2FPapyrusStarterGuide.html
- http://www.bbc.co.uk/education/guides/z3fgcdm/revision/7
- http://www.expertphp.in/article/basic-concept-of-object-orientedprogramming
- https://commons.wikimedia.org/wiki/Unified_Modeling_Language
- 컴퓨터와 IT기술의 이해, 최윤철, 한탁돈, 임순범, 2016, 생능출판사

## 6장

- Computer Science: An Overview, J. Glenn Brookshear, 11th Edition, 2012, Pearson
- Foundations of Computer Science, B. Forouzan and F. Mosharraf, 2008, Thomson Learning
- http://iampandiyan.blogspot.kr/2013_11_01_archive.html
- http://users.informatik.uni-halle.de/~jopsi/dinf504/chap13.shtml
- https://vinayakgarg.wordpress.com/2011/10/25/time-comparison-of-quicksort-insertion-sort-and-bubble-sort/
- https://www.topcoder.com/community/data-science/data-science-tutorials/the-importance-of-algorithms/

- 알기 쉬운 알고리즘, 양성봉, 2013, 생능출판사
- 컴퓨터와 IT기술의 이해, 최윤철, 한탁돈, 임순범, 2016, 생능출판사

## 7장

- Computer Science: An Overview, J. Glenn Brookshear, 11th Edition, 2012, Pearson
- Foundations of Computer Science, B. Forouzan and F. Mosharraf, 2008, Thomson Learning
- http://indunilg.blogspot.kr/2013_02_01_archive.html
- http://visual.ly/internets-undersea-world
- 소셜미디어 시대의 인터넷 이해, 최윤철, 임순범, 2014, 생능출판사
- 컴퓨터와 IT기술의 이해, 최윤철, 한탁돈, 임순범, 2016, 생능출판사

## 8장

- Computer Science: An Overview, J. Glenn Brookshear, 11th Edition, 2012, Pearson
- Foundations of Computer Science, B. Forouzan and F. Mosharraf, 2008, Thomson Learning
- 소셜미디어 시대의 인터넷 이해, 최윤철, 임순범, 2014, 생능출판사
- 컴퓨터와 IT기술의 이해, 최윤철, 한탁돈, 임순범, 2016, 생능출판사

## 9장

- Computer Science: An Overview, J. Glenn Brookshear, 11th Edition, 2012, Pearson
- Foundations of Computer Science, B. Forouzan and F. Mosharraf, 2008, Thomson Learning
- http://unmasadalha.blogspot.kr/2016/01/entity-relationship-diagram.html
- Multimedia Databases, Lynne Dunckley, 2003, Addison Wesley
- 데이터베이스 배움터, 홍의경, 생능출판, 2011
- 데이터베이스론, 이석호, 정익사, 2012
- 컴퓨터와 IT기술의 이해, 최윤철, 한탁돈, 임순범, 2016, 생능출판사

## 10장

- Computer Science: An Overview, J. Glenn Brookshear, 11th Edition, 2012, Pearson
- Foundations of Computer Science, B. Forouzan and F. Mosharraf, 2008, Thomson Learning
- 사물인터넷 전쟁, 박경수, 이경현, 2015, 동아엠앤비

- 초연결시대, 공유경제와 사물인터넷의 미래, 차두원, 진영현, 2015, 한스미디어,
- 컴퓨터와 IT기술의 이해, 최윤철, 한탁돈, 임순범, 2016, 생능출판사

### 11장

- Computer Science: An Overview, J. Glenn Brookshear, 11th Edition, 2012, Pearson
- Foundations of Computer Science, B. Forouzan and F. Mosharraf, 2008, Thomson Learning
- IT융합 시대의 멀티미디어 배움터 2.0, 최윤철, 임순범, 2016, 생능출판사
- 컴퓨터와 IT기술의 이해, 최윤철, 한탁돈, 임순범, 2016, 생능출판사
- 현실 위의 현실, 슈퍼 리얼리티의 세계가 열린다: 증강현실, 브랫 킹 외 지음, 2016, 미래의 창

### 12장

- Computer Science: An Overview, J. Glenn Brookshear, 11th Edition, 2012, Pearson
- Foundations of Computer Science, B. Forouzan and F. Mosharraf, 2008, Thomson Learning
- 인공지능과 딥러닝, 마쓰오 유타카, 2015, 동아엠앤비
- 인공지능은 어떻게 산업의 미래를 바꾸는가, 신지나, 조성배 등, 2016, 한스미디어
- 컴퓨터와 IT기술의 이해, 최윤철, 한탁돈, 임순범, 2016, 생능출판사
- "인공지능의 핵심기술과 전망(강의 노트)", 조성배, 2015

### 13장

- 볼드(BOLD): 새로운 풍요의 시대가 온다, 피터 디아만디스, 스티븐 코틀러, 2016, 비즈니스북스
- Computer Science: An Overview, J. Glenn Brookshear, 11th Edition, 2012, Pearson
- Foundations of Computer Science, B. Forouzan and F. Mosharraf, 2008, Thomson Learning
- 컴퓨터와 IT기술의 이해, 최윤철, 한탁돈, 임순범, 2016, 생능출판사
- 클라우드 슈밥의 제4차 산업혁명, 클라우드 슈밥, 2016, 새로운현재

# 찾아보기

저자 소개

**최윤철**

- 서울대학교 전자공학과 졸업
  University of California, Berkeley(공학박사)
  연세대학교 컴퓨터과학과 교수, 명예교수

- 주요 경력
  - Lockheed사 및 Rockwell International사 연구원
  - University of Massachusetts 교환교수
  - 일본 게이오대학 교환교수
  - 한국멀티미디어학회 회장, 명예회장
  - 전자책(eBook) 표준 제정위원장

- 관심분야 : 컴퓨터 그래픽스, 멀티미디어, HCI, 스케치기반 인터페이스 및 모델링

## ICT 융합시대의 **컴퓨터과학**

**초판발행** 2017년 7월 10일
**제1판6쇄** 2022년 8월 10일

**지은이** 최윤철
**펴낸이** 김승기
**펴낸곳** (주)생능출판사 / **주소** 경기도 파주시 광인사길 143
**출판사 등록일** 2005년 1월 21일 / **신고번호** 제406-2005-000002호
**대표전화** (031)955-0761 / **팩스** (031)955-0768
**홈페이지** www.booksr.co.kr

**책임편집** 신성민 / **편집** 이종무, 김민보, 유제훈 / **디자인** 유준범, 표혜린
**마케팅** 최복락, 김민수, 심수경, 차종필, 백수정, 송성환, 최태웅, 명하나, 김민정
**인쇄 · 제본** 영신사

ISBN 978-89-7050-918-1 93000
정가 28,000원